谨以此书献给
60年来为中国航天液体动力事业
默默奉献的人们

中国动力

赵韦·著

CHINA POWER

陕西新华出版传媒集团
陕西人民出版社

前言

那年的青春

一

我七岁那年，跟着我爸我妈搬进了“红光沟”。在此之前，我家住在新疆的塔城，离中苏边境只有 12 公里。

离开部队大院儿的前几天，每天都有人到家里来跟我爸告别，“能回口里老家了，不错！”在新疆，内地被称为“口里”。

我爸就提高声音：“哪是回老家，是去一个大山里。”一边说，一边从摘掉了领章的军装口袋里抽出钢笔，再摸出一张卷莫合烟的烟纸，画上一个高耸的锥形山包，“实际上就是山尖尖上，有那么块平地，四周都是悬崖，骑自行车不小心就掉到崖下边去了。”更让我爸恼火的是，他在部队是团政委，“让我去当指导员，成了连级了。”

我看着他用那张画着山尖尖的纸片卷上莫合烟，擦根火柴点着，狠狠地吸上一口。袅袅青烟中，我万分忧虑，怎么爬到那个山上去？

那大概是我人生中第一次对不确定的未来感到焦虑。

我们坐了三天的汽车到了乌鲁木齐，又坐了四天三夜的火车到了西安，然后又坐了一天的火车来到了位于秦岭深处的 067 基地。我发现，这里不是我爸说的山尖尖上，而是在山沟沟里。我爸还猜错了另一件事，这里的“指导员”不是连级，而是团级。

此后的很多年我都在困惑，为什么我爸会将这地方想象成那样？直到有一次，他对我讲起了自己的经历，我才明白了这个意象的来源。1949 年，他所在的部队一路西进解放了新疆，驻扎在和田。他是负责翻译电报的密电员，被派往中印边境的赛图拉哨卡驻防。孤零零的哨卡建在一个山尖尖上，海拔将近四千米，大半年的封冻期，方圆几百公里没有人烟，周围除了红柳没有别的植物。守卡战士一年一换防，密电员却没有换防的人选，他在哨卡守了两年半，见到的只有哨卡里的战士，吃的只有山下送来的干菜，那种艰苦和寂寞远非常人所能想象。所以我爸对“山区”二字非常抵触，他喜欢平原、喜欢热闹的地方。

虽然 067 基地所在的那条被称为“红光沟”的山沟沟里植被丰茂，但同样荒僻，山沟内只有一条 17.6 公里的狭窄沥青公路，沿途散布着车间、试验室、办公楼和家属区。每天只有固定的几个时间点有班车通行，错过就别指望再有车了。绝大部分时间，那条公路都是寂寞的，路上甚至见不到行人。

我爸妈在山沟的最深处的 11 所工作，公路快到尽头的地方，分出一条更狭窄的小路拐进另一条小山沟里，我爸的单位就在这条小山沟的最深处。那儿有一栋二层小楼，一楼是库房，我们一家就临时住在二楼的一间会议室里，我在那里度过了记忆中最冷清的春节。冬季的阳光十点以后才能照到小楼的楼顶，我时常趴在栏杆上，望着对面陡峭的山坡和山坡下的厂房，等着阳光从山尖上露出来。

三年后，那片厂房被坍塌下来的山坡彻底掩埋，我家住过的那个二层小楼也被山上滚下的巨石砸毁。我爸的同事，李秉钧叔叔在那次山体滑坡中英勇牺牲。

二

那时的中国西北、西南腹地，偏僻的深山之中，散布着众多“三线单位”。这些有围墙或没有围墙的“大院儿”里，有自己的医院、幼儿园、学校、食堂、商店、粮站、派出所、澡堂、理发室……是自成一体的小社会，他们与当地居民极少交往，更不说当地方言。他们都有自己的“标准语”。从“标准语”就可以判断出这个单位是从哪里迁来的。067 基地大院儿的“标准语”是京腔普通话。

我曾是同学们的笑料，他们用带着北京腔的普通话，嘲笑我的新疆味儿普通话。其实，他们的父母都带着南腔北调的各地口音。但孩子们必定都是一口京腔普通话，否则，就会像我一样被嘲笑。迫于“社会压力”，几个月以后，我也学会了这种带着京腔的普通话，到现在也是这样的口音，并且会一直这样维持下去。

我的同学们不但说着北京口音的普通话，并且还有很多人拥有北京户口。这曾经让我极度地羡慕，不是因为户口，而是因为他们每隔一两年，就会在寒暑假时，被父母送到北京住上一两个星期。不过，大多数时间里，他们和我一样，只能在家属区里或者周边的山坡上疯跑。

那时，我能见到的最繁华的地方，是十几公里外的龙口镇。火车站前那条不足百米的街道上，有一家两层楼的百货商店，楼上楼下加起来不到200平米。还有一个小小的新华书店，还有一家五金店，还有七八个小吃摊、杂货摊，还有……就没有了。那是山沟里最具有商业气息的所在，光是在那条街上转一转，就让我感到很幸福，更何况还能买一两件小玩意儿，吃上一毛钱一碗的元宵。我妈或我姐每年会带我去两次，寒假一次，暑假一次。我妈必须在上班时间请假带我去，因为星期天班车也停运。每次出行的前一晚上，我都兴奋得辗转难眠。

每年的农历二月二也是一个幸福时光，红光沟东边的河口镇有一年一度的大庙会，那是开春时的农用物资交流会，方圆几十里的当地农户、山民都汇集到这里，狭小的街道里满坑满谷都是人，那场面就像现在黄金周的旅游景点。我爸用自行车带着我，颠过四五公里坑洼的土路去赶庙会，给我买根甘蔗，再买一根长长的擀面杖或铁锹把。我兴致勃勃地扛在肩头，跟着我爸踩着满地的甘蔗渣挤到路边小摊上，吃一碗凉粉儿。在那条人头攒动尘土飞扬的土街上，可以遇见我所有的同学，他们同样兴高采烈地扛着长长的甘蔗和木棒跟在父母身旁。擀面杖或铁锹把不是工具，是我们的玩具。

三

我少年时期的世界里，没有陌生人，因为能见到的，只有几个家属院里的那些人，只瞟一眼背影，我就能分辨出那人是张三他爸还是李四他爹，不过，对他们的了解也仅限于此。

在我爸单位的会议室住了三个月，我家搬到了一个只有五栋小楼的家属院。住在楼下的耿宝林叔叔从来没叫对过我的名字，大概因为我哥名叫赵新辉，他就想当然地叫我“赵辉”，而且这样一叫就是三十多年，前几天在路上遇见，还是这样叫我。

那时候，我不知道耿叔叔干什么工作。天天见他在锅台边熟练地烧柴引火，满身灰蓬蓬的，还常见他跟儿子一起在院子里劈柴，或者用简陋的铁模子打制蜂窝煤，觉得他就是烧锅炉的。其实，家属院里的叔叔伯伯们都是这幅模样，我爸也经常带着我哥在院子里劈柴、打蜂窝煤，同样灰蓬蓬的。

十几年后，跟一个朋友闲聊时我才听说，耿叔叔竟然是清华大学毕业的。然后又随口提到几位叔叔，居然都毕业于名牌大学，甚至还有“海龟”，都是名号响亮的设计师。

那时我才突然意识到，这些在一个院子里生活了十几年的张三他爸、李四他爹，这些穿得灰塌塌像锅炉工一样的伯伯、叔叔们，居然就是我们当年写作文时，想要成为的那个“理想”！可“实现四个现代化”的宣传画上，科技工作者不是应该穿着雪白大褂、戴着深邃眼镜、梳着精致分头，背后还环绕着飞机和导弹的吗？

原来理想与现实的距离居然这么近！可理想与现实的差距咋就这么大呢？

十八九岁时，我天天抱着吉他唱着《外面的世界》，其实不知道外面世界会有怎样的精彩。我没想过父母和他们的同事们为什么要猫在这条山沟里工作，更没想过我和我的朋友们为什么要在这里生活，我以为世界本来就是这般模样，唯一觉得不方便的，就是买不到齐秦的正版《狼Ⅱ》磁带。

那条红光沟里的办公室、试验室、生产车间都用围墙圈起来，形成一个个独立的办公区，薄薄的青砖围墙外就是当地农户的村舍和农田。墙内的人，在研制飞往太空的火箭发动机，那是20世纪最尖端的高科技技术。墙外的人，正手扶着直辕木犁驱赶着黄牛翻耕土地，那是汉朝时期就使用的劳作手段。

一墙之隔，却是两千年时空的遥望。

我熟悉的那些伯伯、大妈、叔叔、阿姨们，都曾在北京、上海生活，还有人曾在国外留学。他们经历过都市的繁华，见过外面世界的精彩，领略过莫斯科郊外的晚上，却在青壮年时钻进这偏远的深山，寂寞地坚守二三十年，走出大山时已年过花甲满头白发，他们心中该是怎样的滋味？

曾有位朋友得知我在深山中的三线单位生活过，问我：“听说那种单位里，都是近亲结婚？”这让我哭笑不得：“那种单位里，最低也得受过高中、技校的教育，高级知识分子一抓一大把，你觉得会有这种情况发生吗？”

其实，这是对单位同事之间“子女联姻”以讹传讹为“近亲结婚”，三线单位中，确实有很多家庭因为子女联姻成为“亲家的亲家”或者“亲家的亲家的亲家”。

那是三线单位共有的生态环境，第一代三线工作者“献了青春献终身”，到了就业年龄的子女们都是非农业户口，却远离城市，要工作就只能“献了终身献子孙”，第二代也都在这里安排就业，这些被“献”的第二代三线工作者到了婚恋年龄，也只能在大院中找对象。

张家的大女儿嫁给了李家的大儿子，两家结成了亲家；李家的二儿子娶了王家的三闺女，张家和王家成了“亲家的亲家”；王家的二女儿嫁给了孙家的大儿子，张家和孙家又成了“亲家的亲家的亲家”…… 以此类推，红光沟里很多家都可以推出这种拐了八竿子的“亲戚关系”。

这样的特殊生态背后，是两代人对国家的默默奉献。

四

我曾经看到别人写“故乡”的文章就觉得羡慕，我出生在部队大院，生长在 067 大院儿，户口本籍贯栏里那个陌生的地名是我父亲的故乡。对于我这种不知乡关何处的人而言，父母在哪里，故乡就在哪里。于是，我的故乡就从新疆的塔城，变成了陕西凤州的红光沟，现在又变成了西安的航天城。

在航天六院家属院里，能见到很多私家车上挂着“067XX”或“XX 067”的车牌号。这种牌号的车主必定是出生在 067 基地职工医院，从幼儿园到小学再到中学直至参加工作都在这个大院儿里的“067 二代”。虽然“067 基地”已经取消建制，但对于他们而言，那不仅仅是一个单位代号，而是和我一样，将它视为“故乡”的代名词。那三个数字组成的符号，承载着我们这一代人所有喜怒哀乐的过往岁月，是那段生命中所有的人和所有的事，是内心深处最安稳的归属。

搬出红光沟几年后，我曾专程回去探访，家属区的房屋都被当地农户购买，有的继续使用，有的拆除卖了砖瓦，有的改成了猪圈。厂房、办公楼大都闲置，破败不堪，窗户上只留下豁豁牙牙的玻璃碴儿。那座承载着我快乐、苦恼时光的中学教学楼，只剩下一堆破碎的砖瓦，操场被洪水冲得只剩下三分之一，长满荒草。也许用不了多少年，那里的一切都将被人为或者自然的力量涂抹得不留痕迹。

我很怀念红光沟里的生活，但不想用那块小小的车牌表达对那段岁月的留恋。大概是10年前，我就曾想写写那段经历，却不知从何说起。我姐夫卢振华是位作曲家，他说："要是能把1981年那场大洪水写出来，那真是史诗一样的作品。"我没接话，我不想写史诗，只想弄点风花雪月。

2013年，我写的《十一维空间》出版后，责任编辑屈奇对我说："我们又策划了一个选题，以航天六院为背景，用一个人、一个单位的故事展现中国航天的发展。你是航天六院的子弟，这事你来干吧。"他说的"我们"还包括韦禾毅。两人是出版社的部门主任，对我多方提携，《十一维空间》就是在他俩的力荐下，才由我执笔。

"写067，当然愿意！"既然这么多年也没弄出风花雪月的东西，那就写点有历史感的东西吧，我毫不犹豫地答应下来，开始着手写作的准备工作。

五

接到写作任务的第二天，我就开始联络熟识的伯伯、叔叔们，到他们家中采访和收集资料。

我去过贾伯雄叔叔家，他是1956年第一批进入老五院的大学生，此时已经靠在病榻上，思维支离破碎，讲不清往事，但提起那些岁月他便激动得痛哭失声。那泪水不是为经受过的艰难而流，是为他一生中最引以为傲的付出而落。

我去过姜福来伯伯家，他的听力已经严重退化难以交流，在保姆的高声"翻译"下，得知我的写作计划。他拄着拐杖颤巍巍地起身，艰难地挪着脚步往里屋走。我想去搀扶，他却推开了我的手，保姆说："这老汉硬气，从来不让人扶。"

姜伯伯从书房里拎出一只无纺布袋，慢慢地走出来，那四五米的距离，他走了足有一分钟。他坐在沙发上，打开布袋，掏出厚厚一摞材质不一的纸，有信纸、作业本、账单、绘图纸……每一页上都密密麻麻写满了或工整或潦草的字。"我耳朵不好，说不成了……这是我以前写的……工作回忆……你拿去。用完还给我。"他的目光久久地落在那些泛黄的纸张上，那里面有他的光辉岁月。

很多老人已经因为身体原因无法回忆过去，还有很多老人已经永远地离开人世。我知道，他们每个人的经历，都可以写成一本书，只是我的采访开始得太晚，失去了探访那个时空的机会。

姜福来伯伯还给了我十几张卷边的老照片，都是1981年那场洪水过后的场景，背后标注着时间和地点，都是我曾熟悉的地方。在一张照片的背景中，我看见了一个身影，他手持铁锹站在凌乱的路边侧身张望，我突然觉得鼻子发酸。那是我哥，那年他19岁，那时他每周六都“教训”我，在照片中再次见到那时的他，我却觉得无比的亲近。

1981年的那场特大洪水过后，山沟里18岁以上的男孩都要参加劳动，用铁锹、铁镐挖出埋在淤泥中的机器设备、金属材料，我哥也是其中之一。他挖了两个月的淤泥，拿到了40多块钱的劳务费，我爸妈舍不得用这钱，让他自己留着。他跑到龙口镇的那个商店，花12块5买了一件人造革的皮上衣，又花10块钱买了一台简易照相机，机身是塑料的，连镜片都是塑料的。那是山沟里能买到的最高档、最时髦的商品。

他兴奋地带着我和我姐去山坡边照相，非让我们爬到树上摆POSE。后来我发现，同龄的伙伴们都有站在树上的照片，这应该是山沟里的标准像。那时我不会爬树，挣扎着上不去，我哥就呵斥我，“笨成个猪了，树都不会爬。”我哭着鼻子回了家，再也不让他给我拍照。很多年后我玩起了摄影，并且依然不会爬树，并且绝对不拍爬树的照片，不知是不是跟这次经历有关。

六

在随后的采访中，航天六院宣传处为我提供了极大帮助，驻北京办事处的法进姐姐带我拜访了李伯勇先生，这位远程洲际导弹发动机总设计师，曾先后担任原067基地主任，原航天工业部第一研究院院长、总工程师，劳动人事部副部长，四川省省委副书记、副省长，劳动部部长、党组书记。

“我已经离开航天部门很多年了，1958年进去，1986年离开，28年时间，我非常怀念那段生活……”李伯勇的声音突然哽住，抬起左手捂住双眼，这位80多岁的老人已经泣不成声：“……我……对不起那些老三线，我自己先离开了，他们默默无闻地坚持了那么多年，有的还牺牲在那里。我们如果不把那段历史写好，真对不起那些同志。”

他平缓了一下情绪，继续说：“你应该写基层工作者，还有那些优秀的政工、后勤人员，如果没有他们勤勤恳恳地从事各种保障工作，我们这些搞技术的也干不出什么事。”

他担心我掌握的资料不够多，将自己保存的科技人员回忆文集送给了我，“这些老同志的回忆文章都很实在，你拿去参考。要多掌握资料，了解事情的来龙去脉才能写出好东西。”

采访间隙，我专门去探望张静山、武超然夫妇。在红光沟的时候，我们两家曾做过三年的邻居，他家的小儿子大我两岁，带着我一起练“迷踪拳”，其实就是没有师父教的乱打一气。1994 年，他们夫妇退休后回到北京，住在原 067 基地北京办事处位于东高地的宿舍区，家属楼还保留着 1970 年代的模样。“我们还生活在上个世纪。”张叔叔跟我开着玩笑。

60 平米的房子挤着他们和儿子、儿媳、孙子三代人，“这套房子是我退休后专门批给我的，航天部和 067 基地的一等功我得过三次。”这让我颇为吃惊，“那您就跟我说说吧。”做邻居时我还年幼，根本不在意他干什么工作，只记得他做饭很好吃。他的讲述更让我意外，夫妇俩分别是1957年和1958年进入国防部第五研究院，居然都是“元老”级的航天人。

房子的问题是老两口心中的一个结，如果在西安，以他们“研究员”的职称可以分到 180 平米的房子，但老两口无人照顾，于是回了北京。儿子、儿媳在北京的邮局工作，一年的工资就算不吃不喝，也买不了北京五环边的半间厨房，只能挤在父母家。北京东高地的航天大院儿里，已经建起一片片高楼，可他们的单位隶属关系不在此地，只能看着那些宽敞的新房一声叹息。这是“三线人”的无奈，拿着北京户口，生活在北京，却是不属于这里的外地人。

七

我用了半年多时间进行采访和资料整理工作，我想尽可能多地了解父辈们的经历，用一个个真实的故事，让“特别能吃苦、特别能战斗、特别能攻关、特别能奉献”的航天精神生动起来。因为在我的眼里，那些“特别”并非空洞的口号，而是生活在我身边的这些熟悉的伯伯、大妈、叔叔、阿姨们，是他们的喜怒哀乐，是他们的工作生活。

正式写作刚开始，我就陷入了困境之中。中国开展航天事业已经60年，不仅时间跨度漫长，并且由于工作的特殊性，没有任何一个人能够经历所有事情，所以只好采用“漫写群像”的方式描写这个特殊的群体，但千丝万缕的头绪让我的行文越来越艰难。我想起我哥拍照时说我“笨成个猪了”，那时我可以率性地转身就走，可现在，我却不能走开，哭着鼻子、硬着头皮也得爬上去。

2015年9月，当写作陷入最艰难的困境时，我在大院儿里的通知栏上看见了一张讣告，贾伯雄叔叔去世了。盯着那张小小的讣告，我脑子里浮现出贾叔叔坐在病榻上努力回忆往事，却无奈落泪的模样。我本想写出那些他亲身经历过却已经无法讲述的事情，并亲手送到他的面前，可书稿只写了不到一半，他已经永远地离开。

11月16日，11所的李在华阿姨也因病去世，我跟着姐姐一起前去吊唁。家中没有灵堂，连遗像都没有挂，她的丈夫邱邦华叔叔颓然地靠在沙发上，旁边几位叔叔、阿姨轻声地劝慰。

李阿姨的女儿邱雪梅姐姐跟我们说，按照妈妈的遗愿，后事一切从简，不举行遗体告别仪式。“我爸我妈很早就商量过，在西安和成都老家都不买墓地，去世后骨灰带回红光沟，撒在他们曾经工作和生活的地方。”听到这番话，我不禁眼眶潮湿，老辈的航天人，将自己的大好年华留在那片大山深处，又将那里选作自己的长眠之地。那片大山见证着他们的光荣与梦想，承载着他们的青春与永生。

人生没有值得不值得，只有愿意不愿意。那些默默无闻的航天人愿意为中国的腾飞奉献自己的青春、自己的生命，我愿意为记录下他们曾付出的艰辛和汗水而忍受寂寞与痛苦。

在将近三年的时间里，我屏蔽了一切社会活动，每天枯坐在小屋里，对着电脑和一大堆资料。我放弃了几次“轻松挣钱”的机会，即便面临“绝症”威胁时，也不曾放弃写完这本书的决心。我愿意！仅此而已。

记得在采访期间，有几位熟识的伯伯、叔叔曾对我说：“小子，真行啊！”我很高兴这次的写作计划被他们赞赏，其实我是想用这本书恭恭敬敬发自肺腑地对他们以及数以万计的中国航天工作者们说：

“你们，真行啊！”

目录

— 上卷 —

铸剑

这是一个宏伟的、具有远大前途的事业。投身这个事业是很光荣的。大家既然下决心来干这一行，就要求大家终生献身于这个事业。由于工作性质的关系，干我们这一行是出不了名的，所以大家还要甘当无名英雄！

第一章

安得倚天剑

一

1956年7月，22岁的王桁从交通大学毕业，可他的报到证却迟迟未发。他的心中焦急不安，去学生科问了几次，得到的回答都是“你别急，再等等”。可眼见着同学们都领到报到证，纷纷离开学校去工作单位报到，自己却依然在等待，他不知道出了什么状况。此后的两个月中都在惴惴不安中度过，直到9月初，新学期已经开学，他终于领到了报到证，服务单位一栏上写着——“国防部第五局”。

学校里与他一同分配到国防部的还有七名毕业生，因为分别来自不同的专业，相互之间并不熟悉。他们不知道国防部第五局是什么样的单位，也不知道去干什么工作。他们更不知道，几个月前他们就被选定出来，这么晚拿到通知，是因为那个神秘单位曾到他们每一个人的家乡调查各自的家庭背景。

王桁和同学们扛着行李挤出北京前门车站，就看见车站广场边“国防部第五局接待处”的牌子，接待人员一一查对了报到证后，让他们登上一辆停在旁边的军用大卡车，一路开出了西直门外，过了紫竹院公园再往西南方向走了500多米，汽车停在车道沟的一个院子门口。

院子周围是大片的农田，没有几户人家，南边还有一片乱坟岗。一行人看着那个紧闭的大门和风吹日晒褪了色的院墙，心都凉了半截——国防部，怎么会在《聊斋》里才有的地方！大门旁挂着的牌子更让王桁和同学们泄气——解放军第

466医院。

他们心中还怀有一丝希望，“可能是让在这里先做体检吧。”

院子里有三栋三层小楼，还有一排足有三十多米长的平房仓库。没有穿白大褂的医生、护士，甚至除了门卫和开车的司机，也见不到穿军装的军人，见到的都是穿着便装的年轻人，生龙活虎的样子，不像是病人。

一位后勤管理人员热情地接待了他们：“欢迎大家，咱们这个单位刚组建不久，你们是这里招收的第一批大学毕业生。”

王桁心里一沉，还真是在这儿工作！

“咱们这儿是什么单位？是医院吗？”一个同学怯怯地问了一句。

“国防部五局呀！”管理员说，“这是临时借用的办公地点，咱们工作和住宿都在这儿。”

“那我们来干什么工作呀？”王桁忍不住问道。

管理员依然面带微笑：“你们现在不用问，该告诉你们的时候，自然会说。还有，咱们这是保密单位，以后的工作中，与自己工作任务没有直接关系的，不该问的不问、不该看的不看、不该听的不听。这里的任何事情，上不告父母、下不告妻儿、外不告亲朋。跟任何人交谈、写信绝对不能提单位的工作性质和工作内容，总之不能对外界透露任何情况。”管理员说完，就带着他们前往宿舍区安排住宿，王桁和他的同学们被这一连串的“不”镇住了，心里充满了好奇却不敢再多问。

所谓的宿舍区，就是医院住院部，四人一间病房，每人一张带轮子的病床。王桁抓着床头来回推了几下，“哎，这东西好啊！行李放上去，推着就走了，搬家很方便呀。”

宿舍区已经住着很多身着便装的年轻人，看样子也是刚毕业的学生。放下行李没多久，王桁就认识了隔壁宿舍的贾伯雄和宋承河，他们是天津大学机械专业的毕业生，几天前就来报到了。贾伯雄是个大嗓门，直来直去的豪爽性格，很好相处。王桁跟他熟悉了，忍不住问：“你们来了这些天，都干什么工作呢？”

“没工作，就是政治学习和保密教育。”贾伯雄说，“学半天，完了就自由活动，聊天、打球都行，说是让大家增进相互了解。还组织我们到北京的名胜参观过两次。”

“不说干什么，就这么闲待着？”王桁说。

贾伯雄哈哈一笑：“我们刚进来那天也不知道，上保密培训课的时候就说了。”

王桁眼睛一亮，压低声音说：“你们知道了？搞什么的呀？”

“搞导弹！”

“导弹？…… 是什么东西？”

贾伯雄摇摇头：“不知道那是啥玩意儿。”

这并非出于保密的托词，他是真的不知道。包括国防部五局那些从各部队中抽调来负责管理和后勤工作的军人，也不知道导弹是个什么玩意儿，只是到了这里才听说，那是一种最尖端的武器。

当时的中国有六亿两千多万人口，知道导弹是什么的，不超过十个人。真正从事过导弹研究工作的，只有一个人。就是在对导弹几乎一无所知的条件下，中国人开始了研制导弹的筹备工作。

三个月前成立的“国防部航空委员会第五局”，就是那个在全国高校筛选毕业生的神秘单位，挑选的王桁、贾伯雄、宋承河这批人员是为筹建“国防部第五研究院”储备人才。而那项高度机密的行动就是建立导弹研制队伍，负责导弹的研究、设计、试制任务。此时，宿舍区已经有近百名报到的大学生。

入夜时分，466医院的周围一片漆黑，只有东北方向苏联展览馆尖顶上的红色五角星在夜空中闪耀，那是方圆几公里内唯一整夜不灭的灯光，是中苏两国兄弟般友谊的象征。

王桁躺在宿舍里的病床上，回想今天得到的信息。要从事的工作根本不是自己所学专业，这让他有些沮丧，但这个神秘的“导弹”到底是什么，也让他有些期待，从事这个一无所知的专业自己能否胜任，更让他有些担心。

二

第二天一早，王桁他们就接到通知，五局第一副局长兼总工程师钱学森要来看望大家，所有人在各自的宿舍中等候。

“钱学森？这名字很熟呀？”在宿舍等候时，有位同学说道。

“哎，半年前他好像去过咱们交大，满校园拉着欢迎他的横幅呢。”王桁说，“据说以前是交大毕业的，后来留学美国，在那边搞火箭研究非常有名。去年才回国。”

但他知道的也只有这么多，钱学森到底有多厉害，那时候没有几个人真正了解。钱学森就是前面所说的那个中国唯一参与过导弹研制的人，事实上他不仅仅是“参与过”这么简单。他是美国加州理工学院喷气推进实验室创建者之一，早在1936年就开始进行火箭飞行理论研究。第二次世界大战期间，以及战争结束后的几年中，钱学森一直是美国导弹技术研究领域的核心人物之一。

■ 钱学森（1911.12.11 – 2009.10.31），生于上海，祖籍浙江省杭州市临安。1934年，毕业于国立交通大学机械与动力工程学院，1936年9月获麻省理工学院航空工程硕士学位，后转入加州理工学院航空系学习，成为世界著名的大科学家冯·卡门（Theodore von Kármán）最重视的学生。1938年7月至1955年8月，在美国从事空气动力学、固体力学和火箭、导弹等领域研究，并与导师共同完成高速空气动力学问题研究课题和建立“卡门－钱学森”公式，成为世界知名的空气动力学家。1955年，在毛泽东主席和周恩来总理的争取下回到中国。1959年加入中国共产党，先后担任中国科学技术大学近代力学系主任，中国科学院力学研究所所长、第七机械工业部副部长、国防科工委副主任、中国科技协会名誉主席、中国人民政治协商会议第六、七、八届全国委员会副主席、中国科学院数理化学部委员、中国宇航学会名誉理事长、中国人民解放军总装备部科技委高级顾问等重要职务。

王桁正和同学交谈间，一位身着中山装，40岁出头的中年男子在几位陪同人员的簇拥下走进宿舍。林爽副局长高声说：“这位是咱们的钱局长、总工程师，也是世界著名的导弹专家，今天专程来看望大家，大家欢迎！”

钱学森笑着向大家问好：“欢迎新同志来这里工作，咱们相互之间还不熟悉，你们先做个自我介绍吧。说说自己是哪个学校的，学的什么专业。”

王桁和同学们说：“我们来自上海，交通大学毕业的。”钱学森眼前一亮：“噢？我就是交大出来的，你们是小师弟呀，学什么专业？”王桁说：“我学船用发动机的。”有人说：“我学工业电气化的。”有人说：“我学起重运输的。”钱学森点点头：“你们学的专业都很好，我以前学的专业不如你们。”王桁问：“您以前学的什么专业？”钱学森笑着说：“我1929年考入交大，那时候叫国立交通大学。我是学火车头的。”这是钱学森开的一个玩笑，他将铁道工程专业戏称为“学火车头”。

有人大起胆子问：“我们学的专业能在导弹上应用吗？”

“我也是改行的。我能干，你们也一样能干。”钱学森这样说，是为了鼓励这些年轻人。他研究火箭、导弹 20 年，可“小师弟”王桁等人听说导弹这个名词才两天，贾伯雄、宋承河等人也不过早听说了几天。钱学森来看望这些刚报到的大学毕业生，其实也是为了摸摸底。这些大学毕业生中，所学专业五花八门，机械、汽车、船舶、起重机、拖拉机、电子、纺织等等等等，几乎涵盖了各领域，却没有任何与导弹相关的专业，甚至连与导弹相近的飞机制造专业都没有。要带领这些对导弹、火箭一无所知的年轻人开展研制工作，难度实在太大了。

466 医院的小楼里，已经住着近百名年纪相仿的年轻人，此后几天不断有人赶来报到。王桁他们每天上午政治学习，下午保密教育，其余时间可以自由活动，这与大学中的生活没有什么不同，只是不能擅自走出院子大门。只有星期天是集体外出时间，他们挤在军用卡车上，到北京的风景名胜，去过故宫、去过颐和园、去过香山，但在景区也都是集体行动。

那段时间，王桁和几位同学进行过一次与导弹相关的工作，副局长林爽安排他们协助两位技术员，在一摞国外杂志名录中，挑选订购与火箭、导弹技术相关的杂志，以便为今后的研制工作提供理论参考资料。

这些 20 岁刚出头的年轻人住在全封闭的小院里，已经将近一个月，院子里任何一点小变化都能引起高度的关注。1956 年国庆节过后，他们发现食堂里正在搭建一个小小的主席台 —— 这是要举办活动的预兆！所有的人都因此而兴奋起来。

三

主席台搭好的第二天，王桁他们就接到了通知：“10 月 8 日上午 9 时，举行国防部第五研究院成立大会，所有人员必须准时参加。”

8 日的早餐时间比平常提前了一个小时，要求大家迅速吃完离开餐厅，因为还要布置会场。上午 9 点，王桁和同事们列队走进食堂时，小小的主席台上已经摆了一排桌椅，桌面上铺着医院病房用的白床单，后墙上挂着“国防部第五研究院成立大会”的红色条幅。

主席台中央坐着聂荣臻和钱学森，旁边还有七八位将军、部长。主席台下坐着王桁他们那143名毕业生，30多位高级技术员和几十名从部队抽调来的行政干部。秋日的阳光从狭窄的窗口中钻入会场，缓缓地在人们的肩头上滑动，空气中弥漫着食堂大锅菜特有的味道。

聂荣臻副总理站起身，代表国务院、中央军委宣布：“同志们，中国第一个火箭、导弹研究院——国防部第五研究院今天正式成立！”同时任命国防部五局第一副局长钱学森兼任国防部五院院长。钱学森担任的这些职务都严格地保密，他对外公开的身份是中国科学院力学研究所所长。

聂荣臻副总理宣读任命后，在致辞中对五院的成立表示热烈祝贺，并亲切地勉励研究人员发扬自力更生、奋发图强的精神，力争外援和利用资本主义国家已有的科学成果的建院方针，边学习边研究，把中国的导弹尖端事业搞上去。

首任院长钱学森也进行了就职讲话：

这是一个宏伟的、具有远大前途的事业。投身这个事业是很光荣的。大家既然下决心来干这一行，就要求大家终生献身于这个事业。由于工作性质的关系，干我们这一行是出不了名的。所以大家还要甘当无名英雄！

同志们，我们是白手起家，创业是艰难的。我们会遇到许多意想不到的困难。但是，我们不会向困难低头。我说，对待困难有一个办法，那就是“认真”两个字。只要大家认真对待，就没有攀登不上的高峰，就没有克服不了的困难。我相信我们一定会完成党中央交给我们的任务。我们一定要下定决心完成这个光荣任务。

钱学森的讲话让台下143名年轻人热血沸腾，王桁们一个多月来的郁闷烟消云散，热烈的掌声经久不息。

导弹研制机构正式成立，此时，钱学森从事火箭、导弹理论研究已经整整20年，可坐在下面的“小师弟”王桁等人听说导弹这个名词才一个月，对于理论知识和技术知识更是没有任何了解。

后来被称为“航天四老”之一的任新民说：“那时候我们不懂。除了钱老（钱学森）在美国从事过相关工作，其他人都不懂研制导弹的事。”其实任新民在哈尔滨军事工程学院任教期间，曾进行过一些火箭技术的探索工作，他试制过固体燃料火箭弹，并开设了相关的课程，同时还翻译了苏联的《液体导弹发动机工作原理》一书。也正因如此，钱学森才点名调他来从事这一工作，只是，任新民的研究也仅是起步阶段，对导弹、火箭的了解也着实有限。

■ 国防部五院成立后的第一件事就是组织专家学者为刚刚毕业的大学生进行导弹和火箭知识的培训。图为钱学森讲授导弹和火箭知识

这样的状况让钱学森着急，他只好利用一切机会培训这些人员，希望他们能早一些开展工作。按照钱学森院长的要求，成立大会后的第三天，五院便开始对所有人员进行导弹技术知识培训，以前每天的政治学习改为与导弹相关的技术理论课程。梁守槃、任新民、庄逢甘、朱正等几位专家承担了“空气动力学”“热力学”“电子计算机”的课程，那是他们擅长的领域，后来开设的“发动机”“制导概论”等课程，他们也是在边学习边讲解。钱学森亲自编写了《导弹概论》，每周亲自授课两次，那是中国第一部航天技术方面的专业教材。

“大课堂”式的学习进行了一个多月，11 月 23 日，五院成立十个研究室。王桁、贾伯雄和宋承河被分到导弹发动机研究室，成员不到 20 人，梁守槃担任室主任。发动机被称为导弹的“心脏”，是推动导弹飞行的动力来源。王桁在交大学习的是船舶发动机专业，虽然都是发动机，但两者的工作原理完全不同。

成立研究室后，每天的工作内容也依然是听课学习，学到的内容也依然有限。那时，王桁和他的同事们对于导弹的所有认识，仅限于培训课上的那些笔记。

王桁他们并不知道，这种类似“扫盲班”的学习，竟是中国一项惊天计划的第一步。这个计划被列为共和国最高机密，从一开始便注定会被载入史册，而王桁和他的同事们在懵懵懂懂中投身其间，将亲身经历这段波澜壮阔的历史，并亲手将这一计划付诸实施。

四

20 世纪 50 年代初，刚刚成立的共和国已多次受到核打击的威胁。

1950 年至 1953 年的抗美援朝战争中，美国曾三次扬言要对中国实施核打击，并一度将核武器运抵日本冲绳的军事基地。这深深地刺痛了中国的领导层。必须拥有核武器，才能抑制美国的“核讹诈”。法国总统戴高乐曾说“没有核武器的国家不算是大国”，而对于中国来说，拥有核武器不仅关系到国际地位，更关系到国家安全和民族尊严。1952 年 5 月制订国防建设五年计划时，中国军方就开始讨论发展特种武器的问题。

1954 年，中国在广西发现铀矿，开展原子弹研制有了物质基础。同年 10 月 3 日，毛泽东向到访的赫鲁晓夫提出，能否对中国研制核武器提供帮助，赫鲁晓夫却予以拒绝：“我们这个大家庭有苏联的核保护伞就行了。” 事实上，毛泽东很清楚苏联的“核保护伞”并不可靠。

1955 年 1 月 15 日，毛泽东主持召开中共中央书记处扩大会议，专门讨论中国发展原子能事业问题。这次会议上，地质专家李四光展示了国内出产的铀矿，核物理专家钱三强则对原子武器的原理进行了讲解。毛泽东认为中国已经拥有发展核武器的物质基础和科研力量，当即拍板说：“现在到时候了，该抓了。我们自己干，也一定能干好！”代号“02”的中国核武器计划也由此诞生。

与此同时，如何有效使用核武器的问题也摆到了面前。

原子弹只是一个威力巨大的炸弹，必须有可靠的运载工具投送，才能形成有效的打击。投放原子弹最快捷有效的运载工具有两个选项 —— 轰炸机和火箭武器系统。中国在这两方面的技术基础都是零，重点发展飞机还是火箭，方案迟迟不能确定。

1955 年 10 月 8 日，钱学森历尽艰难回到国内，此时，重点发展导弹的意见也由此获得了压倒性优势。1955 年 12 月，哈尔滨军事工程学院院长陈赓大将邀请钱学森参观学院，并向他询问：“钱先生，你看我们能不能自己搞出火箭来？”钱学森干脆地回答：“有什么不能的？外国人能造出来的，我们中国人同样能造出来。”

从哈尔滨返回北京后，国防部长彭德怀元帅立刻会见了钱学森，直截了当地说：“我们能不能先搞出一种短程火箭，比方说射程 500 公里，这需什么样的人力、物力和设备条件？估计需要多长时间可以造出来？”

钱学森说：“搞火箭当然不是一件容易的事，需要有一支搞研究和设计的队伍，需要建一些地面试验设备，也需要有专门的加工制造工厂，原材料可能需要全国各有关部门的支持。美国从军方开始支持搞火箭武器系统，到搞出第一枚火箭，用了近10年的时间。我想，我们可以比他们快，有5年时间我想是可以的。”

1956年1月20日，彭德怀主持中央军委会议，决定向中共中央提出《关于研究与制造火箭武器的报告》。2月5日，叶剑英元帅宴请钱学森夫妇，希望他能主持火箭武器研制的工作。钱学森表示，将努力为之。叶剑英当即拉着钱学森去拜访周恩来总理，总理握着钱学森的手说：“请尽快把你的想法写成一个书面意见，以便提交中央讨论。”

2月17日，钱学森起草的《建立我国国防航空工业的意见书》送到了周总理的案头，出于保密，“火箭武器”用“国防航空工业”一词替代。钱学森在《意见书》中详列中国开展火箭武器研制的组织方案、发展计划和一些具体措施，并列出可以调来参与这一事业的任新民、梁守槃、庄逢甘、罗沛霖、林津、胡海昌等21位高级专家名单。

此时，国内600多位科学家聚集在北京的西郊宾馆，进行新中国第一个远大规划——《1956至1967年科学技术发展远景规划纲要》的研究制定工作。钱学森也被邀请参加，主持完成其中的第37项《喷气和火箭技术的建立》。

虽然国家和军队的高层领导人已经对火箭武器表现出了极大的兴趣，但军队和科技界对火箭武器系统知之甚少，依然倾向于优先发展飞机研制。《发展纲要》讨论期间，钱学森摆出发展火箭武器的详尽理由——

无论是从攻击或防御的角度来看，火箭性能都比飞机优越，因为火箭的飞行速度比飞机高出几倍，突破防御的能力高得多。更关键的是，飞机所使用的材料要求能多次使用，在结构材料、发动机以及燃料方面都有特殊的要求，掌握这些技术需要很长时间。火箭所用的材料是一次性的，可以暂时绕过那些需要长期经验积累才能解决的技术难题，在短期内研制出可供使用的火箭武器。

在实际使用中，轰炸机需要大集群出动，并且需要大量的战斗机编队护航。如果是远程轰炸任务，还要有海外基地或航母舰队提供后勤和护航支援。无论是飞机制造技术还是配套保障设施制造技术，都是当时的中国无法实现的，更何况研制经费和组建庞大机群的资金更是个天文数字，这其中还未计入培养大批飞行员所要投入的时间和经费。而火箭武器则不需要考虑以上那些问题，只需直接发射出去就可以，更重要的是，一枚火箭的造价只有一架飞机的八分之一，而形成的打击效果却与飞机持平甚至更高。

当600万字的科学远景规划放在周总理的案头时，总理说，这么大一摞资料，这么多重点，国务院应该主要抓哪些呢？钱学森、钱三强、钱伟长、黄昆等科学家再度讨论后认为，最重要、最紧急的有六项——原子弹、火箭、计算技术、半导体、自动化、电子学。这些领域国际上发展很快，在我国还是空白，但却是重中之重，急中之急，必须采取紧急措施把它们搞上去。

当这些"只准成功不准失败"的紧急项目正式颁布的时候，原来拟定的六项变成了四项。参与制定六大项目的核物理学家钱三强从苏联访问回国，看到这一结果立刻提出意见，"为什么原子能、火箭武器没有放到紧急措施里头！"中国科学院党组书记张劲夫就跟他解释："你这个原子能啊，还有火箭项目，那是党中央毛主席直接抓的，不能放在这个范围上，你们那个比四项紧急措施还重要，是我们国家中心的中心啊。"

1956年3月14日，中央军委召开会议，决定由周恩来、聂荣臻和钱学森筹备组建火箭及航空科学研究机构——航空工业委员会（简称航委）。4月13日，中央批准航委成立，聂荣臻任航委主任，黄克诚、赵尔陆任副主任，钱学森、王诤、安东、刘亚楼等人担任委员。

当时的中国，对于不同用途的火箭系统都统称为"火箭"，虽然在事实上它们是一种东西，只是头部装载物的用途不同，但在使用中，这样的统称容易造成概念的混乱。在美国，火箭的称谓根据不同用途有着严格的区分——用于向太空发射科研探测器的火箭，被称为"Rocket"，用于军事用途携带爆炸弹头的火箭，被称为"Missile"。

此前，有人为进行区别，将火箭武器称为"飞弹"，钱学森却认为这一称谓并不能准确描述火箭武器。根据不同用途，钱学森对火箭进行了中文命名：用于向太空发射科研探测器的火箭，被定名为"运载火箭"；用于军事用途携带爆炸弹头的火箭，相当于自带飞行控制导航系统的炸弹，被定名为"导弹"。还有一种介于火炮和导弹之间的武器，比如苏联著名的"喀秋莎"火炮，这种采用火箭推进原理发射，但没有飞行控制系统的武器，被定名为"火箭弹"。

1956年5月10日，聂荣臻向国务院和中央军委提出了《关于建立我国导弹研究工作的初步意见》，建议成立导弹研究院，并由钱学森主持工作。5月26日，中央军委会正式批准组建国防部导弹管理局（即国防部第五局）和国防部第五研究院（简称五院），负责导弹的研究、设计、试制任务。钱学森担任研究院院长，聂荣臻负责召集、协调有关部门。总后勤部迅速为导弹研究院在北京西郊拨出三处办公地——中央军委124疗养院、北京军区106疗养院和北京空军466医院。

1956年6月，聂荣臻元帅从全国的研究机构、军事院校中抽调任新民、梁守槃等30多名专家和中级技术人员。同时从全国高校选拔出王桁、贾伯雄等143名优秀大学毕业生。9月初，所有人员全部到位，中国的第一个导弹研制机构，有了基本的雏形。几乎与此同时，原子弹的研制机构也秘密成立，钱三强、钱伟长等众多的核物理学家已经开展了工作，并招收了另一批大学毕业生参与其中。

中国的原子弹、导弹研制工作正式启动，这两项共和国最高机密被称为"两弹工程"。因为高度的保密，进行原子弹研制的人和从事导弹研制的人都相互不知道对方的存在。

五

"两弹工程"的实施改变了很多人的人生走向，但因为高度的保密，许多已经身处其中的人，自己却毫不知情，王治军便是其中之一。

1956年10月8日，苏联莫斯科航空学院里，航空发动机系三年级的中国留学生王治军、华棣和飞行器无线电电子学系的褚祥生接到通知，立刻转到宇航系火箭发动机专业学习。

那天，几千公里外的北京郊区，王桁、贾伯雄等人正坐在466医院食堂里，参加国防部第五研究院成立仪式。

接到转换专业的通知时，王治军、华棣在飞机发动机系刚上了一个月的专业课，按照莫斯科航空学院的课程设置，前两个学年都是公共基础课程，三年级才开始专业学习。两人拿着通知单非常诧异，因为在此之前，宇航系的所有专业都不接收外国留学生。

到宇航系报到后，王治军和褚祥生转学液体火箭发动机专业，华棣则转到原子能火箭发动机专业，又被称为"核动力火箭发动机"。这是个更为热门的前沿专业，涉及原子能技术和火箭推进技术的交叉学科，对于当时正在秘密发展原子能的中国来说，这也是需要提前储备的专业知识。但时至今日“核动力火箭发动机”仍处于理论状态，世界各国都未能将其实现工程应用。

他们被如此突然地调整专业，是因为中苏两国之间的一个秘密协议。

经过多次磋商，1956 年苏联同意在导弹研制方面向中国提供援助，但最主要方式是帮助培养导弹研制人才。苏方承诺，将从 1957 年开始，每年接收 50 名中国留学生学习相关专业。但此时中国已经秘密地开展了导弹研制工作，1957 年派人去学习，5 年半以后才能学成回国，时间太久。在中方的一再要求下，苏方最终同意 1956 年从正在苏联留学的各年级中国学生中选调人员，立刻转学与导弹技术相关的专业。那年，在苏联学习的中国留学生总人数将近 8000 人，转学火箭发动机专业的人数只有 50 人，分别在不同的大学，不同的年级。

莫斯科航空学院的中国留学生中，除大三的王治军、褚祥生和华棣转到宇航系外，大学五年级的马作新、王之任等人也在此时转学火箭发动机专业，他们是新中国成立后派出的第一批留苏生，一年半后就要毕业。而正上大学二年级的张贵田、王永志等人，也转到宇航系，不过，他们正在学习公共基础课程的阶段。

其实，学习其他专业的中国留学生也能接触到一些火箭发动机技术。莫斯科茹科夫斯基空军工程学院留学的李伯勇、孙敬良、夏云辉、于龙淮，也是第一批留苏生，此时已是大学五年级。他们学习的是飞机发动机维护使用专业，但课程安排中，也开设了一门火箭发动机专业课，学习到一些基本知识。

1950 年代的“留苏生”是个极为特殊的群体，所有出国留学人员都由国家派遣，留学地都是苏联和东欧社会主义国家，其中，前往苏联留学的占到总人数 90% 以上。

1949 年 10 月 1 日，毛泽东在天安门城楼上宣告了新中国的成立，刚成立的新中国面临的首要任务就是恢复千疮百孔的国民经济，迅速建立起自己的工业，尤其是重工业体系。此时在艰苦战争环境下培养出来的工农干部，无论是知识结构，还是专业技术方面都难以满足发展中国工业经济的需要。而旧中国重文轻理的高等教育体系也无法培养出国家迫切需要的大量工程技术人员。在这种背景之下，毛泽东把眼光投向了苏联老大哥，“苏联的今天，就是我们的明天”成为新中国成立之初的奋斗目标。

1949 年 12 月，毛泽东借助为斯大林祝寿的机会展开了他智慧的外交攻略，不仅与苏联签订了《中苏友好同盟互助条约》，而且还获得了援助中国第一个五年计划的156项工业建设项目，苏联派遣大批技术专家、军事专家以及行政管理顾问来华工作，中国开始“一边倒”地向“老大哥”学习。

在一连串的援助计划当中，毛泽东最为看重的是苏联接受中国派遣留学生，在毛泽东看来，只有中国培养出自己的技术人员才能逐渐增强国力，缩小与世界先进国家的差距。

从1951年向苏联派出第一批375名留学生后，中国逐年增加公派赴苏联留学的人数，并于1952年2月在北京俄文专修学校成立了专门的留苏预备部，在1953—1957年的“一五”计划中，公派9400名留学生赴苏联学习，留苏预备部招生12800人。

王治军便是在留苏预备部进修一年后，1954年被派往莫斯科航空学院学习的留学生，那年的留苏生共有1526人。留苏人员年年增多，但选拔标准自始至终都极为严格，“够入党条件，不一定够留苏条件”。

这些留学生的待遇极高，每人配发一顶皮帽，两件大衣，其中一件是皮大衣。还有两只大箱子，箱子里面装着两套毛料的中山装，两套西装，一双棉皮鞋、一双单皮鞋，还有包括毛裤、短裤的四季衣物，以及一应俱全的日用品，足够留学期间使用。留学生每月的生活费由中国驻苏联使馆提供，大学生500卢布、研究生700卢布，军队调干生的生活费按军衔级别发放，最低级别的发放850卢布。当时的外汇比价为1卢布兑换0.5元人民币，500卢布就相当于人民币250元，国内初级科技人员的月工资只有五六十元。

赴苏联留学人员都是乘坐北京开往莫斯科的国际专列，整列火车都是四人包厢卧铺席，每节车厢定员36人，十几节车厢只能乘坐四五百人。1954年赴苏联留学的1500多名学生必须分成三批前往，专列往返一次需要15天。王治军随着第三批留学生登上专列离开北京时，已是9月底，学校开学一个月了。

那时的中国，粮食、布匹都是紧缺物资，全国实行定量供应制度，但留学生专列上却是另一番景象，三餐凭餐票免费供应，所有人员按车厢顺序分批去餐车就餐。早餐是自助式，不限量的馒头、花卷、油条、豆浆、面包、牛奶、鸡蛋，还有各种小菜。午餐、晚餐四个人一桌，四菜一汤，米饭、馒头任选，都是过年时才能吃到的好菜。有一天的午餐让所有人记忆深刻，四道菜都是高级饭店里才有的精美菜品，尤其是那一道烧鲍鱼，简直就是人间美味。留学生中不乏高干子弟，吃完这顿饭也连连感叹,“烧鲍鱼真是第一次听说,吃过这一次,这辈子都忘不了”。

那天吃过饭,留学生们的心情却都沉重起来,大家都默不作声,愣愣地看着车窗外,却根本无心留意窗外的景色,第一次认真思考人生价值和国家使命的关系。新中国的经济条件薄弱,而对于他们这些留学生,却不惜成本地提供最好的物质条件。这些留学生们很清楚,这是国家为了让他们认真学习而提供的优厚生活保障,所有人的心中都压上了一块千斤巨石,生怕自己不能完成任务。

六

对刚到苏联的留学生来说,语言问题是最大的困难。同批到达的留学生里,王治军的俄语水平算是较高的,上中学时他就学俄语,又进行了一年的专门培训,但依然难以应对这里的状况。为提高中国学生的语言能力,每间宿舍里三名苏联学生,一名中国学生。但口语能力相差太大,他们与苏联学生的沟通依然困难。

苏联大学里没有课本,学习内容全由老师口述,上课时必须拼命记笔记,然后按老师讲课时提到的书目,去图书馆借阅参考书进行学习。王治军的那些俄语底子根本应付不了这样的局面,苏联教授讲课时语速很快,还有很多单词根本听不懂,再加上授课的老师来自格鲁吉亚、乌克兰等不同地域,带着各地的方言口音,就更加难懂。他只好每天借来苏联同学的笔记,晚上开夜车抄写。

几乎所有的中国留学生都要面对语言关,有人甚至闹出笑话。有一位二年级的中国学生去医务室看病,却不知道“拉肚子”用俄语怎么说,比画了半天,医生也不清楚他的意思,情急之下他想起工程技术方面的俄语:“我的后孔径……流速加快。”医生笑得前仰后合,开了药方。

王治军听说此事,却笑不出来,他正面临着比“拉肚子”更为窘迫的局面。到学校上课已经一个多星期,他居然啥都没听懂,在国内上学时,他一直都是尖子生,从没经历过如此狼狈的状况。

大使馆留学生管理处的工作人员曾对他们说:“刘少奇副主席要求大家,一定取得好成绩。最好是5分,4分还勉强,如果考3分,用不着领导谈话,自己打铺盖回国。”想起这句话,他满心都是慌张与无助,急得茶饭不思,整夜整夜地睡不着觉，嘴上也起了一串的燎泡。每天上课都如同听天书，这样继续下去，期末考试时恐怕 1 分都拿不到，连铺盖都没脸往回卷了。

有一天宿舍中没人，他再也忍不住内心的情绪，抱着被子大哭了一场。哭完后觉得这不解决问题，只能静下心来想办法。

他拿出笔记边看边回想这些天的课程，发现苏联大学一年级开设的数学、物理、化学等公共基础课，他在国内高中阶段就已经学过，听不懂的只是语言，课程内容全都懂。他的口语听力不行，但俄文阅读没有问题，此后再借来苏联同学的课堂笔记时，边抄边回忆老师上课时是怎么讲的，逐渐发现就是因为一句话里有两三个不懂的生词，整句话就听不懂了。于是，在看参考书时就把生词标注挑出，硬背下来，这个办法渐渐取得了效果，再听课时就轻松了许多。

苏联学生一天学习 8 小时就完成了任务，但对于中国留学生却有俄语和其他课程的补课，每天 10 个小时的课程是常态，下课后还要抄笔记、赶作业，每天的学习时间都在 14 到 16 个小时。两个月后，王治军的体重降了 10 斤，但俄语水平逐渐提高，学习成绩也大幅提升，期末考试时，以全优的成绩登上了全校的光荣榜。不过，他的同学中，也有个别因为四门功课不及格“卷铺盖”回了国内。

苏联大学的考试方法与国内完全不同，每次进入考场的只有一名学生。考场内有两位考官，考生从盒子里抽出一张写有考题的纸条，自己念考题，并进行口述回答。回答完毕后，考官根据这道题，随机提出一个延伸问题，考生要列出公式并进行演算。十分钟内就能结束考试，考官在现场就打出分数。这种考试方式虽然只考一道题，但每个人抽到的考题都不一样，必须充分理解一学期内学到的内容才能回答，并且能够检验学生的综合能力。

随着中国留学生逐年增加，莫斯科航空学院专为中国留学生修建了一栋宿舍楼，但每间宿舍仍然是一名中国学生、三名苏联学生的配比。新宿舍楼内，每层楼的两端都有一个配备了课桌椅子的大房间，可用于自习。这让中国学生非常高兴，此前他们晚上加班学习写作业，都要借用学校党委的阅览室，实在不方便。有了这些自习室，晚上学习再也不愁没地方了。可没想到的是，这些自习室又带来了意想不到的麻烦。

苏联学生们活泼好动，尤其喜欢跳舞，每周末晚上都要举办舞会，遇到重大节日更是如此。以前他们在学校的餐厅、广场上跳舞，有了自习室，舞会地点就转移到这里。每逢周末，苏联学生就占据了自习室，将桌椅摞到旁边，放起音乐。附近的食品学院等几所大学都是女生人数多，每到周末都成群结队地跑过来，跟航空学院的男生们整晚上跳舞、喝酒地玩闹。

王治军最怕的就是星期六，苏联同学占领自习室无处看书并不是大问题，让人难堪的是舞会结束后的状况。苏联学生性情豪放，每次舞会结束，女生就跟着男生进了宿舍。每个周末，宿舍里的三个苏联同学都是一人抱一个女孩子睡觉，而且每周抱着的还不是同一个人，王治军实在接受不了这样的场面，可深更半夜无处可去，只能用被子蒙住头尴尬地入睡。

中国学生出国前都被告知，严禁在学习期间谈恋爱，尤其禁止跟苏联女生谈恋爱。可在这样的环境下，对这些20刚出头的小伙子来说，也实在是一种诱惑。个别中国学生也偷偷地跟苏联姑娘恋爱，但被发现后立刻被送回国内。

七

王治军转到火箭发动机专业时，开学已经一个月，他必须借来苏联同学的笔记连夜赶工抄写。

专业课要学习三年半，虽然有六七十门课程，但与前两年基础课学习时相比却轻松了许多，很多苏联学生此时都处于放松状态，上课记完笔记也不看了，作业一个人做其他人抄，都腾出大把的时间去玩乐，直到快考试的时候才临阵磨枪。

中国的留学生却不敢有任何的放松，他们在这里学习不是个人的事，而是国家交给的任务，必须在学习期间掌握更多的知识。在莫斯科航空学院液体火箭发动机专业的张贵田、王永志等人此时刚上大学二年级，正在学习基础课程。和其他的中国留学生们一样，课余时间不是在整理学习笔记，就是泡在图书馆里大量地阅读专业书籍，每天学习到深夜。

莫斯科航空学院火箭发动机专业的那些课程同样没有课本，全靠课堂上的讲解，但学院的师资力量雄厚，不仅有专业知识丰富的本院教授，还有苏联各大火箭设计局的专家定期前来授课。图书馆里，有大量的专业书籍、参考资料可以随时借阅。并且，莫斯科航空学院的教学中还有一个神秘的“法宝”。

学院中有一个巨大的陈列室，只有在课程需要时，才能由教授带领进入。王治军第一次走进那个宽敞明亮的陈列室，就被眼前的景象震惊得目瞪口呆。墙壁上挂满了发动机以及各种零部件的剖视图，墙边靠着一长溜的大桌子，上面摆放着几台小型火箭发动机以及涡轮泵、燃烧室、阀门等重要零部件。屋子当中矗立着一排巨型的导弹发动机，硕大的喷管如同武士的盔甲，管线和各种部件密布其上，散射着幽幽的金属光泽。

陈列室当中，排在第一位的是 V–2 导弹发动机，V–2 导弹是世界上第一款用于实战的弹道导弹，二战结束前夕纳粹德国研制出这款秘密武器，向英国和比利时等国家发射了 3745 枚，造成了极大恐慌。1945 年年初，苏联、美国相继进攻到柏林城下，双方都派出特别行动小组寻找德国 V–2 火箭的实物和资料。钱学森当年就是美国行动小组的成员之一，他们俘获了冯·布劳恩和 100 多名德国专家，并缴获大量 V–2 火箭、制造设备和资料。而苏联则缴获了一批 V–2 火箭并俘获少数德国专家，两国的导弹研制工作也因此快速发展起来。

排在第二位的 P–1 导弹发动机，是 V–2 导弹的仿制版，苏联工程师仅对个别部位进行了小的修改，导弹射程与 V–2 一样，依然为 320 公里，可携带 1000 公斤的弹头。

第三台是 P–2 导弹发动机，这是 P–1 发动机的增大版，发动机尺寸大了许多，导弹射程达到 554 公里，可携带 1300 公斤的弹头。

P–2 导弹发动机旁边的 P–5 导弹发动机，依然是增强改进型，射程达到 1200 公里，可携带 1300 公斤的弹头。P–5 导弹 1954 年列装部队，是苏联使用液氧 / 酒精推进剂的最后一个型号。苏联教授还讲了个趣闻，因为 P–2 导弹发动机推进剂使用乙醇酒精，经常被发射部队里的士兵偷喝，于是 P–5 导弹使用的酒精被换成了不能喝的甲醇酒精。

在随后的学习中，教授讲到发动机的某个部件时，就带着他们去学校的陈列室，对照发动机实物，讲解部件的基本构造和工作原理，对理解课堂上所讲的那些技术概念帮助极大。

1957 年 10 月，王治军、褚祥生等人转到宇航系已经整整一年，这期间他们学习到许多液体火箭发动机的专业知识。已是大学三年级的张贵田等人也开始了发动机专业课程的学习。

此时，苏联各大媒体都在头版头条刊登轰动世界的消息——1957年10月4日，苏联成功将直径58厘米、83.6公斤重的“斯帕特尼克1号”卫星送入太空——这是世界上第一颗人造卫星。发射卫星的运载火箭由P-7洲际导弹改装而成。

苏联各地都为此举行盛大的庆祝活动，莫斯科航空学院宇航系的庆祝活动更是热烈。在此留学的中国学生们也为此欢欣鼓舞，同时心中更增添了一份责任感。张贵田学习火箭发动机专业课仅有一个月，对于宇航专业知识还知之甚少，却清楚地知道人造卫星对于国家的重大意义，更清楚发射人造卫星要靠他现在正在学习的火箭发动机技术。他和同学们议论此事时，曾慨叹“什么时候中国才能发射人造卫星”，那时他不曾想到，多年后，正是他负责研制的火箭发动机将中国第一颗人造卫星送上了太空。

1957年11月2日，苏联发射第一颗卫星的一个月后，毛泽东主席率中国政府代表团访问苏联，参加十月革命四十周年庆祝活动，并出席六十四国共产党和工人党代表会议。自从毛主席踏上苏联国土，中国留学生们就像过节一样，兴高采烈地关注代表团每天的活动，每天上课前的头一件事，就是买一张《真理报》看看有什么新消息。

11月16日，莫斯科各大院校的中国留学生管理处接到了中国驻苏联大使馆通知：“中宣部部长陆定一将于明日在莫斯科大学大礼堂给留苏学生做国内外形势的报告，毛主席可能会到现场看望大家。”这消息让留学生都兴奋难耐，恨不得立刻就赶到会场。同学们不约而同地去理了发，当天晚上都忙着将衣服熨平整，将皮鞋擦得锃亮。

第二天早上5点，王治军、张贵田、王永志等人和校内的中国留学生们列队走出校门，从莫斯科航空学院到莫斯科大学要倒几次地铁，所以必须早早地出发。他们心中颇为焦急，莫斯科大学的礼堂仅有3000个座位，可那时在莫斯科各院校留学的中国学生足有五六千人，去晚了就进不去了。

他们赶到礼堂门口时，那里已经汇集了大批来自各大学院的中国留学生，身后还不断地有人赶来。

礼堂内前两排是各军事院校留学生的座位，茹科夫斯基空军工程学院的李伯勇、孙敬良、孙家栋、于龙淮等人身穿军装端坐在其间，他们都是有军衔的部队干部，被派来留学，属于“部队调干生”。第三排以后的座席是其他各院校留学生的座位，莫斯科航空学院的座位在第七、第八排。

3000 多个座位已经坐满，还是不断有人挤进来。学生们热情高涨，组织者也只好同意他们进入会场，礼堂中间的走廊里、两边的墙边都挤满了人。礼堂外面还有大批的留学生，礼堂里实在容不下那么多人，那些无法进入的学生们都被安置在旁边的学生俱乐部听实况广播。

上午 10 点，陆定一开始向留学生们做报告，可所有学生都无心听讲，大家都在议论一个问题：毛主席今天究竟会不会来？小纸条不断地被递上主席台，不一会儿就在主持人刘晓大使的面前堆成一座小山。刘晓大使笑着说："这当中，百分之九十五都是关于和毛主席见面的问题的。"

下午 3 点，陆定一结束了报告，刘晓大使对大家说：毛主席正在参加一个重要国际会议，会谈结束后抽时间接见留学生，但有可能开得很晚。留学生们齐声高喊："等到什么时候，我们都愿意！"

下午 6 点，有人高喊"毛主席来了"，所有人都站起身向主席台的侧口望去，只见毛主席穿灰色中山装，在彭德怀、邓小平等人的陪同下，阔步走进大礼堂，一边走一边挥手向同学们问好。礼堂中雷鸣般的掌声和"毛主席万岁！"的欢呼声震耳欲聋。

毛泽东在主席台上频频挥手致意，几分钟后，待掌声和欢呼声渐渐平息，他为留学生们讲起国内进行的"社会主义改造"，接着话锋一转，谈到"钢铁产量 15 年内赶上英国，50 年内超过美国"，以此激励全国大力发展重工业和钢铁产业的国家发展计划。

■ 毛主席会见留学生

“赶英超美靠谁呢？不是靠我，我已是下午四五点钟的太阳，就要落山了。俗话说，天有不测风云，人有旦夕祸福，我只打算再干五年……”礼堂顿时响起“毛主席万岁”呼声，主席轻摆双手，“不要喊喽，不要喊喽，自然规律不可抗拒，大家的心情是希望我多干几年，我尽力干就是了。”礼堂里顿时响起热烈的掌声。

毛主席待掌声平息，接着说：“世界（sigai）是你们的。”见大家交头接耳没听懂他的湖南口音，解释说：“世界就是 world。”可留苏学生不懂英语，他想了想，转头问身边的驻苏联大使刘晓：“‘世界’这个词用俄语怎么说？”刘晓说：“米尔。”毛泽东又转身对着台下的留学生说：“米尔是你们的，也是我们的，但是归根结底是你们的。你们年轻人朝气蓬勃、正在兴旺时期，好像早晨八九点钟的太阳。世界是你们的，中国的前途是属于你们的，希望寄托在你们身上……”

全场响起“毛主席万岁！中国共产党万岁”的欢呼声，震耳欲聋的掌声经久不息，那一张张年轻的脸上，都泛着激动和兴奋的红光。待掌声平息，毛泽东说道：“世界的风向变了，去年气候不大好，今年气候很好，现在世界正在大变。不是东风压倒西风，就是西风压倒东风。你们读过《红楼梦》没有？这句话是林黛玉说的。我们说西风压不倒东风，东风一定压倒西风。根据之一，是苏联卫星上天，技术领先；根据之二，是这次各国共产党首脑签署的《共产党宣言》的发表。在社会主义阵营内，只要各国共产党团结一致，共同对敌，再加上有人造卫星等高技术，就不怕帝国主义的任何挑衅。”会场中又爆发出热烈的鼓掌声。

毛主席接着说：“苏联人造卫星上天了，重量 70 公斤。刘晓大使体重有没有 70 公斤？”刘晓回答：“不到，差一点儿。”毛主席风趣地说道：“就是说，苏联可以把刘晓大使送上天。美国还做不到嘛！”台下的留学生们开怀大笑。

几年后，李伯勇、王治军、张贵田等人先后回国，参与导弹、火箭发动机的研制工作，并且将中国的卫星送入太空。

八

与留学苏联的张贵田、王治军等人相比，在国内从事导弹发动机研究工作的王桁等人实在是条件艰苦，他们此前没有接触过任何导弹发动机知识，只能在工作中学习相关技术，但教材、资料都极为有限。

不过，国内技术人员的学习也并非暗夜盲行，王治军他们在莫斯科航空学院第一次看到导弹发动机后不久，国内的王桁他们也亲眼见到了导弹发动机实物。

那是 1957 年元旦过后的一天早晨，王桁和同事们刚进办公室，梁守槃主任便对他们说："这几个月一直是纸上谈兵看导弹，今天你们就能见到真家伙。""真家伙！在哪呀？"办公室里的年轻人都兴奋起来。

"咱们从苏联引进了两枚导弹，"梁守槃面带笑容，朝窗口方向扬了扬下巴，"就在前面那个仓库里。"

■ 梁守槃（1916–2009）　福建省福州市人。1937 年 6 月毕业于清华大学，1938 年赴美国麻省理工学院留学，获航空工程硕士学位。1940 年回国，先后在西南联合大学、航空发动机制造厂、浙江大学、哈尔滨军事工程学院工作。1956 年调入国防部第五研究院，中国导弹与航天技术的重要开拓者，被誉为"中国航天四老"之一。1980 年当选为中国科学院学部委员（院士）。曾任发第七机械工业部第三研究院副院长，航天工业部科技委副主任，航空航天工业部高级技术顾问，航天工业总公司高级技术顾问。

大家都挤到窗口向院子里张望，那排仓库的大门紧闭，门口也有了持枪的岗哨。王桁想起昨晚熄灯号吹过，就听见院子里起重机的马达轰鸣，原来是在往仓库里吊装导弹呀。

得到这两枚导弹并不容易。

早在 1956 年 1 月，国防部长彭德怀与钱学森见面后，在一次会见苏联军事总顾问时，就提出希望得到制造火箭的图纸资料。一年之中多次磋商，苏方终于同意提供两枚 P–1 液体近程弹道导弹，其中一枚是解剖开的教学弹，另一枚是可供拆装的完整导弹，1956 年 12 月 29 日，导弹运抵北京。

能去仓库参观导弹的，仅限于科研人员，政工、后勤人员严禁入内，他们甚至不知道仓库里是什么。

王桁和同事们列队走进仓库时，都不由得发出一声惊叹，他们没想到导弹会是这么大的家伙。全长 14 米，直径 1.652 米，翼展 3.56 米的庞然大物静静地横卧在支撑架上，两枚导弹就占满了仓库的所有空间。墨绿色的弹体上写着白色的"P–

1”，那是导弹的型号代号。俄语“火箭”的第一个字母是“P”，读音与英语的“R”相同，“P-1”就是“第一号火箭”。

那枚解剖开的教学弹，只有半边弹体，内部的各种零部件一览无余，各种金属管线如同密布的蜘蛛网。所有人都小心翼翼地绕着这枚教学弹细细打量，偌大的仓库中只有轻轻的脚步声。不知是因为兴奋，还是因为导弹那咄咄逼人的压迫感，在这个冰冷的庞然大物面前，王桁觉得头晕目眩、呼吸困难。

■ 库房中的 P-1 导弹

钱学森也来到了大仓库，绕着导弹走了一圈，对王桁他们说：“苏联的这个 P-1 导弹仿制于 V-2 导弹，也是动了些脑子的，一些地方做了改进。”他指着发动机上部那个游泳圈形状的金属部件说：“这个为推进剂储箱增压的压缩气瓶，德国的设计是球形气瓶。苏联改成这种环形的，这样改很好，气瓶的强度高了，占用的空间却更小。”

P-1 导弹早已在苏联退役，但苏方却不愿向中方提供图纸和发射装置，这样的导弹根本无法使用，只能用于教学。即便如此，对于王桁他们而言也是如获至宝，这毕竟让他们直观地认识了导弹。更难得的是，还有两名苏联教官一同抵达，为他们讲解导弹的基本构造。

导弹由五大部分组成 —— 弹体结构系统、推进系统、电源系统、制导系统和弹头系统。

弹体结构系统，就是导弹的外壳，内部空间用于安装导弹的其他四部分系统。P-1 导弹弹体尾部还有弹翼，相当于飞机的机翼，用于控制导弹的飞行姿态。

推进系统，就是导弹的最核心的部件 —— 发动机，它就如同不停跳动的心脏，为导弹提供飞行的推动力。

制导系统，就像导弹的大脑，用于控制导弹的飞行方向、姿态、高度和速度，使导弹能稳定而准确地飞向目标。

电源系统，如同导弹的血管，为推进系统和制导系统提供电力供应。

弹头系统，又称为战斗部，是导弹头部用于装载常规炸药或核武器的机构。

导弹根据使用燃料的形态不同，分为“液体推进剂导弹”和“固体推进剂导弹”，简称“液体导弹”和“固体导弹”。P–1 导弹是典型的“液体导弹”，两个巨大的桶状容器占据了整个导弹 80% 的空间，一个是氧化剂储箱，一个是燃烧剂储箱。

在专业术语中，导弹的燃料被称为“燃烧剂”，提供氧气的物质被称为“氧化剂”，这两者统称为“推进剂”。两个储箱分别装载 5 吨液氧和 3.5 吨酒精，携带的氧化剂比燃烧剂还要重，因为空气中的含氧量无法满足导弹发动机燃烧的需求，在几十公里甚至上百公里的高空飞行时，更是几乎没有氧气，所以导弹必须携带富含氧气的“氧化剂”。

两枚 P–1 导弹的到来，让五院的所有人都兴奋异常，各科室轮流进入仓库参观。那时，刚刚成立不久的国防部五院分成了 10 个设计与研究室，这些研究室由钱学森亲自设定，涵盖了导弹研制中涉及的所有技术。不知为什么，这些研究室的序号不是从一到十，而是从六到十五。王桁、贾伯雄、宋承河都被分到了九室，室主任是梁守槃，这个研究室专门负责火箭发动机的研究设计工作。导弹发动机是导弹最核心的部分，导弹能不能飞起来，能飞多高多远，全都与发动机的性能相关。

此前几个月的学习中，王桁对导弹发动机的工作原理已经基本了解，现在参照发动机实物进行学习，他终于搞清了如何将那些工作原理用工艺技术实现。发动机只占导弹 10% 的空间，但大大小小的零件却有上万个，占整个导弹 80% 的零件总量。看着那些形状不同、材料各异的零部件，王桁心里就有些发慌，要设计并制造出这么复杂的东西，靠他们现有的这点知识，哪年才能搞出来呀！？

九

1957 年 6 月 20 日，少尉冯必达和他的一名战友怀揣着紧急调令，从哈尔滨赶到北京郊区的 466 医院大院。两人都是哈尔滨军事工程学院炮兵工程系的绘图员，不清楚这次调动的意图，也没问为什么，作为军人，他们必须服从命令，“革命战士是块砖，哪里需要哪里搬”。

两人被带进一间办公室，冯必达看见里面坐着的任新民，“呦，任教授！”两人快步上前，敬了个军礼。任新民起身跟他们握手：“小冯、小李，欢迎欢迎！你俩可是我专门点将调过来的。这儿要进行一项重大任务，有大量的绘图工作，刚招来一批绘图员，大都是中学毕业生，制图水平不高，所以紧急调你们过来，负责绘图员的培训和管理。最关键的是，要对绘制的图纸进行审核，绝对不能出任何差错。”

任新民在哈军工任教4年，冯必达两人在他负责的教研室担任绘图员，所有的教学用图都是出自两人之手，任新民对他们的制图水平极为认可。冯必达不知道要承担什么样的绘图任务，他参军8年，知道保密纪律，上级不说，自己就不问，执行命令就行。

此时的任新民担任着总设计师室的室主任，他所说的“重大任务”，是6月18日航空工业委员会下达的命令——立刻对466医院仓库中那枚完整的P-1导弹进行分解、测绘，以便进行仿制工作。

对导弹进行分解测绘，是一项工作量浩繁的任务。每一步分解之前，都要用相机拍摄，然后对零件之间的相对位置进行精确测量，画出总体图。拆卸下来的所有部件、零件，包括每一颗螺钉、螺帽都要进行测量编号，并画出相应的部件图、零件图。

任新民率领技术人员开始工作才体会到这项工作的艰巨，仅导弹壳体的分解测绘就用了10天时间才完成，而导弹共有五大系统，上百个组件，上千个部件，几万个零件，很难想象需要多久才能完成全部测绘工作。除了进行测绘，还要对所有金属、非金属零件进行光谱分析，鉴定出材料成分，工作难度和耗费的时间更大。但那时的中国想要掌握导弹技术，除此之外别无选择。

能够进入那间仓库参加测绘工作的，只有相关技术人员和几名指定的绘图员，他们在仓库里测绘出草图，所有零件图都没有名称，只有数字编号。

冯必达所在的绘图组负责将草图制成标准的工程图，他和组里的绘图员都只在办公室内画图，不知道仓库里是什么，也不知道自己画的图是什么零件。绘图组有着严格的保密规定，所有人员只能接触分配给自己的图纸，不能相互传看，更不能带离办公室。工作时间上厕所，必须将正在绘制的图纸放进保密包才能离开。

每位绘图员都有一个专属的军绿色帆布保密包，上面写有各自的姓名，包盖上有密封拉链，拉链头上紧固着一根短短的细绳，包上镶嵌着一个存有封泥的小盒。每天下班时，绘图员要把图纸清点清楚后装入保密包，将拉链拉好，再将拉链头上的绳

■ 绘图人员在简陋的环境下，进行发动机图纸的测绘工作

子压进封泥，再用大拇指在封泥上重重地按一个手印后，交到保密室。第二天上班领出自己的保密包，检查封泥和绳子没有开启过的痕迹后，才能打开封泥拿出图纸。

随着导弹的部件被一件件地拆卸下来，测绘的工作量增加了几十倍，总设计师室的那十几个人根本忙不过来。于是五院十个研究室的人员都参与到测绘工作中，每个研究室只负责本专业相对应的部件，并且各研究室都配置了绘图组。

王桁没有参加测绘工作，他和三名同事正在进行另一项重要的工作——筹建导弹发动机试车台。

导弹发动机是精密的工程科技产品，必须用各种专用设备对其进行大量试验，根据取得的数据验证出发动机能否合格。发动机试车台就是其中最重要的地面试验设备，仿制 P-1 导弹发动机，必须要建起一座试车台。这项任务就由发动机研究室承担，王桁他们要尽快拿出试验台的指标参数，并且还要负责设计和建造。

这项工作没有任何可以借鉴的资料，负责此事的发动机研究室的主任梁守槃，凭想象设计出一个试验台草案，然后按学院中进行课题研究的做法，将工作项目分拆，分别派发给王桁等几个年轻人。王桁他们更是毫无经验，接到任务都不知道该从哪里下手，也没有人能提供指导，每天都在焦躁不安中度过。

唯一让王桁高兴的是，在此期间，他的参军梦想终于实现。8 月 1 日建军节那天，五院为 466 医院里的 143 名大学生举行入伍授衔仪式，地点依然在那个食堂里。王桁和同事们穿着崭新的军装，肩章上都是一杠两星的中尉军衔。

事实上，为王桁他们授衔只是当天会议的一个环节，会议的主要内容是中央军委任命国防部五院新的领导班子：钱学森担任院长，谷景生少将任政委，王诤

■ 1957 年 8 月 1 日，国防部五院技术人员参军授衔

中将、刘秉彦少将任副院长。中央军委批准五院按兵团级行使职权，下属分院按军级行使职权。兵团级是介于大军区级和军级之间的级别，给予如此之高的级别，足以看出中央对发展导弹事业的高度重视。在兵团级的重要单位里，钱学森这个不穿军装的文职科学家领导着一群穿军装的将校级军官，这在共和国历史上前所未有。

十

1957 年 9 月 7 日，一辆卡车行驶到 466 医院大门外猛然刹车。车上站着 20 个年轻人，都是华北第一工业学校航空发动机专科的毕业生，刚刚分配到五院。那个毕业季，五院又从全国招收了 200 多名应届毕业生。

一位军官从驾驶楼里下来，拿着张纸片喊名字，4 个年轻人应声跳下车厢。卡车再次启动，带着那 16 名毕业生扬起一路黄尘飞驰而去。五院在总后勤部所属的一所财务学校里设立了集训队，那 16 个人将被送到集训队进行为期三个月的入院教育。

从卡车上跳下的那 4 个人不必参加集训队，办完报到手续，直接分配到急需人手的发动机研究室。

此时，发动机研究室正在进行发动机测绘工作，那是导弹上零件最多的部件。五院的 10 个研究室中，发动机研究室人数最多，但算上八九个绘图员也不到 30 人。这些人当中，又分出四五个人由王桁率领搞试车台设计工作，进行测绘的人员不足。几天前，室里又接到上级通知，立刻抽调人员筹建液氧生产厂。P-1 火箭使用酒精和液氧作为推进剂，发动机仿制过程中需要大量的液氧。研究室本来就人手不足，又要分出人去建液氧厂，实在拉不开栓，只好从刚毕业的学生中立刻抽调人员。

4 名毕业生报到后，梁守槃主任派其中 3 人参加液氧厂筹建工作，只留下一个叫卢克忠的男生。卢克忠在学校里学的是喷气式发动机制造专业，那是当时国内各大中专院校开设的专业中，与火箭发动机最接近的。毕业前，他担任发动机专科的团总支副书记，不必参加集训也正是因为这一点 —— 政治上绝对可靠。

“你先看书吧，明天给你安排工作。”梁守槃递给他一本书，“这里是搞导弹发动机研制的，你先了解一下。”

卢克忠拿到的那本书是由任新民翻译的苏联《液体火箭发动机工作原理》，他看过几页后发现，有些内容以前在学校学过，一张液体火箭发动机的剖面图更让他觉得熟悉。临近毕业前的三个月，学校新增了一门液体火箭发动机原理的课程，教材是一份只有 30 多页的油印小册子，里面就有这张剖面图。原来，那个教材就是这本书的缩减版。那时他并不知道，这本书的翻译者任新民就在隔着几间房子的另一个办公室里，后来还成了他的直接领导。

■ 任新民 1915 年 12 月 5 日生于安徽宁国，航天技术与液体火箭发动机技术专家。1940 年毕业于重庆军政部兵工学校大学部；1945 年赴美国密歇根大学研究院留学，先后获机械工程硕士和工程力学博士学位；1949 年 8 月回国。中国导弹与航天技术的重要开拓者，被誉为“中国航天四老”之一。1980 年当选为中国科学院学部委员（院士），1985 年当选为国际宇航科学院（IAA）院士。曾任七机部副部长、航天工业部科技委主任、航空航天部高级技术顾问。

第二天上班，梁主任对他说："这里正在对一台导弹发动机进行测绘，你去配合绘图员老师的工作，一切行动都按他的要求做。这是一项绝密工作，不能跟任何人说。"

卢克忠跟着一位绘图员进了大仓库，一眼就看到支架上横置着一枚硕大的P-1导弹。发动机已经拆卸下来，单独放置在一张大案上，发动机上部各种管道、接头、零部件有条不紊地结合在一起，卢克忠看得目瞪口呆。

"所有部件都不能动啊，万一碰歪了哪个零件，相对位置就测不准了。"绘图员说罢，便开始在旁边的绘图板上画发动机的立体图，画几笔就走到发动机前，小心翼翼地测量零件之间的相对尺寸。这是件繁琐的工作，每个零件的尺寸，以及各个零件之间的距离都必须反复测量几次取平均值，以尽量减小测量误差。卢克忠的工作就是在测量尺寸时帮忙打下手，按照测绘员的要求递上各种测量工具，因为紧张，显得有些手足无措。

在仓库中忙了一整天，下班时，卢克忠接到通知，晚饭后在绘图室开会。"反右运动"正在全国展开，所有的单位都要认真执行，但"搞运动"不能占用白天工作时间，批判会、学习会只能晚上进行。五院没有右派，因为选来的人都经过严格政审，又红又专，不过也确实有人存在问题，几天前，一个绘图员偷拿了办公室里的绘图仪器。

那天的批判会在绘图室召开，发动机研究室所有人员都到齐了，卢克忠特意数了数，算上几名绘图员再加上新来的他，总共29人。被批判的绘图员知道后果严重，不仅是偷窃公共财物这么简单，怕被戴上破坏测绘工作的帽子。因此，当梁主任批评他时，他态度强硬地辩称是拿回去准备晚上加班绘图。

旁边坐着的贾伯雄忍不住了，"啪"地一拍桌子站起来："胡说八道！下班时图纸必须交回保密室，一片纸都不能带出去，你回去画什么图！"他脾气直、嗓门大，遇到事情憋不住火儿，大伙儿送他个外号——"贾大炮"。在"大炮"的几轮轰击下，那位绘图员顶不住火力，只能承认错误。卢克忠也因此对这位性格直爽的同事印象深刻。

卢克忠在仓库协助测绘只进行了两三次，突然接到通知——测绘工作全部停止，所有人员都不能再进入仓库。

这气氛紧张又神秘，大家都暗自猜测，可能发生了什么大事。只有极少数的人知道，确实发生了一件大事，第五研究院的工作重点也将随之产生重大转变。

事实上，就在9月7日卢克忠来到五院的那天，一架苏制伊尔-18专机正从北京南苑的军用机场起飞，飞机上坐着聂荣臻、陈赓、钱学森以及导弹、原子能、飞机、电子等方面的专家，共31人，他们将前往苏联进行国防技术援助谈判。

经过第一轮的谈判，9月14日，中方代表团收到了苏联方面提出的协议草案。在关于导弹技术援助的项目中，苏方将提供P-2导弹样品以及相关的设计图纸、制造工艺等技术资料。P-2导弹是P-1导弹的改进型号，导弹全长17.68米，直径1.65米，起飞重量20.5吨，最大射程为554公里，可携带1300公斤的弹头。

P-2导弹技术更先进，并且资料齐全，对P-1导弹的测绘、仿制就没有必要继续进行。这一消息立刻被传回国内，五院的测绘工作随即停止。

发动机研究室里参与测绘工作的人员都已无事可做，卢克忠每天上班就捧着任新民翻译的那本《液体火箭发动机工作原理》认真学习。

发动机试验台和液氧厂的筹建工作仍在继续，无论将来仿制哪种型号，这两个项目都是发动机研制中不可缺少的设施和原料。但此时，试车台设计工作进展缓慢，梁守槃主任时常召开讨论会。

讨论会就在大办公室里进行，坐在旁边看书的卢克忠也能听见，有一次，他听到讨论内容是试车台操作台面的设计。试车台设计工作由王桁、朱凯、陈福根等几位设计员负责，讨论没多久，几个人就争论起来，争论的焦点是操作台桌子角应该设计成圆角还是直角。后来，又因为试车台应该建在城市还是建在偏远郊区引发了激烈的争论。

刚参加工作的卢克忠对导弹及其相关设施一窍不通，见王桁他们争论得面红耳赤，觉得桌角的形状、试车台的地点肯定是很重要的问题。后来才知道，当时不仅他是门外汉，他的那些同事，甚至主任梁守槃也同样是“没吃过猪肉，也没见过猪跑”。他们连导弹发动机点火后是什么状态都不清楚，对于试车台，更是一切都是基于想象，讨论的都不是实质性问题。

对试车台设计的讨论工作仅延续了一个月，也被暂停了。10月15日中苏两国正式签署了《国防新技术协定》，苏联将为中国提供P-2导弹的实物样品及相关资料，其中包含全套的地面发射系统和发动机试车台的图纸资料。[1]

十一

1957年11月6日，国防部第五研究院划分成一分院和二分院。一分院负责地对地导弹和火箭研制，五院院长钱学森兼任一分院院长，谷景生兼任政委，办公地迁往北京西南郊的云岗；二分院负责地对空导弹和反导导弹研制，五院副院长王诤兼任二分院院长，董启强任政委，办公位于北京市永定路。

1957年11月底，466医院里一片忙乱的景象，王桁和同事们将所有的资料文件和个人生活用品分别装箱打包。他们所在的发动机研究室划归一分院，并改称四室，主任由任新民担任，而梁守槃则改任总体设计室（一室）的主任。二分院的人员已经迁往位于永定路的办公地，他们接到命令，要立刻搬到新的办公地址。

仓库里那枚被分解的P–1导弹已经重新装配起来，秘密运往北京航空学院，那里开设了导弹设计制造的相关专业，这枚导弹将被用于教学。而另一枚解剖状态的教学弹，则被运往哈尔滨军事工程学院，同样用于教学。

搬离466医院时，已是12月初。北京的冬天到处都是灰蒙蒙的，北风凛冽地掠过屋瓦和枝头，擦出一串尖厉的啸声，房檐边的几根冰溜子应声栽下，落在地面上摔得粉碎。院子里的所有人员列队登上卡车，寒风从篷布的缝隙钻进车厢，他们裹紧大衣，背靠行李挤坐在一起取暖。王桁那个“搬家方便”的病床却没派上用场，医院中原有的财物一律不准搬走，损坏的物品都要全部修好。

十几辆蒙着篷布的大卡车鱼贯驶出466医院的大门，开往西南方向，一个多小时后从布满乱石的河滩中直接开过永定河，车上的人都晃得像一堆不倒翁。正值冬季枯水期，结冰的河面只有两三米宽，从篷布缝隙望出去，可以看到两三公里外

---

①《国防新技术协定》中约定，苏联将于1957年至1961年底向中国提供四种导弹及其制造技术，其中包括：P–2地对地导弹，中国代号1059，后定名为“**–1”；KS–1巡航式岸对舰导弹，中国代号542；C–75地对空导弹，中国代号543，后定名为“红旗–1”；K–5M空对空导弹，中国代号545，后定名“霹雳–1”。

该协定正式签订的同一天，中国海军代表团到达莫斯科，商谈向海军提供巡航导弹的相关事宜。1958年2月4日，中苏签订《二·四协定》，苏联将向中国提供三种巡航导弹的制造技术，其中包括此前的KS–1巡航式岸对舰导弹，以及新提供的两种巡航导弹——П–15舰对舰导弹，中国代号“544”，后定名为“上游–1”；P–11ФM导弹潜对地导弹，中国代号“1060”。

的卢沟桥。过河又走了半个小时，车队到达云岗，这是一个群山环抱的小镇，镇子不远处，有一个高墙环绕的大院儿，这就是王桁他们的目的地。

王桁和同事们拎着行李跳下卡车，好奇地四处观望。这是一个占地庞大的院子，主体建筑是几座“工”字形的小楼，建筑物的间距很大，大操场、篮球场、大礼堂、食堂、锅炉房、洗澡堂、游泳池设施齐全，院子里还有一片小树林，两根铁轨从另一侧的大铁门外伸进来，那是专用铁道。

此处原是中联部所属的马列主义学院第二分院校址，据说越共领导人胡志明也曾在这里进修过。更早的时候，这里曾是抗战胜利后民国政府用于关押日本战犯的场所。

■ 马列学院二分院旧址。1957 年 12 月 3 日至 1958 年 8 月 8 日，11 所前身—— 一分院四室和第三设计部曾在这里成立和工作

发动机研究室的办公、住宿地在院子东侧那栋三层高的工字楼内，办公室宽敞多了。研究室还配备了专用的试验室和小车间，宋承河被调去负责试验件生产车间，贾伯雄则负责器材管理工作。

1957 年 12 月 24 日深夜，大院里那条专用铁路线上缓缓开进一列火车，起重机轰隆隆地响了一夜。

第二天，院子里出现了一群高鼻子、蓝眼睛、穿着深灰色西装的外国人。贾伯雄捅捅旁边的王桁：“都是老毛子吧？咋来了这么多！”在那时的官方称谓里，中国将苏联成为“老大哥”，可在民间，人们依然称苏联人为“老毛子”。王桁没说话，他注意到库房那边又加了岗哨，肯定是运来新东西了。

那些穿西装的“老毛子”共有 102 人，是苏军缩编导弹营的官兵，由布里奥·波列任斯基中校率领，奉命前来教授中国人使用 P–2 导弹发射系统。为了保密，官兵都换上了统一配发的西装。库房中就是苏联援助的 P–2 导弹及地面发射系统，昨晚忙了半夜才将全套装备卸装入库。五院一分部搬到这个大院，就是为了接收这些装备，并在此地接受训练。

1957 年 10 月 15 日中苏两国正式签署《国防新技术协定》后，中央军委于 11 月做出决定：由解放军炮兵司令部和国防部第五研究院共同组建“炮兵教导大队”，隶属军委炮兵编制，业务上由第五研究院领导。

1957 年 12 月 9 日，王桁他们从 466 医院搬到云岗大院的那天，教导大队正式成立，共计 570 人。这个相当于营级编制的机构，所有职位都采取高职低配。大队长、政委由师级军官担任，连长由团级军官担任，操作手也由连级、排级干部担任。这些人员分别从炮兵、五院总部及其他军兵种精选出来，不但看本人当前的工作表现，还审查过去的历史、家庭情况和社会关系，几乎所有人都是党员和团员。

按照此前的规划，教导大队分编成 23 个专业组，由苏军官兵进行为期三个月的导弹实际测试和发射技术培训，官跟官学、兵跟兵学。第一阶段进行兵器技术理论教育；第二阶段是实际操作训练；第三阶段为全营野外技术演习。

发动机研究室也要选派人员，参加教导大队发动机排的培训，张继庆、龚伊凡、从数国等少数几人有幸入选，这让其他设计员们羡慕不已。

苏联教导营教官每天拿着 P–2 导弹的《勤务指南》，在现场翻译人员的配合下，讲解导弹的结构和工作原理。《勤务指南》其实就是导弹的“使用说明书”，里面包含了导弹各个系统的详细内容。

教官讲解得很细致，整个发动机有哪些开关、有哪些阀门，哪个开关控制哪个阀门，工作原理是什么，都讲得清清楚楚，有时还画出工作状态的示意草图，甚至讲解零件装配的要求。学员们每人拿着个笔记本，将教官讲解的内容一字不漏地记下来。

苏军教员对保密要求极为严格，各专业组只能接触本组内容。为防止其他专业组看到相关内容，他们上课时画在黑板上的图形，下课后就用一张纸盖上，或者直接擦掉，上课时重新再画。学员听课笔记一律记在保密本上，除了学习时间外，笔记本不准放在宿舍或教室，下课立即交到保密室，一天要领交几次。

实际操作训练的地点就设在东工字楼前的空场上，P–2 导弹的发射架竖在空场中间。为了防止大院外的人看见高高耸立的导弹，用席子搭起了一个十几米高的三面围挡，只空出面对工字楼的这面没有遮挡，供车辆和人员进出。每次训练时，中型履带牵引车、重型载重卡车、高架起重机、液氧加注车、酒精加注车、测试车、电源车、指挥车、工具车、通讯联络车 …… 走马灯一样在工字楼下来回穿梭。那枚导弹被反复地竖起又放下，发动机设计室的王桁他们站在窗口就能看见。

苏联导弹营的军人进驻大院儿后，就脱掉西装换上了苏式军装。苏联的军队里等级森严，士兵见到军官必须远远地就立正敬礼，在军官面前不能说话更不准嬉笑。那段时间，几乎每天晚上礼堂里都会免费放映俄文电影，苏联士兵绝对不坐中间，那是军官才能坐的位置。卢克忠和他的航校同学也经常去看电影，但台词根本听不懂，就是去看看热闹而已。

其实礼堂里大半是中国人，去看电影的苏联人不多，相对于电影，苏联士兵们对喝酒更有兴趣。晚上没有训练任务的时候，中方给他们提供一些北京特产的二锅头。苏联军官对士兵们的要求是，可以喝酒，不许喝醉，喝醉就是违反纪律。但总有管不住自己的士兵，一喝就喝到烂醉，军官就把醉汉揪到大操场上罚走正步。醉汉歪歪斜斜地走几圈，瘫倒在跑道上，军官上去连踢带打，厉声命令他继续走。苏联士兵在烂醉的状态中也知道服从军官的命令，爬起来继续跌跌撞撞地走正步，一走就是两个小时。隔三岔五就能在操场上看见走正步的醉汉，多数情况下都是好几个醉汉排着歪歪斜斜的队形同时走。

苏联士兵性格活跃，被憋在这封闭的院子里实在无趣，为打发无聊，常去中国技术员的宿舍串门。有两个苏联士兵总到卢克忠他们的宿舍，互相学些“你好”“谢谢”“再见”之类的日常用语，但交流主要依靠动作比画。

有一天，那两个苏联士兵又来串门，坐下没多久，其中一位从兜里掏出半瓶二锅头，仰脖喝了两口，伸到卢克忠面前晃了晃，示意他喝点。卢克忠摆摆手，站起来摇晃着走了几步苏联式的正步。那位士兵立刻收回酒瓶，双手抱头，做出夸张的羞愧状。几天前，他因为醉酒，被罚在操场上走了两个小时的正步。宿舍里的人都哈哈大笑，那士兵抬起头，伸手指着卢克忠，用带着俄语音调的汉语说：“你 …… 不好！”

十二

1958 年 3 月初，实际操作训练已经结束，教导大队定于 3 月 15 日进行一次发射演练，将一枚 P–2 导弹实弹点火启动。这消息让所有人都很期待，导弹已经见过多次了，如何操作也都学过了，但导弹点火发射是什么样谁也没见过。

P–2 导弹并非一按按钮就能发射，要进行初级点火和主级点火两个步骤。初级点火用于引燃推进剂，6 秒钟后才能进入主级点火程序，此时推进剂充分燃烧，导弹才能发射出去。教导大队要进行的实弹发射演练，只是启动导弹初级点火，在进入主级点火程序前关机。

P–2 导弹使用没有腐蚀性的液氧和酒精作为推进剂，对发动机的零部件不会产生影响，所以导弹只要没进入主级点火阶段，发动机就可以多次进行点火启动。

3 月 15 日一大早，东工字楼里的发动机研究室接到通知，当天的发射演练期间，所有人员只能在各自办公室内，不得下楼。因为“发射场”就设在平常训练的楼前空场上，距离不过二三十米。另一个原因是，中央军委的领导人要来视察发射。

发动机研究室的人不能下楼，却并不影响观看发射，他们“近水楼台”，趴在办公室的窗台上就能看见。东工字楼的门厅下，坐着贺龙、陈毅、聂荣臻几位元帅，还有总参谋长黄克诚、副总参谋长张爱萍、陈锡联上将及杨成武上将等十几位高级将领。

教导大队的各种地面车辆按顺序鱼贯而入，执行点火前的操作程序。起重机将导弹竖起，测试车对导弹进行水平测试、垂直测试，加注车进行酒精与液氧的加注 …… 楼下那些将帅们听着身旁技术人员的解说，面带笑容频频点头。发动机研究室的工作人员对这些已经看过无数遍的程序毫无兴趣，都期待着正式点火的时刻。

点火前 30 分钟倒计时，所有地面设备先后撤离发射场，楼上楼下几百号人都安静地看 20 多米外的那枚导弹 ……

刚刚接触到导弹的中国技术人员并不知道，如此近距离的发射演练隐藏着的风险，而苏联人那时也同样没有意识到这一举动的可怕 —— 导弹是一个零件众多、结构复杂的机械构件，发生故障的几率很高，如果在点火过程中某个零件出现故障，很可能会导致导弹爆炸，如此近的距离内，那栋工字楼都会被夷为平地。

苏联人的过度自信终于酿成灾难。两年后的 1960 年 10 月 24 日，苏联发生了一次世界上最为惨烈的导弹灾难事件，一枚 P–16 洲际导弹在发射架上爆炸，在现场指挥的苏联导弹部队司令米·伊·涅杰林元帅，以及 160 名苏联宇航科学家全部遇难，现场只留下被烧变形的硬币和钥匙。虽然这枚 P–2 导弹的威力无法与 P–16 洲际导弹相比，但如果真的发生爆炸，方圆 200 米内都将成为一片焦土。

“增压！”发射指挥员手中高高举起的红色信号旗让所有人精神一振。

“排泄！”令旗向下一挥。

“嗵”的一声巨响，一束淡蓝色的火焰从导弹尾部猛然喷出，所有人都被吓了一跳，没想到会有这么大的声音。喷管中发出“嗤嗤”的高频啸鸣，刺得人耳膜胀痛。

导弹喷出的尾焰像一道瀑布迅疾而下，从发射架上的导流装置撞到地面，向四周衍射，强大的气流将地面的尘土卷成一个巨大的圆环，迅速向外扩散，地上的枯枝、落叶瞬间都变成了一个个火球，夹杂在弥漫的烟尘中向四面飞射。

这场面让所有人心惊肉跳，趴在东工字楼窗口观看的技术员们觉得一股热浪迎面袭来，不由自主向后仰身躲避，眼睛却一直盯着楼下那枚震颤着的导弹。此时，导弹喷管内发出“噗”的一声，刺耳的鸣响戛然而止，整个世界仿佛都安静了下来。导弹的尾焰瞬间熄灭，喷管处缓缓地冒出一股白烟。

6 秒钟的初级点火训练安全完成。这是中国研制导弹的科技人员第一次见到导弹点火的情景，虽然短暂，那惊心动魄的场面却震撼了所有人。

楼下的十几位将帅高兴地站起身，向教导大队的人员鼓掌致意，陈毅元帅兴奋地说：“我们炮击金门，人家说是蚊子叫，听不见。如果我们的导弹上了天，原子弹响了，那就不是蚊子叫，而是老虎叫，狮子吼，人家才买账哩！”

导弹实际操作阶段结束后，又开始野外技术演习，教导大队每次都是晚上 10 点以后才出发。王桁他们从宿舍窗口就能看见，十几台重型车辆排成一字长龙，浩浩荡荡地开出大院不知道去了哪里。第二天凌晨四五点钟，车队又趁着天色还没放亮前返回大院。

1958 年 4 月，教导大队完成所有训练科目，苏联导弹营的官兵全部回国，五院的受训人员也各自返回原属单位。教导大队不但没有解散，还进一步扩充整编，更多人员被调集进来进行第二期、第三期的培训。事实上，教导大队是中国导弹部队的“鼻祖”，后来中国成立第一支导弹部队——第二炮兵部队（注释：1966 年 7 月

1 日组建，由地对地战略导弹部队和常规战役战术导弹部队组成。2016 年 1 月 1 日改称“火箭军”）时，参加过教导大队培训的人员，成为其中的核心力量。

十三

1950 年代的中国，无论是文学艺术，还是科学技术、管理模式，一切都“以苏联为师”。正在进行的导弹仿制工作也不例外，1958 年 4 月 2 日，五院参照苏联研制机构的模式，对所属单位进行了调整，并重新命名。从事发动机研究、设计的第四研究室，改称第三设计部，成为一个可以独立运行的单位。

第三设计部刚成立后不久，又有七八位年轻人前来报到，其中几个还身穿军装。大家都以为是从部队调来的政工干部，因为大学毕业生都在 9 月分配，培训两三个月后，年底时才来报到。可没想到这些人居然也是技术员，报到后立刻被分配到了设计组，他们到底是什么来头？

过了几天大院儿里才传开，这些人“可不简单”，都是“宝贝疙瘩”—— 从苏联回来的第一批留学生。

穿着军装的是李伯勇、孙敬良、夏云辉、于龙淮等人，去苏联留学之前就是空军的俄语翻译，后来从部队中抽调派往苏联学习飞机设计制造技术，毕业前一年半，转学液体火箭发动机设计专业。这些人当中，除于龙淮毕业于苏联军事航空工程学院，其他人都毕业于茹科夫斯基空军工程学院。

王之任是几个留苏生中唯一的女性，她和同学马作新都穿着便装报到，当年两人从华北大学工学院一年级被选拔出来，派往苏联喀山航空学院学习，后转到莫斯科航空学院宇航系学习液体火箭发动机设计专业。

3 月份是苏联大学的毕业季，所以这批留苏生才会在 4 月底前来报到。那时的第三设计部已经有近百人，却都没有实质性的工作，还是每天学习导弹基本理论，所有人员都在焦急地等待着 P–2 导弹的图纸资料。按照《国防新技术协定》中的约定，苏方将分两批交付导弹图纸，原以为第一批资料会与那两枚导弹一起运来，可苏联方面却迟迟没有提供，仿制工作无法开展。

直到 1958 年 5 月底，第一批图纸资料终于运到云岗的大院儿里。5 月 29 日，

■ 图纸资料的翻译和复制，是发动机仿制生产的一项重要工作。图为资料室人员加班加点进行资料复制

聂荣臻元帅亲自向国防部五院下达了开始P-2导弹仿制工作的指示，任新民也在此时被任命为液体火箭发动机总设计师。按照科委的计划，要在1959年10月1日前制造出第一枚导弹，为新中国成立十周年献礼。因此，这枚导弹取“59”年和“10”月的数字为代号，被命名为“1059”。

图纸资料立刻被分门别类分发到各单位，所有资料都是俄文的，必须由技术人员将每张图纸重新用手工绘制一遍，再将图纸上的俄文工艺技术要求翻译成中文，然后再晒成蓝图。上级对于第一批图纸的进度要求是“两个月内完成，越早越好”。

第三设计部负责发动机的资料翻译，当卡车将图纸运到楼下时，所有人都傻了眼。装满图纸的大箱子竟有几十个，卸下来能摞满大半间办公室。导弹发动机的图纸资料就有几万张，光是看一遍就得半个月，何况还要将每张图纸上复杂的零件图画下来，并翻译出上面的工艺要求，竟然要在两个月内完成！

第三设计部主任任新民召集全体人员开会，“咱们的任务很重呀！进行仿制的生产厂已经确定，就等着这些图纸开工了。上级要求两个月内完成，越早越好，这实际上是一道加急令，咱们拼着命也得完成，不能延误时间呀！”

此时，整个第三设计部只有50多人，为了赶进度，人人动手每天描图到凌晨一两点，回宿舍睡四五个小时，第二天早上8点前又来到办公室画图。当时的中国，正掀起一场轰轰烈烈的“大跃进”运动，整个中国都在大炼钢铁，激情澎湃地“赶英超美”。每天拼命描图的王桁、贾伯雄、卢克忠他们知道，这里的任务比增加钢铁产量的意义更为重大，那份责任感和荣誉感让他们更加拼命工作。

为了给技术员们节约时间，食堂也调整了管理方式。每个人都固定餐桌，座位上都摆上一张卡片，每顿饭后，就餐人员就拿起桌上的卡片，按照黑板上公布的食谱，写上下一顿要吃的饭和菜。下一餐开饭前，炊事员就将卡片上预定的饭菜摆到桌子上，大家走进食堂坐下就可以吃饭。

这样连轴转式的工作，极大地加快了进度，但绘制工作中也因此出现了一些意想不到的情况。

十四

云岗的大院儿里，几乎所有人员都参与到描图、翻译的工作中，每间办公室都是直到凌晨还灯火通明。图纸翻译工作进行到20多天时，一位校对员却在一张图纸上发现了异样。

那张图纸上有一段标注技术条件的文字，语句中莫名其妙地出现了“小狗”两个字。是俄文资料上原有的，还是有人恶作剧？校对员赶忙对照原文，发现俄文资料中根本没有这个词。在如此重大严肃的任务中搞恶作剧，是极为严重的事件。五院领导接到汇报，立刻展开追查。

查找责任人并不复杂，每张图纸上都有绘制者的签名，3分钟后技术员王心清就被带到保卫科。他半年前才参加工作，此时已被这威严的阵势吓蒙了，看着图纸上那两个字半天说不出话来。按照绘图标准的要求，图纸上的文字必须使用仿宋体书写，但毕竟是人工手写，总会带着个人的笔体，这两个字确实是他的字迹，可他真是不记得自己是怎么写上去的。这些天来，他每天工作十几个小时，图纸都不离自己的视线，怎么会出现这样的事情？小伙子满心委屈，却又无法解释，急得掉了眼泪。

调查的干部赶忙安慰他：“你别急，这张图是今天才交的，你想想最近两天画图的时候，有没有离开现场，或别的什么情况？”

王心清又仔细地看了那段文字，猛然想起来：“这是我昨天晚上翻译的……我想起来了！写这段的时候，实在困得不行，一边写就坐着睡着了，还梦到在追一只小狗，然后猛地就醒了。可能迷迷糊糊的时候就把‘小狗’写在了技术条件里。”调查干部哭笑不得，但相信他说的肯定是实情，这些年轻人每天工作十六七个小时，已经持续了将近一个月，早已疲惫不堪，确实是坐着都能睡着了。

“小狗事件”在院里传开，大家几乎笑破了肚皮。院领导也因此提醒不准加班过晚，让政工干部督促技术员，12 点以前必须关灯回宿舍休息。

刚从苏联留学回来的李伯勇、孙敬良、夏云辉、于龙淮等人分配在第三设计部工作，同样参与了图纸翻译工作，他们在苏联学习多年，翻译出的资料质量最高。但对于王桁他们这些国内大学毕业的人来说，翻译工作就颇为困难，虽然上学时学过俄语，但火箭专业的工程词汇此前都没学过，只能不断地翻阅俄汉词典，翻译进度难以提高。

大家都在加班加点翻译、描图的时候，绘图员出身的冯必达却没有参加这项工作。几个月前，他被调到技术科从事行政管理工作，负责后勤、外联等事务。此时，他被安排去完成另一项紧急任务。

那时的五院一分院已有数百人，云岗的驻地中，又进驻了大批教导队的参训人员，住房和办公室都已经非常紧张。更重要的是，要将 P–2 导弹庞大数量的复杂零部件制造出来，需要大型工厂的密切配合。

为解决试制和生产问题，聂荣臻元帅和陈赓大将火速与二机部（当时的国防工业部）协商，将其所属的 211 厂划归五院一分院作试制工厂。1958 年 6 月，211 厂完成移交，上级决定将五院一分院的办公地址也由云岗迁往 211 厂所在地。一分院所属的几个设计部都划分出新的办公地点，搬迁工作由各设计部自行筹备。冯必达便是在此时受命，完成第三设计部的办公、住宿场地清理准备工作。

211 厂接洽人员带着冯必达去看办公场地时，一脸歉意地说：“那个…… 那地方的条件差了些…… 我们也确实没有地方了。以前我们厂 500 多人，两年前厂子扩建，一下扩编到 7000 多人，所有的房子都挤满了。”

冯必达摆摆手：“问题不大，有个地方就行，我们领导说现在就是临时解决办公场所，以后要专门盖楼呢。”

211 厂位于北京南苑，其前身是 1910 年清政府的一个飞机修造厂，后来，由北洋政府、侵华日军和民国政府轮替管理，几十年间，一直进行飞机修造工作。1948 年底由中国人民解放军接管，1951 年由空军移交重工业部航空工业管理局，改名国营 211 厂。1953 年 12 月，中央批准 211 厂扩建为年修 700 架喷气式歼击机的大型飞机修造厂，被列入苏联援助中国的 156 项重点工程项目之一。1955 年，陆续从全国各地调来大批工人、复转军人、技校毕业生，总人数超过 7000 人。此时，按上级部署转变为导弹试制厂后，原有的飞机修理任务以及部分职工被移交吉林531厂。

冯必达跟着接待人员到了新办公区跟前，才知道那个“条件差”是什么意思，他在门口愣了半天，想不到会是这样的地方。

■ 1958年8月8日至1960年3月第三设计部在大机库工作

那是个破败不堪的废弃机库，四周如同围墙一样长满了一人多高的荒草，机库的铁皮大门锈迹斑驳，窗户上的玻璃都已七零八落。几只麻雀惊叫着从破洞飞进机库，它们是当年要大力剿除的“四害”之一，这里成了它们的避难所。

接待人员拨开荒草带着冯必达往前走，“这是抗战时期，日本人搭的一个飞机修理库。”他费力地扭开生锈的大锁，使出浑身力气推开那两扇锈迹斑驳的铁皮推拉门。这是一座用钢架和薄铁皮拼成的简易大棚子。铁皮房顶已经被锈蚀得千疮百孔，那几只麻雀在阳光投下的一道道光柱中惊慌失措地乱撞。烈日将铁皮机库变成了巨大的烤箱，蚊子苍蝇成群地冲进来，嗡嗡地盘旋，让人烦躁难耐。

这环境实在太糟糕了，冯必达心里失望，嘴上却说：“行，有地方就行！麻烦你安排些人手，给我帮忙把这儿收拾一下。”

没用多久，冯必达就领着人清除了杂草，修补了房顶和窗户。用木板在机库内的西墙下隔出了七个小单间，作为设计部任新民主任、吴之真副主任以及即将到来的苏联专家的办公室。在东北角，也隔出了三个小隔间，作为存放办公用品的库房。

他又向上级申请，领来了170套桌椅板凳，两张桌子头对头的拼放，形成一个工位。机库里光线差，只要关上大门，即便是阳光充足的正午时分，里面也是一片昏暗。他又找来电工，给每个工位上吊了一盏电灯。

大机库的改造工作终于完成，冯必达站在门口，拍了拍身上的灰尘，回头看看那个锈迹斑斑的大铁门，能获得的就是这样的条件，他已经尽力而为了。

1958 年 8 月，第三设计部完成了第一批图纸的复制和翻译工作，从云岗搬进了南苑这座机库改成的简陋办公室。相比于他们将要面临的工作困难，办公环境的恶劣就成为根本不值一提的事情了。

十五

第三设计部搬到了南苑那个破旧的大机库里，第二批图纸也正好到达，王桁等人立刻开始第二轮的绘制、翻译工作，卢克忠却没去南苑。

8 月 1 日，第一批图纸翻译结束后，第三设计部就派出了由张遐圻带队的 12 人工作组奔赴沈阳 410 厂，携带着发动机部件图纸开始生产前的筹备工作，卢克忠便是工作组成员之一。

去沈阳筹备生产实出无奈，北京南苑的 211 厂虽然被划归五院，但此前是修造飞机的工厂，主要使用铆接技术，而导弹发动机上使用大量焊接技术，正在进行技术改造的 211 厂还不具备生产发动机的能力，工作组只能舍近求远选择沈阳的工厂。

沈阳协作生产发动机的厂家有两个——111 厂和 410 厂。两个厂都在沈阳市区东郊，只隔了一条马路。111 厂的前身是当年奉系军阀张作霖建立起来的军工厂，1953 年被列入苏联援建的“156 项重点工程”之一，当时正在改造为火箭发动机生产厂。410 厂原是 111 厂的一部分，1953 年拆分出来，生产喷气式飞机发动机，也被列为苏联援助重点项目，机床都是从苏联和东德引进，是当时国内最先进的设备。

当时中国百姓最为津津乐道的“156 项重点工程”，是中苏两国之间一个延续多年的援助项目。为尽快建立中国的重工业体系，中国与苏联签订了一系列的协定：

自 1950 年开始，苏联通过等价交换的外贸方式援助中国，帮助建设与改建 50 个重工业和军工企业。1953 年 5 月 15 日，两国政府再度签订协议，苏联以技术设备向中国援建 91 个企业，援助项目达到 141 个企业。沈阳的 410 厂、111 厂以及北京的 211 厂，都是那时被列入援助改建项目的飞机制造、修配工厂。1954 年 9 月，担任苏共第一书记不久的赫鲁晓夫在政治上急需中国的支持，决定再追加 15 项援助工程，并提升援助的技术含量。

三批苏联援助项目的总数相加，形成了“156 项重点工程”，后来进行核对时，发现有 2 个项目被重复计算，实际为 154 项，而最终落实的工程共 150 项，但民间依然习惯性地称之为“156 项重点工程”。

在那些已经实施的 150 个项目中，大型民用企业 106 个，军工企业 44 个。涵盖了钢铁工业、有色金属工业、化工业、机械加工业、能源工业、航空工业、电子工业、兵器工业、航天工业、船舶工业等重工业的各个方面，使中国初步具备了独立的重工业体系。“两弹工程”得以上马，很大程度上是因为拥有了这些重工业工厂。

1957 年年底，“156 项重点工程”中有一半以上的项目已建成投产，中国的工业制造能力也因此获得大幅提升，P–2 导弹的仿制工作也是在这种条件下才得以正式实施。

仿制生产筹备组到达沈阳，开始与工厂商定零件加工的机器设备、工装夹具和原材料准备等事项，这是比描图、翻译更为复杂的工作。好在组长张遐圻经验丰富，他先将几大箱图纸分门别类地整理出来，然后按照每个小组成员分管的发动机组合件分派给大家，让他们先熟悉图纸，以便下车间时能够处理相关的生产问题。

为了保密，仿制组带到沈阳的那些图纸上，没有零件名称，只有零件编号，“1059”导弹发动机的代号为 5D52。但是，刚刚工作了一个多月，仍然发生了一件“泄密事件”。谁都没想到，泄密人竟然是带队的组长张遐圻。此人年过四十，是位高级工程师，五院成立时调来的 30 多名专家之一，平时行事谨慎细致、极为稳重，他怎么会泄密？!

一分院紧急组成事件调查小组奔赴沈阳，第三设计部的负责人任新民也必须一同前往。

原来，有一天张遐圻到车间查看生产准备进度时，一个工艺员随口问了他：“你们这个 5D52 是啥东西呀？不像飞机上用的。”老张觉得这也是军工保密单位，以后也要干这些零件，告诉他也无妨。就随口回答：“这是导弹发动机。”没承想这句话当天就被传得满车间的人都知道了。仿制组里还有一位保卫科干部，专门负责保密工作，发现这一情况，立刻向北京汇报。

张遐圻因为这一句话，就背上了一个严重警告处分，这还是个从轻处罚的决定，因为传播范围仅限于军工单位内的一个车间。

回京后，任新民立即开会提醒大家引以为戒，保密意识时刻不能放松。说完此事，他又讲起在工厂里的见闻，沈阳之行给他的感触太深了。

外面正下着第一场秋雨，雨点敲打在铁皮屋顶上，噼噼啪啪响个不停，办公室里到处摆着脸盆、铁桶、罐头瓶，雨水从屋顶锈蚀的铁皮缝隙中滴下来，叮叮咚咚地奏起了交响乐。

“我记得咱们刚搬到这里时，有人说，这条件太简陋了，我也这么觉得。这次到了沈阳的那两个军工厂里，看见人家那个厂房、设备，都是新的，真是羡慕呀！”大机库里的设计员们一听此言，都觉得奇怪，主任怎么会说出这种“动摇军心”的话？

任新民突然话锋一转：“到食堂吃饭的时候，我发现，那儿的食堂一日三餐只供应玉米面饼和玉米面粥。玉米面饼碗口大、两指厚，玉米面粥二两一碗，稠得用筷子能挑起来。菜是用白水煮熟，见不到几滴油花。”那时，全国都已经实行粮食定量供给制，第三设计部按照部队标准供应，每人每月 38 斤的粮食定量，虽然也有粗粮，但只占 30%，副食品、肉、油的定量都高，菜里的油水也多。

“工厂里的技术员们都是每顿只买一个饼、一碗粥，我在食堂见着卢克忠和吴继先两人吃饭，每人用筷子串着三个饼，两手捧着三碗粥，这个吃法简直成了食堂里的一道景儿。”大机库里一片哄笑声。

“你们别笑，不是工厂里的技术员饭量小，是他们不敢敞开肚子吃。饭菜里面没油水，那点玉米饼子根本不顶饥，我去了一顿也得吃两三个玉米饼。卢克忠、吴继先上航校时的几个同学就在那边厂子里工作，据他们说，那里的待遇是‘三七五二八高斯特’。知道什么意思吗？工资 37 块 5，粮食定量 28 斤，标准固定永不变。从厂长到工艺员，每月粮食定量都是 28 斤，只有一线技术工人的粮食定量 36 斤。都得掰着手指算着吃。”

高斯特（GOST）是当时从苏联引进的质量标准体系，所有的工业产品都有相应的标准要求，必须严格遵照执行不能变动。

“咱们派去的工作组是什么标准？每人每月 40 斤定量，如果不够，还可以申请补领 10 斤粮票。咱们这里，中专毕业的技术员，每月工资 56 块钱，大学毕业的技术员，每月工资 66 块钱。派到沈阳下厂的人，每月还有 12 块钱的补助，吃饭足够了，工资基本不用动。”

任新民说得有些激动，语速也逐渐加快。“过去没有比较我不知道，去工厂里一看才知道，工厂里的技术员们经常是饿着肚子，还在兢兢业业地工作。我们没有饿着肚子工作吧？国家给咱们的待遇很高呀！现在虽然办公条件简陋了一些，但前面不是正在盖新的办公楼和宿舍嘛，如果这点生活上的小困难都克服不了，还怎么克服以后研制工作中遇到的困难呢。”

大机库里，脸盆、水桶还在演奏交响乐，任新民环视那100多名技术员，“今天就说这么多，大家继续工作吧，赶紧把这批图纸翻译完，争取早点下厂开工。现在距上级要求的导弹交付期，只剩一年时间了。”

十六

1958年11月，第二批图纸的翻译和复制工作已经接近尾声，任新民发现一个大问题——图纸中竟然没有发动机试车台的详细资料，只有一张总体建筑图和几张设施结构示意图。

发动机试车台是导弹研制生产中必须具备、极为关键的试验设施。导弹发动机研制的整个过程，都必须在试车台上进行大量的试验，用以验证设计是否达到要求、工作状态是否满足需求。设计定型后，生产出的每台发动机也要在试车台上进行校准试车，检测数据符合技术要求才能交付出厂。没有经过试车台检验的发动机，即便生产出来也是一堆无用的“废铁疙瘩”。

根据此前签订的协议，苏方应提供发动机试车台全套的工程技术图纸。中方甚至专为试车台项目制定了代号——“8103”，并于1958年4月，在云岗大院外三公里的山坡上建起了几栋小楼，调集了几十名技术人员组建试验站，此后不断增调人员，如今已经有100多人。试验站早就为苏联专家准备了配备着沙发、地毯的办公室，还从北京外语学院和部队里调来了俄语翻译。可1958年5月第一批运来的资料中，没有一张图纸跟试验台有关，没想到这第二批资料中，依然没有详细资料。

那时，中苏两国关系已经发生了微妙的变化。1958年7月，毛泽东拒绝了赫鲁晓夫提出的建立中苏联合舰队和长波电台的建议后，两国间曾经亲密无间的兄弟情便出现了裂痕。这一变化，直接影响到苏联向中国提供技术援助的态度，尤其在军事技术方面的援助项目上，苏联尽可能地拖延交付时间，试车台的资料迟迟不予提供正是出于这样的原因。

1959 年 1 月，帮助完成仿制 P-2 导弹的苏联专家陆续到达五院，唯独没有试车台的技术专家，也没有试车台的相关资料。任新民向五院一分院苏联专家组组长米留申提出：“你们应该按协议提供试车台的资料，不然，将来我们的发动机怎么试车？”米留申轻松地一笑说：“这个很好解决，你们可以拿到莫斯科去试，那里有完备的试验设施，我们给你试，这样很好吧。”

任新民一听这话就明白了，苏联方面不会再提供试车台的技术资料。他真是着急了，“1059”导弹要在 1959 年 9 月底以前完成，此时，只剩 8 个月时间，立刻开建试车台都显得紧张，更何况现在连资料都还没有，怎么办？

任新民满心焦虑地回到南苑那个大机库中，却意外得到一个消息，一分院办公室发来通知，让他明天跟苏联专家组一起去云岗，试验站已经建好了试车台，并且是两座！任新民又惊又喜。

其实，去年 4 月试验站刚一成立，就开始筹建试车台。那时，试验站的一半人员被派去参加第二期教导大队培训，另一半人留守待命。正值“大跃进”运动席卷全国，到处都在“大干快上”，留守人员不甘心这样无所事事地坐等苏联资料，决定“土法上马”自己建，制订出同时兴建两座试车台的“大跃进计划”。因为五院一分院除了 P-2 导弹的仿制任务外，还承担着 C-75 导弹的仿制任务，两种发动机的试车都要由试验站承担。

试验站的人员同样没见过试车台是什么样，但有人参加过第一期教导大队的训练，知道导弹发射架的结构和工作方式。他们将发射架的钢铁结构换成钢筋水泥结构，画出了试车台设计图，一号台可试验 5 吨推力的发动机，二号台可试验 75 吨推力的发动机，设计指标都高出 C-75 、P-2 导弹发动机推力的一倍以上。试验站的技术员们两个月拿出设计图，半年时间就全部建成。

任新民此前从没听说过这个消息，第三设计部和试验站相距几十公里，各单位间又有着严格的保密规定，他根本无从知晓。事实上，按工作规程，建试验台必须由第三设计部提出试车台各项指标的任务书，试验站根据任务书进行试车台的设计、建造。但试验站这一先斩后奏之举，却让任新民很高兴，解决了这个燃眉之急，简直是奇功一件！

第二天一大早，任新民和一分院的几位领导陪同苏联专家组组长米留申前往试验站。试验站的技术员们更期待着苏联专家的到来，建成试车台后他们心里也没底，所以向一分院打报告，希望邀请专家组组长米留申来提些改进意见。

一个多小时后，试验站的站长和几位技术员带着一行人走上一座小山坡，来到一个混凝土建筑物前说："这是我们建成的一号试车台。"米留申抬眼看看那个台子，又看看站长，说了句俄语转身就走。大家不知所以，都看着翻译。翻译说："他说，你们想用这东西试车？简直是在开玩笑！"

所谓的"试车台"，就是用混凝土浇筑的几根大柱子，上面搭建了一个试验间，有个带螺栓的平台用于固定发动机，试验间下方水泥柱中间是个大坑，用作导流槽，大坑中间浇筑了一个水泥墩子，用以抵挡发动机喷出的尾焰。

任新民满怀的希望被一盆冷水浇灭，试验站的技术员们更是一脸的沮丧。山坡上，枯黄的草木瑟缩在来自西伯利亚的凛冽寒流中，中国的技术员们也被苏联专家嘲弄得透心凉。

钱学森得知此事，非常生气："什么都不懂，就搞这么个玩意儿，这是干吗呀！科学技术不能胡来，要搞基础研究，弄懂了再干。"试验站为此专门开会，提出要正确对待"革命热情与尊重科学"的关系。

从试验站回到南苑那个大机库里，任新民就将王桁、朱凯、陈福根叫到那个木板隔出的小办公室里，神情严肃地说："这批图纸里还是没有试车台的资料，不是他们疏忽了，而是有意为之，这是对咱们留了一手。"1059" 的进度耽误不起，试车台必须自己干。今天咱们正式成立试车台任务书编写组，我牵头，你们三个人分别负责一个项目，尽快编写出试验台建设的任务书。"

王桁对这工作并不陌生，一年多前，他们三个人都从事过试验台设计工作，但并没有取得成果。经过这段时间的工作，他见到过导弹实物，见到过复杂的发射系统，见到过导弹点火后的状态，才意识到，当初他们真是"胆大包天"。试车台的设计、建造需要一个庞大的专门机构，靠一个研究室的三五个人怎么可能完成任务。

即便现在对导弹发动机有了较多的了解，但要编写建台任务书依然是个高难度的工作，必须对试验台构件、控制、容器、管路、电路等众多系统的设置提出具体要求，并提出发动机测试项目及技术指标要求。王桁他们硬着头皮接受了任务，一年多前进行的那些试车台设计工作，基本没什么可以使用的成果，现在相当于再度从头开始。朱凯是从部队调来的技术员，有一定的工作经验，负责编写试验台总体技术要求。陈福根以前在二机部（即后来的航空部）工作，也有丰富的工作经验，负责编写试验管路技术要求。王桁参加工作才两年，没有多少工作经验，他负责编写试验控制系统的技术要求。好在这次编写任务书，有了苏联提供的试车台总体建筑图和结构图，虽然少，但至少有了参照的依据。

几天后，负责导弹发动机生产技术的6位苏联专家陆续到达第三设计部，也在那个破旧的大机库里工作，发动机专家组组长施尼亚金被安排在任新民主任隔壁的办公室。任新民面带歉意地说："我们条件简陋，安排你在这样的环境下办公，很抱歉呀。"施尼亚金摆摆手："没问题，你们不是也在同样的条件下工作吗？所有的事情，刚开始条件都很简陋。对我来说，这根本不算什么困难，卫国战争的时候，我是一名机枪手，经历过更艰苦的环境。"

经过几次接触后，任新民发现，施尼亚金是一位经验丰富的老技术员，并且对中国的同行非常友善。有一天，任新民专门邀请施尼亚金一起前往云岗，去看试验站建起的那两座试车台，他心存一丝希望，想让施尼亚金看看能否在这个基础上进行改建利用。

■ 1959年至1960年，到发动机设计部工作过的苏联专家一共有5人，组长施尼亚金。他和专家组对"1059"发动机的仿制生产起到了重要的指导作用。图为科技人员与施尼亚金（左五）等苏联专家合影

苏联对派到中国的专家有着严格的保密要求，按照工作任务分工，试车台的工作不是施尼亚金分内的事情，但发动机制造出来后必须要进行试车验证，试车台也是发动机制造中不可缺少的设施，他觉得也有必要去看看能否使用。

施尼亚金看到那两座试验台，同样是连连摇头，“这样的结构根本不能用于试车。你们为什么要这样建造？”任新民就对他说了没有任何资料并且任务时间紧迫的情况，并试探性地向他询问，能否对试车台的设计工作提供一些指导帮助。

施尼亚金说：“米留申不是说，可以送到莫斯科去做试验吗，为什么一定要在没有资料的状况下自己建？”

任新民笑笑：“那我们就永远不能独立自主地进行生产，如果换作你们，愿意这样吗？”

施尼亚金点点头：“作为一名科技工作者，我完全能理解你们的想法。我并不是试验方面的专家，但是对发动机检测项目、试验要求等方面还是了解一些，我会尽我所知的帮助你们。”

任新民闻听此言喜出望外，“我们现在正在编写建台任务书，您有什么建议吗？”

“我没有参与过建台的工作，但对于试验需要哪些条件还是知道的，试车台的建设要满足这些要求，可以跟你们说。另外，有些资料会对你们今后的试验工作有帮助，你们记下来。”施尼亚金一口气说了七八种的名称，“这些都是发动机操作指南和操作规范的资料，你们把这个目录报给专家组总组长，应该会提供。”

王桁他们的编制小组在施尼亚金的协助下，开始了工作，经过两个多月的艰苦工作，终于编写出了一份50吨推力试车台的任务书，1959年3月份提交给了试验站。

十七

试验站接到王桁他们编制的任务书，立刻组建工艺设计组，开始进行试车台的设计工作。

高秉权便在此时被调进设计组，9个月前，他从北京航空学校毕业分配到试验站，在教导大队参加了半年多的导弹发射技术培训，刚回到试验站。设计组里都是参加过第一期、第二期教导大队培训的人员。

虽然有王桁他们提出的任务书，但那只是对试车台部件系统和参数的要求。试车台的总体结构和所有大型部件都得试验站设计出来，并且进行修建、加工、安装，满足任务书的要求。高秉权和设计组的其他成员一样，没见过真正的导弹发动机试车台，也没有图纸资料，唯一的资本就是参加过教导大队，可这对设计试车台没有任何帮助。此前凭想象建造的试车台遭到了苏联专家的耻笑，被钱学森严厉批评，这次的设计他们真是不知道从何下手。

情急之中，有人想起来，第三设计部派去沈阳仿制发动机的人曾传回信息，111厂和410厂里都建有飞机发动机试车台，能不能用飞机发动机试车台的资料，来建造火箭发动机的试车台，因为导流槽、试验机架等机构的基本原理是一样的。

这一思路立刻获得一分院的批准，试验站通过111厂联系到二机部四局（后改称航空部第四设计院），请他们帮助设计试车台。在聂荣臻的协调下，四局立刻派来了设计组，苏联专家巴姆担任主设计师。虽然他是航空技术专家，但曾参观过导弹发动机试车台，很快拿出了设计方案。

试验站的技术员们拿到巴姆设计出的试车台草图，才知道米留申看到他们建起的试车台转身就走的原因，苏联的试车台都采用45度的倾斜式，他们建的那个竖直的台子，像是个简易的水塔。美国、欧洲确实有竖直式试车台用于小推力发动机，但结构非常复杂，而大型的导弹发动机试车台大都采用水平式。

高秉权的工作是设计发动机试车架，这是试车台试车时用于固定发动机以测量推力的重要部件。他并没有设计经验，其实是跟着四局的两位老工程师学习，具体方案都是两位工程师制定，他就是打打下手、画画图。

试车架的设计工作两个月就全部完成，这是个大型的钢架结构部件，用加长的弹簧钢板、槽钢、钢板焊接成的固定架和活动架，活动架要有很高的灵敏度，稍微一推就能移动，中间装上测力计，就能测出推力的大小。但8块加长的弹簧钢板却是个难题，跑遍全国都买不到，这是关键零件，没有材料可以替代。中央军委后勤部出面，委托冶金部向鞍钢下达“军用急需物资专项任务”，专门开炉轧制出8块弹簧钢板，这在当时被称为“开小灶”。

高秉权带着图纸到一分院所属的211厂去加工，结果又遇到了难题。试车架是全部采用焊接工艺，各部件之间相对位置要求非常严格，加工难度极大，偏偏211厂焊接技术是最短板。这里以前是修造飞机的工厂，主要对飞机的铝制外蒙

■ 机架静力试验设计

皮进行修复，擅长的是铆接技术。此时改为制造导弹发动机，不锈钢精加工、大型钣金冲压、精密铸造等很多工艺技术都要从头学起，尤其是电焊、埋弧焊、氩弧焊等焊接工艺，他们根本就没有接触过。正因如此，“1059”发动机的试制任务才被迫舍近求远，到沈阳111厂和410厂进行。211厂也派出大量人员到沈阳的两个工厂学习，刚组建的发动机燃烧室车间、总装车间更是全体人员都被派过去。

211厂原有240多名铆工，此时集体转为焊工，每天在车间里练习焊接技术，这是一项开销巨大的工作，尤其是培训氩弧焊工，比培养一名初级航空驾驶员的费用还高。

氩弧焊必须在氩气环境中才能进行操作，那时国内不能生产氩气，必须从东德进口，一小瓶氩气要6万元人民币，三四天就消耗完，那时候一个普通工人的工资才36元。工厂里怕伤了他们的手，重活、杂活都不能安排他们干，厂子里的工人都说氩弧焊工是“金手”，下班回家，媳妇都不敢让他们干家务。

这些转行不久的焊工毕竟缺少经验，焊接试车架时，使出浑身力气也干不出合格件，急得抓耳挠腮，211厂赶紧从外厂请来一位八级老焊工帮忙攻关。老焊工看了遍图纸就找到了原因，试车架的结构由长条钢板组成，这种超长工件焊接时局部受热，很容易变形，必然影响到另一端的空间位置。

211厂又借调来几名五级焊工给老焊工做助手，直到1959年8月才将试车架加工出来。此时，试车台的土建设计刚刚完成，苏联专家组的总组长米留申要求炸掉二号台，在那里重建一个试车台，经过协商，才同意在二号台原有基础上进行加固，改造成三号台。

三号试车台8月份才开始施工，此时，距离上级要求的“1059”导弹交付时间只剩下一个半月时间。试车台要建成少说也得4个月，这期间根本无法进行发动机试车，要想按期交付任务，已经不可能了。

十八

1959年国庆节到来时，“1059”导弹没能按要求期限交付。不仅是试车台没有建好，导弹上所有部件都没造出来。

那时的中国领导层和科技界对导弹技术实在是知之甚少，更不了解制造导弹需要怎样的条件，乐观地认为拥有了图纸和苏联专家的指导，就能迅速地仿制出来，严重低估了制造难度。

虽然在苏联的援助下，中国初步建立起了重工业生产体系，但毕竟只是个框架，短时间内还难以支撑起制造导弹这样庞大的工程。在P–2导弹的仿制过程中，需要使用多种大型设备、专用设备，中国在短时间内都无法获取，只能摸索其他的加工方法。制造导弹要使用数百种特殊金属、非金属材料，这些材料中国都不具备，需要专门进行攻关研制，都需要花费大量的时间。

由于缺乏大型设备，承担着导弹弹体和推进剂储箱制造任务的北京211厂，在制造过程中困难重重，吃尽了苦头。

导弹中有一个直径1.65米的环形框架零件，用于支撑弹体。苏联的加工工艺是用大型滚弯机将零件锻造成型，然后用四套模具在1500吨水压机上逐步校正。那时中国生产不了滚弯机，在东德定制的设备要等三年后才能到货，211厂试制小组只能另想办法解决。工人师傅和技术人员试验了多种方法，最终决定用一台100吨液压机将毛坯加热锻弯初步成型，再用简单夹具固定，用人工推磨式的土办法弯成圆环，然后全凭工人用12磅的大锤进行手工校正。苏联工厂里凭借专用设备几个小时就完成的工作，中国工厂里却要花费十几天。

制造推进剂储箱，需要配备苏联制造的1600吨油压机，但苏方迟迟不接受订货。体形巨大的储箱无法再用人工成型，211厂一筹莫展，只能将这一情况上报。

五院在全国的工厂中寻找协作单位，只有两家工厂拥有近似吨位的水压机，但符合加工环境要求的只有武汉锅炉厂一家。要加工推进剂储箱，必须对水压机进行改造，厂方只有这一台视为珍宝的机器，坚决不同意改造。此时惊动聂荣臻元帅，他立刻派陈赓大将前去协调，厂方才极不情愿地勉强同意。

水压机制造出的只是推进剂储箱分段，要进行组装焊接才能成为一个完整的部件，储箱要存储挥发性极强的液氧，所以对焊接密封度要求严苛，必须使用自动氩弧焊机才能达到要求，但苏联方面同样不供货。211 厂的技术人员和工人师傅一起研究，花了几个月的时间，根据苏联资料中的简单原理图，研制出国产的自动氩弧焊机。

在导弹仿制的过程中，中国重工业能力不足的缺陷暴露无遗，这种捉襟见肘、缺东少西的状况一直困扰着技术人员，改造、研制专用机器就占用了大量的时间和精力。仿制 P–2 导弹牵扯到全国上千家工厂，十多万人协作的大工程，任何一个环节出现问题，都会影响整体进度。

1959 年春节过后的一天，沈阳 111 厂的所有车间接到紧急通知，暂停正在进行的所有工作，所有人员晚上必须到车间加班，赶制一项紧急任务，包括第三设计部的人员也要参加。

发通知的人说，上级命令立刻赶制出一大批超声波发生器，这不仅是一项生产任务，更是一项政治任务。

“超声波发生器是什么呀？”

“不知道，听名字应该是个很高级的东西。”

“那东西干吗用的？”

“不知道，据说用处大得很。”

“怎么加工呀？”

“晚上来了有人现场教。”

晚上来到车间，第三设计部下厂组的成员每个人领到一把钢锯，一把榔头，还有十几根两米多长、铅笔粗细的紫铜管。超声波发生器的名称听上去很高级，但加工方法惊人的简单，就是把紫铜管都锯成 5 厘米左右的长度，没有公差要求，然后用榔头把一端的头部砸扁，留个小缝，缝隙的宽度同样没有要求，只要从另一端吹气，能“吱吱”地响就是超声波发生器了。

大家心里都在质疑这玩意儿的科学性，能吹响就是超声波，那直接吹口哨不就行了吗？另外，即便是刚进车间的学徒工也知道，任何工件都要有公差尺寸，这“用处很大”的超声波发生器居然不做任何公差要求，实在不合常理！

可这是一项“政治任务”，那个年代，这就是“无条件执行”的代名词。没人敢提出质疑，更不能不干，否则就是思想意识有问题。车间里“咣咣”的敲击声和“吱吱”的试吹声响了整整一晚上，几吨的紫铜管变成了一堆长短不一、不知做何用途的超声波发生器。

制造导弹使用的特种金属材料，都是鞍山钢铁公司专门提供，1959 年 8 月，仿制工作最为紧张的时候，也发生了问题。鞍山钢铁公司给五院发来急电，“第二炼钢厂用小平炉试炼三炉合金钢，全部报废，请速派专家研究解决。”合金钢板是发动机内、外壁和导弹尾段壳体使用的特种材料，是仿制任务急需的物资。五院技术人员紧急前往鞍钢了解情况。

1959 年正是“大炼钢铁”的高潮时期，鞍钢所有高炉都在不停歇地运转，一辆辆装料车不停地把生铁锭、废钢料倾倒入平炉内，工人们汗流浃背地添加石灰石，扒渣，取样。

五院的技术员来到冶炼合金钢的 150 吨平炉工作台上，炼钢炉发出巨大的轰鸣，他扯着嗓门大声问炉长：“这炼的是什么钢？”

炉长用手指做了个 0 字，接着又比画 1、2、3。技术员愕然地看着炉长不解其意：“0123 号钢？这是什么牌号？”

炉长贴近他耳边喊了句：“说不上是啥牌号！”

这时技术员才恍然大悟，在钢铁“大跃进”的热潮中，“高指标”只要求“产量”，至于炼出的是什么钢，谁也说不准。这样的条件下怎能生产出合格的合金钢？

消息传回北京，五院一分院王诤副院长急了，亲自带工作团前去协调。导弹仿制使用的特种合金钢生产流程极为复杂，比普通钢材要耗费几倍的时间，但订货量却只有几十吨，这样的生产量对于钢厂来说，实在是太少了。鞍钢的领导给他摆出了上级规定的日、月指标和实际完成的差额数，生产指标已经压得鞍钢喘不过气来，这几十吨的钢材占用炼钢炉时间太长，会严重影响鞍钢的生产指标。

双方经过反复商讨，最后决定在抚顺用电炉炼钢，浇铸成 13.5 吨的大钢锭，由沈阳的部队用大马力军用卡车运送到鞍钢，第二轧钢厂开坯，半连轧钢厂轧板，再送到第二薄板厂酸洗，再运回半连轧钢厂精整出厂。如此繁杂的生产流程，仅原材料的转运周期就耗费了大把的时间，直到1959年12月才生产出合格的钢材。

种种因素影响着导弹仿制的进度，“1059”没能按照上级要求在1959年10月1日前完成。

1959年10月7日，原本参加“1059”仿制工作的郑桂芝、卢克忠被派往111厂，参加“543”导弹发动机的仿制工作。一个月前，原本参加“1059”仿制任务的卢克忠因病返回北京治疗，病愈后再去沈阳时，第三设计部的领导决定将他调到410厂对面的111厂“543”导弹发动机仿制工作组。

那时的第三设计部，只有“一百单八将”，却同时承担着两个型号的发动机仿制工作。108名技术人员中一大半都被派往沈阳参加“1059”的仿制工作，留在北京的也大都忙于“1059”的相关工作，“543”仿制工作组只有十几个人，急需增加人员。

卢克忠正好此时回来，便被派往这个仿制小组。就在他调到“543”仿制组的那天，驻防北京的防空部队击落了一架国民党空军的RB-57D高空侦察机，这本是一个轰动性的消息，中国大陆方面却对此秘而不宣。

国民党不知道侦察机为何有去无回，这架美国制造的侦察机飞行高度超过2万米，而当时中国人民解放军空军性能最好的米格-19歼击机最大升限只有18000米，于是推测人民解放军又从苏联引进了更高性能的歼击机。

其实，击落RB-57D高空侦察机的不是歼击机，而是地空导弹。根据1956年中苏两国签订的《国防新技术协定》，苏联向中国提供了一个营的C-75导弹装备，中国以此为基础成立了一支防空导弹部队，番号543。

1959年10月7日，防空部队用苏制C-75导弹将RB-57D高空侦察机击落，这是世界上用地空导弹击落飞机的第一个战例。中共方面对此秘而不宣，是为了严格的保密①。“C-75”地空导弹是苏联研制的第一代中、高空防空导弹，北约代号为SA-2，即广为世人所知的萨姆-2导弹。这款导弹使用两级发动机，第一级固

①1962年9月，防空部队又用苏制C-75导弹击落了美制U-2飞机。当被询问如何将其击落时，毛泽东主席对外宾说：“我们是用竹竿把它捅下来的！”1964年12月10日，中国仿制的C-75防空导弹试射成功。1965年国产红旗-1号导弹列装后，导弹部队又击落了国民党3架U-2侦察机。

体燃料助推段，弹径 0.645 米；第二级发烟硝酸 / 煤油液体发动机，弹径 0.5 米，推力 2650 公斤。拦截目标高度为 3000—22000 米，射程为 12—29 公里。

按照《协定》条款，苏联不仅提供了“C–75”地空导弹和发射系统，还同时提供了整套的相关图纸资料。国防部五院从 1958 年 6 月就开始了“C–75”地空导弹的仿制工作，并根据部队番号将导弹代号命名为“543”（注释：仿制成功后命名为“红旗 –1”地空导弹）。

卢克忠在 3 厂参与的，便是这款导弹发动机的仿制工作。后来，他还将这款发动机上学到的技术应用于另一型号的发动机上，解决了一项重大的技术难题。

十九

试验站的三号试车台直到 1959 年 12 月才建好，试验设备也全部安装完毕，第三设计部的王桁等人跟着任新民、施尼亚金一起去云岗验收。

见到这个钢筋混凝土的庞然大物，一个从部队调来的政工干部惊叹着说：“这家伙，比我们当年打的碉堡还厚实！重磅炸弹直接命中都炸不坏。”

事实上，这个试车台最初的设计方案，比这个建成的还要庞大。苏联专家巴姆拿出设计稿后，第三设计部的施尼亚金带着王桁等人一起去二机部四局审稿。看到图纸施尼亚金就惊讶地说：“为什么设计得这么厚？”王桁等人拿过图纸一看，那钢筋混凝土结构的试车台简直就像个堡垒，且不说其他部位，仅屋顶就有两米厚。

巴姆说：“我没有设计过导弹发动机试车台，不知道应该采用多大的安全系数。你们的这个东西不是很容易爆炸嘛，就采用宁大勿小原则，厚一些增加安全性。”施尼亚金说：“是很容易爆炸，但也不用这么厚，你还是设计小一些吧。”巴姆按照施尼亚金的意见，改变了设计尺寸，但最终造出的试车台依然庞大厚实。

试车台依着山坡而建，30 多米高的试车台全部用钢筋水泥浇筑而成，水泥柱足有两米粗，试验控制间的墙壁足有半米厚。试车台下的导流槽呈 45 度，20 多米长，同样是钢筋水泥砌成，但表面铺了一层黑乎乎的铸铁块，每块重达 400 公斤。三号台设计的是干式导流槽，没有冷却设备，发动机喷出的尾焰高达两三千摄氏度，混凝土承受不了这样的温度，那些巨型铸铁块用于吸收发动机喷出燃气的热量，保护导流槽。

施尼亚金跟巴姆开玩笑说：“中国在大炼钢铁，你觉得他们的钢产量高，就要多用些吗？”

■ 我国第一座液体火箭发动机试车台

除了第三设计部的6位苏联专家，很多一分院的苏联专家也都闻讯赶到试验站参观。那些苏联专家中，很多人在苏联国内也没见过导弹试验台，因为苏联有很严格的保密制度，没有直接关联的技术人员不能去试验站。

试车台被建造得如此厚实，土建部分的验收自然顺利通过。此时还要对试验设施进行调试，“考台”试车成功后才能投入使用，这至少还得几个月时间，此时已经超出了“1059”任务的规定时间，必须争分夺秒。为配合调试工作，第三设计部成立了验收组，由王桁领队住在云岗，跟试验站的技术员们一起工作。

1960年1月，试验站高秉权他们忙完土建工作喘息未定，又开始加班加点地调试设备。每天早上起来顾不上洗脸，拿着早餐边走边吃就上了台子，午饭、晚饭由食堂送到现场，一直干到晚上12点才收工，回到宿舍倒头就能睡着。那年春节，高秉权他们都在台子上安装调试，唯一的福利是年三十晚上在食堂吃了顿饺子。

高秉权和几个同事一起调试测力系统，那是个技术活儿，更是个体力活儿。调试方法是往试车架两边加砝码，一边13个砝码，每个25公斤，全靠人力一块一块抬上去。试车架旁的一个试验间里有测量仪表，读数要与规定值一致，否则就得卸下砝码，调整试车架位置，然后再把砝码加上去重新测量。那时正值冬季，试车台上寒风刺骨，高秉权他们来回搬着砝码，满身是汗，这实在是件难熬的工作，不光是因为累，更因为吃不饱。

1960年，正值“三年困难时期”，全国各地的粮食定量标准一降再降，五院工作人员的38斤粮食定量却一直没减，但高秉权他们依然觉得吃不饱，因为副食、肉类实在少得可怜，肚子里没“油水”。每天在台子上来回搬砝码，干上两个小时，肚子就咕咕叫着“提抗议”了。晚上加班到12点，没有夜餐，饿了就得忍着。有天晚上，高秉权实在饿得不行，想起柜子里还有半瓶白酒，拿出来灌了几口，结果醉得第二天早上爬不起来。

试车台系统调试工作进行了两个多月终于完成，此时就要进行“考台试车”。就是在试车台上安装一台发动机进行点火试车，以检验试车台各部件是否能正常工作，能否准确测出发动机各项指标。

发动机试车是一项技术性极强的工作，各部件的动作指令都是以毫秒计时，这就要求试验台上各个岗位的操作人员必须协调配合、动作准确。试验站专门为此进行了一次试车台操作人员技能考核，请来施尼亚金坐镇主考，所有操作人员根据不同岗位一个一个“过堂”。施尼亚金给试验站的操作员们留下极好的印象：“这苏联老头真不错，业务水平也高，你回答得稍有偏差，他都能给你指出来。”

通过考核的操作人员，又在试车台岗位上进行了多次模拟试验全过程的联合演习，称为“合练”。

1960年3月底，三号试车台上进行考台试车的最后一次“合练”，用于考台试车的苏联原装P–2导弹发动机已经挂在试车架上，试车台上的各种液路、气路、电路都已接通，除了不进行发动机点火启动，其他步骤都与试车时一样。任新民也和第三设计部的技术人员、验收组成员一起来到现场，在试车间里观看试验站的操作人员演练试验步骤。挂着发动机的试车架下，也站着两个单位的一二十人，有的在看发动机，有的在查看仪表。

那段时期，王桁一直驻守试验站进行验收工作，前几次的“合练”他都在现场，对此并无兴趣，他急于向任新民汇报一个重要的技术情报。王桁在苏联提供的试车操作资料中发现，他们提到用试验P–2导弹发动机的设备对P–5导弹发动机进行试验，并且标明了涡轮泵带动另一个机构的齿轮差动比，这说明P–5就是在P–2的基础上改进的，中国也可以采取这样的方式，短时间内研制出推力更大的发动机。

二十

正在观看“合练”的任新民听到王桁的汇报，眼前一亮：“那些资料在哪儿？带我去看看。”其实，在沈阳的发动机仿制组也向任新民汇报过，在P–2导弹发动机的工艺资料中发现了关于P–5导弹发动机的只言片语，任新民正在到处收集相关的资料，听说这里也有发现，顿时兴奋起来。

两个月前，中央政治局召开扩大会议，对导弹仿制和自行设计工作进行了研讨，国防部五院党委也随即召开会议，进行具体安排。聂荣臻指示：仿制不能停，要把能学到的东西尽快学到手。要突破从仿制到独立设计这一关，并迅速发展、提高我国的高水平导弹技术体系。

从聂帅的指示中就能看出，中国的高层领导并不看重P–2导弹，因为对于中国而言，其实际应用价值并不高。这款近程弹道导弹只有不足600公里的射程，对其进行仿制只是为了尽快掌握导弹制造工艺技术。

1959年12月，五院一分院第一总设计部就提出，要在仿制P–2导弹的基础上设计一个射程增加近一倍的中程弹道导弹①的设想。

达到这一目标有两条路径：其一，P–2导弹仿制成功后，在此基础上进行技术升级，提高射程。因为在苏联的P–2导弹资料中，已经发现技术升级的内容。其二，自行研制全新的导弹系统。因为P–2导弹使用超低温极易挥发的液氧作为氧化剂，不易于运输和储存，当时世界上先进国家的导弹武器系统都已淘汰此类推进剂，而采用易于运输储存的常温状态推进剂，更适合于导弹武器的应用。

国家急需战略武器，但两条路径都处于起步阶段，于是五院决定仿制升级和自行研制双管齐下，哪个先出来就用哪个。其实，五院更希望“自力更生”，已经将尚在讨论阶段的常温推进剂导弹命名为“**一号”。而对于即将仿制出来的P–2导弹，甚至都没有对它进行型号命名，只使用“1059”的代号。

任新民和王桁离开试车间，步行十几分钟来到办公室查看资料。王桁刚翻出资料指给任新民，窗外突然传来一声巨响。任新民紧张地抬起头：“哎哟！是试车

① 弹道导弹按射程的远近分为四类：射程在1000公里以下的，称为近程导弹；射程在1000–3000公里之间的，称为中程导弹；射程在3000–8000公里之间的，称为远程导弹；射程超过8000公里的，称为洲际导弹。

台方向吧？不会是出事了吧？”王桁却没在意：“可能是石料厂炸山取石料。”“我怎么觉得不像炸山的爆炸声……”

两人正猜测犹豫间，电话铃响了，王桁抓起电话听了两句，就变了脸色。“主任，真是试车台出事了，伤了发动机，让你赶紧过去看看。”

任新民和王桁一路小跑赶到试车台，眼前的景象让他们大吃一惊。试车架周围遍布着大小不一的金属碎片，挂在架子上的发动机液氧主阀门不见了踪影，过氧化氢储箱凹陷了一个大坑，严重变形。这两个重要部件被损坏，发动机就只能报废了，这可是个大事故！

这次事故是由液氧主阀门爆炸引起，阀门被炸成数百个碎片四散飞射，过氧化氢箱就是被碎片砸扁的。万幸的是，发动机周围站着一二十人，居然没有一个人受伤。一位同事跟王桁说，爆炸发生时，一个碎片擦着他耳边飞过去，随后就被爆炸声震得啥都听不到了。王桁说：“要是再偏一点，你就交待了。”那同事点点头：“看来，上帝还是站在我们这一边的。”

试验站立刻进行事故调查，查出的原因让他们觉得实在难堪，居然是两个低级错误叠加产生的后果。试验系统中有一套气路控制系统，在管路设计时将高压气路和低压气路串到了一起，安装后的检查也没发现这个问题。“合练”进行到打开液氧主阀门时要接通低压气路，可偏巧主操作员不在跟前，副操作手上前操作，却将高压气路接通，高压气路有 200 个大气压，而液氧主阀门最高只能承受 50 个大气压。气源接通后，液氧主阀门便在瞬间被炸碎，造成发动机报废的事故。

试验站立刻进行管路的更改设计，并对试车台上各个系统进行彻底检查，确保排除类似情况。同时要求操作人员复查操作规程，熟记操作规程、严守操作纪律。

几天后，另一台苏联原装的发动机被运来，试验站已经改进了管路设计，重新“合练”后，即将进行第一次考台试车。其实大家手里都捏着一把汗，不知道这次又会遇到什么问题。

二十一

试验站准备第一次考台试车时，已是1960年4月初。此时，突然有大批人员前来报到，国防部五院的其他单位中也是这样的情况。

一个星期前，还在西北工业大学进行毕业设计的董锡鉴，提前半年拿到毕业证，并且，还与几位同学一起被分配到北京工作，这一切实在超乎他的想象。

中国正遭受着严重的经济困难，粮食供应紧缺状况已在全国蔓延，按照中央的政策，全国的机关、工厂都开始精简人员，动员职工回乡务农，首都北京更是被严控人口数量。国防部五院却在此时获得中央批准，从全国抽调数千名技术干部、政工干部，并选拔近万名大中专学生分配到各所属单位。这是因为多个型号导弹的仿制、研制任务已经开始同时进行，需要大量人员。

董锡鉴学的是飞机发动机专业，被分配到第三设计部。这里原先只有108名设计人员，此时迅速增加到680多人，加上从部队调来的管理人员和后勤保障人员，已有1100人。第三设计部已经从那个破旧的大机库搬到了新建的办公楼，但宿舍楼还没有盖好，一下来了这么多的人，只能住在办公室里。第三设计部被分编成九个设计室和一个试制车间，董锡鉴在系统室由王桁担任组长的106组，配合试验站的相关工作。那段时间，正是试验站考台试验阶段，每隔一两天，董锡鉴就跟着王桁一起去试验站查看进度。

试验站进行了充分准备后，终于要进行第一次考台试车了。对中国人来说，这是“大姑娘上轿——第一回”，谁都没见过导弹发动机主级点火后是什么样子。施尼亚金曾对他们说：“发动机试车时的情景非常壮观，那声音和场面，会让你终生难忘。”

试车那天，不光试验站、第三设计部的领导都来到现场，一分院副院长王诤也专程赶来观看。距离试验台几百米外的山坡上，站满了第三设计部的人员以及试验站的非操作人员。第一次警报已经拉响，这是完成准备工作，所有人员撤离的信号。试车开始前会有两次警报，第二次警报响起后，试验才正式开始，大家都急切兴奋地等待着那个“终生难忘”的时刻。

二次警报终于鸣响。试车台上随之传出一声爆响，发动机尾部喷出火焰，发出刺耳的“嗤嗤”声。

“初级点火了！”大家兴奋地鼓起掌来，他们知道，6 秒钟后发动机将进入主级点火，试验才真正地开始。可时间过去了十几秒钟，发动机喷出的火焰没有变大，反而越来越小。

“怎么变小了？”“是呀，早该转主级了呀！”山坡上的人纷纷议论起来。正疑惑间，发动机突然“噗”的一声关机了。“出啥事了？”众人面面相觑，谁也不知发生了什么情况。

王桁等人立刻询问试车台操作人员，得到的回答是：“推进剂流量不足，没法转到主级，只能关机了。”试车台上的储箱、管道都是按照导弹使用的同样标准设计的，怎么会流量不足？

王桁等人百思不得其解，只好第二天去找施尼亚金请教。施尼亚金听他们说了现象，也觉得奇怪，直接就赶往试车台现场分析，试验站便将试车前的测试重新进行一遍。进行到地面储氧箱给发动机储箱增压时，施尼亚金突然示意停止。王桁他们忙问为什么，施尼亚金说：“增压的声音这么小，无法启动的原因肯定是增压不足。”

王桁和试验站的技术员们都说：“储箱增压值是跟导弹储箱中的是一样的，管道也是同样的标准。”施尼亚金却说：“导弹储箱离发动机很近，试车台的储箱离发动机这么远，长度增加这么多，阻力也就大得多，同样的增压值根本无法保持相同的流量。”一番话让大家恍然大悟，王桁甚至觉得羞愧，这是大学时就学过的流体力学基本知识，为什么实际工作中就没想到这些理论知识呢？

解决这个问题的方法很简单，将增压管路直径加粗即可，试验站立刻着手更换管道。

第二次考台试车，6 秒钟的初级点火阶段都很顺利。“主级点火”指挥员发出口令。操作员按下了点火按钮，发动机的爆鸣声和尾焰的亮度都骤然增强了几个量级。

高秉权在操作间里负责发动机的推力测量，此时他觉得仿佛有无数飞旋的砂轮无情地磨砺着他的耳膜，身体随着巨大的振动不停地震颤着，胸闷心慌，呼吸困难。他努力让自己保持清醒，眼睛紧盯着推力记录仪表的变化情况。突然轰鸣声小了下去，他刚一迟疑，轰鸣声又突然暴增，还没等他抬起头，那声音又突然地变小，发动机像犯了哮喘病，推力记录仪表的读数也随之忽大忽小。

王桁等人站在试车台侧面几百米以外的山坡上，在那强烈的振动中也觉得心慌气短，发动机喷出的超音速气流爆发出振聋发聩的巨响，长长的尾焰中，有一串明亮的淡蓝色球状“激波”，如同一串宝石做成的糖葫芦，那是酒精燃烧时特有的现象。这景象确如施尼亚金所说，令人终生难忘。但王桁他们也能分明地看见，喷出的尾焰也如同弹簧般不停地伸缩，发动机像患上“哮喘”般，声音忽大忽小。并且全程试车的90秒钟里，发动机声音越来越小，尾焰越来越短。即便此前都没见过发动机工作，他们也能判断出这状态肯定是不正常的。

试车没有成功。试验站立刻对试车台上的试验设施进行了检查，没有发现异常，判断可能是发动机出现了问题。王桁等人将发动机运到211厂16车间拆开寻找原因，在燃气发生器内发现了异常状况。

燃气发生器是发动机上的一个重要部件，发动机工作时，高压气体将过氧化氢挤入燃气发生器，与里面的高锰酸钾和铁素体发生化学反应，分解成高压燃气吹动涡轮带动推进剂泵高速旋转，为燃烧室输送燃料。过氧化氢是黏稠状的液态物体，催化剂高锰酸钾和铁素体则是粉末状固体，正常状态下，催化剂应该完全分解成气体，不会遗留固形物，而这台发动机内的催化剂却没有分解，而是被烧结成胶状的散块，堵塞通道阻碍了燃气流动。这是不是造成“哮喘”的原因呢？为什么催化剂颗粒没分解呢？这可是苏联原装的发动机呀，会是质量问题吗？王桁他们不敢完全确定，于是又去请教施尼亚金。

“我对这方面的情况也不了解。”施尼亚金说，“但可以给你们推荐一个正在炮兵部队进行指导的专家，他在苏联就是试车台的军方代表，对这些方面很有经验。”

任新民决定亲自出马，带着试验组组长王桁、总装组组长黄常国，一起去找那位苏联专家请教。一起前往的，还有俄语翻译王治军。

一个多月前，王治军、褚祥生等人从苏联毕业回国，被分到五院第三设计部。经过一个多月的政治学习后，刚刚安排了工作。王治军被分配到发动机总体室，任新民却将他临时借调出来，担任俄语翻译。

那时，中苏关系已经临近“冰点”，中方推断，苏联专家随时都可能撤离。因为这有先例可循——1948年苏南冲突前，苏联撤出在南斯拉夫的所有专家，1956年苏波关系危机，苏联也是先撤出了在波兰的顾问团。任新民希望在苏联专家撤走之前，抓紧时间问到一些更先进型号发动机的资讯，以便今后的设计中能够参考借鉴。虽然他翻译过俄语资料，但口语不行，与专家交流必须依靠翻译，可配备的翻译不懂技术，涉及专业的内容经常翻译不出来。李伯勇、孙敬良、王之任等留苏生既懂专业也懂俄语，却又承担着研制工作，难以抽调。此时正好王治军留苏归来，并且是火箭发动机专业的"科班"出身，两样都懂，适合这项任务。

他们去拜访苏联专家那天，下起了一场蒙蒙的细雨，几个人先到211厂16车间取出那台燃气发生器，好让专家能直接看到实际情况。

他们将燃气发生器抬出车间准备，往汽车上搬运时，王桁突然一声惊叫，痛苦地歪在一旁，他踩到了木板上的钉子，扎穿了脚面。王治军赶忙扶住他，帮他拔出了钉子。任新民赶忙让司机送王桁到医院去包扎，并反复叮嘱："一定让大夫把伤口清除干净，要给他打破伤风预防针！"

汽车已经开出很远，任新民还站在雨地里愣愣地望着那个方向。王治军问他："主任，你……咋了？"任新民回过神，轻叹一声："没事，突然走神了。苏联这时候撤走专家，咱们的"1059"还没造出来，新型号的研制还没起步，他们也是给咱们脚上扎了颗钉子呀，咱得赶快搞到'破伤风预防针'才行！"

二十二

任新民、王治军他们带着燃气发生器找到那位苏联专家，他看了看催化剂颗粒烧结的状况，很确定地说："这是由于发动机存放时防潮措施不当，催化剂受潮变质了，导致烧结显现。"

根据专家的意见，中国技术人员在发动机上换装了一个仿制的燃气发生器，又装填上国产催化剂，将发动机重新装好，送到试验站进行第三次考台试车。

这次大家都信心十足，王桁脚上的伤还没好，也拄着拐杖去参加试车。可发动机刚从初级点火转入主级，就突然自动关机，试车又失败了。大家分析后一致认为，这是控制系统出现了问题。

控制系统的原理图是王桁设计的，由二分院负责制造，交由试验站安装使用。最熟悉这套控制系统的，就是王桁和试验站的操作员张惠楠，查找问题的工作就由他俩负责。连续几天的分析查找，都没找出原因，王桁心中压力极大。

一天晚上，王桁想起那次“哮喘”的试验中，点火架一直在火焰中摇摆，会不会是那个原因？点火架是在初级点火时使用的部件，用以点燃自流状态的燃料，主级启动后，强大的气流将其推出发动机。点火架的这种应用方式直接来源于导弹发射车上的状态，但发射车上的导弹进入主级后就飞离了，在试车台上的发动机可是一直在原地的，点火架被推出后依然在尾焰下摆动，如果电路被烧毁，是不是会引起短路，造成关机呢？

想到此处，王桁兴奋不已，第二天一早便找张惠楠沟通。两人立即前往控制台，模拟这种状况，果然出现了短路的情况。根据这一状况，王桁在线路上设计了一个自动开关，点火成功后，可立即切断发动机与点火电路的联系，经过测试果然有效，于是立刻申请进行第四次考台试车。

王桁等人站在山坡上，看着那道长长的尾焰燃烧持续而稳定，淡蓝色的球形激波像一串发光的蓝珍珠，稳稳地定在炙热的燃气之间。有人兴奋地鼓起掌来，可那掌声在发动机的轰鸣声中根本听不见。几只野兔吓昏了头，在山坡上四处乱窜，竟跑进了人群。

尾焰强大的气流冲出导流槽，扫向对面的小山坡，山上的草木立刻被点燃、烧焦。导流槽内接二连三地飞出一些黑色的物体，树叶一样翻转着飘落到对面的山坡上，王桁他们定睛一看，那些黑家伙竟然是铺设在导流槽里的铸铁块。在空中翻飞的铸铁块让他们目瞪口呆，要知道，那些铸铁每块都重达400公斤，居然像树叶般被吹飞，这发动机尾焰喷出的巨大推力是多么的可怕。

试车结束后的第二天，试验站的人员从对面山坡上运回了140多个铸铁块。后来将那些铸铁块4个铸造到一起，每块1600公斤，可试车时还是有很多被掀飞。他们只好在铸铁块上加工出契合口，相互咬合在一起，才最终解决了这个问题。

这次考台试车，发动机运行了90秒，按预定时间自动关车。山坡上的人们都为这个完美的过程欢呼跳跃起来，全然顾不上耳边仍在嗡嗡作响。

试验间里的高秉权却一脸的沮丧，发动机运行虽然稳定，可他负责检测的发动机推力值却与设计要求相差很大。推力记录仪表上显示数据始终是35吨，这台发动机的额定推力应该是37吨，测量误差竟高达5.4%，按照要求，发动机推力的误差必须在千分之七以内。这个情况前几次试车中就已经发现，大家都以为是“哮喘”造成的影响，现在“哮喘”的问题解决了，测到的推力值依然不准，就是大问题了。

如果是发动机，推力差两吨，就意味着导弹的射程缩短了几十公里，这就是一台不合格的发动机。如果是试车架的问题，那就必须重新设计制造。

到底是发动机的问题，还是试车台的问题？

验证发动机推力的方式有几种，推力记录仪直接测量是其中之一，用发动机燃烧室压力数据进行计算也可得到推力值。苏联提供的资料中就有这样的计算公式，这是他们经过多次的试验总结出来的。

一个星期后，试验站测量组技术员张正等人经过计算得出结论，发动机推力值就是额定的37吨。但试验中推力记录仪的记录显示值却是35吨，问题的原因就落在了高秉权他们加工的那个试车架上。试车架是严格按照四局苏联专家提供的设计图纸制造，高秉权他们找到巴姆反映了这个情况，巴姆却摆摆手说："这个装置没问题，这种结构的试车架在苏联有100多个，怎么到你们中国就不行了？你们也不必怀疑我们苏联的发动机，发动机试验技术很复杂，你们要好好做试验。"巴姆的回答其实是说试车台的试验操作有问题，可高秉权很清楚，他们的操作严格按照程序进行，不存在纰漏。

二十三

一行人无功而返，只好请来梁守槃、任新民等国内专家进行讨论。试验站认为，推力测不准应该是试车架力学结构出现了问题，梁守槃是力学专家，1956年，就当选为中国力学学会常务理事，此时担任着一分院第一设计部主任。

试验站的高秉权、张正等几十名技术员也参加讨论会，因为事关重大，会议的气氛颇为紧张，这些刚参加工作两三年的年轻人都不敢贸然发言。梁守槃笑着说："大家都不必紧张，先把基本情况说说，咱们才能进行分析。我看，让推力测量组的同志先说吧。"

负责试车架制作的高秉权等人分别介绍了试车架的结构、通过哪些机构测量、如何静力校验、操作程序等情况。梁守槃让他们拿来试车架的设计图纸，就到旁边的办公室列方程计算去了。

时间不长，梁守槃推门进来："我刚才计算了一下，是试车架装置设计不合理，多了一个支点。这样就形成了一个'超静定力系'，过定位了，所以测量不准。去掉一个支点就可以了。"

计算组的张正听到这几句话，恍然大悟。推力测量装置其实就是简单的杠杆原理，一个动力点、一个支点、一个阻力点。但这个试车架上设计了 2 个支点，造成了测量误差。他也曾对试车架的工作原理进行过分析，但都是往复杂的方向考虑，没想到会是这么简单的原理性问题。

应该去掉哪个支点梁守槃并没有说，这不是件复杂的工作，根据力学基本原理进行计算就能判断出来。散会后，张正等人很快就拿出了计算结果，去掉了一个支点。几天后再次试车，测量值和计算值一致，中国的科技人员靠自己的智慧解决了问题，终于建成了第一个导弹发动机试验台。

此时，中苏两国关系已经逐渐接近"冰点"，在华的苏联专家也接到指令，很多技术方面的事情，"你不问他不说，而且最核心的技术，你问了他也不说清楚"。对于某些关键的设备、材料，还会态度强硬地要求必须从苏联购买。

比如发动机部件中有一种用牛皮制成的密封垫片，中国技术人员准备选用国产牛皮，苏联专家却说绝对不行，必须选用苏联某地域的出产的牛，必须是三岁的小公牛，必须是冬季宰杀的，必须是臀部没有鞭伤痕迹的牛皮才能使用。有了这么多"必须"的限制，一个小小的牛皮垫片，就比同等重量的黄金还贵。

导弹上用于存储高压气体的环形气瓶，使用的是一种冷轧钢，当时中国还无法生产这种钢材，科技人员想用其他材料替代，但苏联专家坚持要进口苏联材料。梁守槃分析工艺资料时发现，环形气瓶成型过程中，要经过回火工序。冷轧钢一经回火，实际上就变成了热轧钢，而这种热轧钢，中国就能生产，根本不用进口。梁守槃便向外国专家提出了自己的意见，外国专家虽然不太情愿，可又找不出任何理由驳回，只好同意使用。

发动机使用液氧和酒精作为推进剂，液氧的需求量颇为巨大，一枚导弹就需要近十吨，而试车试验时的用量就更多。中国建起了液氧厂，希望使用自己生产的推进剂，但五院苏联专家总组长潘克拉托夫拿出一份样品分析报告说："中国生产的液氧含可燃物质太多，质量达不到要求，使用中有爆炸的危险。必须从苏联运来。"

液氧是超低温推进剂，易燃易爆易挥发，存储环境必须低于 –183℃，从苏联运到中国需要一个多星期，安全问题且不讨论，仅液氧挥发的问题在当时就是无法解决的技术难关，一槽车液氧运到中国就所剩无几。按这样的挥发比例，一枚导弹的液氧用量，就得用一个专列运输，购买液氧及运输费用都将是一笔天文数字。更严重的问题是，今后中国无论是研制还是使用导弹，都将受制于苏联。

中国的科技人员当然不愿面对这样的局面，在一遍遍地计算和分析对比后，提出了自己的意见："说中国的液氧不行，是对资料理解有误，把杂质的气态容积当作了液态容积，因而出现了1000倍的差别。"但潘克拉托夫对分析报告看都不看，依然坚持自己的观点。

无奈之中，科技人员将液氧化验资料送交发动机专家组组长施尼亚金，请他发表意见。施尼亚金认真研究化验资料和数据，对照设计技术要求后，明确表示："中国生产的液氧质量和性能符合设计要求，可以使用。"

这个结论举足轻重，高秉权他们随后进行了几次考台试验，都是瞒着专家组总组长潘克拉托夫使用国产液氧进行的，事实证明国产液氧完全合格。

不可否认的是，在苏联专家的帮助下，确实缩短了中国研制导弹的时间。但在关键点上设置障碍的行为，又在一定程度上延缓了进度。如果从他们维护自己国家利益的角度去看，似乎也无可厚非。从积极方面看，这些障碍也增强了中国科技人员自力更生的信念，决心尽快地掌握导弹研制技术，摆脱受制于人的状况。

二十四

因为担心苏联会很快撤走专家，任新民从1960年6月初开始，就带着王治军等人与苏联专家沟通交流，希望了解到一些先进技术。但形势的变化比他们估计得更快，6月26日结束的布加勒斯特会议上，中苏发生了尖锐的意见冲突。正如之前所料，7月16日苏联方面发来通告，将在7月28日至9月1日撤出所有在华专家。

苏联专家即将回国的前两天，任新民又带着王治军，去专家宿舍楼与第三设计部的专家组组长施尼亚金告别。在大机库办公的时候，任新民与施尼亚金的办公室只隔着一层薄薄的木板，每天朝夕相处，关系极为融洽。

施尼亚金在中国一年半的时间里，亲眼见到这些中国同行们在怎样简陋的条件下进行工作。即将回国的他颇为感慨：“我是苏共党员，组织的决定我必须服从，但我个人在思想上，是不愿意在这个仿制即将完成的时候离开的。”

在“1059”导弹发动机的仿制工作中，他对掌握的技术知无不言，但对于更先进的导弹技术守口如瓶。此时，他为中国同行们的真诚和钻研精神所感动，对任新民说出一些 P–2 导弹升级改制的关键性问题：“要将 P–2 导弹的发动机升级为 P–5 导弹的发动机，涡轮泵的驱动方式应该由挤压式改为泵压式……”从专家楼出来，王治军说：“这个专家不错，说的都是真东西。我在学校陈列室看到的 P–5 发动机，就是泵压式的。”

任新民眼睛一亮，“噢？你也见过 P–5 导弹发动机实物？”

王治军说：“看见过，莫斯科航空学院的陈列室里就有。这段时间跟着你拜访这些苏联专家，我听你问的都是关于升级改造方面的事。”

任新民点头说：“是呀，苏联的图纸资料里有只言片语提到他们对 P–2 导弹的升级改造，我是想问问他们怎么弄的。这段时间光想着这些苏联专家了，倒忘了你也是苏联取经回来的！走，赶快回去，跟我说说详细情况！”

并不是所有的苏联专家都像施尼亚金这样友好，有位专家离开前对中国技术人员傲慢地说：“没有了我们的帮助，你们中国再过十年也搞不出导弹来。”这句话很快传遍五院的各个单位，深深地刺痛了中国技术人员和工人师傅。

1960 年 8 月 22 日，国防部五院所属各单位的苏联专家全部撤离。中国技术人员必须面对苏联专家撂下的“半拉子工程”，只能依靠自己的智慧完成后面的工作。

聂荣臻元帅在回忆录中曾提到当时的状况：“我们开会研究了五院的情况，大家认为，苏联专家在时，从不帮助我们搞研究设计，现在撤走，基本上对我们的研究设计工作影响不大。设备、资料等方面的某些困难，根据五院已有的基础，也是可以克服的。这就使人放心了。”

1960 年 9 月 13 日，中央军委在北京召开扩大会议，明确提出“发愤图强，突破尖端，两弹为主，导弹第一，积极发展喷气技术及无线电技术，建立现代化的、独立完整的国防工业体系”的方针。

苏联专家撤离时，中国的发动机试车台已经通过了考台试车，而仿制于 P–2

导弹的“1059”导弹发动机等关键部件也已经生产出来，第一台发动机正在装配之中。

在沈阳配合生产发动机的第三设计部技术人员已有近300人，章本立是其中之一，在这里工作了一年多。他1959年3月份就被派往沈阳，分配在涡轮泵生产组，做苏联专家的助手。苏联专家每天上午在车间办公，章本立则从早到晚都在车间值守，生产中出现问题，他必须及时处理，无法解决的问题就记录下来，第二天上午由专家解决。

那位苏联专家会操作车间里的所有机床，在加工工艺技术方面确实有办法。涡轮泵上有个弧形的零件，外壁很薄，而且零件的两端平行度要求很高，厂子里的工人干一件废一件，都不敢上手了，他就开动机床操作演示，告诉工人应该怎么加工，很快解决了问题，这让章本立着实佩服。

1960年3月，试验站的发动机试车台建成时，一分院就对第三设计部的仿制工作提出要求，在1960年5月1日前生产出一台发动机样机，为五一节献礼，所有仿制小组都在加班加点的赶工。

章本立所在的涡轮泵组最早生产出了成品部件，这是发动机的一个重要部件，发动机工作时，所需燃料就是由涡轮泵提供。有人将发动机比作导弹的心脏，又将涡轮泵比作发动机的心脏，听上去是个蛮神秘的部件，其实基本工作原理跟电风扇一样。电风扇上的扇叶都有一定的倾斜角度，扇叶转动时会压迫空气向设定的方向流动，扇叶间的空气被排空后产生负压，周围的空气会补充过来，如此反复形成持续稳定的气流，扇叶转动越快，空气的流速越快。涡轮泵也是这样工作原理，只不过将空气换成了液态的推进剂，扇叶更多、更厚实，像风扇一样的那个部件被称为“叶轮”。

原理虽然简单，可是制造出来并不容易，涡轮泵要精确地控制每秒钟的燃料输入量，不能多不能少。输入多了，燃料无法充分燃烧就被排出，造成燃料损失，发动机工作时间不够，导弹就无法命中目标。输入少了，燃料产生的推力无法让导弹飞离地面，这就相当于在自己身边埋了颗炸弹。

所以，制造出来的涡轮和泵体必须进行水力试验，以验证输出量是否在设计要求范围内。涡轮泵联动试验只能在北京进行，第一台样机运回去进行试验时就遇到了问题，流量达到额定峰值时，泵体在试验台上剧烈地振动，那刺耳的噪声在试验车间三四公里以外都能听到，试验被立即停止。

二十五

章本立他们拆开泵体，发现液流入口方向的叶片端面上，布满了密密麻麻的小点，像是一块海绵，这是怎么回事？车间里那位苏联专家只负责加工工艺问题，这样的技术问题不在他们的工作职责范围，章本立他们只能自己解决这个问题。

他们查阅资料后，发现这是汽蚀的典型表现。所谓“汽蚀”，是叶轮在液体环境中工作时发生的一种特有物理现象，叶轮在液体中高速转动时，叶扇后部压力降低会有气泡产生，气泡随着液体从第一片叶扇后部的低压区进入第二片叶扇前的高压区，气泡在高压区急剧收缩破灭，周围的液体就以极高的速度冲向原来气泡所占空间，于是就产生了高强度的冲击波，形成的巨大冲击力撞击着叶轮和泵壳，引起振动引发噪音。叶轮每分钟的转速高达上万转，扇叶每转一圈都会形成无数个气泡，都要经受无数次的强力冲击。大家都知道“滴水穿石”的典故，叶轮扇叶几分钟内受到的冲击次数，远远超过房檐下那块石头十年受到的冲击，相当于遭受一台水力冲击钻的不断击打。这样的环境中，扇叶表面很快就会出现斑痕、海绵状损坏和裂纹，甚至造成叶片断裂的后果。

章本立拿着一只叶轮翻来覆去地查看，发现这个铸造而成的铝制叶轮表面极为粗糙，当时工厂里还没有精密铸造技术，生产出来的铸件都是这样，铸件的曲线过渡也不流畅。减少汽蚀现象的方式之一，是将叶轮表面修整光滑，并将前后两面的交界处修成圆弧状。于是，他将叶轮上的所有扇叶进行手工锉修、打磨，表面修整光滑，再次进行试验。在涡轮泵额定工作转速内，再没有发生剧烈的振动和噪声，很好地解决了这个问题。

1960 年 4 月 28 日，装配车间内，装配工将发动机上最后一颗螺帽拧紧，长出一口气，轻轻放下扳手。站在旁边的章本立也跟着轻轻地出了口气，一直期待着这个时刻，真的装配完毕，反而没有了兴奋的感觉，车间里没人鼓掌也没人欢呼，都默默地围在发动机四周，上下打量着这台泛着金属光泽的庞然大物。

从 1958 年 8 月 1 日，第三设计部 12 个人小组下厂准备生产，到 300 多名技术人员赴沈阳配合生产，工人们将上万个零件一点点加工出来，一步步组装起来，1960 年 5 月 1 日前装配出第一台发动机工程样机，用了整整一年零九个月的时间。

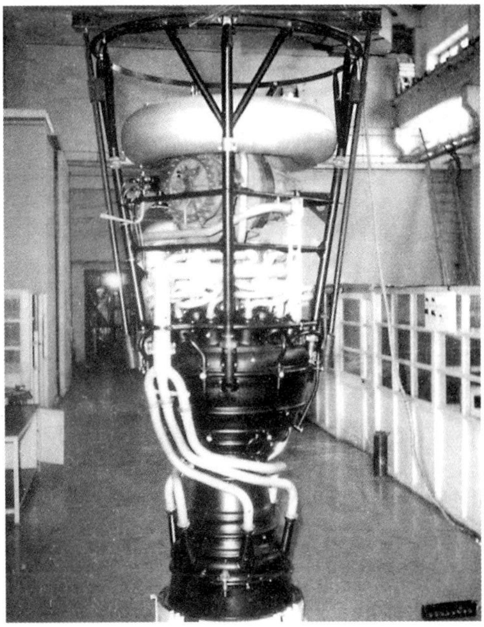
■ 图为仿制苏联 P-2 导弹的发动机，这是我国生产的第一台火箭发动机

这期间，吃过多少苦、流过多少汗，耗费多少人的心血，没人能计算得清楚。

“1059” 导弹发动机的仿制工作已经基本成功，有了这台样机的经验，发动机生产的速度明显加快，7 月 1 日前，又装配出了第一台发动机的正式产品。此后近两个月间，发动机进行了多次工艺试车，都取得了成功。沈阳的工厂在此期间又制造出两台发动机，待典型试车成功后即可交付。

“工艺试车”和“典型试车”是发动机研制的不同阶段。“工艺试车”是初级阶段，用于检验发动机系统的性能，看它是否能正常工作，推力是否达到额定要求，每次试验几秒或几十秒就结束。而“典型试车”，则是高级阶段，用于考验发动机的强度和可靠性，要按照导弹飞行时发动机全程工作时间进行试车。

国产发动机首次 90 秒钟典型试车定于 1960 年 9 月 12 日，此时苏联专家刚刚撤离 21 天。试验站接到试验任务书后，很快做好了试车准备工作，这次试验极为关键，它将验证出国产导弹是否能安全可靠地使用。

这是中国进行导弹研制的重要阶段性成果，空军司令员兼五院院长刘亚楼、副院长钱学森、王秉璋也专程赶来观看。

钱学森在五院曾担任院长，但 6 个月前，他向国防部递交了请辞报告，五院已是上万人的研究院，行政事务庞杂，住房、食堂、幼儿园都要由他处理，根本没有精力进行科研管理工作。聂荣臻批准了他的请求，那时的导弹研制隶属空军，于是任命刘亚楼兼任五院院长，钱学森改任技术副院长，同时调来空军副司令员王秉璋担任副院长，主管行政事务。

国产发动机首次典型试车那天，各相关单位的人员都赶到现场，发动机仿制工厂的厂长也专程从沈阳赶来观看。第三设计部的技术人员在主任任新民的带领下，几乎全都赶到了试验站，此前的几次工艺试车都取得了成功，大家对这次试车都颇有信心，可没想到发动机在试车台上刚一启动就爆炸了。

爆炸后的烟尘还未散尽，刘亚楼司令就大步跨进试车台询问爆炸的原因。事发突然，还没来得及进行事故检查，技术人员也说不清哪里出了问题。但院长、副院长都在现场，总要有个交代，于是就说："此前试车都是同样的程序，应该不会是发动机的问题，有可能是发动机没有清洁干净，里边残留了油脂，因为液氧遇到油脂就会爆炸。"

刘亚楼戎马一生脾气火爆，一听这话，拍着桌子斥责生产厂厂长，"你们怎么干的！这么重大的任务也敢马马虎虎？几千号人，连一点油都擦不净！关键时刻顶不住，要你这厂长管什么用！"那位厂长被训得眼泪都要掉下来了。

王秉璋副院长赶忙上前打圆场："导弹是个新生事物，大家都没经验，仿制时出问题也正常。再说现在还不清楚问题到底出在哪里，先别下定论，尽快找出原因，解决问题。"

最终找到的问题出乎所有人的意料，厂长被冤枉了，引起爆炸的原因并非油脂未清理，而是一张小纸条。

按照苏联人的设计，在试验过程中，发动机燃烧室内壁的液氧出口必须贴一张特殊的纸条，用于阻滞液氧进入燃烧室的时间。液氧是超低温推进剂，如果先进入燃烧室，就会形成超低温环境，常温状态的酒精一进去就会瞬间被凝结成冰，无法点火燃烧，而液氧与结冰的固态酒精摩擦就会发生剧烈爆炸。在出口贴上小纸条，可让液氧进入时略有迟滞，酒精先进入燃烧室，就能正常启动燃烧。但那次试验时，纸条没贴，导致液氧提前进入燃烧室，产生了爆炸。

第三设计部开会讨论如何避免此类事情再度发生，王桁提出，"液氧供应管路上加个活门吧"。他所说的"活门"是控制阀门的简称，这个方式既能精确控制液氧进入时间，又能规避"贴纸法"的缺陷，立刻被采纳应用于以后的发动机上。

经过改进后的国产发动机再次安装到试验台上，第二次试验圆满成功，中国人自己制造的导弹发动机完全满足设计标准，国产导弹已经拥有了可靠的动力之源。

二十六

10月11日，章本立正在沈阳工厂车间里配合生产，工作组组长、发动机主任设计师刘传儒将他叫出来，递给他一张火车票：“你今晚就回北京。”“回去干什么呀？”章本立问。刘传儒说：“回去就知道了。”

第二天一早到达北京，章本立就赶到任新民主任的办公室报到，任新民对他说：“你准备一下，参加17号的典型试车，如果试车成功，你跟我们一起去靶场，参加‘1059’打靶试验。”

“靶场”是导弹研制行业内对“导弹”发射场的俗称，“打靶试验”就是进行导弹实弹发射，用以检验导弹从点火发射到击中目标全过程的工作状态，是导弹研制中最全面、最严格、最重要的一项系统试验，只有这个阶段的试验合格，导弹才具备了实际作战能力。

10月17日下午，发动机试车获得成功。

10月19日，首批两发“1059”导弹总装测试合格。

10月22日晚8时30分，全体参试人员登上装载导弹的专列待命出发。

为了保证“1059”导弹首次飞行试验成功，五院从各个设计、生产、试验部门抽调出120多名工程技术人员，负责在发射现场对导弹各零部件进行检测。这些人员中，除少数40多岁的专家外，大部分都是章本立这样刚从大学毕业不久的年轻人。第三设计部的试验队由任新民等9人组成，负责导弹发动机各部件的检测工作，章本立也是成员之一，负责涡轮泵的技术问题。

专列共有18节车厢，中间几节闷罐车厢内，装载着两枚“1059”导弹、地面设备和特种车辆，由20多名全副武装的战士押运。参试人员乘坐在后面几节软卧车厢内，那时候，软卧车厢是副总理、部长级的高级干部才能享有的待遇。章本立他们没来得及细品这个优待，就放下随身行李，每人领取一只手电筒，全部下车执行警戒任务。

专列两侧共有4道警戒线，试验队技术员分成两组，立于车厢两侧3米处，每人相距5米一字排开，面对车厢打开手电筒，不停地扫视车轮下方。技术员身后3米是武装押运的战士，战士队列外3米，是大批公安干警，公安干警外围是持枪的民兵。除技术人员以外，其他三道警戒人员都是背对专列车厢站立警戒。

深秋的寒露中，不时有人轻声地咳嗽，警戒人员在站台上站立了8个小时，专列依然没有出发的迹象。章本立的双手早已冰凉，手电筒的光亮已经有些昏暗。23日凌晨4点10分，一辆满载着巨大水罐的轨道车鸣响汽笛驶出了车站，半小时后，运载着导弹的专列才出发。

专列行驶了五天四夜，沿途到哪个站停靠，在哪个站加水都有严密的计划。每到停靠的时候，章本立他们都要下车警戒，都是一样的四道警戒线。外围那些当地公安干警和民兵根本不知道专列上装载的是什么东西，那辆装载着水罐的轨道车始终在前方保持半个小时的车距。

1960年10月27日13时20分，运载导弹的专列安全到达位于西北大漠之中的靶场。这是1956年专为导弹发射试验而建造的导弹发射试验基地，从开工到建成仅用了两年时间。此地戈壁漫漫，植被稀少，人烟罕至，环境极其恶劣，但一年300多天的干旱无雨的气候，平坦开阔的地势，荒无人烟的环境，却是导弹发射试验的一块“风水宝地”。

“1059”导弹首次发射日期定于11月5日，试验队到达的第二天，就开始在技术阵地对导弹进行测试，这是导弹发射前必须进行的工作。一枚导弹有几万个零部件，经过长途运输的颠簸，必须全面检测确定状态稳定才能发射。

■ 1960年11月5日，以5D52发动机作动力的近程地地导弹“1059”

测试过程需要几天时间，章本立他们这些技术人员前往基地，只是在旁边配合操作手的工作，其实是为了预防万一：如果测试中发现某个部件出现问题，相关的技术人员才配合解决问题。如果一切正常，他们只需等着观看发射就行了。

几天的检测都很顺利，章本立没有什么事情可做，每天就是吃饭、睡觉。基地食堂里只有黑馒头和漂着几点油星儿的大锅菜，但在1960年，这样的伙食已经是非常难得了。当时国内粮食极度短缺，民众甚至靠榆树皮、杨树叶充饥，因饥饿引起的浮肿是最为常见的“疾病”，很多地方还出现了饿死人的现象。

任新民、李伯勇、章本立他们 9 个人却有额外的高级营养品，上火车之前，第三设计部的领导特意给他们带了一小桶肉沫酱，那是让食堂给他们炒的黄羊肉。肉是聂荣臻元帅“募捐”来的，为了给科研人员增加营养，聂帅向国内各大军区求助，“募集”来了猪肉、鱼、海带、黄豆和水果，并且让部队到内蒙古草原上猎取一些野生黄羊。他专门下了一道命令：“这些东西专门供给专家和技术人员，领导和政工干部一律不能要。我是要检查的！”章本立他们的肉沫酱绝对属于最高级食品，大家想吃又舍不得吃，每次只舀出一小勺夹在馒头里解解馋。

等待的过程并不轻松，每个人心里的压力都很大，生怕会出现意想不到的情况影响发射。

眼看着发射日期就要临近，意想不到的事情还是发生了。

11 月 1 日晚上 11 点半，任新民急匆匆地敲开了章本立等人的宿舍门：“你们赶紧起来，北京试验站那边出事了，到小会议室开紧急会议。章本立，你把涡轮泵的图纸拿过来。”

章本立脑子里“嗡”的一声，涡轮泵的生产过程主要是他在跟着，任主任只说拿涡轮泵的图纸，肯定是这儿出了问题。他慌忙翻出图纸，一路小跑赶到会议室。屋里已经坐着十几个人，除了第三设计部的 9 个人，还有搞导弹总体设计的相关人员。

二十七

会议室里，五院科研生产局局长耿青大校面色铁青，他是本次试验队的领队，见章本立拿着图纸跑进来，示意他坐下，开口说道：“刚才我接到通知，今天中午 12 点 50 分，试验站又进行了一次发动机典型试车，55 秒时氧化剂泵发生了爆炸。据说爆炸很严重，氧化剂泵盖上的 18 根螺栓全都断了，飞出去的泵盖把观察间的墙面砸了个深坑。上级命令咱们，分析爆炸原因，这枚导弹上有没有类似问题，能不能保证发射的可靠性，马上拿出意见。”

章本立觉得背后发凉，心跳一阵阵加快，试验队所有人员中，负责涡轮泵技术问题的只有他一个人，此时发动机的可靠性和导弹能不能按计划发射，都要参照他提出的分析意见来决定。这不仅是个重大的技术问题，更是一个严肃的政治问题。

26岁的章本立参加工作刚满两年，却要面对如此重大的问题和责任，那无形的压力已经快将自己压扁。可形势逼人，分析原因和判断结果必须在这个会议上拿出来，他展开氧化剂涡轮泵图纸的时候，双手都在止不住地颤抖。“小章，不用紧张，咱们一起分析。”任新民安慰他。

章本立平静了一下心情，开始向任主任和试验队的领导汇报氧化剂泵的结构特点、设计要求和生产中出现的问题。听完他的汇报，任新民等人开始逐步分析可能产生氧化剂泵爆炸的原因，并一条条列出来。

“小章，说说你的意见。”任新民看着章本立。

“根据我在配合生产时的经验 …… 我觉得 ……”

“别犹犹豫豫的，大胆地说。”

“哦 …… 如果涡轮泵爆炸，可能出现问题的部位 …… 应该是在这个轴承的位置。”章本立伸手指着图纸上的轴承位置，“这是按照苏联图纸装配的，当时我就觉得这里的配合间隙太小，很容易摩擦产生热量，还向专家提出过疑问，专家说不要怀疑苏联的设计，他们都是按这样的图纸生产的。我觉得其他地方能引起液氧爆炸可能性不大，就这个地方最值得怀疑。”

任新民点点头：“现在看起来，最可能出问题的，就是这地方。”

“这问题能不能解决？发射能不能进行？有没有可靠性？”耿青局长急切地问。

“现在解决不了，这是设计上的问题，只能在以后改进。”任新民说，“咱们生产出的每台发动机都经过多次校准试车和典型试车，氧化剂涡轮泵都没发生爆炸，根据这个情况来看，轴承部位发热引起爆炸，只是小概率的现象，涡轮泵的可靠性还是有的。我认为，不会影响这次的发射。现在箭在弦上不得不发，我的意见是按原计划发射。”

会议一直进行到凌晨3点多才结束，试验队临时党委批准，飞行试验按原定计划进行。但章本立却在此后的几天里，一直处于高度的紧张状态中，因为轴承部位存在隐患，谁也无法预知这次发射会是怎样的结局。如果发生了爆炸 …… 他根本不敢想象后果。

1960年11月4日傍晚，几架探照灯将整个发射场照得如同白昼。巨大的胶轮转运车装载着全长17.68米、直径1.65米的导弹缓缓地驶向发射阵地。墨绿色的弹体上，没有任何型号标志，事实上这枚导弹从开始仿制到现在即将发射，一直都未曾命名，仅有“1059”的代号。

导弹从转运车吊装到托架车上，操作手给导弹装上弹头，又小心地将它在发射台上竖起，开始进行垂直测试。明天就要发射了，那一夜，章本立根本无法入睡，他裹着大衣，站在宿舍外，愣愣地看着发射台那边的灯火。

塞外的深秋时节已进入了冰冻期，夜晚的温度达到-20℃，发射基地的操作手在凛冽的寒风中为导弹加注推进剂、称重、安装火工品。所有的准备工作完成之时，已是11月5日黎明。凌晨6时，发射场指挥员下达了三小时准备的命令，所有参试人员和各种车辆按计划逐次撤离发射场。

章本立站在距发射台三公里的敖包山上，呆呆地望着那枚静默的导弹，墨绿色的弹体像一颗宝石镶嵌在银色的戈壁沙滩上，初升的阳光照射在发射架上，不时反射出耀眼的光芒。章本立根本无心欣赏这样的美景，时间一分一秒地向发射“零时”迫近，他心跳加速呼吸困难，每一秒钟都是一份煎熬。

这是一次具有历史意义的飞行试验，聂荣臻元帅亲临基地指挥，并为首次飞行试验剪彩。钱学森、张爱萍这些重要人物当然不会缺席，此时都端坐在试验场飞行控制中心内。

上午9点02分28秒，导弹爆发出轰鸣，喷出的白烟如同一堵圆形的围墙，向发射台周围迅速扩散。20.5吨重的导弹缓缓地离开发射台，垂直向上爬升。章本立紧紧盯着那枚导弹，双拳不由自主地攥在一起，双臂像提着千斤重物使足了劲头，慢慢地向胸前收拢，仿佛这样就能帮助导弹快点升上天空。他觉得全身的血液都涌上了头部，太阳穴突突地跳着，像要炸开一般。

导弹拖着长长的尾焰，越飞越快，珍珠串一样的焰心在空中闪耀着淡蓝色光芒，几秒钟后就已经攀升到需要仰视才能看见的高度，此时它在高空中调整姿态，按预定的弹道向550公里以外的目标飞去……

沿途各观察站通过电波源源不断地向指挥中心传来报告：“发现目标，飞行正常”，“发现目标，跟踪良好”……

敖包山上，几百名技术人员和基地中的操作战士们却听不到那些实时报告，只能呆呆地望着天空，导弹已经不见了踪影，天空中只留下一道粗壮的白色烟迹久久没有散开，那是导弹进入同温层时，大气经高速物体扰动所产生的特有现象。

虽然导弹成功飞上天空让他们兴奋，但其后的飞行状态如何，能否命中目标都还不清楚，发动机需要工作 90 秒钟，关机后导弹依靠惯性按照预设的弹道做抛物线飞行，命中预定目标需要近 8 分钟的时间，他们只能静静地等待。只有整个飞行状态都合格，导弹飞行试验才算取得成功。

章本立望着空中的白色烟迹，暗自祈祷那个轴承千万别出问题，他恨不得自己有双千里眼，能够一直盯着飞行中的导弹。这是有生以来最漫长的 8 分钟，时间仿佛凝固了一般。他紧攥着双拳，被这巨大的压力折磨得心力交瘁。

指挥中心外的高音喇叭猛然间响起：“弹着区报告，弹头命中目标！命中目标！”

欢呼仿佛心底里喷发出来，敖包山上的人们情不自禁地跳起来，有人将军帽抛向了天空，有人与身边的人紧紧地拥抱着、跳跃着。章本立像被抽掉了筋骨，双腿一软瘫坐在山坡上，泪水瞬间流满了双颊，他想去擦，手却瘫软得抬不起来，只好低头在肩头去蹭。一位参试队员跑过来一把拽起他，在他胸口捶了两拳：“成功了！成功了！”

中国制造的第一枚导弹——“1059”近程地地导弹一举发射成功。当天晚上，基地举行了盛大的庆祝宴会。十个人一桌，四菜一汤，每人还有窄窄的一小条哈密瓜，章本立他们都是第一次吃到这种水果。

聂荣臻元帅高举酒杯，激动地向参加试验的科技人员和官兵祝酒：“今天，在祖国的地平线上，飞起了我国自己制造的第一枚导弹，这是我国军事装备史上的一个重要转折点。从此以后，我们有了自己的导弹。”

会场上掌声、欢呼声响成一片，聂帅笑容满面地跟每位参试人员碰杯，“再接再厉，再创新功！”大家兴高采烈将杯中的庆功酒一饮而尽。

第二章

壮志起东风

一

1960 年 11 月，第三设计部主任任新民带着成功的喜悦从发射场回到北京，立刻投入到一项新工作之中。他很清楚地知道，将要面临的困难更为巨大。

事实上，在“1059”近程导弹发动机研制成功的半年前，他已经率领部分研制人员开始了新任务的相关工作，这项工作便是——研制出推力更大的新型号发动机，为国家急需的中近程导弹和中程导弹提供动力。

早在 1959 年年初，“1059”近程导弹仿制工作刚刚开始不久，聂荣臻元帅就曾指示国防部五院：“要突破从仿制到独立设计这一关，并迅速发展、提高、建立我国自己的高技术水平的导弹技术体系，用我们自己的双手设计和制造出我国自己的导弹。”

根据聂帅的指示，1959 年 12 月，五院一分院第一总设计部提出：要在仿制 P–2 近程导弹的基础上，设计一个射程增加近一倍的中近程弹道导弹方案。同时，设计出一个使用新技术的、射程达到 3000 公里的中程弹道导弹方案。这一设想被列入 1960 年的工作计划。

1960 年 7 月，一分院完成了中近程导弹和中程导弹的方案设计。

中近程导弹设计方案是以“1059”近程导弹为基础改制，主要改进有三大项：提高发动机的推力和比冲，液氧储箱改为单层薄壁结构，尾端由钢结构改为铝合金结构；采用小三角尾翼，使射程增大一倍。这款导弹被称为“1059 改进型”。

中程导弹设计方案采用四台小发动机并联的方式，推力超过 100 吨，射程可达 3000 公里。并且采用了全新的推进技术，使用偏二甲肼和硝酸（AK-27）推进剂。这两种高比冲推进剂可在常温下储存，相遇后可自动燃烧，不需要引燃装置，更适合作为武器使用。当时苏联、美国的导弹都已采用这类便于使用的推进剂。

这些方案论证工作都是与“1059”近程导弹仿制工作在同一时期进行，作为第三设计部主任的任新民不仅要主持发动机仿制工作，还要率领少部分人员为两款新型火箭发动机研制进行前期论证和筹备工作，其工作压力着实不小。

“1059”导弹发射成功后，中近程导弹和中程导弹发动机的研制工作立刻同步开始实施。事实上，两个研制项目中，“1059 改”中近程导弹是列在第一位的工作。

当时的中国急缺有效的远程战略武器，这个在“1059”导弹基础上改进而来的导弹型号，可以短时间内解决中国中近程导弹的有无问题。在已有基础上改制，是最便捷快速的升级方式，这是有先例可循的经验——苏联以“P-1”导弹为基础改制出射程高出一倍的“P-2”导弹，随后又以“P-2”导弹为基础改制成射程翻倍的“P-5”导弹。中国科技人员便决定采用同样的方法，对“1059”近程导弹的发动机等部件进行改进升级，以期快速获得射程达到 1200 公里的中近程导弹。

一分院第三设计部承担的任务是，将原来发动机 37 吨推力、90 秒工作时间，提高到 45 吨推力，145 秒工作时间。要提高发动机推力，首先要对推力室进行改进设计工作，即便是升级，也同样是一项极为复杂和艰巨的工作。

二

1960 年 7 月，刘传儒、于龙淮受命主持“1059 改”中近程导弹发动机的论证设计工作，按照总体设计部的指标要求，拿出一个发动机的升级改进方案来。

主任设计师刘传儒是 1946 年毕业于交通大学航空工程系的老工程师，1956 年调来五院工作后，才开始边工作边学习导弹发动机技术。

副主任设计师于龙淮 1958 年毕业于苏联茹科夫斯基空军工程学院，学习飞机发动机设计专业，仅学过一些火箭发动机理论知识 。

两人与导弹发动机相关的所有工作经验，都来自“1059”的仿制工作，还没有自行设计发动机的实际经验，一时不知该从何处下手。那时的第三设计部各设计室室主任以及重要部件设计组组长，大都由“留苏生”担任，也都面临着这样的情况。

于龙淮突然想到了王治军，赶忙找到他：“听任主任说，你在莫斯科航空学院看到过他们改进后的发动机实物？”

“看到过，那是P–5导弹的发动机，莫斯科航空学院陈列室就有发动机实物，旁边还摆着分解的推力室部件。”

“要不这样吧，你参照P–5的发动机，先拿出个‘1059改’发动机的论证设计草案来。”

王治军欣然领命，回去翻阅了留学时的笔记，很快就拿出草案，对发动机进行了两处重点改进：第一项改进，是将推力室加长，以增大燃烧室的空间，提高压力，同时又加长喷管，使发动机获得更高的比推力。第二项改进，增设了一个用于输送过氧化氢的小涡轮泵，这样可降低高压气瓶的压力，减小气瓶壁厚，大幅减轻重量。

虽然他在学校展厅见到过氧化氢输送泵，但并不知道人家的设计参数。比如，增设输送泵后，高压气瓶内的压力就可以大幅度降低，但需要保持多大的压力才能达到原有工作效能，他并不知道，必须进行启动加速性计算才能获得数据。

经过大量的计算，他得到结论，原来需要35个压力，改用泵压式只要7个压力就可满足需求。于龙淮翻看着王治军的计算结果，非常高兴地说：“这是咱们研制导弹以来第一个理论报告呀！这里边的计算公式很多，我看……今天下午你就在咱们室里做个报告，让大家都了解一下，这发动机很值得研究呀。”

吃完午饭，王治军就赶回宿舍，拎着苍蝇拍满院子转。从1958年开始的“除四害”运动一直未曾间断，1960年，北京“除四害”的主要目标是灭蝇灭蚊，这是一项有考核指标的任务，每个人每天都要交几只苍蝇或蚊子。但这事情不能占用上班时间，只能利用业余时间进行。这任务越来越难完成，宿舍楼里的苍蝇早被消灭干净，院子里都是拎着苍蝇拍子东游西逛的同事，他们会突然以一种奇怪的造型定格，然后慢慢举起拍子，猛然地挥出去……

王治军用了40多分钟才打够当天的苍蝇定额，抬手看看表，已经是中午1点15分。此时他困得不行，决定赶紧去睡个午觉，养足精神做好下午的报告。宿舍距离办公楼需要步行十几分钟，他只能睡半个小时。那时候大家都没有闹钟，他一觉睡过去，醒来时已经两点半了。他慌忙起身往办公楼跑，手里还捏着包苍蝇的小纸包。

他气喘吁吁地跑到办公室门口，于龙淮站在门外黑着脸问他："怎么搞的？一屋子人坐在这等你，干什么去了？"王治军连连道歉："对不起，对不起，我实在太困了，睡过头了。"于龙淮瞄见他手中还捏着个纸包，知道那是每天的"除害"定额，摆摆手说："赶紧赶紧，你开始讲吧。"

刘传儒和于龙淮根据王治军提出的这个草案，与发动机各部件的组长经过几番讨论，最终确定了改进设计方案。1960 年 11 月"1059"近程导弹发射成功后，第三设计部立刻启动了"1059 改"中近程导弹发动机的研制工作，王治军被指派负责过氧化氢输送泵的设计研制工作。

因为前期进行过计算工作，他很快便完成了初样设计，采用齿轮联动装置将输送过氧化氢的小泵与输送酒精的大涡轮泵连接起来。这个联动装置在规定时间内输送出的酒精用量能否满足所需，要进行试验验证，但试验室没有直接用酒精进行试验的条件，他便制定了用水代替酒精做冷试验的方案，根据水流量进行比重换算，得出酒精流量，验证这个小泵是否能可靠工作。

王治军没想到，这份试验任务书送交试验站却遭到了拒签。试验站的主任认为，这个方案设置不严谨，根本不能达到试验目的。并且，当时已经进入冬季，试验站的水力试验室内没有暖气设备，水管会被冻住，工作人员要在寒冷的环境中接触冰冷刺骨的凉水，实在太辛苦。王治军往试验站跑了几趟，一次一次地进行解释，对方才勉强在试验方案上签字同意。

王治军率领小组去试验站试验那天，正遇见一场大雪，烈烈西北风卷着鹅毛大雪在空中横飞，他们挤在卡车上穿着棉衣都冷得抖作一团。试验中，小泵一次启动成功，状态平稳，这个结果让大家都兴奋不已，这说明设计是合理的，后续只需要进行调整设计参数的工作。

坐车返回南苑的路上，王治军却发起了高烧，头昏眼沉地坐在车厢里，卡车刚进单位大门，他就昏倒在车厢里，同事们赶忙将他送进医院治疗。一个小时后，大夫去病房巡视，却发现病床上是空的，医院到处寻找都不见人，赶忙给设计部打电话通知此事，得到的回复是“已经回来上班了”。王治军清醒过来，惦记着试验后要进行大量的调整计算，爬起身就回了单位。

调整设计参数后的过氧化氢输送泵试验件很快制造出来，这是发动机改进的关键项目，任新民听说第一次试验的效果很好，这次试验时也到现场查看情况。

可这次试验却出了问题，电源水源接通后，涡轮泵竟然纹丝不动，大家都不知所措。试验站主任见到这个情况，对王治军说：“你这个方案不行！”旁边站着的任新民却说：“他这个方案没问题。”两个人在试验间里争论起来。王治军赶忙上前打圆场：“两位主任，咱们先把争论搁置一下，我们先找到原因，然后再讨论，你们觉得咋样？”那次试验不欢而散，王治军赶忙查找原因。

查出的原因却是一个极为低级的差错。

试验中需要使用高锰酸钾和铁素体作为催化剂，与过氧化氢发生化学反应产生高压气体吹动涡轮转动，两种催化剂都是咖啡色粉末，一个色深、一个色浅，分别装在两个容器中。那天负责装填催化剂的组员，将两个容器中都装进了铁素体，涡轮泵当然不会启动。王治军狠狠地批评了那位组员：“搞科研咋能这么马虎！”

后来再做试验，得到的曲线值与计算的曲线值基本一致，涡轮泵联动技术被顺利攻克。这一技术使过氧化氢储箱的壁厚减少一大半，质量大幅度减轻。

三

1961年9月，第三设计部接到上级命令，将承担的其他发动机仿制任务移交相关单位，全力进行“1059改”中近程导弹和“** 一号”中程导弹发动机的研制。

派驻沈阳的“543”导弹发动机仿制工作组组长颜子初奉命将工作移交，率领十几名技术员回到北京。工作组随即解散，所有人员被分派到“1059改”导弹发动机的各研制小组中。

正在101站配合“543”发动机试验的卢克忠等人也移交了工作，返回第三设计部，随即就分派到“1059改”推力室组。

推力室[①]是发动机最关键的部件，于龙淮主管着相关工作，此时，他们已经完成了发动机初样设计，携带图纸进驻 211 厂，开始了试验件生产。

制造出的试验件在试车台上刚一点火，喷管外壁就猛然鼓出个“大肚子”，第一次试车以失败告终。

喷管是用不锈钢制成的双层圆锥形结构，两层不锈钢板之间用波纹板连接，留有许多缝隙，就像包装纸箱使用的那种瓦楞纸结构。推进剂要流经这些瓦楞纸结构的缝隙为喷管降温后，再进入燃烧室燃烧。研制人员分析后认为，喷管“鼓肚子”的原因是强度不足。设计这款推力室时，只是增大了燃烧室和喷管的尺寸，结构和材料厚度都直接沿用“1059”导弹发动机的设计。新发动机推进剂流量增大导致压力也随之增大，喷管内的波纹板连接处原有强度无法承受的这么大的压力。

于是他们增加了喷管厚度，制造出新的试验件。再去试验，喷管不鼓肚子了，燃烧室却爆炸了。研制人员又对燃烧室进行加固，再进行试验，喷管又出现问题了。

此时，中国的技术人员才意识到，改进设计绝非简单地将部件加大就可以实现。导弹发动机设计是牵一发动全身的事情，苏联人设计发动机时，有着大量的前期理论研究和试验为基础，制造出的各部件都是等强度设计，如果超出原有技术条件范围，就必须重新进行计算设计。中国技术人员没有这样的基础研究的理论支撑，根本不清楚发动机各部件的强度值应该如何计算，所谓的改进，其实就是直接将仿制于 P-2 导弹的“1059”发动机燃烧室容积加大一倍、加大推进剂输入量，各部件都无法承受增大的压力，所以不断地出现问题。

“1059 改”导弹发动机研制陷入困境之时，中国正遭受着政权建立以来最为严重的经济困难，粮食极度短缺的状况已经持续了三年。

当年苏联撤出驻华专家的时候，苏共总书记赫鲁晓夫曾带着嘲弄的口吻说过：“中国人穷得几个人穿一条裤子，喝大口的清水汤，还想搞导弹、原子弹。”这话说得虽然夸张，却并非毫无根据，那时的中国经济实在困难，科技人员们虽不至于“几

① 发动机的推力室由喷注器、燃烧室、喷管组成。喷注器喷嘴将推进剂雾化后，进入燃烧室进行燃烧，产生的高压燃气由倒锥形的喷管高速喷出，获得推动力。喷管是“拉瓦尔喷管”的简称，类似于沙漏形状。发动机工作时，高温高压的燃气通过“沙漏”最细的部分——喷管喉部，在喇叭口状的喷管尾端猛然扩散，气流瞬间从亚音速加速至超音速，会产生巨大的推力。

个人穿一条裤子”，但确实是“喝大口的清水汤”，连肚子都吃不饱。

全国的粮食供应标准一降再降，五院科技人员每月38斤粮食供应标准却一直不降，虽然是高标准的粮食供给，但因为副食品缺乏，大家依然吃不饱。聂荣臻元帅从各部队“化缘”来副食品，还派人去内蒙古打黄羊供给科研人员，那也是数量有限，无法彻底解决问题。

那是个人人都处于饥饿状态的年代，业余时间，卢克忠和他的同事们考虑最多的是“到哪儿搞点吃的”。食品都是凭票定量供应，每人每月二两油票、二两肉票。用二两肉票可以换购半斤带鱼，只有比手表带稍宽的窄窄一条。那时候没有农贸市场，买菜只能到国营的菜站，但菜站已是形同虚设，因为没有蔬菜供应。有一天卢克忠听说菜站来了一批蔬菜，拎起篮子就赶过去，门口已经排着一二百人的长队，后边还有拎着菜篮子蜂拥而来的人，菜站里只有一小堆菠菜，每人只能买半斤，多半两都不行。卢克忠排了一个多小时的队，累得眼冒金星，才买到他的那份“半斤装”菠菜，拌盘凉菜都不够，顶多做碗汤。他还算幸运的，排在他后边的很多人连那半斤都没买上，白站了两个小时。

当时也有特批的“高价商店”“高价饭店”不用凭票购买，但价格奇高。高价商店里，一斤点心8元钱，相当于一个人一月的伙食费。高价饭店里，一顿饭几十元钱，相当于一个月的工资。

正是由于这样的经济困境，国内出现了反对进行导弹、原子弹的研制的声音，“饭都吃不饱，还搞什么两弹”。两弹研制需要高额投入，并且这样的投入还要长期保持，在经济状况持续低迷的状态下，反对之声愈加强烈，“未来几年内打仗，还得靠常规武器”，甚至有人说“你打你的原子弹，我扔我的手榴弹”。反对者认为两弹工程应该立刻“下马”，持这种意见的不仅有经济领域和工业部门的负责人，更有一些高层领导。

“下马”的理由有三项：

其一，苏联撤走专家、停止援助，给我国的经济建设，尤其是涉及尖端技术的建设，造成了极大的困难。

其二，导弹、原子弹的科技复杂，仅靠我国尚不发达的工业和落后的科技力量，很难造出“两弹”。

其三，“两弹”花钱太多，在国民经济大调整的情况下，会影响国民经济和其他部门的发展。

中国国内对“两弹”的质疑声愈演愈烈之际，1961 年 4 月 12 日，苏联成功发射了“东方”号运载火箭，将世界上第一艘载人飞船送入太空，宇航员尤里·加加林乘坐飞船在近地轨道环绕地球一周，108 分钟后安全返回。

而此时，中国的科研人员刚刚仿制出苏联已经淘汰多年的近程导弹，刚迈出第一步的中国导弹研制之路，就已经面临着夭折的窘境。

四

1961 年 7 月，一场决定“两弹”计划生死前途的会议在北戴河召开。国防工委召开的这次国防工业会议规格极高，贺龙、聂荣臻、罗瑞卿主持，周恩来、李富春也到会讲话。关于“两弹”是“上马”还是“下马”的争论在这次会议上达到了高潮。双方互不相让，开着会就吵起来，桌子拍得啪啪响，气氛很紧张。

聂荣臻是坚持“两弹”继续攻关的“主帅”，一天会议结束后，秘书范济生劝聂荣臻：“‘两弹’研制困难重重，矛盾太多，整天有扯不完的皮。他们要上常规武器，就让他们上吧，他们不让搞‘两弹’，我们就不搞了。”聂荣臻立刻就火了：“糊涂！遇到这么点困难，听到这么点议论，就想退缩，要干点事历来就没那么容易的。搞不出‘两弹’来，我死不瞑目！”

他在会议上重申自己的理由：“两弹”的研制已经有了一定的基础，五院、二机部各自拥有研究人员数千名，也拥有一批先进的研究设备，铀矿资源也能满足需求，“两弹”研制正在取得稳步进展。特别是有一批非常非常爱国的科学家，这是个决定性因素。“两弹”研制还带动了一系列科学技术的飞速发展，“两弹”研制应该继续攻关，我们决不能放弃啊！

钱学森也坚决支持“两弹”继续攻关：我们完全有能力依靠自己的力量继续搞下去，导弹研制工作不能退下来，一退就会落后，一落后就是几十年，与美国、苏联的差距就会拉得更大。

“两弹”是否继续的争论也引起毛泽东主席的关注，专门询问此事，聂荣臻将一份《导弹、原子弹应坚持攻关的报告》直接上报给毛泽东。报告中写道：

我们已经和正在采取的措施主要有两条，即调整任务和调整力量。调整方针是：导弹方面以地地型号为重点，争取3年左右时间突破中程的，5年或更长一些时间突破远程的。在此前提下，适当发展地空导弹，推迟发展飞航式导弹。原子能方面，争取4年左右建成一套核燃料生产基地，设计试制出初级的原子弹，5年或更长一些时间，建成更先进的一套生产基地，设计试制出能装在导弹上的比较高级的原子弹。

这份报告更像是一张军令状，聂荣臻元帅为他负责主管的“两弹”工程划出了一个时间线。

这份报告获得了毛泽东、刘少奇、周恩来、林彪、邓小平、贺龙、罗瑞卿等中央领导人的批准。外交部长陈毅甚至说：“脱了裤子当当，也要把我国的尖端武器搞上去。”他多次对聂荣臻说：“我这个外交部长的腰杆现在还不太硬，你们把导弹、原子弹搞出来了，我的腰杆就硬了。”

1961年9月15日，“两弹下马之争”还未平息之时，任新民被任命为五院一分院副院长，兼任第三设计部主任，依旧主持导弹发动机的研制工作。此时，导弹研制能否持续尚未明朗，“1059改”发动机的研制状况不断，任新民心中焦虑不安，茶饭无味。

1961年10月，中央军委第31次常委会议做出决定：国防工业方面，科学研究着重搞尖端，生产主要搞常规，基本建设主要搞配套。尖端要搞，不能放松，这不仅是个军事问题，而且是个政治问题。

自此，“两弹下马之争”才终于平息下来。

“两弹”研制继续进行，但国家正处在“三年困难时期”，财政经济状况十分紧张，必须遵照“缩短战线，任务排队，确保重点”的方针。聂荣臻向各单位提出要顾全大局：“这好比过河，大家都想过，但桥就那么宽，谁先谁后，得排排队，否则一拥而上，就谁也过不去。”

导弹研制顺序的确定按照两个原则：一是攻关最薄弱和复杂的；二是解决装备有和没有的矛盾。以自行设计的中远程地地导弹为主，争取3年突破中程，5年或更长时间突破远程。

对于承担着地对地导弹研制任务的一分院来说，必须在此前同时进行研制的

“1059 改”和“** 一号”中选出一个型号重点发展。

“** 一号”是自行设计的一款中程导弹，虽然使用的推进技术较为先进，并且推进剂性质更适用军事用途，但这个型号尚在方案设计阶段①很多关键技术还未突破。而“1059 改”则是在已经成功的“1059”基础上进行改造升级版。这个型号的不足之处在于使用“不可储存推进剂”，液氧挥发问题难以解决，作为武器使用颇为不利。但优势在于已经具有前期的成功经验，很多制造模具、工装都可以沿用，能以最短的时间制造出来，解决“有和没有的矛盾”。

根据以上分析，国防部五院党委决定，“集中力量研制‘1059 改’，在‘1059 改’的问题尚未弄清之前，先不考虑‘** 一号’的总体设计，但发动机等重点项目的预研工作还要继续进行。”

这样的取舍，又引出了一个不大不小的问题。

自行研发的“** 一号”被暂停，“1059 改”成为重点发展型号，但“1059 改”只是代号，这款导弹该如何命名型号？这并不是一个可有可无的问题，将导弹称为“国之重器”并不为过，对于这样的“重器”，总得有个名号吧。

当时，导弹的定名权由五院自行掌握，副院长王秉璋等人认为，这枚导弹的理论射程将达到 1200 公里，比原型号 590 公里的射程提高了一倍，从工程制造方面而言，提高 25% 以上，就不能称为“改进”，而是一个新型号了。

当时已经确定弹道导弹都以“**”命名，但“** 一号”已被用于中程导弹定名，于是就将“1059 改”中近程导弹定名为“** 二号”。可是“** 一号”已被暂停研制，这样命名又产生了一个奇怪的现象，此后两年多的时间里，中国的弹道导弹命名序列中，一直处于“有二无一”的状态。

五

时间到了 1961 年年底，眼看着上级要求的“** 二号”全弹发射试验日期渐渐临近，发动机推力室的问题却依然没有解决。发动机其他部件的改动不大，早已完

① 导弹设计分为可行性论证、方案设计、初样设计、试样设计四个阶段。

成工作，可推力室却迟迟无法过关，这状况让五院上上下下都很着急。

钱学森、任新民等技术领导们经过商议，决定启动一个备用方案——重新设计一台推力达到42吨左右的发动机。这个备用发动机方案和“** 二号”发动机同时进行研制，哪个发动机先搞出来就用哪个。

任新民将张遐圻和李伯勇叫到办公室，神情严肃地说：“‘** 二号’的推力室问题不断，五院刚刚开会决定，要有两手准备，搞出个备用方案，万一‘** 二号’过不了关，咱们也有代替方案顶上去。你们就负责这个事，再给你们配几个人，马上就开始工作，尽快拿出成果来。”

李伯勇是“留苏生”，1958年回国参加工作，“1059”仿制成功后，便跟随张遐圻一起开始了5D61发动机的预研工作，担任副主任设计师。5D61是一款100吨推力的液氧/煤油发动机，是当时预研型号中最大推力的发动机。

张遐圻和李伯勇接到任务后，很快拿出了备用发动机的论证方案——设计出额定推力42吨的发动机，使用5D61发动机上的相关技术，燃烧室采用筒形波纹板加层结构，但推进剂依然采用与“** 二号”发动机相同的液氧和酒精。方案立刻被批准，发动机代号“5D61A”，研制工作立刻展开。

备用发动机的研制开始后不久，“** 二号”发动机推力室的问题却在此时解决了，连续几次试验都没出现问题，这真是让人喜出望外的消息，发动机装配工作立即开始。

第一台样机在211厂总装车间装配起来时，却发生了一个意外状况。

发动机组装完成后，装配工们清点工具时发现少了一个钢压板。按照装配车间的操作规定，每道工序完成后，所有的辅助工装、工具都必须清点，不能多也不能少。工人们找遍厂房里的每个角落，都不见压板的踪迹。大家分析认为，那个压板可能被遗留在了发动机内，厂领导不敢怠慢，决定拆开发动机检查。

拆开发动机，让所有人都大吃一惊，不仅找到了丢在里面那块钢压板，还发现了一小段用于铅封的铁丝头。这可是重大的质量事故！导弹发动机是一个精密的机构，内腔里必须保持绝对洁净，连一根头发、线头都不能有。在发动机研制阶段，就有一次因为装配时垫片用错材料被拧碎，一小块金属碎屑落入发动机，导致试车时发生了大事故。

这次“压板事件”后，211 厂发出严令：装配车间必须改掉乱丢多余物的毛病，养成见到杂物就捡起的习惯。并专门制定了八条保证产品质量的具体措施。装配车间每天一上班，所有人先排队，在全车间拉网似的走一遍，捡拾地面上的多余物，用“捡”的习惯改掉“丢”的恶习。这一措施坚持了多年，装配事故大大减少。

事实上，随着中国导弹研制经验的逐步积累，在发动机设计、制造和试验的各个环节都逐渐形成了一套严密的质量管理体系，并不断巩固完善，一直沿用至今。

1962 年 3 月 20 日，“** 二号”导弹终于竖立在发射台上，技术人员紧张地进行着发射前的调试准备工作，墨绿色的弹体上印着“独立自主，自力更生”八个大字。

■ ** 二号中近程地地导弹 5D60 发动机是我国自行设计的第一个中近程导弹发动机

五院副院长王诤中将站在远处，仔细地看着那枚导弹，疑惑地说：“怎么像林黛玉一样，摇摇摆摆、扭扭捏捏的。”“** 二号”导弹保持了“1059”导弹 1.65 米的弹径，但全长却从 17.68 米增加到 24 米，立在发射架上像一根细长的铅笔，竟然随风轻轻地摆动。

试验队同样发现了这个问题，负责导弹总体设计的二分院设计人员决定，现场改变网络设计，提高稳定系统的抗干扰性，连续工作十几个小时，完成了设备改装工作，但改装后的导弹依然在风中轻轻地摇摆。所有人都没料到，这摇摆的弹体正隐藏着“** 二号”设计上的致命缺陷。

1962 年 3 月 21 日上午 9 时 5 分 53 秒，“** 二号”导弹发出震天动地的轰鸣，拖着熊熊烈焰缓缓离开发射台。导弹竖直地向空中爬升了 16 秒，本该按照程序设置向西飞行的导弹，竟向偏北方向飞去。“怎么偏了！”敖包山上观看的参试人员都目瞪口呆。

第 18 秒钟，导弹尾部突然起火冒出大量白烟，向上攀升的速度明显放缓。3 秒钟后，发动机自动关机，失去动力的导弹靠着惯性在空中摇摇摆摆，弹体渐渐横斜成水平状态，弹头突然一沉，迅速地向下坠落。

敖包山上的人们愣愣地望着眼前的一切，全然忘了坠落的导弹会引发什么后果。突然有人高喊“快卧倒——”技术员们这才反应过来，全都趴在了地上，却都拧着头，紧盯着急速下落的导弹。

导弹呼啸而下，狠狠地摔在发射台西北 680 米处的戈壁滩上，数十吨液氧、酒精引起猛烈的爆炸，一团巨大的蘑菇云腾空而起。大地剧烈地震颤着，砂石尘土被冲击波席卷而起，迅猛地向四面翻滚扩张。

爆炸的烟尘还未散去，敖包山上的人们已经纷纷起身，顾不上拍去身上的尘土，呆呆地望着烟尘弥漫中那个巨大的弹坑。眼睁睁看着自己亲手设计、制造出的导弹摔在面前，有人已经禁不住放声痛哭。全国 1400 多家工厂、几十万人、两年多的劳动，都在那声巨响中顷刻之间化为乌有。

■ ** 二号中近程地地导弹

当天下午，钱学森乘坐专机赶到发射基地，向所有的参试人员传达指示：“周总理和聂帅让我告诉大家，科学实验有成功就有失败，不要追究责任，不要泄气。要善于从付出的学费中找出发生问题的原因和解决的办法，总结经验，以利再战。”钱学森深深地出了一口气，接着说：“导弹坠毁了，大家心情都很沉重，我跟大家的心情是一样的。但是我认为，这次试验失利，是一次非常有益的教训，请大家冷静下来，认真总结经验教训。”

此前的“1059”导弹，从开始仿制到首飞成功只用了不到两年时间，这个过程过于顺利，认为导弹研制“不过如此”。“** 二号”炸出的这个弹坑，像是对科技人员们迎头一棒，但这一棒的代价实在是太高了。

第二天一早，所有技术人员去弹着点勘察现场收集残片，导弹坠落处被炸出一个深 4 米、直径 22 米的大坑，周围的砾石都被烧得焦黑。发射场的战士们已经进行过搜索，技术员们第二次搜寻中仍然能找到大量的导弹残片，一段发动机机架部件竟飞到了距爆炸点 3 公里以外。

在戈壁滩上低头搜寻的技术人员心情沉重，人人都在思索发射失败的原因到底是什么？导弹被炸得粉碎，靠那些残片根本无法判断发射失败的原因。技术人员只好反复观看发射过程的电影资料片，通过飞行试验的光测和遥测数据进行分析判读。

六

“** 二号”事故情况不明，但发动机是最受怀疑的部分，第三设计部上上下下都觉得压力重重。任新民在事故分析会议上说：“这次坠毁，有个重要原因是发动机地面试验不充分，因此可靠性不高。还有，现在看来不经过全弹试验就发射是不行的，一定要经过全弹试验这个环节。我觉得，还有思想上的原因造成了这次事故，“1059”仿制工作很顺利就成功，产生了‘轻敌’的心理，“** 二号”发动机试车顺利就急于求成地发射导弹，这是不严谨的做法。我们必须建立一整套发射前的整体测试方案，严格按照科学规律办事。”

“** 二号”首发坠毁，原因尚未明晰，但大家都怀疑是发动机引发的问题。于是，张遐圻、李伯勇负责研制的备用发动机——“5D61A”项目自然被推到前台。

但屋漏偏逢连阴雨，备用方案的研制也遇到了重大难关。每次试车点火不到一秒钟，不是爆炸就是烧毁，承担项目研制工作的李伯勇、王治军等人想了很多办法也没能解决。

第三设计部专门为此召开分析会，钱学森竟然也出席了这次会议，足见对于“5D61A”发动机的重视。

张遐圻、李伯勇分别讲述试验中出现的爆炸现象，他们认为是哪种问题，以及采取的措施，展示了一些试验数据。任新民示意其他人也发表一些看法，因为有钱学森在场，谁都不敢随便开口。“没关系，今天是诸葛亮会，大家畅所欲言，说错了都没关系。”钱学森说。大家这才放松下来，七嘴八舌地开始讨论，但提出的每一个问题，研制组都已经进行过试验，全都没有效果。“这可真是见鬼了！”有人嘟囔了一句。讨论会进行了半个多小时，也没讨论出任何有价值的结论，会场渐渐安静下来。任新民看着钱学森：“钱院长，您对这个有什么看法？”

一直沉默不语的钱学森此时才缓缓说："刚才有同志说，这是见鬼了，咱们确实是遇到鬼了。这个鬼就是高频振荡，或者称为高频不稳定燃烧现象。"会议室里嗡的一下开锅了，不是因为这是多么高深的问题，而是因为这是大多数人都学过的理论知识。大家考虑的都是制造、精度、强度和控制问题，谁都没往这方面想，钱学森的一句话点醒了所有人，发动机一启动就爆炸，确实是典型的高频振荡现象。

钱学森站起身，在办公室中间那块狭小的空地中来回地踱步，"你们都知道高频振荡，但没见过，这就是！这个问题不光咱们出现，美国、苏联研制大发动机一样会遇到，这是世界性的难题，但是采取一些措施是可以克服的。看来咱们需要花点学费了。"

高频振荡是由燃烧引起的周期性振荡现象，伴随有燃气压力、温度和速度的振荡，这是推进剂在燃烧过程中与燃烧室声学振荡相耦合的结果，频率在1000赫以上。这种现象会导致发动机振动加剧和热负荷增加，会在启动瞬间破坏和烧蚀发动机部件。

克服高频振荡是大推力导弹发动机研制中的技术关键，国外的科研人员解决高频振荡通行的方式有两种——液相分区式和隔板分区式。这些理论早在1940年代已经公开发表在刊物上，成为业界的共识。

液相分区就是将燃烧室内雾化喷注器上的喷孔分成不同的大小和疏密排布，推进剂通过喷注器进入燃烧室的时候，形成了不同配比，产生不同的燃烧频率，以降低高频振荡产生的几率。

隔板分区式就是在燃烧室内设置一些金属板，把燃烧室分成几个小的燃烧区域，可有效防止高频振荡的产生。

在实际工程应用中，有单独采用一种方式的，也有两种方式同时使用的。但具体的液相分区配比方式、隔板的形状和高度设定却是各国的技术机密，查不到任何资料。钱学森所说的"需要花点学费"，就是说要在这方面下功夫研究。

那时的中国，相关的基础理论研究极为缺乏，三分院的热过程研究所刚刚开展高频振荡的研究工作，还没有取得成果，第三设计部只能依靠自己的力量解决这一问题。此时王治军受命率领几名组员成立隔板试验攻关小组，进行专项研究。

"** 二号"导弹事故调查组经过四个多月的分析，终于在7月27日提交了坠毁原因的分析报告，找出了两个技术原因：

原因之一，发动机推力提高后振动加大，导致结构强度不够，最薄弱的液氧导管在 18 秒时断裂起火。

原因之二，也是最主要的原因——在总体方案设计时没有将全长 24 米的弹体作为弹性体考虑，在飞行中弹体出现横向低频弹性振动，并与姿态控制系统发生耦合，致使飞行失控。

“横向低频弹性振动”是一个复合型的振动形态。如果将一个长条的气球中充满水，将它抛向空中，气球会在空中毫无规律地扭动，这便是横向低频弹性振动造成的显现。

事实上“1059”导弹也同样存在这个现象，只不过它完全仿制于苏联的 P–2 导弹，苏联设计人员已经进行过弹性体强度计算，储箱体积和材料强度都足以应对“横向低频弹性振动”产生的影响，相当于将水装在易拉罐里，对导弹的影响不大。而“** 二号”导弹设计时，中国设计人员没有考虑这个问题，不但将储箱的体积增加了近一半，并且将推进剂储箱的双层结构改为单层结构。这就相当于改成了一个放大版的充水气球，导弹竖在发射台上随风摇摆，就是充水气球的状态，“横向低频弹性振动”必然会对其造成严重影响。

“** 二号”导弹是靠尾部的四个燃气舵控制飞行平衡姿态，但导弹发射后，像充水气球一样在空中无规律地扭动，燃气舵的平衡动作根本无法对这样的高频次的复杂扭动进行控制，最终导致“** 二号”在戈壁滩上摔出了那个触目惊心的大坑。

这次失败让中国的科技人员们警醒——此前实在是低估了导弹研制的复杂性，一个新型号的产生，不是简单的等比放大就能解决，而是一项细致严谨的科学技术工作。中国才跨上门槛，还没进门，对研制程序以及各系统的内在联系都还是半懂不懂。

七

分析出事故原因后，技术人员们总结出几条诱因——“总体方案没有经过充分论证，各分系统的地面试验做得很不充分。发动机首批生产了 5 台，每台只进行了额定推力下 45 秒的校准试车，抽了一台进行 145 秒的长程试车，发动机结构强度考验得很不充分。全弹没有进行振动试验,更谈不上全弹试车。

五院吸取失败教训,要求在此后的工作中,必须"一切通过科学试验","地面试验要做充分","不带疑点和隐患上天",所有导弹必须进行"振动试验"和"全弹试车"验证后才能进行发射试验。

但试验站已经建好的 3 个试车台都只能进行发动机试车,必须抢建一个"全弹试车台"。这是一种能够测试整个导弹飞行状态的大型专用试车台,试车时,是将导弹固定在试验台上,按照从点火启动直到发动机停止工作的飞行全过程进行模拟试验,以此检测导弹整体及各部件的工作状态。

1962 年 8 月,试验站开始进行全弹试车台的论证设计,1963 年 1 月完成设计开始抢建,这个试车台被命名为"四号台"。

"** 二号"导弹坠毁分析报告中提到,发动机结构强度不足导致液氧导管断裂起火,是主要技术原因之一。

第三设计部对发动机液氧导管进行了加强设计,上试车台试验时,推力室又出现了泄漏烧蚀现象。此时他们才发现,原来以为解决的推力室强度问题其实并没有解决。

他们又对泄漏部分进行加固,但其他地方又漏了。每次推力室的试车试验不是爆炸就是烧毁,研制人员都焦头烂额。三部主任任新民寝食难安,与主任设计师刘传儒、副主任设计师于龙淮等人商议此事,此时大家都已经清楚,推力室出现问题,是因为原来"1059"发动机内部平均只有十几个压力,现在"** 二号"推力加大,发动机内的平均压力也就加大到 25 个以上,可发动机上的部件大多沿用"1059"发动机的原有设计,压力增大了这么多,必然造成这里也崩,那里也崩。

要彻底解决问题,就必须暂停研制,对发动机各部件进行全面的基础性研究计算,那就与另起炉灶设计一个新发动机没什么区别。但这种发动机技术已经落后,只是为了快速解决有无问题的应急之策,以后这些技术都不会再用,所以实在没必要花费这么大的精力。

几个人最终决定,继续采取试验寻找薄弱点的手段,用"打补丁"的笨办法,哪里漏了就补哪里。

这是一场持久的鏖战,推力室组组长褚祥生带领卢克忠等人,隔三岔五就要去试验站试车，打补丁的地方不漏了，别的部位又漏了。试制车间里，被炸毁的试验件已经堆了一大片，燃烧室已经“补丁摞补丁”，试验件还是不断地爆炸。高秉权见着校友卢克忠就开玩笑：“又来放炮呀？发动机都让你们整成个叫花子了，怎么还不成呢？”卢克忠和同事们也只能无奈地苦笑。

用了大半年的时间，推力室上大部分部件的强度问题已经解决，燃烧室与喷管结合部外壁失稳问题依然没有进展。

导弹发动机的燃烧室和喷管都是分为内壁和外壁的中空结构，发动机工作时，推进剂先被送到喷管的内外壁夹层中，然后又向上流动到燃烧室的夹层中，给燃烧室和喷管降温后，再被送入预燃室燃烧。喷管是锥形结构，液态推进剂被挤到锥度最小的结合部时，这里是压力最高的地方，每次发动机试车加大推力，此处不是鼓起大包，就是爆裂。

原因在于，燃烧室内壁外壁的夹层间仅有几根金属棒分散地焊在内壁上，并且与外壁没有形成一个整体，结合部无法承受压力。十多位技术人员进行了多种方案的尝试，都以失败告终，研制工作被卡在这个难关前寸步难行。

推力室组的卢克忠也和大家一样每天考虑这一问题，有一天，他突然想起 543 导弹燃烧室喉部的冷却方式，将这种方法稍作变化，将带锥度的金属管剖开焊接在喉部外侧作为冷却剂的通道，就能解决这个问题。

卢克忠在讨论会上兴冲冲地说出这个方案，但当时就有人说：“变直径的锥形管上哪弄？哪个钢管厂都不生产呀。”卢克忠一听这话，也挠挠头，确实是这么回事，大家哈哈一笑也就没把这个方案当回事。

第二天早晨一上班，攻关小组继续讨论，此时王新民拿出了几张草图。他是比卢克忠低一届的航校校友，昨天听了那个锥形半管方案，晚上回去就进行了计算，想出了用模具冲压板材，制成锥形半管的工艺方案。大家一听这方法，都是眼前一亮。发动机副主任设计师于龙淮当即决定：“先加工出试验件，做静力试验看看怎么样。”

卢克忠和王新民受命完成这一任务，两人很快画出图纸，到 211 厂仅用 3 天就完成了试验件加工和静力试验任务。试验件在 220 个压力的状况下毫无变形，这比发动机喷管结合部承受的压力高出几倍。两人还想试更高的压力，试验工人说：“220 已经是这台机器试过的最高压力了，再高我怕把机器搞坏了。”

这一试验结果告知攻关小组后，大家一致同意按半管方案更改发动机喷管结合部的结构。按照这一方案制造出的推力室送到试验站，试验一次成功！

随后，攻关小组又很快解决了预燃室结构强度问题，1963 年年初，“** 二号”发动机终于取得了成功。

八

1962 年年底，“** 二号”发动机的改进工作接近尾声的时候，李伯勇、王治军他们进行的“5D61A”发动机隔板攻关也取得了阶段性成果，但继续研制备用方案已无必要，这项工作被中止。

此时，全弹试车台也顺利建成投入使用。在随后的一年半的时间里，“** 二号”导弹各个系统共进行了 4 大类 17 项大型地面试验，大大小小的试验超过千次，合格的导弹终于在频繁的试验中“锻造”出来。

1964 年 6 月 29 日，改进后的“** 二号”导弹进行了第二次全程试飞。导弹冲天而起，呼啸着奔向预定目标，十几分钟后目标区传来消息，弹头击中目标。

7 月 9 日和 11 日，靶场又接连发射两枚全程试验弹，2 发 2 中。

钱学森见到聂荣臻元帅高兴地说：“如果说两年前我们还是小学生的话，现在至少是中学生了。”聂荣臻说：“试射 3 发都成功，很好！这是几年来特别是 1962 年以来进行一系列深入细致工作的结果。现在更看得清楚了，1962 年试射没成功，的确不是坏事，这个‘插曲’很有意义！”

■ 1963 年，发动机设计部召开庆功授奖大会

虽然“** 二号”导弹成功发射标志着中国在导弹研制技术上取得了长足的进步，但事实上，此时的“** 二号”并

未达到指标要求，射程仅为980公里，距总体部要求的1200公里射程还有很大差距。问题依然出在发动机上。

其实发动机的最高推力已经达到49吨，已经超出总体部要求的45吨指标，如果按最高推力进行发射，射程可达1400公里。但因为发动机结构依然存在强度不足的问题，甚至无法承受45吨的推力，只能调校到40.5吨推力使用，所以仅能达到980公里的射程。

1964年是"两弹工程"最重要年份。

"** 二号"导弹飞行试验成功之时，秘密进行了8年之久的导弹、原子弹研制工作，也在那一年取得了突破性进展，进入首次试爆的准备阶段。1964年10月16日15时，中国第一次核试验取得圆满成功。

中国成功爆炸第一颗原子弹虽然震惊了世界，但美国人却认为，只有少量伊尔-27型轰炸机的中国，根本无法形成核打击力。美国国防部长麦克纳马拉甚至断言："中国5年内不会有运载核武器的工具，美国和苏联都花了12年，中国至少也要用10年。"西方媒体对于中国成功核爆的报道中也引用了这种"有弹没枪"的论调。

麦克纳马拉说出那番言论时并不知道，3个月前，中国的"** 二号"导弹已经发射成功，在此期间又成功地进行了十多次发射试验，并且已经正式装备部队。只需稍作适应性改进，中国制造的导弹就能携带原子弹呼啸着奔袭1000公里外的任何目标。

第一颗原子弹试爆成功后，"两弹"结合工作正式展开，中央专委命令五院，立即研制改进型——"** 二号甲"，研制出射程达到1200公里的增程导弹。

九

在过去的两年里，中国的导弹研制人员积累了许多经验。因此"** 二号甲"的研制相对要顺利很多。1966年2月，"** 二号甲"的改进工作已经完成，导弹试射一次成功，达到了1200公里射程要求，向东发射时，借助地球自转的作用，最大射程甚至达到1400公里。

1966年3月11日，周恩来主持召开会议，决定以改进后的"** 二号甲"导弹进行“两弹结合”的热试验。美国、苏联进行携带原子弹弹头的发射试验，都是选择向大洋里发射。但当时中国还没有能执行复杂任务的远洋测量船队，不具备向大洋发射的条件，于是决定向内陆的罗布泊无人区发射。

在本国国土进行“两弹”试验风险极高，这是全世界都史无前例的事情。虽然核弹有保险装置，从理论上说，没有启动爆炸程序时，即便坠落地面也不会发生核爆炸。但一切事情都会有意外出现，如果飞行半途中出现程序错误引起核爆，爆炸点方圆数十公里都将遭受无可挽回的灭顶之灾。发射基地距离罗布泊核试验场约1000 公里，导弹所过之处有数以万计的居民，并且还要越过兰新铁路。周总理冒着极大的风险下了这个决定。

被称为“两弹结合”的导弹核武器试验定于 1966 年 10 月 27 日进行。为测试导弹的可靠性，基地已经发射了 8 枚“** 二号甲”导弹，其中一枚发射失败，成功率为 93.33%，这让科技人员极为担心，那 6.67% 的失败概率是否会在“两弹结合”试验中出现？

10 月 20 日，周恩来专门召开“两弹结合”会议，着重指出：“两弹结合关系重大，试验只许成功，不能失败，而且只能进行一次。”为预防意外发生，核导弹发射前两天，弹道所经之处的十多万居民都被疏散转移到安全区域，兰新铁路也将在发射当天全线停运。

“两弹结合”试验已进入最后两天的发射准备期，10 月 26 日清晨，发射基地的天气陡变，温度接近 -20℃，戈壁滩上大风呼啸，黄沙漫卷，天昏地暗，风速高达 30 米 / 秒，这是仅次于台风的 11 级暴风。

按照导弹操作规程，风速超过 15 米 / 秒，温度超过 -11℃，不能进行发射任务。如果这样的暴风持续到明天，试验就必须向后推延。弹道所经之处十几万人的转移工作已经完成，并且，为保证试验期间基地的进展情况随时向周总理汇报，早在发射前两个星期，邮电部和总参通信部就实施了一个庞大的保障计划 —— 从发射场到北京上万公里的电话线由沿途各市县严加管护，每根电线杆下都派民兵持枪 24 小时轮班站岗，直到发射结束。如果择期发射，如此庞大的组织工作还要再进行一次，将耗费更多的人力物力。大家焦急不安，时刻关注着基地的天气预报。气象专家紧张地工作着，搜寻各地气象观测数据的每一个微小的变化，经过谨慎分析拿出了 10 月 27 日发射基地的天气预报：阴转多云，有大风，风力 7—9 级。

15 米 / 秒左右的 7 级风力是导弹可以发射的最上限，中央果断决定试验如期进行。

10 月 26 日上午，导弹和原子弹分别向发射阵地转运。此时风速每秒 25 米，10 级狂风卷起漫天风沙，将天空笼罩得昏暗如夜，车队必须打开大灯，沿着公路缓慢地行驶。所谓公路，其实就是戈壁滩上的两道车辙印，狂风裹挟着沙石早已将车辙印覆盖，黄沙笼罩之下无从辨别方向，只能顺着路旁时隐时现的电线杆向前行驶。能见度只有十几米，车队的车辆间距不能太近，以防造成追尾损伤装备，但又必须保持十米之内，否则就无法见到前车，车队就走散了。

转运导弹的车队最先到达发射阵地，发射连战士们操纵着十几吨重的老式高架起重机，在狂风中将导弹吊起竖立到发射架上，整个过程起重机和导弹都摇摇摆摆。发射连派出 28 名战士，拉住捆在导弹上的绳子，才勉强保持弹体的稳定，艰难地完成了竖起程序。

原子弹预定到达时间已经过去半个多小时，转运车队却迟迟不见踪影，发射阵地连忙给原子弹技术阵地打电话询问情况，那边的回复是"早就出发了，还没到吗？"

原子弹竟然神秘地失踪了！

这突发的状况让所有人都紧张起来。发射阵地想要派人去找，可此时黄沙弥漫，能见度只有十几米，发射场周围几百平方公里都是无人区，怎么找呀？

■ ** 二号甲导弹运进靶场实施发射试验

焦急地等待了 3 个多小时，失踪的原子弹转运车队终于在漫天的黄尘中驶入发射阵地。

负责运载原子弹的是发射基地司令员李富泽，因为能见度太差，车队在黄沙笼罩中迷了路，只好在戈壁滩上寻找电线杆，车头转 90 度向前进几百米，再掉头 180 度前进几百米，折行了 50 多公里才找到电线杆回到正途。技术人员立刻开始头体对接，进入正常的发射程序。

26 日夜晚，依旧狂风呼啸，参试人员几乎一夜未眠，都在担心是否能正常发射。

1966 年 10 月 27 日上午 8 时 30 分，发射前的准备工作全部完成，所有人员按顺序撤离。以往的导弹发射，只需要撤离至 3 公里外的敖包山，这次的安全区域却设在十几公里以外。

发射场上已经空无人迹，距离发射架 100 米处，地下 4 米隐藏着一个控制室。发射基地政委高震亚和参谋长王世成率领技术助理张其彬、技师董连捷和刘启泉，操作手徐虹、中队长颜振清在此处坚守，这 7 名勇士负责导弹发射操作。

8 时 50 分，十几公里以外的山坡上，参试的技术人员和基地指战员接到命令，“全部分散，趴在地上”。聂帅、钱学森、朱光亚和其他领导人则在距离发射基地几公里的山洞掩体里，关注着从地下控制室里传来的信息。此时，发射场的风速已经小于 15 米 / 秒，而天空中竟然出现了小小的一片蓝天。

1966 年 10 月 27 日上午 9 时，“** 二号甲”导弹准时发射，携带着中国人自己

■ 在“两弹结合”试验成功后，聂荣臻、钱学森与参加试验的人员合影

研制的原子弹呼啸着冲上天空，向西飞去。

指挥室的扩音器中传来了末区的声音："发现目标！""发现目标！"9 时 09 分，经 894 公里的飞行，核弹头在新疆罗布泊核试验场的靶区上空 569 米的预定高度爆炸，爆炸威力为 1.2 万吨梯恩梯当量。

"试验成功！"

罗布泊上空的蘑菇云标志着我国真正拥有了核威慑和打击能力。

外电评论：罗布泊的巨响震惊了全世界，中国闪电般的进步，像神话一样不可思议。

十

"两弹结合"试验取得成功之时，王治军正在陕西省境内秦岭深处的一条山沟里进行"四清"工作，听到这个喜讯，他异常兴奋，又颇有些遗憾。他曾是这项工作的参与人之一，参与研制的"5D61A"发动机，就是为"两弹结合"准备的备份，只不过，他们的研究成果最终没有被采用而已。

1962 年年底，"5D61A"研制取消后，李伯勇继续进行此前的液氧 / 煤油发动机预研工作，王治军又回到原来的研究室继续从事发动机总装工作。1963 年年初，第三设计部又重新分室，原来是按型号分室，现在是按专业分为系统室、燃烧室、涡轮泵室、总体室等。王治军此时分到了系统室，却因没有研制项目而无事可做，看着别人都忙忙碌碌，他心里实在着急，找室主任孙敬良说："这么闲着太让人心慌了，我想找点儿事情干。"

"你想干什么事？"孙敬良问他。

"咱们现在没有预研项目，也不知道以后要干什么，往哪个方向发展。我听说，总体部正在搞导弹发展规划呢。咱们是不是现在就搞个发动机的规划？"

孙敬良说："你消息挺灵通呀，总体部就是在搞规划。将来发动机部分肯定也要让咱们提方案，现在正好没什么任务，咱们现在就提前搞出来，这也是前瞻性的预研工作。"

两人将这一想法上报给任新民，立刻获得支持，他们便开始四处收集国外战略导弹发展状况的资料，还专门到北京航空学院等开设有火箭、导弹发动机专业的高校进行调研，又对国内技术条件、生产能力和第三设计部的实际状况进行了分析。拟定出一份发展计划草案，1963 年 4 月份上交一分院。

那时，国防部五院已向下辖三个分院下达指示，要求尽快结合本部门实际情况提交相关的发展规划，一分院技术副院长屠守锷此时正负责制定发动机发展规划，接到第三设计部的这份报告颇为满意，综合总体设计部等部门上交的发展计划草案，拟定出《地地导弹技术发展途径和步骤》的报告提交五院。当年 12 月，五院院长王秉璋、副院长刘有光、钱学森综合三个分院的报告，联名提出《中国导弹研制发展的十二年工作规划》。中国的导弹发展思路终于有了一个较为清晰的雏形。

在此之前的导弹发展研制中，总体思路确实不够清晰，这一点从导弹命名上也能看出端倪。近程导弹仅以“1059”的代号命名，中程导弹被命名为“** 一号”，而射程较短的中近程导弹却被命名为“** 二号”。无论从技术递进关系，还是从推力、射程的递进关系的角度看，这样的命名都极为混乱。

1964 年 3 月，总参谋部和国防科委颁发了经中央军委批准的各种导弹、火箭的命名和代号编排方法，其中弹道导弹的命名调整为：

“1059”近程导弹改称为“** 一号”；

“** 二号”中近程导弹维持原有命名不变；

原“** 一号”中程导弹，改称为“** 三号”。

中国弹道导弹的命名终于有了条理清晰的递进关系。

1965 年春节过后，国防工办副主任赵尔陆率领工作组进驻一分院，调研组历时一个多月，进行了几十次的座谈会和个别交谈，先后参与座谈的科技人员、干部、工人多达 2400 多名。赵尔陆还特意主持召开了一个大型座谈会，听取大家对地地导弹今后发展的建议。

王秉璋、刘有光、钱学森联名于 1964 年 12 月提出的《中国导弹研制发展的十二年工作规划》报告，引起中央高度重视。赵尔陆率领的这个工作组就是由周恩来总理亲自委派，专为调研制定弹道导弹发展规划而来。

1965 年 3 月 11 日，工作组调研后形成的《1965 年至 1972 年地地弹道导弹发展规划》正式发布，简称“八年四弹”规划。规划提出，将在 8 年内完成 4 个型号地地弹道导弹的研制工作，射程涵盖中近程、中程、中远程和远程。规划要求：

“** 二号甲”中近程导弹，1966 年定型。

“** 三号”中程导弹，1967 年试飞，1969 年定型。

“** 四号”中远程导弹，1969 年试飞，1971 年定型。

“** 五号”远程洲际导弹，1971 年试飞，1973 年定型。

中国开展导弹研制工作十年来，第一次有了如此明确的发展计划。

不过，也有人对“八年四弹”的规划有些担心。苏联的重工业发达、科技基础雄厚，他们从仿制 V-2 导弹到研制出 P-7 洲际导弹尚且用了整整 12 年时间，中国导弹研制才刚刚入门，中近程导弹还未成功，制造“** 二号”这种技术水准的导弹都显吃力，以这样的设计水平和制造能力，要在 8 年的时间里完成这些任务，实在难以想象。此前王秉璋、钱学森提交的“工作规划”中，正是出于这样的考虑，才将预计完成时间定为 12 年左右。

其实，国防工办制定的 8 年时限，也不是摸着脑门想出的，而是在深入调研的基础上做出的规划。

那时，“** 二号甲”的研制已经成功。“** 三号”导弹发动机早在三年前已经开始了预研工作，此时已基本成型。而“** 四号”是在“** 三号”的基础上，再增加一个上面级导弹，发动机稍作改动即可实现。只有远程洲际导弹还未开始研制，如果立即启动，用 8 年时间应该可以完成。

大会结束后，负责发动机研制的 11 所立刻落实“八年四弹”计划，“**”系列导弹发动机的研制工作全面启动。

第三章

直上重霄九

一

1961 年春节过后，第三设计部的杨瑞亭接到通知：立刻开始学习俄语，做好 8 月份到苏联留学的准备。杨瑞亭毕业于北京航空学院，已经在第三设计部工作了两年，正从事“** 一号”发动机推力室的研制工作。

在这个中苏两国关系极为特殊的阶段被派往苏联留学，让他颇为意外。自从 1958 年中苏关系转冷，中国公派留苏人数便逐年减少，到 1960 年中苏关系恶化，苏联已经不再接收军事、国防科技专业的中国留学生入学。中苏两国都在试图消解对立状态，1961 年年初，关系稍有缓和，苏方再度恢复接收中国留学生入学上述专业。中国的派遣原则改变为“以研究生为主，必须大学毕业，有两年工作经验，带着问题去学习”。那一年，五院一分院选派出四个人，分别学习与导弹相关的四个专业，学习发动机设计的只有杨瑞亭一人。

1961 年 5 月，杨瑞亭前往北京外语学院进行俄语集训，离开第三设计部那天，正巧有一批留苏回国人员前来报到，一个名叫张贵田的留苏生被分配到他所在的推力室研制组。杨瑞亭将办公桌抽屉钥匙递给张贵田完成了工作交接，张贵田跟他开玩笑说：“我从苏联回来接这张桌子，你交了桌子去苏联，咱俩这是无缝对接呀。”

虽然张贵田是个刚毕业的“学生”，却是位颇有资历的“老干部”。他 1931 年

12月20日出生于河北省藁城县，由于战争和家贫，年幼时没有接受过正规的教育。1947年3月，在二哥的引导下参加革命工作，并加入中国共产党，那时还不到16岁。1949年元月，天津市解放后，他跟随解放军进城在市邮政局工作，并在业余时间参加夜校学习。1950年9月，被选派到天津市工农速成中学学习，1953年9月考入留苏预备部学习。1955年9月，赴苏联莫斯科航空学院学习液体火箭发动机专业知识。

张贵田参与的第一项工作就是“** 三号”（当时称为“** 一号”）发动机推力室的研制。这个发动机型号的研制人员中，除主任设计师马作新、副主任设计师王之任等少数几人外，大都是刚刚工作一两年的年轻人。此时正值“两弹下马”吵得不亦乐乎，几个月后，“** 三号”研制工作被暂停，只有发动机部分以预研的形式得以继续进行，但研制组的成员大部分都被抽调到“** 二号”发动机研制组。1962年8月，参加工作不到两年的张贵田被任命为“** 三号”发动机推力室组组长，与主任设计师马作新和副主任设计师王之任一起承担起研制工作。

1963年2月，张贵田、卢天寿等人终于制造出一台15吨推力的缩比推力室，用于验证设计合理性。可没想到，首次试车启动仅1秒钟就发生了爆炸，推力室头部被炸得七零八落。

推力室设计小组开会讨论，修改设计，造出第二台推力室，一启动又炸了。几个月间多次修改设计，制造出的几批推力室都是一上试验台就爆炸。

1963年8月，杨瑞亭从苏联回国，又分配回“** 三号”推力室研制小组。苏联研究生通常是三年半的学制，杨瑞亭只学了两年就回国，这其中有什么蹊跷？

此时回国的，杨瑞亭还获得了一个特别的荣誉——“反修英雄”。1963年7月，杨瑞亭和两位同事兼同学趁着暑假回国探亲，回到五院看望领导和同事。当时中苏双方围绕马列主义意识形态展开大论战，五院的一位领导送给他们一套批判苏联搞“修正主义”的文件资料，其中包括《一评苏共》、《二评苏共》等，对他们说：“你们在苏联留学，要保持正确的政治观点，认真学学这些资料。”返回苏联学习时，杨瑞亭和两个同学决定带上那些资料，给那边的中国同学们看看。他们没想到，这一举动会酿出一个政治事件。

在满洲里换车出境后，苏联边检人员发现了杨瑞亭他们行李中的资料：“你们必须将这些东西交出来，这是对我们苏联不友好的行为。”在杨瑞亭他们看来，交出资料就是对苏修低头，这可是严正的政治立场问题，坚决不交，一行三人被扣留在贝加尔湖车站。苏联当局派专人处理此事，“你们应该慎重考虑后果，如果不交给我们，就不能留在苏联，这会影响到你们的前途。”杨瑞亭说：“这是我们国家的内部资料，绝对不能交给你们，我们的前途可以不要。”

被扣押一天后，杨瑞亭他们被强行遣返回国，三个人到达满洲里火车站，受到了热烈的欢迎。回到北京站时，欢迎场面更为盛大，车站上拉着“热烈欢迎反修英雄归来”的横幅，数百人列队迎接，还有少先队员献上大捧的鲜花。三个人被一辆小车直接带入中南海，受到周总理、罗瑞卿及有关领导人的接见。

回到“** 三号”发动机推力室组的杨瑞亭被任命为副组长，而小组组长，是他出国留学那年接过他办公桌钥匙的张贵田。

此时的张贵田，正陷于研制困境之中，炸毁的推力室都被运回 211 厂的生产车间分解检查，已经堆了一墙角，张贵田急得不行，“这都是钱呀！国家这么困难，咱试一次炸一次，都不敢算炸飞了多少钱。”

那时，五院正全力以赴进行“** 二号”的攻关研制，根本无暇顾及这项预研工作，张贵田、杨瑞亭他们只能自己摸石头过河。

又经过几次试车失败后，他们判断有可能是高频振荡现象引起的，并且有一次在试验站试车，无意中听到试验员说起，李伯勇他们研制的“** 二号”备用发动机 5D61A 也是点火就炸，钱学森稍作分析就判断出这里“有鬼”，李伯勇等人采取了抑制高频振荡的措施，随后的试验中取得了很好的效果。由于保密制度限制，不同型号的研制小组没有交流，张贵田和他的小组成员此前并不知道此事，听到这个消息，更确信了自己的判断。

张贵田向上级请示，将研制工作转向克服高频振荡的方向。这个意见层层递交到钱学森那里，没想到钱学森几乎是不假思索地予以驳回。张贵田他们都觉得非常奇怪，为什么他们的研制遇到了和 5D61A 相同的现象，钱学森却坚持认为“没有鬼”呢？

钱学森的驳回意见有着权威的理论依据，国际理论界曾有一个经典的研究结论——高频振荡现象只发生在 30 吨推力以上的发动机。按照这个理论就可以直接判定，42 吨推力的 5D61A 发动机必然会发生这种现象，而“** 三号”单台发动机额定推力只有 25 吨左右，试验件的推力更是仅有 15 吨，根本不会发生高频振荡。

当年中程弹道导弹方案论证阶段时，确定采用四机并联的方式，就是为了让发动机小型化。这样不仅在试验时采用单机，可节省大笔资金，另一个关键原因是，低于 30 吨推力的小型发动机可避开高频振荡的产生。

张贵田和他的研制小组原以为找到了问题的根源，听到这样的结论，这些初出茅庐的年轻人为自己理论功底不够扎实颇有些自惭，满怀的希望被浇灭，只能另找办法解决问题。

二

为抑制燃烧室爆炸，张贵田他们来取的措施就是加强结构强度，增加燃烧室的壁厚。但半年之内，制造出几批燃烧室，壁厚不断增加，却依然是连环爆炸，“走投无路”的技术员们甚至设想，用一块不锈钢块在车床上加工出整体的燃烧室，但因难度太大才没有实施。此时已经到了 1964 年年初，燃烧室爆炸的问题依然没有解决。

有一次，推力室小组再度开会讨论时，设计员卢天寿说：“壁厚增加了这么多，还是不断爆炸，我认为，这就是高频振荡现象。”有人立即提出异议：“钱副院长不是说了嘛，这个推力级别不会有高频振荡。”

卢天寿说：“理论上的数据，大都是在特定环境下取得的，在实际工程应用中不一定就是那样。30 吨真的就是分界线吗？水平面也会有波浪。”

说出这番话，卢天寿有着切身的体会。此前，他参与燃烧室离心式喷嘴的设计工作，根据苏联公式计算出一组数据，加工出的喷嘴流量实测值与理论计算值相差极大。他和几位同事进行了专项试验，根据取得的试验数据和加工经验，建立起一套简单实用的喷嘴设计方法，才制造出合格的喷嘴。在这项工作中他认识到，用现有的各种计算方法都无法完全与实际测量数据结果相符合，经典的理论、公式不见得具有通用性。

对卢天寿的观点，张贵田也持赞同意见，会议结束后，他和卢天寿、傅永贵等人一起设计出了一个抑制高频振荡的液相分区方案，但那个方案图纸上交后，如泥牛入海般不见批示回复。显然，上级还是不认可他们的观点。

研制小组只好再找其他原因，有人提出："会不会是推进剂进入燃烧室的时间没有控制好？"这个思路让大家眼前一亮。

"** 三号"使用硝酸和偏二甲肼作为推进剂，其优点不仅在便于储存、比冲高，还在于不需要点火装置，两种推进剂相遇后，自动发生燃烧。但带来的技术难度是，两种推进剂必须按照一定的比例同时喷注进入燃烧室，才能稳定燃烧，否则就会因比例失衡发生爆炸。

从工程技术上讲，绝对的"同时"是无法达到的，所以都会有一定的时差。两种推进剂进入"** 三号"发动机燃烧室的时间也有允许的时差，但必须是硝酸先进入，并且时差必须小于 0.005 秒。

0.005 秒是个极短的时间段，我们眨一下眼睛大约需要 0.3 秒钟，相当于 60 个 0.005 秒。但是对于导弹发动机来说，这么短的时间里，却有大量被雾化的硝酸被压进燃烧室在狭小的空间里产生了极高的压力，如果此时偏二甲肼进入燃烧室内的时间再晚 0.001 秒，燃烧室的空间已经被雾化的硝酸全部挤占，造成腔内压力过大，就会发生爆炸。

要在这么短的时间内进行精准控制，实在不是件容易的事情。两种推进剂分别由两套阀门系统控制，每套阀门都由上百个零件组成，不仅要保证阀门上每一个零件都必须以毫秒时间响应到位，还要保证时差控制在 0.005 秒以内，其难度可想而知。

研制小组这样一分析，觉得问题可能真的出在这里了。那么多的组合零部件，难免会有影响时差的问题产生，于是开始围绕时差控制展开排查工作。

重新设计的推力室很快制造出来，拿到试验站一试，竟然真的有效！推力室正常启动，只是到了第 3 秒钟又炸了，但这短短的 3 秒也让研制小组兴奋不已，这是将近一年来，第一次可以启动工作的试验。

这次的爆炸原因是什么呢？分析会上大家一致认为，经过多次改进，各阀门和联动机构的动作已经很可靠，绝对能保证在要求的时差之内同时送进推进剂，那么问题出在哪里？

"咱们光考虑推力室的时差了，试验台液路系统输送推进剂的时差是否能保证呢？”一个技术员突然冒出的这句话点醒了所有人。

“对！这个问题咱们一直没考虑！”大家又兴奋起来，“应该让试验站做一下调整试验，很可能问题就出在这里！”

设计人员立刻与试验站沟通，对试车台的液路系统进行检测调整，试验站对液路调整后进行了多次测试，张正将获得的数据汇总、计算后得出结论，液路系统可以保证在时差内完成动作。张贵田他们立刻拿来推力室进行试验，但一上去又炸了。

这次，设计部和试验站的技术人员起了争执，都认为是对方的工作出了问题。那时试验站已经划归三分院①，第三设计部依然隶属一分院。双方争执不下，分别向自己主管的研究院汇报这一情况。

此事惊动了钱学森，他指示两个分院负责技术的副院长，共同找出问题原因和解决办法。梁守槃是三院主管技术的副院长，兼任热过程研究所所长。任新民是一分院主管技术的副院长，兼任第三设计部的主任。两人当年都在哈军工任教，又一起到这里工作，有着丰富的工作经验。两人协商，再组织一次试验，到现场查看情况。

试车那天，梁副院长带着试验站人员站在东山坡，任副院长带着设计人员站在西山坡，这阵势真有点双峰对决的意思。

三

试车只持续了 2 秒钟，推力室又爆炸了，试验台的门窗都在爆炸中被损坏。

试验台上的大火扑灭后，任新民说：“过去看看。”马作新、王之任、张贵田等人都默不作声地跟着他走下西山坡，东边山坡上的试验站人员也跟在梁守槃身后走向试验台。

任新民、梁守槃来到爆炸现场，仔细观察碎片分布和试车架上推力室头部、喷嘴的破坏情况，又查看了测量装置和控制管路的状况。梁守槃对试验站副站长王子仁说：“你们把这次试验的数据材料准备好，三天后我来现场开分析会。”

---

① 国防部五院三分院成立于 1961 年 9 月 1 日，进行推进剂研究、传热试验、热过程试验等研究工作，后改为巡航导弹、海防导弹科研生产基地。院长：先由副院长林毅代理院长，后正式担任三分院院长。政委：郁文。国防部五院四分院成立于 1964 年 1 月，负责火箭及导弹发动机。院长：林爽。政委：薛伟民。

任新民则带着设计人员返回南苑，让他们拿来近期试车炸毁的燃烧室和数据资料，也召开了分析会。张贵田对照着资料向任新民汇报状况后，鼓起勇气说："主任，从试车状况看，我还是认为，这就是径向高频振荡的现象。"其他技术员听张贵田说出了这个话题，马上七嘴八舌地附和："是呀，做了那么多次的试验，都是这种状况，我们都怀疑是高频振荡。"主任设计师马作新和副主任设计师王之任也支持这样的观点。

任新民轻轻地点点头说："现在发现的种种迹象，都跟高频振荡极为吻合，这个可能性非常大。"技术员们一听这话，两眼放光："主任，我们就按这个方案修改设计吧。"任新民又抬手示意他们安静："这是咱们的推断，三院梁副院长也在试验站搞分析，你们派人去要一份结论报告，看他们是什么推断。"

三天后，张贵田他们拿到了试验站分析结果的复印件，梁守槃的推断结论同样是"高频振荡"。梁守槃担任三分院副院长的同时，还兼任发动机热过程研究所所长，这个研究所是专门进行基础理论研究的机构，在那里工作的朱宁昌、张宝琨等人曾对"高频振荡"现象进行过专项研究和试验，"** 三号"发动机推力室出现的问题与"高频振荡"现象极为吻合。

任新民将那份结论报告一页页仔细看完，轻轻地放在桌上，说道："我把两家的分析结论向上级汇报，申请将研制转为克服高频振荡的方向，你们试试吧。"

钱学森虽然不认同这一判断，但梁守槃、任新民是他的"左膀右臂"，他们的意见还是要尊重，于是批准了申请，张贵田他们立刻开始了攻关。

抑制高频振荡的方法主要有液相分区式和隔板分区式两种方法，虽然热过程研究所和"5D61A"发动机研制组都取得了一些技术经验，但都没有完全解决这个难题。并且，发动机额定推力、燃烧室尺寸不同，喷注器液相分区方式和隔板尺寸都不相同，必须进行量身设计，张贵田和他的研制小组要解决这个问题，还需要进行大量的工作。

从热过程研究所等处找来相关的资料，马作新、王之任、张贵田等人研究讨论后，决定采用液相分区技术抑制高频振荡。1964 年 3 月，他们设计出五种不同的"液相分区"头部方案，但在随后的试验中均告失败，这一结果实在令人沮丧。

1964 年 5 月 15 日，钱学森在"** 二号"发动机总结会议上专门提到："有人说，

‘** 三号’有鬼。我看，没有鬼！”在“** 二号”发动机总结会上说“** 三号”发动机的事情，已经明显地表达出了他对此事的不快。

马作新、王之任、张贵田这几位 ** 三号发动机技术负责人，此时都陷入巨大的压力之中，但他们必须顶着压力继续进行下去。此后的 11 个月里，他们又设计了 30 多种“液相分区”头部方案，进行了 80 多次试验。1964 年 11 月，试车首次取得成功，这充分证明，燃烧室的爆炸确实是因高频振荡引起的。一个月后，推力室的指标达到 17 吨，工作时间达到 150 秒，张贵田和同事们万分欣喜，他们找到了高频振荡这一重大技术难题的解决方式，眼看胜利在望。

但出乎意料的是，随着推力室指标进一步增大，此前有效的液相分区方式又失去了作用，其后的试验中，竟连续失败了 17 次。这表明“液相分区”方案无法有效抑制高频振荡，必须另找途径。

设计员们与热过程研究所的理论研究人员共同商讨，到车间、试验室与工艺人员、试验人员和工人一起讨论、试验，提出了“液相分区”和“隔板分区”组合使用的新方案。

隔板分区是采用一种外形像梳子形状的金属板焊接在燃烧室头部，把燃烧室区隔成几个不同的燃烧区域，这些区域燃烧振动频率不同，即可抑制高频振荡现象的产生。

采用“液相分区”和“隔板分区”组合的燃烧室终于制造出来，经过试车考核，燃烧室工作状态平稳，试验取得圆满成功。至此，高频燃烧不稳定的重大技术关键终被突破，为液体发动机技术的迅速发展开辟了道路。

张贵田和同事们此时的心情难以言表，这些只有两三年工作经验的年轻人在实践中发现问题，并顶着巨大的压力勇于坚持自己的观点，最终用自己的智慧和汗水降服了“鬼”，也推翻了国际理论界此前的论断，证明了小推力发动机中也会发生高频振荡现象。

此前曾对此一直持有怀疑态度的钱学森，也对这些年轻人取得的成果大加赞叹：“‘** 三号’发动机突破高频不稳定燃烧并试车成功，标志着我国大型液体火箭发动机的研制、设计，已经开始走向独立王国。”

四

1965 年 3 月，张贵田他们刚刚攻克了“** 三号”发动机推力室“高频振荡”难关时，试验站的雷茂长也从上海回到了北京，他独自在上海坚守一年半，完成了一项重大任务。

早在 1963 年年底，“** 三号”发动机的研制工作正在进行中，第三设计部已经开始筹备“** 四号”发动机的研制工作。其实两个型号的导弹使用的发动机完全相同，“** 三号”发动机研制成功后即可直接应用于“** 四号”上，只不过后者是两级导弹，要对第二级发动机进行高空环境适应性改进。于是第三设计部向试验站提出高空模拟试验的任务书，以便在随后的研制中检验上面级发动机在高空工作状况，这是多级导弹研制时必须进行的试验项目。

高空模拟试验将在一号台进行，这个试验台只能承受十几吨的推力，必须进行改造才能进行 26 吨推力的试验。并且，因为推力增大，推进剂消耗也随之增大，试验台上原有的推进剂储罐必须更换。五院所属的北京、沈阳等几家工厂都无法制造储罐，只能去上海的几个容器厂寻求协作。

此时“** 二号”“** 三号”的试验任务频繁，全弹试验台正在抢建之中，一号台又开始改建，试验站的人手紧张，制造高压储罐的任务只能抽调一个人去完成。副站长王子仁和一号台台长徐庆安商量后决定，“派雷茂长去吧。”此人毕业于山东工学院，1960 年分配到试验站一号台工作，工作踏实卖力，虽然是个山东大汉，却又心细如丝，这

■ 研制人员正在攻克 ** 三号发动机四管机架检验难关

件事情交给他，领导们都很放心。

“** 三号”发动机使用硝酸做氧化剂，容器必须耐腐蚀，此前的容器是用苏联进口的不锈钢制造，但此时，中国与苏联的关系已经形同水火，以美国为首的西方国家也加紧了对中国的围堵封锁，无法从国外进口材料。

■ ** 三号导弹发动机

上海的容器制造厂本打算用国产不锈钢制造储罐，但进行耐腐蚀性试验后发现，才几天时间，不锈钢表面就已被腐蚀成了“大麻子”。没有合适的材料，容器制造厂束手无策，雷茂长也想不出办法，只能坐上火车赶回北京向领导汇报情况。

路过山东泰安站时，雷茂长走出车厢，在站台上深深地吸了两口气，泰安是他的老家，家中还有妻子和孩子。雷茂长结婚时才 12 岁，新娘大他 7 岁，是早年订下的娃娃亲。那是 1947 年，国民党正大举进攻山东解放区，兵荒马乱的时节，岳父岳母怕出意外，连聘礼都不要就把姑娘嫁了过来。雷茂长年龄小，结了婚后还得继续上学，后来考上了山东工学院，又到了北京工作，三个孩子都跟着妻子生活在农村老家。此时已经一年多没见过面，他真想回去看看。可现在任务紧急，实在顾不上回家探亲，只好在站台上，深吸几口家乡的空气，慰藉心中的思念之苦。

回到北京的雷茂长将问题汇报给领导，试验站专门召开讨论会，列出国内能够制造的所有耐腐蚀材料，但材料强度都无法用于制造高压大型储罐。强度高的不耐腐蚀，耐腐蚀的强度不够。这问题实在棘手，试验站的领导们也一筹莫展，只好将情况上报三分院。

三分院副院长梁守槃拿到报告，考虑了几天，提出了一个“双层储罐”的解决方案。这是一个巧妙的设计，用耐腐蚀的纯铝做一个 4 毫米厚的圆筒形储罐内壁，再用普通碳钢制作一个外层储罐，然后将铝制内壁塞入，用高压液体使铝桶向外变形扩张，紧密贴合在钢制的外壁上，既有了抗腐蚀性又有了高强度的支撑。

雷茂长拿到设计图纸立刻返回上海，容器厂的技术人员也连连称妙，但将铝板焊接成密封的圆筒，却是个高难度的技术。铝板厚度只有 4 毫米，稍不留意就被高温焊枪烧掉一块，形成一个无法补救的大窟窿。容器厂花了几个月时间，报废了十几个试件，才勉强焊出一个外形无损的内壁，不料进行气密试验时，焊缝处像开了锅一样冒气泡，根本就不密封。

雷茂长只好又赶回北京向领导汇报，试验站请 211 厂派出一位工艺员和一位八级焊工，跟着雷茂长一起赶到上海，给容器厂传授铝焊接技术，终于焊接出合格的内胆，将双层储罐变为现实。

随着双层储罐一起返回北京时，雷茂长已经在上海工作了整整一年半时间，这期间他几乎都是在工厂里度过，外滩、南京路是怎样的繁华景象他根本不知道。在北京、上海之间来回跑了多次，他也从来没有顺道回过泰安老家。

试验站的同事们都知道这个事情，五一节单位搞联欢时，有人还专门编了个快板：“雷茂长，不简单，一人能把重任担，三过家门而不入，孤身奋战上海滩……”台下的雷茂长听着快板，并不觉得自豪，反而觉得有些不好意思，更有些心酸的感觉。他不是不想回家，是真的顾不上，他知道，自己身上的责任更为重要。他觉得不好意思，是因为同事们都是这样的工作状态，他们都有着强烈的责任感，愿意为国家奉献自己的一切。

1965 年 7 月，“** 三号”导弹发动机分别进行了 50 秒、100 秒的整机热试车，均取得了圆满成功，发动机研制工作已经完成。此时，“** 三号”导弹重新上马，总体设计部下发任务书，要求设计出发动机与导弹弹体的连接机构。发动机推力室组副组长杨瑞亭接到任务，负责推力室与弹体连接构件的设计工作，没想到，他的设计出现了重大失误。

杨瑞亭 1959 年参加工作，在小组里算是“老资格”，不过，连接构件却是他第一次独立承担的设计任务，他抱着手摇计算机摇了几天，算出所需强度后，精心设计出三个连接点的构件。带着这个连接构件的推力室样机很快制造出来，送到总装车间时，却发现了大问题——导弹弹体上的连接点是四个，与杨瑞亭设计的三点连接构件根本无法匹配。

这是个重大设计失误，却又是个极为低级的失误。

所有人都感到奇怪，怎么可能发生这种情况？因为导弹各分系统的设计必须遵照总体设计部下发的任务书进行。任务书中对各分系统部件的规格、尺寸、连接形式和连接点数量都有着细致、严格的规定，各分系统必须严格按照要求进行设计。杨瑞亭的这个设计显然与总体要求完全不符，擅自改动设计是重大的责任事故，同事们都为他担心，“这事情的处分，可够他喝一壶的”。

杨瑞亭觉得非常委屈，设计之前，他认真查看过任务书，那上面对连接点根本没有做出任何要求。因为保密规定，他无权过问其他部件的结构，于是就认为，弹体的连接点可能是根据推力室的连接点进行设计。于是他就设计了最节省空间，也最稳固的三点连接构件，没想到竟引发了这样的后果。事故调查人员对他的说法将信将疑，总体设计部怎么可能不做要求？他们调来任务书一看，事故的责任人确实不是杨瑞亭，任务书上确实没有连接点的设计要求。

“连接机构事件”不仅是杨瑞亭个人缺乏经验的问题，实际上充分暴露出中国导弹研制队伍整体经验不足状况。在此前的几年时间里，设计人员从事的都是仿制和改制的工作，“** 三号”是中国“扔掉洋拐杖”进行的第一个自主设计的导弹型号，大家都是在摸着石头过河。

“** 三号”发动机研制取得成功的时候，张贵田已经被调去参与一个更为重要的任务，雷茂长配合容器厂赶制出的储箱，就是为了他的这项任务而准备。

五

1965 年五一劳动节过后，任新民将张贵田叫到办公室，“前几天，专委会批准开始“** 四号”的研制，发动机现在就得搞起来了。”他起身走到挂在墙上的那张世界地图前，抬手在地图中太平洋上的一个小点戳了一下，手指又向左上方滑动，停在苏联版图上的那个大圆点“有了‘** 四号’，关岛和莫斯科都在射程范围内，他们再想对咱们进行威胁，就得先考虑考虑后果。”

“主任，你是要调我去干‘** 四号’发动机？”张贵田问道。

“你去担任主任设计师。”

“我当主任设计师……能行吗？”张贵田犹豫着说。

“这是党委集体研究决定的，‘** 三号’的工作你搞得很好，相信你也能干好 ** 四号！”

“感谢组织上的信任，我一定努力！”

任新民转头看着他：“不仅要努力，还要在‘八年四弹’规划要求的时间内完成，任务很艰巨！”

1965 年 3 月，聂荣臻元帅宣布“八年四弹”计划“** 四号”中远程导弹正式列入规划，要求 1969 年试飞，1971 年定型。5 月初，中央专委会批准开始研制，七机部确定由任新民主持这项工作。

如果越南战争不断升级，中国被卷入其中，那么中国必须拥有能够扼住美国通过军事基地输送兵力的战略武器，“** 四号”中远程导弹便是承担这一任务的“杀手锏”。

事实上，“** 四号”导弹的研制工作不仅要解决中远程战略导弹的问题，更是一个一举多得的任务。七机部一院在研制规划中明确提出，立项目的有四：第一，在技术上可以突破两级火箭技术为洲际导弹的研制打好基础；第二，在军事使用上可以覆盖中程导弹和洲际导弹之间的区域；第三，在时间上可以比洲际导弹早两年形成战斗力；第四，可以稍加改进用于发射人造卫星。

尤其第四项“稍加改进用于发射人造卫星”，是被高度重视的目标。

那时候，人造卫星是最先进的科学技术，它不仅是展现一个国家科技实力的最有效手段，更有着极高的实用价值。其携带的仪器，可以完成军事侦察、通信中继、气象探测、资源探测等多种任务。

苏联和美国早已成功发射了人造卫星。1957 年 10 月 4 日，苏联用 P–7 洲际导弹改制的运载火箭成功发射了世界上第一颗人造地球卫星，将 83.6 公斤的“斯普特尼克 –1 号”卫星送入太空；仅一个月后的 1957 年 11 月 3 日，苏联又发射了第二颗人造地球卫星，重量达到 508 公斤，其中还搭乘着一只名叫“莱卡依”的小狗，为以后的载人太空飞行进行实验探索。美国也紧随其后，于 1958 年 1 月 31 日成功地发射了一颗重量为 8.22 公斤的“探险者 –1 号”人造卫星。

1958 年 5 月，中国共产党八届二中全会的会议期间，很多代表们都谈论着苏联和美国卫星上天的话题，毛泽东察觉到了代表们的议论，在大会讲话中说，“苏联人造卫星上天，我们也要搞人造卫星。”并且幽默地说，“鸡蛋大的我们不放，要放就放个两万公斤的！”

当年10月，毛泽东在钱学森的陪同下观看运载火箭模型和中国空间技术发展蓝图之后，挥笔写下“人类而今上太空，但悲不见五洲同”的诗句，其中包含着对太空探索的无限向往与期待。但那时，中国连近程导弹还没有仿制成功，发射人造卫星只是个美好的愿望。

1960年代，正是美苏之间展开军备竞赛的高峰时期，美苏两国都在火箭、导弹技术上投入大量的资金，太空探测是其中重要的内容之一，那是一个航天技术突飞猛进的“疯狂时代”。

1961年4月12日，苏联“东方号”运载火箭将世界上第一艘载人飞船送入太空，航天员尤里·加加林乘坐“东方一号”飞船进入近地轨道，绕地球一圈后顺利返回地面，完成了人类冲出地球遨游太空的梦想。

1962年2月，美国宇航员约翰·格伦乘坐“友谊7号”太空舱，完成了环绕地球飞行。同年8月，“水手2号”星际太空船发回了距离地球最近的行星——金星——的珍贵大气信息，首次成功完成星际使命。

而那时，中国的科技人员刚刚仿制成功“1059”近程导弹，正在进行“** 二号”中近程导弹的改制工作，导弹研制水平还处在刚入门的初级阶段，对于太空发射只能遥望叹息。

直到1965年1月，“** 三号”的研制取得重大进展，中国科技人员已经具备独立研制导弹、火箭的能力，钱学森向中央提出人造卫星研究计划及卫星发展的“三部曲”，描绘了中国空间技术发展的宏伟蓝图。“** 四号”的研制工作也由此正式展开，立项之初就已确定，其重要使命之一便是作为发射卫星的运载火箭。

1965年8月9日，中央专委第13次会议做出决定——争取在1970年发射我国第一颗人造地球卫星。

决议中明确分工：由中国科学院研制卫星本体和地面跟踪测量系统，七机部研制运载火箭，国防科委研制发射基地地面设备，钱学森总负责“星—箭—地面系统”的技术协调和组织实施工作。因为这一计划是钱学森在1965年1月份提出，所以任务代号被命名为“651”任务。

这项高度机密的任务与“两弹工程”合并，扩展为后来广为人知的“两弹一星”

工程。在此之前，“两弹”原指原子弹、导弹，但此时中国已经成功试爆原子弹，正在进行氢弹的研究，于是将原子弹与氢弹并称“核弹”，成为“两弹”中的一弹。“两弹一星”工程即为：核弹、导弹和人造卫星的研制工程。其中，作为运载工具的“** 四号”导弹是最为重要的环节，那时，张贵田受命开始“** 四号”第二级发动机研制还不到三个月。

1965 年 10 月，中央有关部委召开了为期一个多月的“651”专项会议，将第一颗人造地球卫星的目标归结为 12 个字：“上得去、抓得住、听得到、看得见”。与会代表一致同意：将中国的第一颗卫星冠名为“东方红一号”，并且卫星将以电波播送《东方红》乐曲，让全世界人民都听得到。

那 12 个字中的前三个字“上得去”，是对运载火箭的要求，也是其他所有要求的先决条件。而运载火箭要“上得去”，发动机又是先决条件，这个如同“原点”一样重要的环节，由张贵田全权负责。

六

虽然“** 四号”是在“** 三号”上增加一级弹体的衍生型号，但并非简简单单就能完成。中国制造的 ** 一号、二号、三号，都是单级导弹，“** 四号”是第一个采用多级技术的导弹型号。这是中国地地弹道导弹由单级发展到多级的一个转折，要突破多级导弹的技术难关。

所谓的单级和多级，是按照结构状态对火箭、导弹进行分类的一种方式。单级火箭顾名思义，就是只有一套推进剂存储系统和发动机系统的火箭。多级火箭则拥有多套这样的系统，按级与级之间的连接形式不同，又可分为串联型、并联型（俗称捆绑式）、串并联混合型三种类型。

串联型多级火箭，就是将几级火箭按照“串糖葫芦”的方式组合，大都为两级或三级，也有少部分使用四级串联。最底层的称为“第一级”，又称“下面级”；上一层称为“第二级”，再上一层称为“第三级”，二级以上又统称“上面级”。串联型火箭级与级之间的连接分离机构简单，但导致长度与直径的比例增大，造成强度不足，给设计带来一定的困难，并且上面级的火箭发动机要在高空接近真空的环境下点火启动，工作可靠性差。

并联型多级火箭，采用横向捆绑连接，苏联发射世界上第一颗人造地球卫星的“卫星号”运载火箭，就是在中间芯级火箭的周围又捆绑了4枚火箭，捆绑的火箭被称为助推器或助推火箭。助推器与芯级火箭在地面一起点火，工作一定时间后先关机，与芯级火箭分离并被抛掉，所以，有人认为助推器只能算是半级火箭，于是采用并联式的运载火箭也被称为一级半火箭。并联式火箭的连接分离机构稍复杂，但芯级火箭与助推火箭在地面同时点火，避免了高空点火的高难度技术，可靠性较高。

串并联混合型，就是将上述两种方式同时应用，下面级捆绑助推火箭，再串联上面级火箭。这样的方式可使火箭获得最大的运载能力，兼有上两者的优势，也兼有其劣势。

“** 三号”导弹是单级结构，用四台推力较小的发动机并联，组成发动机组，同时启动、同时关机，相当于一台推力较大的发动机。

“** 四号”导弹采用串联式结构，以“** 三号”导弹为第一级弹体，再增加第二级弹体，组成两级导弹。第二级使用的发动机是采用“** 三号”上使用的单台小推力发动机。

张贵田和他的小组要进行的工作，就是将这台小推力发动机改制为能够适应高空工作的发动机。看上去不过是修修改改的工作，但实际上其复杂程度超乎想象。

首先，这台发动机要在60公里以上的高空进行点火启动，在那样的高度，空气密度和大气压力只有地面值的万分之三，推进剂会因为环境压力过小，产生点火迟滞现象，虽然只有几毫秒的时间差，但足以让燃烧室充满过量推进剂。其次，两种推进剂的膨胀系数不同，进入推力室的混合比与地面状态不一样，因燃烧迟滞，也会造成推力室积存过多，压力过大，甚至产生倒灌现象，最终引发爆炸，破坏发动机。这在导弹发动机技术领域是一个大难题。

要克服以上两个因素造成的影响，就必须进行大量的试验，尤其是推进剂点火迟滞试验掌握准确的数据后，才能有效控制点火启动。要做试验就要有相应的试验设备，而这样的设备根本没有。由于国际环境造成的技术封锁，国内各行各业的技术发展都受到制约，研制中遇到技术障碍，都只能是“土法上马”寻找替代解决方案。

在试验站的配合下，他们用“土法”制作出一个真空容器，进行试验时，先将氧化剂注入封闭容器底部，然后将一个注满燃烧剂的空心玻璃球放入容器，玻璃球上方悬挂一个金属锤，然后将容器内抽真空，模拟高空环境状态，落下金属锤击破玻璃球，测试两种推进剂反应冒火的时间。

试验设备虽然简陋，但确实有效，通过多次模拟试验，他们终于得出了一组数据：在真空环境下，推进剂燃烧迟滞期则为7—9毫秒。在地面正常压力下，燃烧迟滞期为4—5毫秒，试验结果表明，高空低压环境下，燃烧室的推进剂积存量要比正常压力下高出近一倍，启动时必然会形成过高的压力峰值。

为解决点火迟滞的问题，张贵田和攻关团队进行了多种尝试，却毫无进展，“诸葛亮会”开了几十次，还是没能找到有效的方法。

既然高空发动机存在那么多难以克服的困难，为什么要使用多级火箭技术？直接增加单级火箭的推进剂携带量，让它工作时间更长不可以吗？其实，这样做的技术难度更大。

导弹制造中有一个重要技术参数，叫作“质量比”，即导弹起飞时的质量（包括推进剂的总质量）与导弹空重（不带推进剂的净重）之比。质量比大，就意味着导弹的结构质量小，推进剂携带量大。但质量比也是有限度的，当这一比值达到9，火箭的结构强度和可靠性就会大大下降。

导弹绝大部分的空间用于存储推进剂，单级导弹在飞行前半段过程中，推力主要消耗在运载推进剂自身庞大的重量。随着推进剂不断消耗，发动机却依然要推着那个巨大、沉重却已经没有用处的储箱、弹体外壳飞行，阻力加大，加速能力受此影响而持续下降，射程会因此受到限制，如果用于发射卫星，很难达到第一宇宙速度（物体要达到绕地球飞行作圆周运动的速度，即7.9 公里 / 秒）。

而采用多级技术，就可以在到达一定高度或射程时，抛掉第一级的沉重壳体，轻装上阵，飞向更高更远的地方。所以，远程导弹和运载火箭都采用多级技术。

“** 四号”导弹使用的发动机推力有限，要想达到所需的射程，就必须使用多级技术，发射卫星更是必须使用这一技术。二级发动机高空点火技术是个绕不过去的门槛，张贵田他们必须硬闯。但接连的失败，让研制组都有些泄气，一次分析会时，一位组员说：“咱们总不能把发动机包起来启动吧。”说者无心，听者有意，这句话突然触动了张贵田，为什么就不能把发动机包起来呢？

如果把发动机与外界连接的所有接口都封住，使系统内部密封，保持一个大气压的标准压力——那么高空点火时和地面点火启动是一样的压力环境，只要发动机在地面能启动，高空环境下也同样能正常启动——这个问题立刻就简单化了！

“咱们就把发动机包起来试试！”张贵田和技术员们立即着手试验，给燃烧室喉部黏合堵盖、涡轮泵喷气管等副系统加薄膜，将发动机与外界相通的所有地方都封了起来。

其实，这同样是个技术难度很大的工作——用什么方式堵、用什么材料堵、用多大的力量堵，都是有很高的技术含量，要进行大量的结构和力学等方面的计算。

燃烧室喉部、涡轮泵排气口，推力室喷管都是需要封堵的部位，如果堵得不紧，导弹升到高空，外部压力变小，发动机内保持的一个标准大气压力会推开堵盖；如果堵得太紧，推进剂燃烧瞬间无法推开堵盖，就会因压力过高炸毁发动机。并且封堵材料的选择同样重要，既要有较高的强度和密封性，又要能在点火启动后被立刻烧掉，不至于影响发动机正常工作。

经过反复试验，张贵田和他的同事们对燃烧室喉部、涡轮泵排气口、推力室喷管等处分别采用不同的封堵材料，用“土法上马”，在高空环境中创造出了跟地面一样的点火环境，终于解决了发动机高空点火的难题。

解决了高空点火问题，就要检测发动机在高空环境下的工作性能。试验站的雷茂长等人此前已经对一号试车台进行了改造，但只是推进剂供应系统、检测系统方面的改进，高空模拟试验还需要一个关键设备——真空舱和扩压器。

真空舱和扩压器是一个底部开口的半封闭式试验舱体机构，试验时将发动机安装于舱体的上部，用扩压器设备将发动机喷射出的高温燃气从舱体扩压器下部开口处迅速排出，保持舱体内部的真空状态。

要在大气环境中保持舱内的真空状态不是件容易的事情，发动机工作时，每秒钟喷射出的高温燃气量高达数万立方米，必须在同一时间内将这些高温燃气全部排出。美国、苏联、法国等航天技术大国都使用高压蒸汽抽真空设备，需要建立一个庞大的蒸汽发生系统，其设备造价高昂，动辄几千万元的资金。以中国当时的经济条件和技术条件都无力建造这样的试车台，但这样的试验又必须要进行。

张贵田和同事们只能继续“土法上马”。经过反复论证，他们根据流体力学原理，利用发动机自身排气引射抽空，舱体内部的空气被高速流动的燃气带走。这样，只需建立一套冷却水输送系统，对扩压器壁进行冷却即可。

不过，建立舱壁冷却系统也不简单，发动机喷出的燃气温度高达三千摄氏度以上，冷却水的喷射角度，喷射量都必须严格计算，否则造成冷却不足，扩压器壁将在瞬间被烧毁。

按着上述设想，张贵田和同事们完成了真空舱的设计。正与101试验站的人员共同制造这个国内第一个发动机真空舱时，那场史无前例的“文化大革命”运动已经席卷全国。张贵田和同事们也都身不由己地被卷入这场政治风暴。

七

1966年初冬，“文化大革命”已经进行了半年。北京的大街小巷里到处张贴着五颜六色的大字报，街道上总有满怀激情高呼口号的游行队伍，各单位的大小礼堂中总有开不完的批斗会。

北京南苑的马路边竖着一块醒目的警示碑，上面用中文、英文、日文写着“外国人未经许可不得进入此区域”。警示碑南侧是七机部第一研究院的大片厂房（1965年1月，中央决定进行“院部合并”，裁撤军队所属科研院所，国防部第五研究院被撤销建制，成立“第七机械工业部”，所有人员集体转业，不再保留军籍）、办公楼和宿舍区，这块高墙环绕着的封闭禁区，墙面上同样贴满了五颜六色的大字报，礼堂、食堂里同样是没完没了的批斗会，同样隔三岔五会有长长的游行队伍走上街头。

大院儿里的人员当年都是穿过军装、受过军训的，游行时都穿着过去的军装，队列排得横平竖直，昂首挺胸，整齐划一，有时还踢起正步，和着节奏高呼口号。南苑街面上的百姓最爱看大院里的游行，那感觉就像是在看阅兵式。

大院儿里的导弹研制工作在这些批斗会、大游行之间走走停停，即便有着紧迫的进度要求，也不能以此为由拒绝参加这些运动，那是绝对的第一位。这些年来，“三反五反”“大跃进”“反右”“四清”，运动一个接一个，如今又进入“文革”阶段，连张贵田他们这些回国才四五年的留学人员也都成了“运动健将”。

“革命无罪，造反有理”的口号下，声势浩大的批判“资产阶级反动路线”风暴在全国掀起，每个单位都成立了“革命组织”，因为“革命组织”的观点不同，分为“造反派”和“保皇派”两大阵营，每个人都要明确自己的立场，参加一个“革命组织”，否则就是“不积极革命”，是“思想有问题”。一院的大院儿里，同样成立了这两个派别，不知是否出于职业习惯，竟然和保密工程命名方式一样，用代号称为“915”和“916”。

大院中的人际关系因“派性斗争”紧张起来，一个办公室里工作的同事，因为分属两派组织，不仅见面互不理睬，在工作中也往往不做交流，给本来已经处于半停滞状态的研制工作带来更大的阻力。

伴随着“文革”运动的发展，派性斗争愈演愈烈，从相互张贴大字报的批判、辩论，升级为“革命夺权”风暴。此时的张贵田，已经被“造反派”扣上了“苏修特务”“走白专道路”的帽子，“夺”了“** 四号”发动机总设计师的“权”。但上级没有派人替代张贵田的职位，被“夺权”的他还得继续主持研制工作。

于是就出现了一个奇怪的场景，白天他主持研制工作，指挥着小组成员进行工作，晚上参加批判会，面对着同一批人低头交代问题。那时候，曾留学苏联的人员都担任着各级技术领导，他们的境遇都与张贵田一样。

张贵田和他的同事们就是在这样奇特的氛围之中，研制出了国内第一个抽真空扩散器试验舱。1966 年 11 月，首次试车点火，发动机工作两秒钟后，舱内的压力就达到了稳定的预期值，获得了发动机高空性能参数。

其实，张贵田的状况还算幸运，另一些人的境遇更加不妙。

一院副院长兼 11 所所长的任新民，也被夺权。他早年在美国留学并取得博士学位，此时被扣上了“美帝特务”的帽子。造反派为了寻找他向“美帝”泄露国家机密的罪证，抄了他的家。

而一院材料工艺所所长姚桐斌更加不幸。姚桐斌早年留学德国，是国内顶尖的材料学专家，曾与钢铁研究院一起为“** 一号”“** 二号”“** 三号”等型号导弹研制出众多急需的特种金属材料。“夺权风暴”开始后不久，他竟被“造反派”打死在家中。这一事件立刻被上报，周总理气得拍了桌子，当即指示，要对高级技术干部予以保护。

总理指示还未下达，一院大院内的两派组织就因为“夺权斗争”爆发了一场激烈的武斗，酿成一人死亡、两人致残、数十人受伤的惨剧，科研工作陷入瘫痪状态。周总理的指示下达到一院时，“造反派”正策划扣押任新民进行隔离审查，此事只好不了了之，任新民也因此逃过一劫。

为制止国内局势进一步恶化，毛泽东宣布建立“革命委员会”制度，并派中国人民解放军执行“三支两军”（即支左、支工、支农、军管、军训）任务，制止武斗蔓延。1967 年 3 月 17 日，经毛泽东批准，周恩来宣布：对七机部等 6 个国防工业部实行军事管制。

“革委会”在七机部各级单位迅速成立，并由各级“军管会”指导各项工作的实施，科研工作才得以恢复进行。但两派的争斗依然不断，批斗会还会时常地进行，各种最高指示发布时依然要去列队游行。张贵田和他的同事们在如此艰难的环境中，继续攻克“** 四号”发动机的难关。

八

一辆破旧的长途汽车嘶吼着爬行在八达岭的山路上，张贵田和两位同事坐在拥挤的车厢内，侧过头就能看见山脊上蜿蜒的长城。短短的几个月间，他们已经十几次往返于此，每次都挤在这样破旧的车厢里。

望着山脊上起伏的墙垛，张贵田心中没有“不到长城非好汉”的激情与感慨，却堵满了无法排解的忧愁与无奈。那条绵延五千公里的防御工事，是中国历史上耗资最为巨大，却也是成效最低的军事设施。两千年间，它曾无数次地被游牧部族的战马铁蹄踏破，又无数次地被重新修整。其实中国历史上强盛的朝代，从来都不是以长城为国界，襄助游牧部族们攻破长城的也往往并不是战马铁蹄，而是墙内的自相残杀，再坚实的墙也抵御不住来自内部的摧毁之力。

长途汽车驶过八达岭，路面变成了坑坑洼洼的石子路，车体剧烈地摇晃着，颠簸的车厢到处都发出吱吱嘎嘎的响声，里面的乘客被颠得东倒西歪，坐着屁股疼、站着腿肚子疼。张贵田和同事们要去的目的地，是建材部负责材料生产的 251 厂，位于八达岭长城以北的康庄。那时有个常用的流行词叫“康庄大道”，意思是“宽阔平坦的大路”，但现实中，通向康庄的这条道路却颠簸得像是上了振动试验台，完全“唱起了反调”。

张贵田的研制小组正在251厂的协助下，用玻璃钢试制发动机喷管延伸段。一接到厂家的电话，他们就要坐上长途车赶往几十公里外的251厂配合生产。虽然路途颠簸辛苦，但张贵田他们却都抢着要去，因为那不仅可以解决制造的技术问题，还可以暂时避开大院儿里的“革命运动”，不必再没完没了地交代问题、写思想汇报。他们正在建造一堵无形的、御敌于千里之外的钢铁长城，可他们要面对的却是来自内部的无休止的批斗。

“** 四号”上面级发动机的研制工作只剩下喷管延伸段这一个难题，而这也是提高发动机比冲的关键技术。

比冲，又称比推力，是表述导弹发动机工作性能的一个专业术语。就是发动机在一秒钟内烧掉多少公斤推进剂，由此产生了多大推力的一个数值。假如一台发动机在一秒钟内烧掉10公斤的推进剂，产生了2000公斤的推力，那么这台发动机的比冲就是200秒；如果产生了3500公斤的推力，那比冲就是350秒。得到的数值越大，就表示比冲越大，也就代表着发动机的性能越好。

影响比冲大小的因素有很多，最主要的因素有两个，其一是推进剂的燃烧效率，其二是喷管的结构设计。“** 四号”的推进剂早已选定，也就是说每秒钟烧掉多少燃料已经确定，要提高比冲，只能在喷管设计上想办法，以最佳的喷管形状获得最大推力。

喷管是各种导弹、火箭最为直观的部件，就是底部像喇叭口一样的物体，专业名称叫作拉瓦尔喷管。实际上我们能看到的只是拉瓦尔喷管的下半部分，就是称作喷管延伸段的部分。导弹飞行时获得向上的推动力，是依靠高压燃气从喷管窄小的喉部喷出后，释放压力迅速膨胀，遇到喷管延伸段束缚而施加的反作用力。喷管延伸段的关键是弧形锥度和长度的设计，这影响着膨胀燃气的利用率，最终决定比冲的大小。

事实上，“** 四号”导弹的一级发动机，是直接将“** 三号”导弹的发动机移植过来，二级发动机也是相同结构的发动机，只不过不用四机并联的方式，只使用一台发动机，但必须对喷管延伸段进行改造。二级发动机不能直接使用一级发动机的喷管，是因为两种发动机的工作高度不同，喷管有着很大的差异性。

一级发动机是在地面点火工作，工作高度都低于60公里，喷管延伸段的形状是根据正常大气压的工作环境设计。二级发动机工作高度在60公里以上的高空，是大气压力接近于零的真空状态，燃气膨胀率大幅增加，喷管延伸段就要相应增大膨胀比，以便更充分利用燃气产生的反作用力增加比冲。

原来的喷管是不锈钢制造，如果继续采用，那喷管延伸段的重量实在太大，发动机根本无法承受。他们最初决定使用钛合金材料，这种材料耐高温、强度高、重量轻，但那时国内还没有生产。特种金属研究所专门为此研制出钛合金材料，211厂使用旋压成型工艺试生产出了试验件，并进行了6次热试车考验。但钛合金价格昂贵，板材加工难度大，报废率太高，张贵田他们最终放弃了此方案。

第二个方案是用玻璃钢制造喷管延伸段，这是用玻璃丝和环氧树脂组成的复合材料。优点是耐高温、强度高、取材易、成本低，缺点是重量依然较大，制造工艺复杂，加工时对环境条件和操作水平要求极高。玻璃钢比不锈钢轻，比钛合金的加工难度低，虽然不能尽如人意，但可选的材料只有这些，张贵田他们也只好做出这样的折中选择了。

制造玻璃钢喷管延伸段，就是将玻璃丝和环氧树脂绕在喷管延伸段的胎膜上，然后加压烧制而成。说起来容易，做起来却非常难，因为高温造成变形成品形状很难达到设计要求。张贵田的研制小组与251厂的技术人员一起想办法，经历多次失败后，终于摸索出一套独特的加工工艺，制成了外形合格的喷管延伸段。可是在随后进行的发动机热试车中，这种采用低压固化的玻璃钢难以承受巨大推力，喷管延伸段多次断裂，几次试车都遭遇失败。

材料工艺研究所获知这一情况，提出改变树脂配方、采用高压固化工艺的新方案。而这种工艺251厂却不具备，全国只有秦皇岛的玻璃钢厂能做，张贵田他们只能舍近求远，一去就是半个多月。

高压固化玻璃钢喷管延伸段制造出来，断裂问题得到解决，但烧蚀积碳现象依然存在。为此，他们想了许多办法，做了无数次试验，直到采用涡轮废气对喷管延伸段进行冷却，才终于设计出合理的结构形式。1968年10月，采用玻璃钢大喷管的“** 四号”上面级发动机连续进行了两次验收性试车，全部取得成功。

正当他们为取得阶段性成功高兴的时候，1968年年底，各单位都接到上级通知，除部分必要的人员继续留京进行研制工作外，其他科研人员分批下放到东北农

■ 我国第一台中等推力的高空发动机。在研制中首次成功地解决了玻璃钢喷管延伸段、高空点火等关键问题，为后续高空发动机的研制积累了经验。1978 年获全国科学大会奖和国家科学进步二等奖

场劳动。此后的几个月，不断有人被抽调去东北北大荒农场下放劳动，单位中的人员越来越少。

1969 年 6 月，杨瑞亭跟一大批同事去了东北农场，踏上了广袤无垠的黑土地，开荒种地。而与此同时，地球另一面的美国科研人员也在准备着行装，他们要将三名宇航员送往月球，踏上一片更为广袤荒漠的地域。

7 月 16 日，巨大的“土星 5 号”火箭从美国卡纳维拉尔角肯尼迪航天中心点火升空。三名美国宇航员驾驶着阿波罗 11 号宇宙飞船，经过 38 万公里的征程，于 7 月 20 日到达月球，下午 4 时 17 分 42 秒，阿姆斯特朗将左脚小心翼翼地踏上月球表面，迈出了人类最伟大的一步。

此时，“** 四号”导弹的研制依然在进行中，先后于 1969 年 5 月 19 日、6 月 4 日分别完成一、二级全弹试车。1969 年 10 月 24 日，上面级发动机又进行了 300 秒的长程试车，发动机推力室性能指标符合设计要求，玻璃钢大喷管完好无损，验收合格。

张贵田和他的同事们终于研制出中国第一台高空火箭发动机，只等着“** 四号”导弹的首次全弹发射试验了。

1969 年 11 月 16 日，“** 四号”导弹进行首次全弹试射。下午 6 点，导弹点火升空，几分钟后，跟踪测量的雷达系统发现导弹飞行曲线出现异常，而落区测量站等待了 40 分钟都不见目标踪影。

导弹失踪了！

九

这是一次颇具风险的试验。

试验之前，周恩来总理反复叮咛："这次发射不同寻常，必须控制住，一定不能让导弹飞到国外去。"

周恩来这样说，是因为"** 四号"导弹的射程较远，按正常弹道发射，从发射基地可以直接打入苏联境内。所以试验只能采取高弹道、短射程的方案，正常情况下不会飞出国境，为预防万一，导弹上还装有超程控制器，如果控制系统发生偏差，控制器就会发出指令让导弹自毁。

然而，导弹还是失踪了！导弹失踪只会有三种情况：其一，偏离预定落点；其二，中途坠毁；其三，超程打入苏联境内。

最令人担心的是第三种情况，那时中苏关系水火难容，如果导弹真的落入苏联，必须马上启动外交程序，周恩来已经做好了去莫斯科谈判的准备，连续三次给发射场打电话询问导弹落点结果。钱学森在发射场坐镇，和技术人员一起紧张地分析测量数据，最终得出结论，导弹在一级关机点出现故障，掉落在距离发射场约680公里的射向上，没有飞出国境。

4天后终于找到了导弹残骸。发射失败的原因，居然是由于导弹控制系统的一个程序配电器发生故障，导致第二级发动机未能点火启动而坠毁。

■ 竖起中的 ** 四号导弹

这次失败并非偶然，为了减轻"** 四号"导弹自重，控制系统的电器都采用小型化。一些小型化后的器件与老插件不配套，难以吻合。

经过两个多月的改进调试，"** 四号"

被批准再次试射。

1970 年 1 月 30 日，发射场，“** 四号”导弹已经高高竖起在发射台上，等待着发射指令。发射场上的技术员们都格外紧张。第一次试射失败后，虽然对“** 四号”控制元件做了改进，但由于时处“革命”年代，许多管理制度和生产规程都被打乱，甚至出现插件、插座不配套就用电烙铁焊上的现象，这样的工作态度和氛围，谁也难保不再发生意外。

而这次试射成功又极为关键，因为这不仅关系到中国中远程导弹能否按期装备，更关系到中国第一颗人造地球卫星能否早日发射升空。东方红一号卫星已经准备就绪，就等着运载火箭的试验成功。

指挥控制中心的每个人都提心吊胆。张贵田坐在大厅里，心神不宁，上次的发射二级发动机根本没有启动，虽然在真空舱里进行过多次试验，但毕竟是模拟状态，他不知道发动机真正上天后能否正常的工作。

紧张地熬到了预定发射时间。发射台上的导弹呼啸而起，飞向高空，指挥中心内的技术人员都屏息静气紧盯着雷达显示器，弹道状况正常…… 十几分钟后，预定落点发来报告，弹头击中目标！

发射场瞬间沸腾起来，“毛主席万岁”的欢呼声一浪高过一浪。

按照工作程序，发射成功后还要对各部件的工作状态进行数据验证。那时候导弹飞行数据靠示波器的纸带记录，人工判读处理需要四五天时间，直到2月4日，张贵田他们才得到二级发动机的飞行数据，高空启动、飞行工作状态、关机等环节全都正常。但获得全面的判断，还必须找到发动机残骸进行分析验证，才能对其可靠性做出最终的判断。

二级发动机残骸搜寻队已经准备出发赶往新疆民丰县，张贵田赶忙去找任新民。

“任主任，我也想去落点找发动机残骸。”

“明天就是大年三十了，你去呀？”任新民看着他，搜寻队的名单中并没有张贵田的名字。试验队已经在发射场连续工作了 5 个月，发射取得成功，任新民正准备带队返回北京，让大家好好休整几天，等过完春节再来发射场准备东方红一号卫星的发射任务。

“去！我怕时间久了，残骸被流沙埋掉不好找了。”

“那地方可苦啊！”这是任新民的经验之谈，三年前，“** 三号”试飞连遭失败，任新民便亲自率队赶往新疆，在沙漠中找回发动机残骸进行分析，找出了失败原因。他知道去沙漠寻找残骸的艰苦，更知道那是件风险极大的事情，曾有一位技术员与两名战士在沙漠中迷路，靠喝自己的尿才坚持到搜寻队找到他们。

“我不怕苦！”张贵田说，“我就是想早点看见发动机的真实情况，心里就踏实了。”

“好，你就跟他们一起去吧。”任新民对张贵田的主动请缨颇为赞许。

张贵田立刻整理行装，与同事任吉杰等人一起赶到240公里外的机场。此时已经是年三十，机场飞机全部停飞，要到大年初二才有飞往乌鲁木齐的航班。

阖家团圆的除夕夜，张贵田和同事们却只能在机场的招待所内枯坐，远处此起彼伏的鞭炮声，唤起了他们的思乡之情。张贵田想念家中的妻子，还有刚满三岁的可爱女儿，想到她们母女也要冷清度过这个春节，他轻轻地叹了口气。距离一号卫星正式发射时间只有短短几个月，“上得去”是第一要务，作为二级发动机主任设计师，他的责任重大，只能把儿女情长压在心底。

一行人焦急地熬到了大年初二，终于登上飞往乌鲁木齐的航班，紧接着又转机飞往和田，到达二十基地落点搜寻队的指挥部，此地距离二级发动机的落点民丰县还有几百公里。

正月初七一大早，他们坐上了部队的军用六轮大卡车，从和田出发一路向东赶往民丰县。茫茫戈壁滩上，公路就是汽车压出的两道车辙印，“天上没有鸟，地上不长草，沙飞天地暗，风吹沙石跑”。卡车在“公路”上狂奔，尘土弥漫飞扬，呛得后车厢里的张贵田一行人不停地咳嗽，他们脸上、身上都蒙着一层黄土，颠簸得如同筛子里的黄豆。

整整一上午卡车都在狂奔，可戈壁滩还是没有尽头的样子，真是到了新疆才知道什么叫路途遥远。中午时分，卡车停在戈壁滩中，战士们跳下车架起行军锅，倒进大米、清水和几罐豆角罐头开始煮饭。张贵田拍拍身上的尘土，凑过去看：“你们做的这是什么？”一个战士冲他一笑：“素抓饭！”周围几个战士都哈哈地笑起来，张贵田却不知就里。

新疆有一种特别的美食，叫作“手抓饭”，用羊肉、胡萝卜、洋葱头和大米一起煮制，喷香可口，是维吾尔族、哈萨克族待客的佳肴。当地少数民族很少吃蔬菜，因为在他们看来蔬菜“那是草，牛和羊吃的东西”，这种无肉不欢的饮食习惯下，根本不会有什么“素抓饭”。战士们其实就是瞎凑合，煮上一锅米饭填饱肚子而已。张贵田他们也跟着胡乱凑合了一顿，爬上车继续赶路。

十

直到夜幕降临，汽车才到达落点附近的部队驻地，那里已是塔克拉玛干沙漠的边缘。张贵田他们满身黄土地跳下车，只能用毛巾掸掸身上的灰尘，再蘸点水擦擦脸。这里水贵如油，部队用水要到几十公里以外去拉，每人每天的饮用水，都只有一个军用水壶的定量。

第二天吃过早饭，营房外已经排着十几匹骆驼，在维吾尔族向导的吆喝声中驯服地卧成一排，茫茫沙漠只有骆驼能走进去。内地来的这些技术人员都是第一次见骆驼，觉得新奇又兴奋。

部队已经探查到发动机残骸落点位置，因为不懂相关技术，没有展开搜寻，只等着张贵田他们到来才能配合寻找。搜寻队共有 20 多人，每匹骆驼上坐两个人，技术员们挤在驼峰中间高兴地议论，“这东西不错，省了马鞍子。”

部队的政委看看众人已经坐好，说了声：“准备出发，大家注意啊！”张贵田他们以为政委说的是“路上注意安全”，还侧身挥手致意。其实那位政委说的，根本不是这个意思。

维族向导又是一声吆喝，卧在地上的骆驼纷纷往起站，骆驼是后腿先起，前腿后站，起身时呈 45 度角。坐在骆驼背上的技术员们根本没防备，坐在后面的人直接从前面人的头上翻了出去，顺带着把前面的人也砸下了骆驼，众人“噼里啪啦”摔作一团，旁边的战士和维族向导都背过脸嗤嗤地偷笑。技术员们嬉笑着爬起身，拍拍身上的尘土重新跨上骆驼，驼队慢悠悠地出了部队营房，在黎明的微光中，向着塔克拉玛干沙漠腹地行进。

太阳升起的时候，张贵田他们已经赶到了落点区域，20 多人一字排开，每人相距十几米，开始在无边的大漠中“沙海捞针”。阳光洒在绵延不断地铺向天际的金色沙丘上，碧蓝的天空不见一丝云彩。除了这支一字排开在沙丘间起起伏伏的搜寻队，茫茫沙海中再也见不到任何生物，空气仿佛都被凝固，没有任何声响，只有令人绝望的寂静。

张贵田在沙漠中艰难地迈步前行，这里与路面上的行走完全不同，必须用力抬起陷在沙子里的脚，才能跨出一步，但落脚时流沙后移又退回半步，再度陷进沙子，走不了多久，双腿就酸疼僵硬。所有人都喘息不止，沙漠中的气温只有零下二十多度，汗水却浸湿了贴身的衣物。

搜寻队在沙海中艰难行进，时间一个小时、又一个小时地过去了，太阳快到头顶，已经爬过了十几座沙丘，却没找到一点残骸的痕迹。正当他们有些绝望时，突然有人喊："这里有东西！"

所有人都连滚带爬地小跑过去，一座沙丘旁露着一段金属物体，发现者已经在奋力地拨开流沙挖取那段残骸。张贵田一眼就认出，那正是他们要找的东西——二级发动机燃烧室和机架。

众人将它从黄沙中挖出，摆放在沙堆上。张贵田轻轻地抚摸着那个闪着金属光泽的燃烧室，像看见自己的孩子一样亲切。他伸出双手将它翻转过来，又反转过去，仔细地看了又看——内壁光洁无损，甚至没有一点高温高压烧蚀冲刷过的疤痕。

"真漂亮呀！"张贵田情不自禁地赞叹起来，那声音都有些颤抖。

发动机总体设计室的任吉杰，伸手扳过燃烧室，也翻来覆去地看了一遍，激动地说："太好了！真是太好了！"

这样的收获激起了大家的干劲，搜寻工作继续进行，到了下午5点多，又陆续找到了程配器、放大器等组件残骸。维族向导招呼大家，必须马上离开，否则在天黑之前赶不到宿营地，如果在沙丘里宿营，是很危险的事情。张贵田他们带上那些找回的"宝贝"，跟着维族向导向宿营地走去。

太阳偏西的时候，前面突然出现一片高高低低的红柳丛，那是沙漠中的一块绿洲，有一条结冰的小河，冰面下的河水汩汩流淌。几天没洗过脸的技术员们欢呼起来，跳下骆驼飞奔到河边，用力敲开冰面捧起冰凉的河水连喝带洗，兴奋得不知如何是好，若非天气实在寒冷，他们肯定都跳进去游泳了。

大家的兴奋当然不仅是因为见到这条难得的小河，找到了发动机残骸，并且能看出发动机工作状态完好，才是他们兴奋的原点。此时，张贵田的心情舒畅得难以言表，二级发动机研制历时近五年，他这个主任设计师总算卸下了心头的重压。太阳渐渐沉向地平线，天边的晚霞灿烂迷人，斜斜的阳光照在无尽的沙丘上，闪耀着金灿灿的光芒。战士们架起行军锅，用红柳条子燃起的熊熊篝火，开始做他们拿手的“素抓饭”，忙碌的身影投射在沙滩上，被斜阳拉得很长很长。

夜幕已经笼罩了茫茫大漠，半个月亮挂在沙丘上，天边繁星闪闪，凄厉的寒风从广袤的塔克拉玛干沙漠深处呼啸而来，气温已经降到零下二三十度，张贵田他们在背风的沙丘上扒拉出个沙窝子，裹紧大衣挤在一起。新疆驻军配发的军大衣，内衬是带着羊毛的整张羊皮制成，但依然难御那刺骨的寒冷。他们相互帮忙把对方埋进沙子，在寒风中沉沉睡去。

没过多久张贵田就被冻醒，身边的同事们也都被冻醒。“起来跑两圈，暖和暖和吧。”有人提议。所有人都应声站起来，围着沙丘又跑又跳，身上稍微暖和些，再一起挤进沙窝子接着睡，可没多久又被冻醒，只好再爬起来在沙丘旁跑圈圈……

那是 1970 年 2 月 11 日，大漠深处绕着沙丘跑圈的张贵田并不知道，日本的第一颗人造卫星就在那天成功地发射升空，成为世界上第四个发射卫星的国家。

如果不是“文革”的影响，如果不是 1969 年 11 月 16 日那次试飞失败，中国的卫星会早于日本发射升空，但历史和科学技术都不承认“如果”，中国的科技人员只能一声叹息。

十一

带着沙漠中找到的“宝贝”回到发射基地，张贵田刚放下行李，就接到军管会的命令，让他火速赶回北京，为什么回去却没有说。

张贵田心中一下紧张起来，“东方红一号”卫星的发射准备工作已经开始进行，正是运载火箭检测的关键之时，为什么让他回北京？他想不出还有什么比发射“东方红”更为重要的事情，那原因只有一个——被取消参试资格，回去挨批斗，但他想不出自己做的什么事会被找出问题。

同事任吉杰和刘国球跟他一起返回北京，不知是因沙漠中“寻宝”的劳累，还是心中的压力所致，张贵田在返回的路上就开始发烧，下了火车，家都没回就直奔单位。

任吉杰和刘国球中午在食堂吃饭时没见到张贵田，下午还不见他的人影，觉得情况不对，跑到宿舍撞开房门。只见张贵田昏睡在床上，额头滚烫、嘴唇上满是大泡，两人赶忙推醒他。张贵田勉强睁开眼睛，觉得嗓子里要冒出火来，他已经整整一天滴水未进。任吉杰、刘国球忙给他灌下一杯水，架着他进了医院。一检查才知道，原来是腮腺炎引起的高烧。这是小儿常见病，任吉杰跟他开玩笑，“你这是返老还童了。”张贵田可笑不出来，他的脸和脖子粗了一圈，嗓子里又肿又痛，喝水都难以下咽。更让他担心的是，回到这个大院将要面临什么情况。

第二天，他提心吊胆肿着脸去见副主任马迎春，老马被他这副模样吓了一跳，“怎么搞成这样子？”

“没事，腮腺炎，过几天就好。马主任，叫我回来有什么指示？”

马迎春说：“部里下了指示，环球导弹要上马了，所里的军管会和革委会研究决定由你担任发动机副主任设计师。”

张贵田原以为回来是挨批斗，没想到是委以重任，听到这个工作安排，他差点掉了眼泪。大院儿里的人都知道这个“环球导弹”的分量，参加这项重大任务的人员，都是上级最为信任的人，他这个“白专分子”能参与其中，并担任副主任设计师，实在是意料之外的事情，说明组织上对他高度的信任和支持，那个年代，“组织信任”比任何奖励都更有价值。这几天来的心情简直是坐过山车般大起大落，他一直悬着的心此时终于落了下来。

“环球导弹”是 1967 年军管会成立后，提出的一个赶超美国和苏联的洲际导弹方案。虽然被称为洲际导弹却又不是传统意义上的洲际导弹，而是一种利用卫星轨道运行的空间武器。

这个武器系统以洲际导弹为基础，加上一个反推火箭和战斗轰炸部件组成。使用时竖直发射，一级、二级导弹将战斗部和反推火箭送入卫星轨道运行，到达一定位置后，反推火箭根据地面指令点火将战斗部再送入大气层轨道，战斗部将以高超音速奔袭目标，难以防御。事实上，这一思路最先由苏联导弹专家提出，并正在研制试验中，由于其战斗部再入大气层前绕地球运行不到一周，所以被称为“FOBS”，即“部分轨道轰炸器”。

在中国，这种准备研制的武器系统被称为“环球导弹”，设计方案为三级导弹动力装置，每一级发动机都使用不同的技术，第一级用 400 吨大推力常规发动机，第二级用塞式喷管发动机，第三级用高压补燃发动机，涵盖了当时国际上最热门的发动机技术，其理论射程可覆盖地球所有地域。

这是“八年四弹”任务后的又一项重大研制任务，以“** 三号”“** 四号”的研制人员为班底，抽调其他型号的部分人员参与，设计人员多达200余人，是所有型号研制中人员最多的。被任命为这个型号研制的主要负责人，张贵田心中满是温暖和慰藉，多年的苦闷都烟消云散。

马迎春并没注意到张贵田的激动之情，继续说：“另外，这个型号要到三线大后方进行研制，那边的建设已经基本完成了，参与研制的人员都要迁过去工作，你也得过去。这两件事都是绝对保密的事情，所以专门把你叫回来通知，好让你提前有个思想准备。发卫星的任务你还得回去参加，忙完这事儿就去三线。你看……有什么困难吗？”

当时的中国正在实施一项高度机密的大工程——“三线”建设，几乎所有的军工企业都被拆分出一部分，迁往西北内陆腹地的山区中。所有被派往三线工作的人，都经过严格的筛选，所谓“好人好马上三线”，能够入选的技术人员都觉得那是无上光荣的事情。

不挨批斗，还能参加重要研制任务，这简直是梦寐以求的事情，张贵田甚至有些激动。“没困难！感谢组织信任！完成卫星发射任务，我立刻就去三线报到。”

脸上的肿胀还没消退，张贵田就登上了西去的列车，发射基地正在进行“长征一号”运载火箭发射前的合练，他没时间在北京养病。

“长征一号”运载火箭虽然由“** 四号”导弹改进而来，但还是有着不小的区别。火箭按照钱学森提出的弹箭方案组成，共有三级，第一级和第二级使用“** 四号”液体导弹，整流罩中的第三级火箭使用固体燃料发动机，用三级火箭接力的方式，将卫星送入轨道。卫星发射前，设计和装配制造的技术人员要配合发射场进行合练。

张贵田虽然心情舒畅，但毕竟还是有病在身，在列车上摇晃了两天两夜，才到天水与兰州之间，已经感觉到身体严重不适，但此时只能强撑。那天后半夜，他摇摇晃晃地起身解手，刚进厕所，便觉得眼冒金星站立不稳，“这么冷的天，不能倒在厕所里。”他用残存的一点意识挣扎着挪出厕所，眼前一黑，便栽倒在过道之中。

一位列车检修工人夜间巡检，发现了昏倒在车厢连接处的张贵田，赶忙推醒他并扶回卧铺，“算你命大，过道风这么大，又是零下几度，这深更半夜的，要是半个小时没人发现，肯定就冻死了。”

“谢谢！谢谢师傅……”

张贵田回到发射场，就带病投入卫星发射准备工作中。3 月的戈壁滩上，寒风依然肆虐，发射场却忙得热火朝天。“东方红一号”卫星定于 1970 年 4 月 24 日发射，这是一颗政治价值大于实用价值的卫星。“一次成功”的要求，让参与这项“651 工程”的所有科技人员都压力巨大。发射场有一枚与“长征一号”实弹一模一样的模拟箭，他们配合着发射场官兵，一遍遍地启运吊装模拟箭，一遍遍地连接各系统，一遍遍地检查接口、连线。

1970 年 3 月 26 日，一列火车从北京站秘密启程，上面搭载着“长征一号”运载火箭和两颗“东方红一号”卫星。卫星是直径 1 米的球形 72 面体，重达 173 公斤，超过苏、美、法、日四个国家第一颗卫星的质量总和。卫星仪器舱内装有电源、测轨雷达应答机、雷达信标机、遥测装置、电子乐音发声器和发射机、科学试验仪器等。发射升空的卫星只能有一颗，专列上却装载了两颗一模一样的卫星，这是为了预防万一，如果出现故障，另一颗可以直接替代发射。

4 月 3 日，技术人员开始对火箭和卫星进行分系统测试，张贵田和他的同事们对第一级、第二级发动机反复地测试、细致地检查，生怕遗漏任何细节问题。各个分系统都在进行检测，其他系统的技术人员进入发动机舱进行测试时，张贵田担心他们拉扯、碰触了发动机的管线，每次都要站在舱口，一遍遍地提醒他们注意。对方测试完毕后，张贵田和同事们又要进去对发动机上每个管线、接口重新检查一遍。

■ 长征一号运载火箭

这次的卫星发射，被列为中国最高等级的机密任务，前期准备阶段，每天都要用专线向周恩来总理汇报进度。

1970 年 4 月 24 日入夜时分，发射场上空乌云密布，发射塔场坪却被十几盏探照灯照得如同白昼，长征一号运载火箭屹立在发射台上。火箭最后一次检测已经完毕，工作人员有序撤离到了安全地点，气氛紧张而凝重。

张贵田坐在指挥中心大厅内，焦急地等待发射时间的到来。21 时 20 分，距离预定发射时间还有 15 分钟，基地司令员大步走进指挥中心："敬爱的周恩来总理刚刚打来电话，他向所有参试人员和基地指战员致以亲切问候，希望大家不要慌张，不要性急，要沉着谨慎，把工作做好！"

指挥大厅外，两颗红色的信号弹腾空而起，发射台传来最后一次警报声，发射已进入倒计时程序，刚才还乌云密布的天空上，竟已是繁星点点。指挥员逐一呼叫各测控台站，所有人都屏息静气，期待着那石破天惊时刻的到来，张贵田的心已经提到嗓子眼了。

21 时 35 分，现场指挥员一声洪亮的"点火"口令，发动机喷射出巨大的橘红色火焰，气流以排山倒海之势冲出导流槽，撼天动地的轰鸣声中，长征一号运载火箭拔地而起，越飞越高，越飞越快，渐渐消失在夜空中……

指挥大厅的扬声器里不断传出报告：

——"跟踪正常！"

——"飞行正常！"

——"一、二级分离！"

——"二、三级分离！"

每次播报，大厅里便是一次沸腾，张贵田跟大家一起鼓掌欢呼着，沉浸在成功的喜悦之中。

21 时 48 分，传来喜讯：

——"星箭分离！"

——"卫星准确入轨！"

指挥大厅里再度沸腾起来，所有人都兴奋地站起身，振臂高呼"毛主席万岁！中国共产党万岁！"张贵田已经喊得声音嘶哑，可是从心底爆发的喜悦让他根本无法停止欢呼。那一夜，所有的人都兴奋无眠……

长征一号运载火箭成功地将中国第一颗人造卫星准确送入近地轨道，"东方红一号"卫星在近地点 439 公里、远地点 2384 公里的椭圆形轨道上高速运行，每 114 分钟绕地球一周。

"东方红一号"卫星升空的当天晚上，《人民日报》就发出了号外，中央人民广播电台向全世界宣告了这一喜讯，并转播了来自"东方红一号"卫星上发出的天籁之音《东方红》乐曲。“我们也要造人造地球卫星！”毛泽东 1958 年说出的这句话，12 年后终于成为现实。

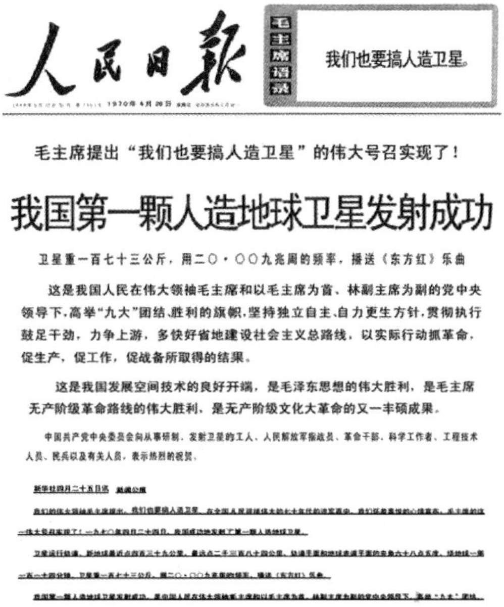

人民日报

毛主席语录

我们也要搞人造卫星。

毛主席提出“我们也要搞人造卫星”的伟大号召实现了！

我国第一颗人造地球卫星发射成功

卫星重一百七十三公斤，用二〇·〇〇九兆周的频率，播送《东方红》乐曲

这是我国人民在伟大领袖毛主席和以毛主席为首、林副主席为副的党中央领导下，高举“九大”团结、胜利的旗帜，坚持独立自主、自力更生方针，贯彻执行鼓足干劲，力争上游，多快好省地建设社会主义总路线，以实际行动抓革命，促生产，促工作，促战备所取得的结果。

这是我国发展空间技术的良好开端，是毛泽东思想的伟大胜利，是毛主席无产阶级革命路线的伟大胜利，是无产阶级文化大革命的又一丰硕成果。

中国共产党中央委员会向从事研制、发射卫星的工人、人民解放军指战员、革命干部、科学工作者、工程技术人员、民兵以及有关人员，表示热烈的祝贺。

■《人民日报》号外：我国第一颗人造地球卫星发射成功

中国第一颗人造地球卫星的发射成功，在世界各国引起了强烈反响。许多国家的报纸发表评论：中国第一颗人造卫星发射之神速，超出了西方专家的预料。

新加坡《民报》说：

中国成功地发射了第一颗人造地球卫星，从天外飞来的音波，不但震荡了举世的人心，也使美、苏两国为之失色。

美国华人专栏作家孙彻在其文章中写道：

美国和西欧各国试射战略飞弹，因为导向系统和发射系统一再出错，事故频频。但中国大陆的飞弹乃至人造卫星的发展异常迅速，不但意外事故甚少，甚至可提供有关投射系统的技术，这完全是钱学森的功劳。

事实上，这位美籍专栏作家无法知道，在钱学森的背后，还有数以万计的科技工作者克服困难、默默付出，才让中国的运载火箭和卫星技术在短时间内取得了如此骄人的成就。

1970 年 5 月 1 日，“东方红一号”卫星升空后的第七天，中央在天安门广场举行隆重的国际劳动节庆祝活动，毛泽东主席要在天安门城楼接见“东方红一号”卫星工程的有功人员代表。

国防科委从卫星工程各大系统中挑选了钱学森、任新民、李福泽、杨国宇、王盛元、戚发轫等 17 位功臣，组成了五一劳动节观礼代表团登上天安门城楼。

在“东方红一号”卫星即将飞临天安门广场上空时，毛泽东也站起身来，眯起眼睛，望着钱学森手指的方向，露出了满意的笑容。

那段时间，中国人有了一项最热门的活动——每天晚上仰望星空。那一年，

许多刚出生的婴儿，都被父母取名“卫星”。不过，他们并不清楚，卫星发射升空后，那些隐姓埋名、默默“放卫星”的很多人都被调往“三线”，在更为隐秘、封闭的环境下从事更为艰巨的研制工作。

第四章

为国做干城

一

1965 年农历正月十五，冯必达刚从老家回到单位上班，就被叫到政治部主任马迎春的办公室，马主任直截了当地对他说：“组织上决定派你去搞三线建设。”

“马主任，我过去干什么具体工作？”

“过去就知道了。”

“去啥地方呀？”

“等走的时候告诉你具体地址，那地方你以前应该去过。给你三天时间，准备好就出发。”

“三天？能不能再宽限几天？我刚从老家回来，屋里烧的煤、吃的粮食都不多了，这一走不知多久，家里老婆孩子一堆人，什么都没有 …… 我得给他们安顿好。”

马主任点点头：“那就一个礼拜，安顿好家里的事再出发。这是机密任务，不能穿军装去，要换便装，如果没有便装，就把军装上的领章帽徽摘下来，总之绝对不准露出跟部队有关的痕迹！”

一个星期后，冯必达和三个同事一起登上西去的列车，直到上了火车，送行的办公人员才将车票交给他们，票面上的地址是凤州。他问了列车乘务员才知道，那地方位于陕西省境内的秦岭山中。马迎春主任下达任务时曾说“你以前去过那里”，冯必达 1949 年跟随部队挺进大西南时，就是穿越秦岭进入四川，肯定曾经路过那里，只是他对那个叫凤州的地方已经没有了任何印象。

同行的几个人小声议论，“大城市才带‘州’字呢，广州、杭州、兰州，这地方叫凤州，应该也不会太差。”冯必达没接他们的话，在他记忆中，秦岭深山里贫穷落后，找块平坦的地方都困难，咋可能有个大城市呢？！

冯必达一路上闷闷不乐，并非因为要去偏僻的山区工作，而是因为他遵照命令换上了便装，觉得像没穿衣服一样浑身不自在，并且今后他再也不能穿军装了。

1965 年 1 月，中央决定裁撤军队所属科研院所，开始进行“院部合并”，国防部第五研究院被撤销建制，成立“第七机械工业部”，虽然人还是那些人，事还是那些事，但所有人员都将集体转业，不再保留军籍，就连五院院长、空军副司令员王秉璋也在此列。那时第五研究院的四个分院中，上至中将下至少尉的干部就有万余人。

冯必达是一分院第三设计部的普通政工干部，听到要退伍的消息，心里像刀割一样的疼。虽然他的军衔只是上尉，但 17 岁参军到现在 33 岁，一半时间都是军人身份，如果哪天没穿军装，就会觉得浑身别扭。

他 1949 年 3 月参加 18 兵团所属部队，从山西转战陕西，又随着解放大西南战役进程进入四川，1953 年从重庆调往哈尔滨，进入刚刚组建的中国人民解放军军事工程学院工作，1957 年 6 月又从哈军工调到国防部五院，先是负责培训绘图员，后被调到行政管理部门，1959 年开始负责液氧生产工作，一干就是 6 年。从军 16 年，足迹遍布大半个中国，真是“哪里需要哪里搬”。

冯必达还清楚地记得，当年聂荣臻元帅为激励科研人员和部队调来的政工干部，曾在五院全体人员大会上说：“从事导弹研制，是献身国家光荣的事业，要一辈子隐姓埋名，生在老五院，死在八宝山。”那时候的人都知道，死后能进八宝山革命公墓是一种极高的政治待遇，那都是对国家有突出贡献的人。冯必达很清楚聂荣臻的话是说给高级工程技术人员的，但他并不在意这个，他也不在意一辈子隐姓埋名，只要“生在老五院”，能在部队里工作，干什么他都觉得踏实。可如今国防部五院被撤销，“生在老五院”已经没了存在的前提。

冯必达到五院工作 8 年，一直没回过老家。1965 年春节，他终于请假带着一家老小回乡探亲，既是看望父母，也是让他们再看看自己穿军装的样子，“儿子在部队”曾是父母最骄傲的事情，以后再也没有这样的机会了，想起这个，他就觉得心里堵得慌。

虽说脱下军装是早晚的事情，可现在还没正式办理转业，别人还穿着军装，自己却因为去三线工作，最先脱掉了军装，这让他心里实在憋屈。

火车向西奔驰了两天两夜，那天到达凤州站已经是下午 2 点多，比平常晚点了 10 个小时。对冯必达他们来说，这也算是件好事，不然凌晨 4 点钟准点到达，人生地不熟的，到哪儿找报到地点呀。

站在小小的车站上，那几个同事就知道自己关于广州、兰州的联想是多么的不切实际。车站四面环山，山头上白雪皑皑，站台上寒风凛冽，上车和下车的人加起来都不到 10 个。

走出车站，更让他们瞠目结舌。眼前的凤州只不过是条不足百米的街道，三四米宽的土石路上，泥泞中混杂着未化的冰雪。几个行人慢吞吞地走过车站前，双手筒在破旧的棉袄袖筒里，腰间系着草绳。路上见不到汽车，甚至没有自行车，偶尔一辆人力架子车“吱扭、吱扭”地拐进巷口，泥泞的街面上留下两道深深的车辙。三四栋两层砖瓦小楼夹杂在一片破旧的土墙平房中，显得格外抢眼，那些平房的土墙被炉灶和火炕的浓烟熏得焦黑。

这不过是山洼中一个巴掌大点儿的小镇，怎么好意思称为“州”？不过，当地也确实没人把这里称为“凤州”，只叫它“龙口镇”。

冯必达并不觉得意外，当年他跟着部队翻越秦岭进四川时，沿途各处都是这样的场景，十几年过去了，还是没什么变化。他背着行李向一个行人打听地质队的方位，临行前马主任告诉他，先期到达的工作组驻地就在那里。

步行不到 10 分钟，就找到了小镇最边沿的那个小院儿，北面三四十米就是延绵不断的山峦，山脚下有一条小河，后来他才知道，那条河叫嘉陵江。

冯必达推开院子的大门，里面是几排土墙搭起的平房，他正犹豫该到哪里找人，却看见王润金从一间屋子里出来，连忙高喊：“王排骨！”王润金又高又瘦，“排骨”是他的外号，看见门口的冯必达，也高兴地喊：“哎哟！你这家伙也来了！”

屋子里的人听见声音，纷纷走出来，冯必达看见贾伯雄、罗大照等人，眉开眼笑起来：“哎呀，贾大炮，你也在这儿。难怪这几天一直没见到你呢。”“冯裤头来了！真是说曹操曹操到，上午开会还说你呢。”贾伯雄哈哈笑着几步跨上前，帮冯必达一起提着行李。冯必达不知道贾伯雄为啥这么叫他，反唇相讥：“什么裤头、背心的？你贾大炮胡咧咧啥呢！”其实，先期到达的贾伯雄他们已经知道了工作安排，冯必达负责库房的管理工作，大家就戏称他为“库头”。

贾伯雄、王润金他们几天前才搬进这个院子，加上刚来的冯必达等 4 人，总共 20 人。偏僻的凤州山区是七机部一院三线建设的第三工区，这小院里的 20 个人是第三工区的第一批工作人员。

1964 年开始实施的“三线建设”，是一项规模庞大的国家战略计划。其背景是国际局势日趋紧张，中苏交恶以及美国在中国东南沿海的攻势不断升级，实施的主要目的是为了“战备”。20 世纪 60 年代中期中国的周边国际环境处于极度紧张的状态。

北面，随着中苏在意识形态等方面分歧的不断加深，两国关系已是剑拔弩张的状态，苏联在两国边境陈兵百万，对中国施加军事威胁，并不断策动新疆的分裂分子进行武装叛乱。

西南，1962 年与印度发生了边界自卫反击战，两国虽已停战，但都处于相互防备的状态。

东面，中国面对的是从韩国、日本到中国台湾一线的美国军事基地战略包围。而蒋介石集团也在美国的支持下，时刻准备反攻大陆。

东南，更加令人担忧，美国已经直接介入持续多年的越南战争，并启动“37 号作战方案”，派出第七舰队大规模轰炸越南北方，中越边境地区、海南岛和北部湾沿岸都落下了美国的炸弹和导弹，造成中国军民的死伤。

毛泽东主席分析周边形势后，认为此时的中国已经面临严重的战争威胁，提出“迟打还是早打，我们准备它早打；小打还是大打，我们准备它大打；打不打核战争，我们准备它打核战争；敌人在一个方向入侵还是他们相互勾结从多个方向入侵，我们准备它从多个方向入侵。总之，我们的准备快一点、好一点，战争就可能推迟。我们要准备它来，争取它不来”。

1964 年 5 月，中共中央工作会议在毛泽东的主持下，做出了“集中力量、争取时间建设三线，防备外敌入侵”的战略决策。这一决策是考虑到当时国内的重工业、国防工业绝大部分都分布在东北、华北一带的大城市，西北、西南的内陆地区急需部署全套的交通能源、基础工业及国防工业体系。毛泽东将全国划分为前线、中间地带和战略后方，分别简称为一线、二线和大三线。一线，位于沿边沿海的前线地区；二线，是一线地区与陇海线以北、京广铁路线以东之间的地区；三线，是陇海线以南，京广线以西的内陆地区。并明确提出：一线要搬家，二线要加强，三线要重点建设。

那一代的中国领导人都经历过艰苦的抗日战争，清楚地知道，要应对强大的敌人和持久的战争，必须有广袤战略纵深的稳固后方。抗日战争时期，正是依靠着稳固的大后方，中国才在极为艰难的状态下苦撑了 8 年，直至日本宣布无条件投降。

而此时划出的"三线"区域，正与当年抗日战争时期的"大后方"区域大致重叠。中西部地区的 13 个省、自治区，处于中国腹地，离海岸线最近 700 公里，距西面国土边界上千公里，四面分别有青藏高原、云贵高原、太行山、大别山、贺兰山、吕梁山等连绵起伏的山脉做天然屏障。一旦发生战争，中国的重工业，特别是国防尖端技术不至于遭到毁灭性的打击，军队的军需装备能够随时得到补充。

毛泽东多次说："要认真研究苏联在卫国战争中的经验教训，斯大林一不准备工事，二不防备敌人进攻，三不搬家，这是教训。"总参谋部作战部依照这个指示，紧急起草了《关于国家经济建设如何防备敌人突然袭击》的报告，毛泽东立刻予以批准，这场以战备为指导思想的、中国经济史上最大规模的工业迁移开始实施。

国防科技工业是三线建设的重要组成部分，包括核工业、航空、导弹、兵器、船舶、电子六个行业，研制导弹的国防部第五研究院被列为最重要的内迁单位之一。

1964 年 9 月，六个国防工业部组成工作组，由国务院国防工业办公室常务副主任赵尔陆带队，开始对四川、贵州、滇东北、陕西、甘南、宁夏、鄂西、湘西以及广西、西江上游等地区进行踏勘。三线建设选点原则是要靠近铁路线，但又不能太近，要有山、有水、分散、隐蔽，后来，时任国防部长的林彪又加了一个"进洞"的原则，简称"山、散、蔽、洞"。

1964 年年底，五院一分院勘察小组由副院长周吉一、任新民带队，第三设计部政委马云涛、政治部副主任张守法以及其他厂、部、站和中建设计院等单位领导 22 人参加，跟随赵尔陆到甘肃、青海、陕西选点。1965 年 1 月，选点勘察工作结束时，正值"院部合并"，"国防部五院一分院第三设计部"改称"七机部第一研究院 11 所"。

经过严格的比较筛选，最终确定 —— 将导弹发动机总体设计部以及有关研制和生产厂设在甘肃天水，组成一工区工程指挥部，对外名称"中国江北机械公司"，

① 后因邢台地震，邓小平到天水视察后，决定一工区迁建四川达县地区。

由一院副院长周吉一负责①;将发动机设计部及相关研究生产厂、试验站设在陕西省秦岭山区的凤县安河沟内,组建三工区工程指挥部,对外名称“岭南汽轮机械厂”,负责人为11所政治部副主任张守法。1964年年底,勘察时就确定了发动机试车台的建设点,三工区的各单位建设点都将围绕这个试车台渐次展开。

三线建设采取了一线老厂对口包建三线新厂的形式,所谓“对口包建”就是新厂的领导班子、技术和管理干部、技术工人,都从老厂抽调。图纸资料、生产设备、工装、模具以及关键的原材料、半成品,也全都由老厂分迁。并且在“好人好马上三线”的号召下,要求老厂配备给三线新厂的必须是最好的人员、最好的设备。

按照上级规划,三线建设按照“厂、所合并”模式进行,七机部一院三工区由11所为主管单位,建立一个集设计、生产、试验为一体的导弹发动机生产基地,组建103厂和165站配合其进行发动机的生产、试验工作。1965年2月12日,11所派出王润金等3人前往凤州,与当地政府协商筹建事项。2月15日,11所政治部副主任张守法、179厂副厂长王本兰等13人组成的工作小组,也赶赴凤州,第三工区的筹建工作正式展开。

先期到达的人员住在距离凤州9公里外的凤县县城国营旅社,对外宣称是“中央工作组”,来这里筹建机械制造厂。县委书记和县长早已接到中央的相关指示,专程到旅社看望张守法等人,表示大力支持在县内建厂,“需要建在哪里就给哪里,需要多少地就用多少地,需要移民由我们做工作”。并委派专人协调当地各方面的事务,将龙口镇原省地质队使用的简易平房租借来,作为筹建处办公、住宿场所,又腾出旁边县粮食局的库房,作为施工期间的物资转运仓库。

冯必达是负责仓库管理的“库头”,他带来的3个人,两个跟着他担任库房管理员,另一个分到贾伯雄负责的器材科。贾伯雄是最早进入国防部五院的那批大学生,工作一年多后就调到器材科,此时担任着副科长,三线建设开始实施后,他又成为最早参与的人员。

小院中的工作人员中,有一半都是冯必达的11所同事。王润金负责住宿和食堂的后勤管理,他带着冯必达到了宿舍门口,“现在条件艰苦,只能这样凑合啦”。土墙垒砌的房子里没有床,几十块土坯摞在一起,上面铺了些麦草秆。王润金挠着头:“这才搬来几天,啥东西都没有。这几天我就找人给咱们盘火炕。”冯必达笑着将铺盖卷撂在麦草上:“啥条件咱都能凑合。当年行军打仗翻秦岭进四川的时候,路边儿山坡地里都睡过。这比睡在马路边儿强多了！”他知道，能达到这样的条件，王润金已经尽了全力了。

晚饭是玉米面窝头和玉米糁粥，两个菜，清炖白萝卜和清炒包菜。正是冬春交接的季节，食堂里一日三餐都是萝卜和包菜，可就是这两样菜，龙口镇也没有卖的。每隔几天，王润金就得带个助手步行到9公里外的凤县县城去买菜，用麻袋扛回来，“出去像兔子，回来像驴子”。

食堂的笼屉里有几个黑面馒头，在一堆玉米面窝头里特别醒目，那是难得的细粮，却都没有人去拿，两样菜也单独留着一份，显然是给人留着的。“这是谁呀？还搞特殊化！”冯必达正猜测着，两个满身泥水的人手拄木棍，步履蹒跚地进了院子。

二

“哎哟，你们咋弄的？这一身烂泥，从北京一路讨饭过来的？”两个满身泥水的人都是熟人，11所的行政管理科科长姜福来和计划科副科长刘国才。冯必达走上前跟他们开玩笑。

“哟，老冯呀，你是坐专列来的？”姜福来也跟他开玩笑。

“你们干啥去了？”

“进山勘察地形去了，前天刚下完雪，到处都是烂泥。”姜福来边说边走到房檐下，坐到土台上将手中的棍子靠在墙根。刘国才也一屁股坐下来，随手将棍子扔在脚边。走了一整天，他们实在太累了。

三工区被划定在一条名为安河沟的山沟里，山沟的沟口距离龙口镇3公里，从沟口的磨湾村到沟内的下坝村，总长17公里。几天前，筹建小组刚迁到这个院子里，张守法副主任就派姜福来和刘国才进山勘察建设点。他们每天天不亮就要起身，吃完早饭，带上几个馒头、咸菜和一壶水，徒步进山。山沟里无法住宿，两个人每天都要返回龙口镇驻地，一来一回足有40公里，相当于每天一个急行军。食堂笼屉里的那几个黑面馒头就是给他们俩留着的，那时候大家的粮食定量中，只有10%的面粉供应，其他都是玉米面粗粮。面粉是质量不高的黑面，蒸出的馒头热吃黏牙、凉吃牙碜，却是那时最好的食物，筹建处的同事们知道他俩辛苦，都只吃窝头不吃馒头。

吃过晚饭，姜福来和刘国才一人拎着一壶热水回到宿舍，倒进盆子里，脱了鞋袜用热水泡脚，这是他们每天晚上回来必做的功课。

“今天出了几个？”姜福来问。

刘国才抬起脚，数了数脚底的水泡，“7 个。”

“少多了！”

“是呀，再走几天，就练成跟你一样的铁脚板了。”

“我也起了两个。多少年没这样走过了，跟以前差远了。”

两人泡完脚，姜福来拿出针线包，抽出一根长长的马尾毛，用酒精棉球消了毒，开始给刘国才“治疗”水泡。他针头轻轻将水泡挑开，再将马尾穿过水泡打个结。这是战争年代姜福来在部队时学到的方法，马尾毛留在水泡里，可以将水排出来，防止水泡变成血泡。那时候一天几十公里的急行军是家常便饭，脚底磨出水泡也是常事儿，部队里的老战士都用这个办法，几乎每个战士都在针线包里准备两根马尾毛，部队里的战马都被揪成了秃尾巴。

姜福来边给刘国才挑水泡边说：“这几天走了这么多路，吃的苦头可不少呀！真没想到，你个白面书生也能咬牙坚持下来，是条硬汉子。”

刘国才几年前才从大学毕业参加工作，从没走过这么远的路，更没吃过这样的苦头。连续几天的跋山涉水，早已让他筋疲力尽，脚上水泡挨水泡。可这些天他从没叫过苦，晚上回来挑破水泡，第二天依然跟着姜福来进山沟选点，毫不含糊。“你是老大哥，你都能坚持，我这年轻人更得坚持下来嘛。”

姜福来比刘国才年长很多，但两人却都是 1960 年到五院工作的。那年五院迅速扩大规模，从全国高校招收了近万名大学生，刘国才就是那年的大学生之一。规模扩大后急需政工干部和后勤管理人员，于是五院又从部队紧急抽调数千名干部。姜福来就是那年从厦门炮击金门的前线调到老五院一分院，被任命为第三部设计部二室副指导员，兼任后勤管理工作。刚到这里工作时，他实在是不习惯。

他在部队担任团副政委，日常生活有警卫员负责打理，调到五院工作没有警卫员了，自己还要替别人打理生活事务，这个弯儿转得实在太大，让他心里非常别扭。这种心态并非姜福来一人独有，从部队调来的那几千名干部大都闷闷不乐。聂荣臻元帅特意为此召开了政工干部会议，要求他们为科技人员做好服务工作，“我也是为科研人员做后勤服务的，我们现在做的工作看上去都是些婆婆妈妈的事情，但是，这比带着队伍冲锋陷阵的意义大10倍，大100倍。我希望你们和我一样，做好科技人员的勤务兵，让他们全力以赴地安心工作，早日研制出咱们自己的导弹。”

这些部队培养出的干部，对于上级命令从来都是无条件服从，聂帅已经下达命令，并且他自己都甘当勤务兵，还有什么可说的呢？只有遵照执行。而此后的工作中，他们又亲眼见证科技人员为早日研制出导弹，废寝忘食工作的场景，被那种拼命精神所感动，都自觉地转变心态，心甘情愿地做好服务工作。负责后勤事务的姜福来为了给科技人员节省时间，发放各种购物票证时，直接到办公室里送到每人的手中，一日三餐准时上桌，每天挑着担子将开水送到各个办公室，认真地做着一个勤务兵，与科技人员相处极为融洽。

1965年1月，姜福来被调入三线选址工作组，跟随周吉一、任新民等人到西部省份选点，确定了在凤州山沟中建设发动机研制生产基地。一个月后，他又跟随张守法等人一起来到凤州，成为第一批参与筹建的人员。

第二天一大早，姜福来和刘国才又早早起身，在朦朦胧胧的晨光中进入那条安河沟。山沟里只有一条狭窄的泥路，沿着安河河道崎岖蜿蜒着通向山谷的深处。

安河沟里山沟套山沟，沿途分布着十几条小山沟，每条小山沟里都有条小溪流出汇入安河。山沟中平展的地面，都是由那些小溪和安河冲击形成，农户们的房屋就建在这些冲积扇上，组成大大小小的村落，大的二三十户，小的只有四五户，四周的山坡上散落着单门独户的房屋，孤零零地守望着旁边几块零碎的薄田。房子都是就地取材，用泥土版筑而成，西北地区将其称为“胡基墙”，西南地区则称为“干打垒”，这种泥土版筑的建筑方式在中国已经有几千年的历史，当时中国农村大都是这样的房屋。

安河沟里的时空仿佛被定格在1910年，50岁以上的男人大都留着清朝时的长辫子，而男青年大都留着“革命党”式的齐肩长发。山沟里没有电，也没有自来水，照明用油灯，屋旁的小溪就是生活用水。做饭、取暖就烧玉米秆或山上砍来的木柴，每到做饭时分，浓烟从各家农户的墙上冒出来，烟道都开在墙壁上，墙面早被熏得一团漆黑。

那条山沟的12公里处有一座马鞍形的小山，山脚下是一片少有的平坦开阔之处，聚集着四五十家农户。这里是当地公社的办公所在地，有一个小小的邮局，一个卖油盐酱醋的小商店，还有整条山沟里唯一的一家小饭馆，那是为深山中前来办事的社员而设。饭馆实在太小，仅能容纳十个人就餐，并且只供应包谷糁粥、窝窝头和咸菜，但店名却大气磅礴，叫作“西北饭店”。

姜福来和刘国才从来没在“西北饭店”里吃过饭，他们都是自带干粮，每天中午，就找个避风的山脚，啃一口凉馒头，就一口咸菜，再喝一口凉开水。2 月的山风寒冷刺骨，再喝着凉水，真是透心的凉。很少有外面的人进到这个闭塞的山沟里，见到这两个陌生的外地人，当地农户都好奇地张望，却不敢上前说话。

今天他们俩并没有走到马鞍山，那里两天前就已经勘察过，他们勘察的顺序是从最远的下坝村开始，由远而近、由平地到山坡地进行。即便是这样，每天走的路程依然不少，为观察地形地物是否符合布点要求，每条小山沟里都要进去查看，还要爬到附近的山顶俯瞰地貌，有时还要蹚过冰冷的河水，到对岸去勘察地形。

选点的原则是尽量分散隐蔽，不易被飞机侦察发现，各生产试验区的间隔不得少于两公里，生活区就近设置于生产区附近。其实第一次进山沟勘测时，姜福来心里已经有了基本的布点构架。但他们的工作是拿出每个生产生活区的详尽布局，姜福来和刘国才必须每天进山仔细勘察，一个多星期才走完了一半的勘察区域。

又在山沟里跑了一上午，中午时分，两人坐在几户农舍旁休息，一个农户见他们吃着凉馒头喝着凉水，从屋里抱来一罐热水递给他们，姜福来赶忙道谢，那农户怯生生地问：“你们是不是看病的先生？”姜福来摇摇头：“不是，我们是地质队的。”“地质队是做啥的？”“找煤矿、铁矿。”“哎，那你寻不着，这山上光有石头哩。”

姜福来和刘国才笑了笑，将水罐还给农户，起身道谢继续上山勘察地形。

刚刚成立的筹建处没有车辆，姜福来、刘国才每天早出晚归徒步勘测，累得筋疲力尽，王润金他们出去采购食品，也全是步行背着几十斤的东西回来。冯必达动了个心眼儿，跟张守法说：“主任，咱们这沟深路远的，没车不行呀。你跟周吉一副院长打电话说一下，给咱们弄辆车来吧。以后这地方开工了，更少不了要用车。”周吉一是七机部一院三线建设的总指挥，正在天水负责一工区的基建，那边已经开工，调去了很多车辆。

张守法一拍脑袋：“嗨，我这整天忙活得，咋就没想起这事呢。”他赶忙给天水的一工区筹建处打电话联系，不一会儿回来对冯必达说："周副院长正在西安出差，现在你那库房没啥工作，你就去趟西安，找他说说这事，给咱们调几辆车来。"

冯必达立刻起身赶到西安，找到周吉一说明了来意。周副院长立刻点头："我给天水打个电话，你去那边找高文述，让他给你两辆车。"高文述是行政部部长，冯必达跟他非常熟悉，觉得找他要车是十拿九稳的事情了。马不停蹄赶往天水，没料到高文述一辆车都不想给。天水一工区的基建已经开始，本来就用车紧张，再分出去两辆就更不够用了。

冯必达磨了半天都没结果，他是个倔脾气，加之跟高文述关系很熟，当时就火了："你愿意给就给，要是不给，我马上回西安找周副院长去解决，我就跟他说你不给车。我没别的话了，现在回去睡觉！"说完转身回了招待所。

三

晚上 10 点多，冯必达生着闷气还没睡着，突然有人敲门，他以为是高文述，起身开门准备再跟他拌拌嘴，门外站着的人他却不认识。来人说："你是冯必达？"他点头说是。那人又说："高部长让我转告你，明天早上去车队领车，已经拨给你们两辆解放卡车，每辆车配两个司机。"第二天一大早，冯必达就带着两辆卡车兴高采烈地开回了凤州。

姜福来和刘国才已经完成勘察工作，整理出各区设点规划，张守法便跟两人一起去现场审定。这次进山沟，他们终于坐上了汽车，可山路狭窄，汽车只能开进河道，在乱石滩中缓慢行驶，那速度也只比步行稍快，车上的人被颠簸得摇来晃去。

那辆汽车在山沟里引起了轰动，沿途的大人、孩子都被这个奇怪的家伙吸引，河滩里追着汽车的队伍浩浩荡荡，足有二三百人。张守法、姜福来他们停车查看选点地址时，一些胆大的凑上来，指着汽车问："这是个啥东西？跑得这么快？"姜福来告诉他们这是汽车，那人又问："给它喂啥吃呀？"姜福来有任务在身，实在没空给他们普及科学知识，指指司机，"你问他去。"好奇的人群立刻将汽车和司机团团围住，司机从来没遇到过这样的"明星"待遇，刚开始还兴致勃勃地回答，到后来被各种奇怪的问题问烦了，挥着双手高声说："别问了！别问了！我们这儿有事情呢，你们赶紧走吧，不要围在这儿了！走吧，都走吧！”人群往后退了四五米，却依然围在汽车周围没有散去。两三个顽童拿着树枝去捅轮胎，被司机厉声呵斥，惊慌地窜回哄笑的人群中。

张守法跟着姜福来和刘国才远离那些哄闹的人群，听他们小声地讲解选点理由。其实人群中也根本没人注意他们在干啥，那辆汽车具有无可比拟的吸引力。

按照上级的规划，在安河沟 17 公里的范围内，要划分出从“一区”到“六区”，外加职工医院的七个工作区域。其中试车台所在的“五区”是任新民他们前来选点时就已确定的位置，姜福来他们必须遵循的原则是“其他工作区要围绕‘五区’有序展开”。但姜福来他们实地勘测后发现，因为地势所限，七个区域根本无法有规律地按顺序排列，只能根据各区所需建筑面积选择适合的地势，并且按实际需要，又在“五区”所在的沟口增加了一个基建施工期间的生活区“零区”。

张守法将这一方案上报一工区工程指挥部，几天后，计划处处长姜国忠就带队来到凤县进行复查。姜福来带着他们边走边看，中午时分在马鞍山山脚下休息。姜国忠处长拿出自带的午饭：“咱们这也算是在西北饭店举行宴会了，是吧？”大家哈哈笑起来，姜国忠边吃饭，边对姜福来说：“今天看了你们的选点布局，比较合理，符合分散、隐蔽、进山、不占良田、少占耕地的指示精神。我看这个方案不错。”

姜福来听了这话，长吁一口气。他和刘国才进行实地勘察的那十多天里，每个细节都反复考虑、仔细推敲，生怕出现纰漏。如今得到上级的认可，他觉得每天一个“强行军”的苦总算没有白吃。

复查结束后几天，内迁三线单位接到了新的指示，此前实施的“厂、所合并”模式全部暂停，厂、所各自进行筹建工作。三工区建设方案已经按照“厂、所合并”模式完成，又得重新规划。张守法他们开会研究，认为目前的方案是根据地形和生产、试验就近原则反复推敲出来的，即便按照新指示重新安排，布点形式也差不多。于是就由张守法向一院党委报告，建设布局按原方案进行，行政管理上实行厂、所分开，一院党委也同意了这个方案。

1965 年 4 月，七机部部长王秉璋带队到达凤州三工区，对规划方案进行现场终审，一院院长刘瑄、政委张钧、副院长周吉一、张廉斧也陪同前往。评审团住在凤县县城招待所，现场审查前要听取方案汇报，三工区负责人张守法却因病不能参加，姜福来被临时派去汇报情况。

三线参建单位对这次终审都极为重视，179 厂（1965 年 211 厂分成六厂一处，179 厂是其中的一个分厂，专门从事导弹发动机生产工作，三线建设开始后被列为对口包建厂）厂长张子修十几天前就来到凤州山沟里实地勘察，还画了一张地形草图。参加方案汇报时用图钉将草图按在桌子上。

姜福来此前毫无准备，只能将自己当时选点布点情况进行汇报。王秉璋部长听罢，站起身来，几步迈到张子修画的草图前，俯身看了一会儿，一言不发地回到座位，刚坐下又突然起身，神情严肃地走到草图俯身观看。所有人的目光都随着他来回移动，不知他发现了什么问题。

王秉璋突然抬起头："一分院党委为什么欺骗部党委！你们明明是按部、所、厂、站合并形式布局的，为什么要说是分建的？这不是欺骗吗？"会场的气氛陡然紧张起来，在场的参会人员都不知该如何作答。一院党委书记张钧站起身："王部长，现在休会吧，我们开个一院的常委会，请您也参加。"

姜福来心情忐忑地走出会场，这个方案是他参与制定的，如今部长为此大发雷霆，并且怒斥这是"欺骗部党委"，这要追究下来，后果难以想象呀！几个小时后，他接到通知，第二天跟随审查组进安河沟查看现场。姜福来不知道一院的常委会商讨了什么，更不知道会有什么结果，那一夜，他翻来覆去地睡不着。第二天查看现场，选点工作都是由他完成，每到一处都由他给大家讲解说明，他心情紧张，却只能强打精神。

审查组进入安河沟，王秉璋部长显然余怒未消，走了不到一半路程，在一个名为潘家院的坡地上，姜福来讲完此处工厂生产区的布点方案，王部长就问他："姜福来，你说说看，什么样的区长能管得了那么多事情？既要管科研，又要管生产；既要负责后勤工作，又要负责党务工作。即便有这么一个万能区长，我看也未必能管得了那么多事情，这不就成了一个小城市的市长了吗。"

姜福来不知道该怎么回答，他知道部长是在批评他，却又无法辩解。选点时，他能考虑的只是在"隐蔽、分散"的前提下如何方便生产、试验，对于如何管理，并不是他考虑的范畴。

审查组继续向山沟深处前行，王秉璋的态度渐渐缓和下来，山区中的自然环境极大地限制了布局，他渐渐觉得这样的布点也许是最可行的方案。

被称为三区的孟家店，是山沟最深处的一个生产区，这里布局着传感器研究室、橡胶塑料研究室和介质实验室。姜福来对审查组说，前两个研究室布置在路南的羊山沟里边，介质实验室布置在路北的坡地上。审查组中的陈开山是陕西省地质局工程师，却认为这个布局方案不可取，“那块坡地上不能设置工业点。”

王秉璋部长忙问“为什么？”

陈开山说：“这个坡地是洪水冲击形成的冲积扇，土质不坚硬，应该放在路南羊山沟口西侧的山根下。”

“那里不行！”姜福来立刻提出反对意见。

王部长转头看着他：“怎么不行呢？”

“南边山高，山根处整个冬天都见不到太阳。”姜福来说，“试验室放在那里，小半年见不到阳光，对职工身体不好。”

陈开山和姜福来都坚持自己的观点争论起来，王部长摆摆手，对姜福来说：“地质方面的事情，我们都是外行，还是听陈工的意见，安全为重，放在南山根吧。”

审查组当天就完成了复查工作，王秉璋部长对原先的布点方案只提出了这一个改动之处，返回北京后不久，方案便正式批准实施。姜福来一直悬着的心终于落下。

四

王秉璋部长在三工区进行现场终审时，101 试验站的高秉权也在此时来到山沟里，这里要组建 165 试验站，建起两座推力分别为 100 吨和 400 吨的试验台，进行远程洲际导弹的研制任务。北京的 101 站是对口包建单位，高秉权便负责在此处建台。

其实高秉权 1 月份就来过凤州，那次是作为 101 站的代表，跟周吉一、任新民等人一起来此选点。他们几乎跑遍了安河沟内的每条小山沟，试车台既要有相对开阔的地面，又要隐蔽；既要与生活区域隔离，又不能离得太远。最终确定了鹿母寺沟作为试车台的建设区域，这是发动机研制部门三线建设确定的第一个地点，也就是被称为“五区”的地方。那次选点工作进行了 20 多天，直到大年初一，高秉权才坐上火车返回北京。后来姜福来、刘国才进行的设计、生产、试验工作区选点工作，都是围绕着试车台进行布点设置的。

高秉权再度来此，是为测绘出鹿母寺沟山体的500:1地形地貌图，以便设计单位进行土建设计时使用。他每天扛着两米多高的标尺杆子，跟着西北勘测院的测量小组一起，在鹿母寺沟里山上山下"跑杆"测绘。

高秉权也住在龙口镇三工区筹建处的小院子里，每天进山都由冯必达派车送进去，早饭、晚饭在王润金管理的驻地食堂吃，住了几天，就跟他们熟悉起来，时常开开玩笑。测绘工作进行了一个多月终于完成，高秉权必须立刻带图返回北京，这张图属于保密资料，上级特批他乘坐软卧返回。他沾了图纸的光，享受了一次部级待遇。

1965年5月，三工区基建工作正式展开，179厂副厂长王本兰和11所的马命乾接到命令，负责山沟内从沟口磨湾村到沟内下坝村的道路修建工作。这段道路全长17公里，从6月1日正式开工，必须在10月1日前全部完成，工期只有4个月。

王本兰、马命乾等人立刻搬进了山沟，与承担道路施工的陕西第四公路大队人员一起，在马鞍山东侧的零区和鹿母寺沟沟口搭建起简易工棚，成为第一批在山沟驻扎的建设人员。搭建工棚的材料都是就地取材，从上山砍来竹子编成竹排，将四个竹排竖起来，里外抹上黄泥就成了屋墙，再将一个竹排斜搭上去，盖一层油毛毡，压上几块石头，就成了屋顶。办公和住宿都在这样的简易棚里，白天闷热，晚上漏风。

山沟里的食物更加匮乏，当地居民是以吃辣椒为主，不会种植蔬菜，工作人员只好顿顿吃咸菜。公路大队偶尔派车到凤县采购买些萝卜、包菜回来解解馋。一位当地的老太太一辈子没出过山沟，有一次搭乘卡车去了趟凤县县城，那不过是个三四平方公里的小县城，老太太回来后兴奋得一晚上没睡着觉，第二天见人就说："我看见大城市咧！见到共产主义咧！我坐大汽车去的，汽车里椅子是皮的，娘娘！颤乎颤乎地，舒服很！"

零区位于山沟的后半段，公路大队用推土机推出了一条简易的土路，进出山沟方便多了。公路大队虽然号称是"机械化"，其实所有的机械也不过是几台推土机和压路机，外加几辆卡车，很多工作量还是需要人力完成。住在龙口镇的筹建处人员，除了完成本职工作，每周都要去工地参加劳动三天。山沟里的道路都是沿着安河河道修建，地质条件不好，必须在路基上用拳头大小的卵石铺底，再用压路机压实。一公里长的路面就需要几十万块鹅卵石，筛选和摆放工作全靠人力。这是一项高强度的体力活儿，从河滩捡来鹅卵石，背到路边，再弯着腰一块一块地摆放好，一天下来全身像散了架一样。

同事们到工地上劳动时，王润金又多了一项工作，他必须和厨师一起将午饭装进保温桶送进山沟去。刚入夏的一场暴雨引发了山洪，冲断了简易公路，洪水消退后，汽车只能开到距离工地两三公里的地方，参加劳动的人们只能徒步走过乱石滩。中午时分，王润金和厨师硬是抬着保温桶，走过这段坑坑洼洼的河道，把饭菜送到了工地。

转眼之间进入8月盛夏，筑路的期限已经过去一半，道路却只完成了一小半。王本兰和马命乾一直住在山沟里，配合第四公路大队的筑路工作。山中的温差大，白天酷热，夜晚寒凉，薄薄的竹排泥墙和油毛毡抵挡不住夜风的寒彻，受凉感冒是常事。山沟里没有自来水，他们只能直接饮用山涧的河水，持续的高强度体力劳动使免疫力下降，王本兰染上痢疾，腹泻不止高烧不退，被大家送进凤县医院。一院副院长周吉一正巧前来视察，专门到医院去看望，嘱咐他多休息几天，好好养病。

王本兰躺在病床上却心急如焚，安河沟里正在不分白天黑夜、没有节假日地抢修道路，如此关键的时刻，自己这个负责人却躺在床上，他觉得实在是丢脸，恨不得立刻赶回工地，可痢疾引起的严重脱水让他连站起来的力气都没有。在医院住了两天才退了烧，体力稍有回复，他就办理出院手续返回工地，痢疾的症状还没完全消除，在工地上还是不停地往厕所跑。

安河沟里的道路还没修通，生产厂区已经开始建设。周吉一副院长来到凤州，

■ 三线创业初期，建设者们为自己搭建简易的茅草住房。

就是为了参加发动机总装车间的开工典礼，这是三工区第一个开建的项目，也是安河沟里最重要的“三大重点工程”之一。为修建这个高标准的厂房，七机部专门请来修建过北京饭店、北京工人体育场的第五建筑公司进行施工。

二区青岩沟的开工典礼上，周吉一在长满荒草的山坡下铲开第一铲泥土，鞭炮声、锣鼓声、鼓掌声、欢呼声响彻山谷，惊起林间鸟雀，向四面飞散。

从北京派到凤州的人员越来越多，地质队的小院儿已经划拨给第三工区，那几间土坯平房已经拆除，建起了 8 栋砖瓦房和一栋食堂，作为第三工区的招待所。小院儿里只留下几名接待人员和库房的冯必达等人接收物资，其他人员都已搬到零区的简易棚里参与建设工作。

建筑设计院已经拿出了厂区、生活区的设计图纸，按照上级要求，三线建设贯彻大庆油田的干打垒精神，执行能省则省的低标准政策。设计院的设计方案中，除精密度要求较高的总装车间等厂房以外，其他普通车间、厂房、试验室都采用 24 墙[①]墙体厚度标准，也就是一块砖的墙厚。而职工住宅就直接采用“大庆经验”，与当地居民一样采用“干打垒”的方式建造。

张守法、姜福来等人看到这个方案，认为职工宿舍的建造标准过低，坚决反对。设计院只好重新拿出一套方案，改成砖木结构的平房，墙壁厚度 18 墙，纸糊窗、木门轴、木门栓、水泥床。

张守法、姜福来依然反对这套新方案，他们找到设计院领导：“山区平地面积有限，宿舍建成二层小楼，能更有效地利用土地。这里的环境阴冷潮湿，水泥床会严重影响职工身体健康。纸糊窗不利于透光，白天不开窗屋内一片昏暗，想看书学习都不行。”但设计院不愿再更改，张守法、姜福来多次前去争论，情急之下还拍了桌子：“降低标准，节省开支也要有个度，不能以牺牲科研人员的健康为代价！”在他们的强烈反对下，设计院最终同意再次更改设计，将宿舍设计为砖木结构的两层楼房，取消了水泥床，增添了玻璃窗，不过那层薄薄的 18 墙墙壁厚度却不能更改。

按照三线建设先生产、后生活的原则，五建筑公司的建筑队都在抢建厂房、试验室、办公楼，根本无暇搭建职工宿舍。张守法跟姜福来等人商议：“设计院的图

① 标准砖块的尺寸为长 24 厘米、宽 12 厘米、厚 6 厘米。将标准砖进行长宽组合，可形成五种墙体厚度：49 墙为两块砖的长度，37 墙为一块砖的长度加一块砖的宽度，24 墙为一块砖的长度，18 墙为一块砖的宽度加一块砖的厚度，12 墙为一块砖的宽度。

纸是现成的，咱们自己组织力量盖宿舍吧。既能加快工程进度，也能早点住进房子里。”这个提议获得所有人的赞同，筹建处的全体人员都要参加劳动，没有泥瓦匠就从北京调来后勤部门的营房维修人员担任，没有施工机械，就用人力将楼板一块一块抬上去。在建筑队技术员的指导下盖出了两栋楼之后，施工进度越来越快，一周砌一层，两周就盖一栋楼。盖房子是高强度的体力活儿，每天都是精疲力竭的，可看着一栋栋小楼拔地而起，所有人员都兴致高昂、干劲十足。其实建设速度这么快，主要是因为墙壁薄、用砖少。

王本兰、马命乾负责的道路修建进度也越来越快，9 月中旬，安河沟内的道路全线贯通，提前半个月完成了任务。修建了 12 座大小桥梁、涵洞，不仅将磨湾村到下坝村 17 公里的道路全部完成，还将龙口镇至磨湾村的土石道路也改造成柏油路。虽然只是条仅容两辆汽车并行的柏油路，但山沟里地质条件复杂，上坡下坡崎岖蜿蜒，三个多月时间就能完成任务，实在不是件容易的事情。

为检验道路和桥梁的质量，验收组决定从沟口的四区库房启运一台 2000 吨的设备，一直走到最远处的下坝村。王本兰最为担心的，是四区库房外的钢筋混凝土大桥，那是整条山沟中跨度最大的桥梁。设备启运时，他专门对司机说：“车轮必须走在大桥的水泥梁上，那地方承受力最强，千万不能偏移啊！”车轮刚压上桥面，桥面就产生了弹性变形，水泥渣砰啪砰啪地落下来，跑到大桥下观察的王本兰被惊出一身冷汗。好在司机技术不错，车轮一直压在水泥梁上，稳稳地驶过桥面。王本兰长出一口气，这地方能通过，后边的路就全都没问题了，他对公路的质量信心十足。公路验收一次通过，周吉一副院长跟他开玩笑说：“这路修得太高级了，能赶上天安门前的长安街了！”

安河沟的道路全部贯通，各个工区的厂房、试验室建设全面展开，到处都在打地基，砌屋墙，一派繁忙景象。此时，王治军也进了山沟，但不能与这里的同事有任何接触，即便见面也要装作不认识，他肩负着一项秘密任务。

五

1965 年年底，王治军和两名同事也来到凤州安河沟，他们不是来参加三线建设，而是被派往当地进行“四清”工作。

“四清”是1963年就在全国范围内开展的社会主义教育运动。在农村中是“清工分、清账目、清仓库和清财物”，后转为“清思想、清政治、清组织和清经济”。在城市中是“反贪污行贿，反投机倒把，反铺张浪费，反分散主义”。这项运动由中央领导亲自挂帅，全国数百万干部都要分批下乡下厂参与其中。

王治军他们的“四清”工作区域，很大一部分正好与安河沟最深处的11所筹建位置相重合。这样的安排绝非巧合，他们出发之前被告知，在工作地点遇到所有同事，都必须装作不认识，因为他们在这里参加“四清”工作的同时，还肩负着一项秘密任务。

凤县县政府派了一辆偏斗三轮摩托车，将王治军和他的两个同事送进安河沟，沿途的四区库房、医院、二区、一区、六区都已经开工建设，一派繁忙景象。摩托车驾驶员对他们说：“这也是北京过来的人，在这里建厂呢。”王治军装作意外地问：“也是北京来的？干啥的厂子？”驾驶员说：“听说是个造机器的工厂，不知道是造啥机器。”

其实王治军最清楚这里是“造啥机器”的地方，这条山沟中所有的厂房、试验室都是为生产远程洲际导弹发动机而建造，而他就是发动机的主要设计者之一。

王治军和两个同事被那辆偏三斗摩托车送到下坝村，那里是一个生产大队的大队部所在地。旁边的一块坡地上，正在搭建11所的职工宿舍楼，这里是三工区在安河沟里最远的一个布点区域。

“四清”工作组组长由当地公社的一名干部担任，王治军担任副组长。“清工分、清账目、清仓库、清财物”的工作不仅要查账目，还要到大量社员、农户家中进行走访调查。这是个极为繁杂的工作任务，却正是担负着秘密任务的王治军和另外两个同事所需要的机会。

他们担负的秘密任务是“摸敌情”，就是将附近住户的家庭状况、经历背景调查清楚，以搞“四清”的名义，不着痕迹地开展调查工作，排查出“敌特分子”“坏分子”，以防发动机设计、生产部门迁来后，出现泄密甚至遭到破坏的状况。这样的调查工作不仅限于下坝大队的管辖区，整条安河沟里的住户，甚至周边十几公里山沟中的住户都要进行调查。

其实，调查工作进展很快，这些土生土长的农户实在没有复杂的历史背景，绝大多数人连这条安河沟都没出过，他们去过的最繁华的地方，是距下坝村三四公里的河口镇。

不过在调查过程中，王治军他们发现了几名可疑人员，那几个50多岁的农户，都是与山区里陕西西府口音完全不同的四川口音，这显然是个异常情况。王治军他们立刻对这几个人展开调查，深入了解后才知道，这几人居然都是老红军战士，当年跟着徐向前的西路军在四川、陕西转战时，与队伍失散流落到秦岭山中，只好在当地娶妻生子落户生根。

真正存在历史问题的只有两户人家，曾担任过国民党某支部的小头目，虽然他们住所距离安河沟较远，但出于保密考虑，还是通过当地政府将这两户人家迁往其他地区。

六

1966年2月，春节刚过，高秉权第三次来到凤州的安河沟。这次他以试车台内建室副主任的身份，带着设计图纸进了山沟，进行试车台的施工准备工作。

去年4月，他带着测绘地形图返回北京后，就立刻开始了试车台的设计工作。两个试车台是安河沟里的“三大重点工程”之一，被称为“一号工程”，由国家专委负责督建，要求1968年以前必须建成。试车台的土建部分由工兵设计院进行设计，他率领101站的工艺设计组设计试车台上的试车架、试验装备。

那年五一劳动节，高秉权和爱人结婚，因为任务紧迫，只休了三天婚假就去上班。工艺设计组在南苑的一院大院里封闭办公，距离云岗的101站几十公里，没有休息日地连轴工作，一两个月才能回一次家。这个设计组由高秉权负责，成员几乎都是中专生，被称为“中专生挑大梁”。高秉权觉得，这可能是上级考虑到他是中专毕业，如果配备大学生不好领导，才进行了这样的安排。

试车台的常规设计程序分三个阶段：初步设计、技术设计、施工设计。但三线建设时间紧迫，设计组将三段设计改为两段，把技术设计拆分到初步设计和施工设计里，用了几个月时间完成了两个试车台的初步设计工作。

这期间，他们还完成了水冷式导流槽的设计试验工作，这是国内试车台首次使用这一技术。其实，也是无奈之举，如果用干式导流槽，400吨推力的试车台总高度要达到80米以上，鹿母寺沟的山体是砂岩、砾岩、灰岩交错叠加的“千层底”，无法承受过高的建筑物。使用水冷式导流槽，试车台高度可缩减到50米。水冷式导流槽技术全靠自己摸索，高秉权他们专门制作出缩小比例版的模型，在101站试车台进行试车时进行试验，取得成功后才被批准使用。

高秉权带着六七个同事来到凤州，那时零区沟口的三工区筹建处已经有二三百人，刚盖起的几栋平房宿舍都住满了人。101站后续几十名建台人员即将到达，为解决住宿问题，他们只好再用编竹排抹泥墙盖油毛毡的方式搭建简易草棚。

他们搭建起四排草棚宿舍和一个草棚食堂，为了建台方便，草棚就搭在鹿母寺沟口的安河边，里面用木头架子搭成通铺。此时正是冬末春初的寒冷时节，四面漏风的草棚子里生着大炉子也起不了多大作用。

草棚刚建好，负责试车台土建设计工作的工兵设计院20多名技术人员就来到了这里，高秉权跟他们一起住进了河边的草棚。这时候他才发现，寒冷并不是大问题，最让人头疼的是河水的声响，白天不觉得声音大，可到了夜深人静时，那哗哗的水声一刻不停，吵得人难以入眠。

上级要求两个试车台必须在1968年以前完工，为了抢时间，试车台只完成了初步设计就开工，施工设计实行边设计、边施工的原则，工兵设计院刚设计出400吨推力的一号台基础施工图，施工队就开始放炮、挖地基，设计院的技术员就在轰隆轰隆的炮声里，猫在河边的草棚子里设计试车台的主体施工图。

4月初，101站副站长徐坚带领雷茂长等第二批人员到达凤州，住进那四栋草棚里的时候，一号台的地基已经完成，清运出几十万立方的土石，工地上开始支模板准备浇筑主体了。

副站长徐坚专门带来了自己的相机、胶卷，他想把试车台的建设过程拍下来留作资料，这是涉及机密的事情，他还专门征得保卫处的同意，才开始拍摄。徐坚的那台照相机让高秉权很眼红，120元的价格相当于他两个月的工资，实在是奢侈的东西。徐坚是4级工程师，工资高，很早就买了这部相机，时常给大家拍些照片，是单位里有名的“摄影家”。

1967年10月，高秉权要回北京101站办理公务，临走前徐坚交给他几卷胶卷：“这是我拍的资料照片，你回去找资料室，让他们帮忙冲洗出来。”资料室照相组很快就将胶卷冲洗出来，高秉权瞧了瞧，都是些山体照片，只有几张是一号台开挖土石方的场景，那时候工程才刚刚开始，工地上实在没什么看头，他搞不懂徐坚拍这些照片有啥意思。

高秉权办完工作上的事情，带着照片回到凤州，徐坚正忙着处理试车台设计问题，让他帮忙把照片拼接起来。高秉权这一拼才知道，那些看似鸡零狗碎的照片一张张拼接起来就是山体的全景图，山峰连绵，悬崖壁立，还蛮有气势。

拼好的照片还没来得及交给徐坚，11 月初，突然来了两名军人，将徐坚逮捕，带回北京审查，更让人震惊的是，逮捕命令居然是中央军委直接下达，说他有特务嫌疑。高秉权立刻就想到手中的那些照片，他一下就蒙了，要是跟这事儿有关，那他也脱不了干系呀！

高秉权赶忙把那些照片交了出来，11 所保卫科科长负责在凤州试验台的调查，一见这些照片，立刻警觉起来，让他交代怎么回事。高秉权对他说了此事的过程，还特意说明，这是经过工地保卫部门同意的，就是为了留些工程资料。

那次谈话后，虽然工作照常进行，保卫科长再没找过他，但心里总是不踏实。他知道保密规定，如果因为这些照片造成泄密事件，那判刑是免不了的了。

提心吊胆地过了一个多月，高秉权才听说了事情的起因。

原来，前段时间，日本的一本杂志上刊登了一篇关于中国导弹发展现状的文章，配图中竟然刊登出一张北京 101 站试车台的照片。此事引起中央军委的高度关注，是因为那张照片不是由侦查卫星或飞机拍摄，而是近距离平视拍摄的，101 试验站安保严密，非相关人员严禁靠近，甚至整个云岗地区都禁止外国人进入，能以这样的平视角度近距离拍摄，很可能是内部人员所为。安保部门将其定性为“特务事件”，所有可以进入 101 站并且有照相机的人员都是重点审查对象，最终有六个人被列为重点嫌疑，徐坚便是其中之一。

高秉权没听说此事到底是何结果，只听说徐坚没有问题，但这些被审查的人员不能再回原单位工作，都被调出七机部，安排到其他非保密单位工作。那次事件发生后，除了资料室照相组人员，其他人再也不敢在工作地点拍照，甚至家里有照相机都不敢让人知道，生怕会引起不必要的怀疑。

徐坚被逮捕审查的时候，一号工程就由高秉权一个人负责主管，此后 101 站又派来两个领导，与他一起领导建台工作。1966 年 10 月，一号试车台的主体结构建成，“文革”运动已经席卷全国，第三工区负责基建的领导、总工程师等都被夺权，各种批斗会走马灯一样的进行，基建工地上已经乱了套，建设工作受到严重影响。

■ 正在建设中的一号台

此时，山沟里的各单位都组建起“革委会”，“造反派”夺权搞批斗是为了证明自己更“革命”，更拥护党中央和毛主席，三线建设是毛主席亲自制定的，工期当然不能耽误。基建的事情总得有专业的人员负责，负责“一号工程”试验台建设的高秉权被夺了内建室副主任的权，因为家庭成分好躲过了批斗，此时又被封了“革委会委员”的名头，依然负责原来那些工作。

一号试车台完成了土建工作，已经开始安装试验设备，那些大型试车架、储罐、气瓶、导流槽等非标准设备由全国各地的工厂协作制造，在席卷全国的“文革”运动中，生产工作也受到了极大影响。

负责制造试车架的沈阳重型机械厂内，两派争斗极为激烈，生产秩序全部打乱。为保证试车架按时交工，不被“造反派”冲击，工厂将车间的大门焊上，只留一个小门供车间工人出入。负责制造储罐和气瓶的北京金属结构厂，也在运动中艰难地完成了加工任务，12 个铝合金推进剂储罐和 18 个高压气瓶，都是体形超过 10 米的庞然大物。

兰州石油化工机械厂负责制造的水冷式导流槽是加工难度极高的设备，高秉权曾去工厂查看进度，工人们都叫苦连连。导流槽是一块 20 多米长、20 毫米厚的耐高温锅炉钢板，需要在上面钻出 3 万多个 2.5 毫米和 3.5 毫米的小孔，有的还要倾斜 30°，那都是孔径和孔深比超过 6—8 倍的深孔，在机械加工中，属于高难度的技术活儿。一根钻头最多钻四五个孔，有的钻出一个孔就报废了，每天报废的钻头都有一大把，可钻出的孔却不到 100 个。工厂耗费了一年多时间，才将槽体上的小孔加工完。

这些大型工件先后运抵凤州火车站，试车架 205 吨重，导流槽 210 吨，18 个气瓶 300 多吨。12 个推进剂储罐虽然是较轻的铝合金,但每个也有七八吨重。这些物品到达后一直堆放在车站的空场上无法运进山沟里,因为负责仓库和车队管理的冯必达此时不见了踪影。

冯必达的“失踪”,其实是为了“躲避风头”。几天前,他跟一个同事闲聊,口无遮拦地说了一句:“这‘文革’是胡闹呢,那些红卫兵小玩意儿们,东跑西转的知道个啥?我看呀,江青不是什么好人,这个“文化大革命”不好收场。”没想到那位同事转头就将此话上报,冯必达立刻就成了“现行反革命”,院子里贴满了批判他的大字报,批斗会随之而来。冯必达是军人出身,虽然脾气暴,但也善于分析“战局”,他知道这事情硬顶不行,只能用“游击战法”,顶不住就撤,铺盖一卷就跑回了北京。他患有脉管炎,双腿冰凉经常疼痛难忍,就以看病为由,住在北京不回来了。个别“造反派”却不依不饶,要把他抓回来送到监狱去,党委书记阎玉瑚替他说了句话:“他从小当兵,有什么阶级仇恨?就是对‘文化大革命’不够理解,认识不足,说了些错话,顶多算是人民内部矛盾吧。”冯必达平常在单位里的人缘不错,包括“造反派”中的大多数人跟他关系都很好,此时又有阎玉瑚说的这番话,大家也就借坡下驴,总算把这事情给压住了。冯必达想起这事就是一身冷汗,跟他爱人说:“这次可真是太悬了!要是被送进监狱,判个枪毙都够条件,要不是平常跟群众和领导关系相处得好,大家都帮着说话,这条命肯定就得交代了。”

冯必达跑回北京,躲过了一场灾祸,可试验台的那些大型设备堆放在火车站内的空场上,无法转运,这可急坏了高秉权。车站知道那些东西是国家重要的军工设备,一面催促高秉权赶紧把东西运走,一面组织民兵 24 小时放哨看管。

设备转运的事情只能由高秉权自己想办法解决。他们到西安找到陕西省运输公司和陕西省第二安装公司,调来大型拖板车和吊装队,开始一件一件地向山沟中运设备。频繁地运送那些重型储罐,拖板车居然被压爆了胎,那是特大号的轮胎,附近都没有能修补的地方,高秉权他们只好用卡车将轮胎运到西安去修补。

七

1967 年的初春时节,安河沟里背阴的山坡上积雪还没有融化,山沟中却是一派热闹的场景。七机部各单位来此参加建设的人员已有四五百人，设计院、建筑公司的人员更是多达一两千人。几个工作区都已经开工建设，工地都插满了红旗，一条条横幅高悬在梁柱之间，草棚的墙面上贴满了大字报，震天的口号声在山谷里回荡。这轰轰烈烈的场景下，厂房、试验室的基建工作却都处于半停工状态，建筑公司忙着“造反闹革命”，批斗会一场接一场，厂房的修建工作只能安插在“运动”的间隙进行。

鹿母寺沟里，雷茂长悠闲地坐在向阳的山坡上晒着太阳，他是二号台设计组组长，此时却无事可做。二号台正在进行土建工作，建筑公司却忙着停工“闹革命”，他们只能在此等待。

雷茂长望着眼前层层叠叠的群山，心里却想着远在山东老家的妻子和孩子。今后的很长一段时间，他都将在这群山之中生活和工作，甚至可能会是一辈子，可他并不在意这艰苦的环境，他是主动选择到这里来工作，甚至对即将到来的生活充满了向往。

与那个年代的很多人一样，雷茂长还未成年就在家乡结婚，后来外出上学，分配到大城市工作，妻子和孩子只能留在农村老家，全家只有这一个“吃商品粮”的城镇户口。这样的家庭，被称为“一头沉”，生活都比较困难。

■ 建设中的二号台

1965年，101站本想给一些业务骨干解决家属的城镇户口，雷茂长便名列其中，这让他喜出望外。可没过几天，一号台的政委跟他说，上报审批时才得知，北京市户口办理工作都已经冻结，近几年之内都不可能解决。他满怀希望的热情立刻被浇灭，可政委又给了他另一个希望：“有个其他的机会，不知你想不想试试？”

雷茂长忙问：“什么机会？”

政委说：“大道理咱们就不讲了，说实际的问题。现在搞三线建设需要人，你干脆去那儿吧。内地山区人口少，更不像北京控制得这么严，解决户口和商品粮问题可能会好办一些。即便一下子解决不了，慢慢总能解决。”

雷茂长笑了：“你给我出了个好主意，有这个机会，我肯定得去呀！”那次谈话后没过多久，他就收拾行装兴高采烈地进了凤州的山沟里。但来到山沟里快一年了，这个事情却一直没有解决，这让他有些着急。

马景前和韩洪润也坐在山坡上，他们是雷茂长的同事，同样家在山东，同样是“一头沉”，也同样是想解决家属户口问题，最早申请来到三线地区工作。三个人凑在一起，说的就是这个话题。

那天坐在山坡上，三个人又说起此事，马景前突然想到一个好主意：“季有在红光公社里兼职副社长，咱们问问他能不能帮忙，先把家属接过来在这边的生产队里插队落户？至少解决了两地分居，可以在这边等着解决商品粮户口嘛。”这个提议让高秉权他们兴奋得击掌叫好，立刻开始行动。

几个月前，为了方便协调三线建设用地、用工问题，上级部门决定，将位于零区旁边的马鞍山公社重新改组，第三工区派干部参与工作，组成红光公社，安河沟也因此被称为红光沟。11所政治部主任季有在红光公社兼任副社长，他跟雷茂长等人都很熟悉，听说此事，立刻答应帮打听。

第二天，季有就告诉他们，只要有生产队愿意接收，红光公社就能开“准迁证”。这消息让三个人喜出望外，立刻就去找试车台附近抗美生产大队的于队长，在这里工作了快一年时间，他们已经很熟悉了。

“这没问题。”于队长豪爽地答应，当时就写了愿意接收的证明，公社也立刻开出了准迁证。三个人没想到事情竟然这么顺利就解决了，马上请假回到各自的老家，把老婆孩子都接到了红光沟，这三户是所有职工中最先举家迁往三线定居的，被大伙儿戏称为“老三户”。

雷茂长在试验台旁边一户农民家借了间土坯搭建的牛棚，打扫干净，支起几块床板，盘起个炉灶，总算把家安顿下来。虽然条件实在简陋，但一家人终于团聚，也足以让他感受到从未有过的心满意足。

可万没想到，于队长却在此时变卦了，从山东迁来的这三户人家，他们一个都不接收，这突然的变化让雷茂长等人措手不及。

于队长变卦也是事出有因，当初同意接收三家落户时，他大大咧咧地都没问各家有多少人。等人都到了他就傻了眼，每家都是四五口人，加起来十几口人，这一个月就得四五百斤的口粮。那时候，粮食供应实行统购统销，生产队每个收获季节将粮食收成按比例上交国家，剩余的粮食才由生产队按人头进行统一分配给全队社员。山区的耕地面积少而贫瘠，又无法灌溉，只能"靠天吃饭"，粮食产量很低。社员们辛苦一年，交过公粮后剩余的口粮都难以保障自己全年吃饱，很多时候还要购买国家提供给贫困农村的"返销粮"。此时，又凭空增添十几口人，就意味着生产队里本来就不足的口粮还要匀给他们，这必然会引起社员们的强烈反对，于队长实在是没有胆量接收他们了。

家人的户口关系都转来了，却遭遇这种釜底抽薪的窘境，雷茂长他们只好去公社找季有想办法，季有虽然在公社兼任副社长，但生产队坚决不接收，他也没法解决此事，雷茂长等人只能自己想办法解决。马景前不知怎么与四五公里外的国安寺三队队长张经国搭上了话，国安寺三队距离 11 所所部建设点只有几百米，在安河的对岸。按照红光公社的规划，那是个蔬菜种植队，主要为 11 所所部供应蔬菜，但实际上从生产队成立之日起，就一直没种过蔬菜。马景前软磨硬泡地让张队长同意接收了这三家家属，雷茂长他们生怕他再反悔，立刻搬到生产队住下。

雷茂长家借住在山脚下一户农民家的柴房中，另外两家，也借住在近旁农户家闲置的房屋中。这三户人家的到来果然引起社员们的强烈意见，坚决不同意他们落户，更不给他们分粮食。那时候，私自买卖粮食是违法行为，合法获得粮食的渠道只有两种，一种是生产队分发的口粮，一种是凭粮票到粮站购买。雷茂长家中五口人，只有他一个人每月 35 斤的定量商品粮，生产队不给分粮，全家人吃饭就成了大问题，另外两家也面临着同样的窘境。

单位里的同事们看他们三家实在困难，就省出自己的粮票，这个给 10 斤、那个给 20 斤地接济他们。但大家的粮食定量都不高，也没办法月月都给，并且那二三十斤的粮票对于五口之家来说，也实在撑不了几天。雷茂长家里经常是没有隔夜粮，吃过这顿晚饭就不知第二天能给孩子们吃啥，他只能打起笑脸到邻居社员家去借点粮，借过三两次后，人家知道他根本还不了，再也没人再借给他。

搬来三队的第二个月，刚到月中，家里已经断了粮，雷茂长实在借不到粮食，只好到生产队的磨房里，把社员磨完包谷、小麦的麸子、糠皮收集起来，再上磨磨得更细一些。他背着小半袋糠皮慢慢往家走的时候，心中像堵了块大石头，这艰难的日子已经压得他透不过气。

妻子接过这半袋糠皮麸子，背过身偷偷地抹了把眼泪，蹲在灶台旁开始做饭。三个孩子看见这些黑乎乎的糠菜团子，都推开饭碗不愿意吃，这样的食物实在难以下咽。雷茂长此时再也控制不住自己的情绪，将筷子狠狠地摔在破旧的小桌上，“你们想吃啥？龙肝凤胆你爸弄不来，只能弄到这个！不想吃滚出去！”

孩子们都没有滚出去，捧起碗低头往嘴里扒拉糠菜团，他自己却转身“滚”出了房门，快步走到屋后，瘫坐在墙角，泪水决堤般流满双颊。这个山东大汉曾面对过各种困难，他可以用自己的聪明才智保证发动机试验成功，将导弹发射上天，将卫星送入太空，可他却无法让自己的家人吃饱肚子。接来老婆孩子，是为了能让他们过上好日子，可他们现在只能住在牛棚、柴房里，吃的是不能称之为饭的糠菜团子。他心疼老婆和孩子们，更痛恨自己的无能，他像陷入一个无形的泥沼，越是用力挣扎越是堕入深潭，那种绝望的无力感将他团团包围，他觉得自己被彻底地打败了。

八

雷茂长瘫坐在地上靠着土墙，心灰意冷，身后忽然传来轻轻的咳嗽声。他赶忙擦干眼泪，借给他柴棚的房东老汉叼着旱烟袋，慢慢走过来蹲到他身边，小声地说：“家里又揭不开锅了？”雷茂长点点头：“队里不给口粮，家里实在没吃的了。”

老汉将声音压得更低，附到他耳边说：“我有个亲戚在河口镇的安河寺沟里，那边山沟深，人住得分散，他们都在山上开了很多自留地，手头粮食多。你去找他想些办法，偷偷地买点粮食。”

雷茂长一听此话，兴奋地从地上跳起来，拉着老汉的手说：“哎呀！太谢谢你了，你这是救了俺一家人的命呀！他叫啥名字，我明天就去找他。”

老汉赶忙拉他：“声音小点，让别人听见就哈咧，私卖粮食是投机倒把，要判刑的。”

“我知道，我知道！绝对不会跟别人说的。”雷茂长忙不迭地说。

第二天一大早，雷茂长就借来自行车，骑行十几公里找到老汉的亲戚，偷偷地买了一些玉米。老汉的亲戚不敢多卖，一次只给四五十斤，对于雷茂长一家来说，这些玉米就是他们的美好生活，不必再为明天吃什么而焦虑。此后每过一两个星期，雷茂长就要借来自行车去一次安河寺，家里的吃饭问题暂时得到了解决。

他妻子在家也没闲着，踮着小脚在院子周围开了几块菜地，还在院子里养了几只鸡，因为靠近河边，又养了几只鸭子。菜地里的蔬菜能顶一些粮食，鸡蛋、鸭蛋还能给孩子们补充营养。国安寺三队距离鹿母寺沟二号台有五六公里，那时没有通勤班车，雷茂长每天早出晚归步行上班下班，在二号台上进行基建。到了星期天，他从工程师变成了农民，要在菜地里除草种菜，还要带着大儿子上山砍柴，根本没时间休息。

每个星期天，雷茂长和老马、老韩还有一项必修课——找生产队的几位干部去摆困难、说好话，希望能同意他们的家属落户。三工区筹建处的领导也与红光公社反复沟通，希望能尽快解决他们的落户问题，公社和生产队的干部们也都给社员们做说服工作，事情渐渐有了转机。在三队住了半年多，社员们总算同意他们落户，雷茂长等几户人家终于可以在生产队领口粮了。

第一次去生产队队部领口粮时，三户人家都是欢天喜地的气氛，小孩子拿着口袋又蹦又跳地跑在前面。可到了队部门口，他们却感到了异样的气氛，排队等待的社员们都侧目看着三户“外来者”，那厌恶的目光像是一把把锋利的匕首。雷茂长他们有些不知所措，只好站在稍远的地方等待。“我们的口粮让你们白吃了！”一个社员恶狠狠的一句话冲开了众人情绪的堤坝，所有人都对着他们斥责起来，有人甚至破口大骂。雷茂长红着脸、低着头，一声不吭，要是在别处有人对他们说这种话，他早就冲过去动手了，可这里却不行，在个人的尊严问题和家人的吃饭问题之间，他只能选择后者，一家人指望着这些粮食生活呢。他们寄人篱下，占用了别人本来就不多的资源，人家骂两句解气，就忍着吧。

让雷茂长气恼的是，生产队每次只分半个月或一个月的口粮，每次去领粮，就是他挨骂的时候，这似乎成了生产队里的“保留节目”。雷茂长和老马、老韩都不愿意让妻子、孩子面对这样的场面，每次都是三个人一起去领，远远地站在一旁，等社员们都领完了，才过去领回自家的口粮。

1967年9月，11所的闵少奇、周同和十几位技术员从北京来到了红光沟，两人分别是涡轮泵试验室和水力试验室的负责人，试验室已经开工建设，他们带队前来配合设计工作。

闵少奇负责的涡轮泵试验室距离他们住宿的零区有八九公里，他和同事每天坐着卡车去那里工作。涡轮泵水力试验室与试车台，发动机总装车间被列为第三工区的三大重点工程，并且这个试验室是整个红光沟里唯一一个“进洞”工程。按照设计要求，一座山体将被掏空大半，在其内部形成这个试验室，山洞的设计强度非常高，要达到被1000磅炸弹直接命中都不能损坏。

周同负责的水力试验室位于青岩沟里的发动机总装车间旁，距离住宿的零区只有不到两公里的路程，技术员们每天顺着山脚下的小路步行前去工作。此时正值秋季，小河中流水潺潺、山峦间红叶遍布，来自城市的技术员们看着眼前这山清水秀的景象，都兴奋不已，“这比香山还带劲！真是好地方！”“上下班走在这样的山路上，每天都像是在旅游！”

几天后，新鲜感逐渐消退，他们开始体会到这里生活的艰苦。这里的粮食供应比北京差得很远，每月的定量中90%都是粗粮，蔬菜很少，肉更是吃不上，来到这里一个多月，食堂做了一次炒肥肠，都让他们觉得是世间最好的美味。技术员们依然住在竹排搭建的草棚里，转眼到了冬天，杯子中的水能冻成冰坨子，晚上睡觉时还得穿着毛衣毛裤，戴上棉帽子。

住在草棚里的取暖是个大问题，筹建处后勤人员听说距离红光沟100多公里处有个废弃的煤矿，就决定自己动手去煤矿挖煤。他们一行十几人找到那个煤矿，住在一座破庙里，每天轮流下到老矿井中，冒着随时可能塌方的危险，在矿洞中一镐一镐地刨煤，再一筐筐运出来，用小推车运到破庙旁，直到大雪封山前才下来，靠着人力刨出了十几吨无烟煤。草棚里终于有了一丝暖意，但草棚的泥墙实在太薄，煤炉产生的热量根本抵不住夜晚的严寒，技术员们依然得穿着厚厚的衣裤睡觉。

九

1969年中国面临的国际局势异常紧张，3月，中苏两国在边境线发生武装冲突，双方都调遣正规军参战，在位于乌苏里江中国一侧的珍宝岛上进行激烈的战斗，苏方出动了坦克、装甲车、飞机和火箭炮等重型武器，但最终中国军队取得胜利，将苏军驱逐出属于中国的珍宝岛。苏联方面当然心有不甘，苏共中央政治局甚至讨论了用“外科手术式”核打击消灭中国核基地的计划，并在报纸上发布这一消息，甚至还打算联合美国共同进行这一计划。

面对核战争威胁，毛泽东向全国人民发出了“打一场恶仗”的号召，开展“备战、备荒、为人民”的全民备战，国防工业部的三线工程都加快了施工进度。

1970 年春节刚过，北京南苑的七机部第一研究院大院儿里，高音喇叭里每天反复地播放着一首歌 ——“毛主席的战士最听党的话，哪里需要到哪里去，哪里艰苦哪儿安家 ……”11 所的很多人都在收拾行装准备前往三线。

被选派前往三线工作的人员都经过层层政审，这让他们觉得极为荣耀，“好人好马上三线”，这不仅是对自己工作能力的认可，更表明组织上对自己高度信任。未能入选的人员都心情沮丧，一位女设计员几次申请去三线工作都未被批准，只因为家庭背景“有问题”，她写保证书、流泪请求，结果依然不被批准。

几天前，11 所专门把姜福来从凤州叫回北京，在五楼会议室召开了三线搬迁动员会，为大家讲讲三线的情况。“红光沟那地方很艰苦。”姜福来说，“深山里边‘地无三尺平、人无三分银’，生活条件非常差，你们要做好吃苦的思想准备。”这番话反而让下面坐着的人有些兴奋，他们不在意生活艰苦，甚至希望条件越艰苦越好，

■ 1970 年，11 所召开动员大会

这样更能体现出自己对党、对国家、对毛主席、对革命工作的忠诚。

大院儿里的设计员们正在收拾行装准备前往三线时，另一批人员也从湖北孝感被紧急召回北京，随同大院儿里的设计人员一起奔赴凤州。

他们是1968年从各高校招收的大学生和研究生，刚报到参加工作，就被下放到孝感的军垦农场参加锻炼，此时已经将近一年半的时间，已经30岁的戴证良就是从孝感农场被急召回来的人员之一。

戴证良1958年被保送到北京航空学院八系电火箭专业，不料刚学了两年，国家从实际应用考虑，停办电火箭专业，学生被分散安排到其他专业，戴证良分到六系，改学液体火箭发动机专业。北航的本科是五年学制，因为换了专业，本该上大三的戴证良又从大学二年级开始学习，他的大学本科上了六年。但他也因此认识了后来成为他妻子的同班同学宋美英。

1964年本科毕业后，宋美英分配到上海的六机部705所从事鱼雷研制工作，而戴证良考上研究生继续在北航深造，1966年研究生毕业时，正巧“文革”开始，工作分配被暂停，他只能继续留在学校，承担些助教工作。1968年，他和宋美英结婚，正好11所到北航招生，戴证良被分配到11所二室环球导弹的任务组，但刚去就被下放到湖北省孝感的军垦农场。

1970年，大女儿在上海出生，他却接到命令，从孝感军垦农场返回北京，几天时间收拾好行装，跟其他同志一起前往陕西的凤州山区。妻子宋美英所在的六机部705所也在此时迁往云南的三线地区，夫妻二人都无法照看女儿，只能把她留在上海，由外婆代为照管。

那趟开往凤州的火车后面专门挂了几节运行李的闷罐车厢，里面的行李并不多，那时的住房、家具都是单位统一分配，各家的行李不过是几只装着衣物、被褥和锅碗瓢盆的大箱子。但各家的行李当中，都有几只咸菜缸。早在搬迁之前，所有内迁人员得到通知：当地缺少蔬菜，油盐酱醋供应不足，自己要多准备一些咸菜。于是各家都想尽办法买来蔬菜，晒成干菜、制成咸菜，每家都带着几缸咸菜，七八斤盐和十几袋酱油膏。戴证良虽然是单身一人进三线，但也学着别人家腌了两缸咸菜。

搬家带着一堆咸菜缸看似滑稽可笑，但这还真是有必要。那时候粮食、副食品都凭粮票、副食票定量购买，山沟里日用品供应匮乏，酱、醋、咸盐、火柴都不好卖。那时的农产品都是统购统销，外地蔬菜运不来，当地农户只种土豆、辣椒，没有别的蔬菜供应，想吃蔬菜实在是难上加难。

戴证良和那些同事们从凤州车站下车时正是午夜时分，街面上只有车站口的那盏路灯发出的昏暗灯光，夜幕笼罩中，看不见周围的景象，只能感觉到阵阵寒冷的夜风。一行人被带到招待所住下，草草洗漱后就睡了。

第二天早上起来，出门一望，四周群山环抱，头顶的天空仿佛都被挤得只有巴掌大。他们就住在三工区刚刚开建时，龙口镇的那个小院儿里。

此时，三工区已经改称067基地。1969年12月3日，七机部下发文件，所属各科研生产单位在三线的建设工区统一改称“基地”，代号分别为061、062、063、064、067以及后来的066、068等。一院三工区由此改为067基地，并同时成立基地指挥部，管理着凤州山沟内的11所、103厂、165站和714医院四家单位，指挥部办公楼就建在戴证良他们昨晚住的那个小院对面。

戴证良和大家一起挤在卡车上，被送往11所驻地，一条窄窄的石子路在山根盘绕延伸，路面上满是灰尘，卡车顺着山沟越走越深，车上的人越来越沉默。道路旁，是一块块随着山势开垦的农田，厂区、办公室和家属楼就夹杂在农田之间。每个工作区相距2—3公里不等，职工生活小区分布在各工作区之间，与工区相隔1—2公里不等，一簇一块地散落在路旁，就像是乡间的村落，唯一的区别是，当地的

■ 依山而建的职工住宅

村子里都是土墙房，而职工们的家属区是薄薄的砖墙房。

职工们的住房都是二层的简易楼，有甲、乙、丙三种户型。住房分配不按职位高低，工龄长短，一律按家庭人口多少分配。甲型38平方米，三间屋子加一个厨房，五口之家以上才可分配；乙型25平方米，两间屋子加一个厨房，分配给四口之家；丙型20平方米，只有两个房间，厨房与对门的住户共用，分配给三口之家。

已经有不少职工先期到达，分配了住房，搬进去才知道，所有的房间面积都小，放个柜子摆张床就没有多少空间了。厨房不到3平方米，本来就狭小拥挤，但家家都放两套炉子，盘起个柴灶用来做饭，买个蜂窝煤炉子用来取暖、烧水。蜂窝煤要自己打制，木柴要自己上山去砍，但蜂窝煤和木柴总要有个地方存放，各家都用竹排泥巴在房前搭一个草棚子，木柴摞在墙外，蜂窝煤、自行车以及其他杂物放到草棚里面。各家的草棚子连成一排，成了家属区的围墙。住宅中没有厕所，每个家属区建一个公厕，每天早晨厕所外都排着长队。

吃饭同样是个大问题，以前基建时，仅是副食品供应困难，此时大批人员搬进山沟，就连粮食供应也让当地政府压力重重，刚开始的几个月，粮店还能勉强供应30%的面粉，70%的粗粮，虽然那面粉都是吃着黏牙的黑面，但至少也算是细粮。几个月之后，别说这样的黑面，就连玉米面都没有了，只能供应粗粝的高粱面。

戴证良虽然已经结婚，但妻子在云南三线，他一个人进了山沟，只能住在单身宿舍中。对于绝大多数人来说，这里的生活环境实在艰苦，但戴证良却并没有觉得不适应，他从小生活在山区，对这样的环境并不陌生，并且与他曾经吃过的苦相比，现在的条件实在是好得多了。

戴证良的祖籍在浙江宁波郊外的山区，解放前家中赤贫，没有房子没有田地。一家人居无定所，父亲、哥哥、姐姐都以当长工谋生，母亲在山上寺庙里做饭、干杂务换取食宿。1940年，戴证良的母亲在庙里的灶房生下他，没人帮助接生，她自己剪断脐带，又挣扎着将儿子洗干净。生产后的第五天，她就继续给庙里干活。

他出生后不久，父亲在给人家做工时，死在田地里，戴家兄弟姐妹八个，大哥和大姐很早就过世，其他的哥哥、姐姐依然靠当长工生活，只有戴证良跟着母亲在庙里生活，三四岁的时候就在庙里打扫卫生。庙里的老和尚愿意收留他，母亲为了让儿子能有口饱饭吃，七岁那年，让他出家当了小沙弥，法号僧证量。老和尚是个行善的人，庙里事情不多的时候，送他去学校念书，不过也是时断时续。

1949 年，戴证良家乡解放，第二年，家中分到了田地，也终于有了自己的房子。他才和妈妈一起从庙里搬出来，正式到小学校学习，那年他 10 岁。上了两年小学升入初中，后来一路保送，1958 年上了北京航空学院。戴证良觉得，他们家和他自己的一切都是新中国给的，心中对共产党、对新中国怀着无比的热爱，对于上级的要求和安排，他都是无条件地积极执行。

戴证良搬到山沟里，被分配到环球导弹发动机设计连，此后的一年里，隔一段时间就有一些下放到北大荒军垦的设计人员，调到三线，大都分配到了环球导弹发动机设计连。

1971 年 11 月初，一辆专列火车从北京站出发，驶向秦岭深处那个小小的凤州车站，车厢里是 11 所参与远程洲际导弹发动机研制的技术人员、管理人员和他们的家属。103 厂、165 站的大批技术工人、试验人员也都在此时携家带口迁到了那座山沟里。

事实上，那年的 10 月，位于一线的所有军工企业都接到紧急命令，必须立刻完成向三线的搬迁工作。此前分期分批零零散散的内迁行动，此时已经改为一次性整体搬迁，一趟趟专列从北京、上海、天津、沈阳等一线城市开出，几十万科技工作者和技术工人被送往三线的崇山峻岭间。

11 所已经搬迁到三线山区，但并非所有的设计人员都随同前往。“** 三号”“** 四号”导弹发动机的生产线还在北京，必须有一部分设计人员在此处理生产问题，于是留守人员组成了北京办事处。此时，11 所还开展了一个新型号的发动机研制工作，这项工作就在北京进行。

十

1970 年 4 月 24 日，“东方红一号”卫星发射成功后，国防科学技术委员会早在 1968 年就已拟定的“三星一船”规划进入实施阶段。

“三星一船”是指侦察卫星、导航卫星、通信卫星和载人飞船，其中，导航卫星、通信卫星分别运行于中、高轨道，必须使用性能较高的三级火箭才能将其送入轨道。此前由“** 四号”导弹再加一个固体燃料第三级火箭组成的长征一号运载火箭，已经无法满足发射需求。

1970 年 8 月，正在东北军垦农场劳动的朱森元被调回北京，他是位留苏副博士，那时却在农场里喂猪，一院副院长任新民专门点名将他调回来，参与实施“三星一船”规划的讨论会。

■ 朱森元 1930 年出生于江苏溧阳，1949 年考入南京大学航空系，1952 年正上大学三年级时被派往苏联留学，1960 年在莫斯科国立鲍曼技术大学获技术科学副博士学位。1961 年回国后，被分配到 11 所的前身国防部五院第三设计部，参与了用于“两弹结合”的 ** 二号甲主发动机研制工作。70 年代后期朱森元负责研制长征三号运载火箭第三级液氢 / 液氧火箭发动机，1984 年航天部授予朱森元“航天部劳动模范”称号，人事部授予“中青年有突出贡献专家”证书。1985 年氢氧发动机获国家科技进步一等奖。1991 年起享受国务院的政府特殊津贴。1995 年当选为中国科学院院士。

经过一院等多家单位的研究讨论后决定：发射导航卫星的运载火箭，用“** 四号”导弹为基础，增加一个使用高性能液氢 / 液氧发动机的第三级火箭改制而成；发射地球同步轨道通信卫星的运载工具，以远程洲际导弹改制的长征二号运载火箭再加一个使用常规液体推进剂发动机的第三级火箭构成。

使用常规推进剂第三级发动机的研制工作，由 11 所在凤州三线地区进行。液氢 / 液氧发动机的研制，则由 11 所在北京留守办事处进行研制，因为当时只有北京 101 试验站才能生产研制所需的液氢。

以液氢、液氧作为推进剂的发动机性能优越，燃烧产物无毒安全，其真空比冲高出常规发动机 50%，是世界航天大国竞相发展的新型发动机。美国最先研制出液氢 / 液氧发动机，并投入实际应用，阿波罗登月计划中的“土星 5 号”火箭的第二级和第三级都使用了大推力的氢氧火箭发动机。

这是一种“冰火两重天”的高难度发动机技术 —— 液氧和液氢都是超低温推进剂，液氧温度低于 –183℃，液氢温度则低于 –253℃，普通的金属材料在这种温度下，“脆化”得如同玻璃一般，一碰就碎。但这两种推进剂燃烧时，却形成 3000℃以上的高温，普通的金属材料在这种温度下，会在瞬间被融化成液态。如此极端的恶劣工作环境，带来一系列的高难度技术问题，使得研制工作极为艰难。

液氢、液氧也是极难储存的推进剂，因为其超低温的特性，温度稍有变化就产生挥发，如何保温是世界性技术难题。同时，因氢分子和氧分子很小极易泄漏，储存和使用中的密封技术也是个难题。并且，液氢接触到油脂类、橡胶类、棉布等有机物就会引发爆炸，储存容器、输送管道中必须保持绝对干净，而且不能使用普通的密封材料和润滑剂，只能用特殊处理的金属、陶瓷等物质进行密封、润滑。

早在1958年，钱学森便提出“要紧跟世界先进技术，进行氢氧发动机的研制”，在中科院力学所（钱学森担任所长）开展了相关的课题研究，并在北京怀柔县建立了试验基地。1965年一分院11所成立了氢氧发动机研制小组，刘景生、闻毛南等人开始了相关技术的预研工作，但只进行了不到两年的探索，就因“文革”的影响而停顿。“三星一船”规划提出后，在钱学森的支持下，1969年再度恢复氢氧发动机的研制。

1970年10月的“三星一船”讨论会上确定了正式开展氢氧发动机的研制工作，总体设计部随即按照这一思路制定了设计任务书，要求氢氧发动机为真空推力4吨，可做双向摇摆，实现二次启动。

王之任①被任命为氢氧发动机的主任设计师，不过，她还担任着长征二号运载火箭的副总设计师。于是，朱森元被同时任命为主任设计师，氢氧发动机研制中的具体工作，大都由朱森元承担。

这项任务开始的时候，11所绝大部分人员正准备迁往三线红光沟，留守北京办事处的仅有百十号人，并且这些人员大都是负责配合工厂生产“** 三号”“** 四号”的工作。朱森元所在的氢氧发动机研究组，只有23个人，有人戏称他们是《沙家浜》里胡传魁刚开张的队伍——“十来个人，七八条枪”。“十来个人”是说病号、“靠边站”的15个人，剩下8个人才是能干活儿的“七八条枪”。

此时，王桁接到通知，立刻从“五七干校”返回北京收拾行李，调到三线工作。王桁被任命为凤州11所情报资料室主任，可他对二线管理工作毫无兴趣，一心想搞技术工作。但参与远程洲际导弹、环球导弹发动机研制的人员名单已经确定，没有他的位置。

① 王之任：生于1928年，河北安国人。1944年加入中国共产党，第二年被派往晋察冀边区工业部兵工化学厂，成为一名制造炸药的女工。1948年入华北大学工学院学习，1951年选派苏联留学。1958年毕业于莫斯科航空学院发动机系。

王桁正为此苦恼时，听说氢氧发动机的预研工作已经恢复，于是找到政治部主任张云波说：“我去干氢氧发动机行不行？当年搞“** 二号”研制，就接触过液氧技术，起码有一半的经验。”王桁从 1963 年就担任“** 二号”发动机副主任设计师，后来主任设计师刘传儒被派去搞“四清”工作，发动机研制工作就由王桁全面主持，拥有丰富的工作经验。

张云波知道朱森元正为人手不足而发愁，见王桁主动要求参加这项目，立刻就说：“那太好了，那边正缺人呢，我跟军管会的说一下，你就留下来吧。”于是王桁就留在了北京，参与氢氧发动机的研制工作。

十一

内迁三线的工作加快了进度，3000 多名职工搬进了凤州红光沟里，再加上职工家属、子女，067 基地的人口已经过万。

大家搬迁时都带着几缸咸菜，但没过几个月就吃完了，到哪里买蔬菜呢？各单位为了解决职工吃饭问题也是想尽了办法，但那样的大环境下，也实在力有不足。于是，就“自己动手丰衣足食”，单位都组织人力开荒种菜，各连队分片包干，山脚、河边的荒地都被开垦成了菜地，蔬菜收获后都交到职工食堂。成家的职工也在房前、屋后开出小块的土地种上几棵菜苗，不过，那些收成也只能解决一两个月的吃菜问题。

调往三线的大多数职工，户口还在北京，各种肉票、副食票都在北京发放，也只能在北京购买，这些科研人员却住在千里之外的山沟中，票证只好由单位统一保管。这特殊的状况催生出一个特殊的现象 —— 带包。

因为研制任务中有很多事情还要与留守北京的单位协作，所以科技人员出差频繁。11 所调往三线的职工有 800 多人，可因为工作出差到北京的人员，常年保持在 150 人左右。如此高频次的出差，也为山沟中的职工们购买副食品带来了一些“便利”。每次有人要出差，就有人让帮忙捎东西，也不需要客套话，只一句“帮我带个包啊”，这事就定了，转天就送来个空旅行包，包上缝着布条，布条上写着名字。

出差的人都要“带包”，少则二三十个，多则上百个，被委托的人从来不会拒绝，这是相互之间的默契，因为自己出差要帮别人带包，别人出差也要帮自己带包。从凤州上车时背着几十个空包，出差办完公事，其余的时间都是拿着各种票、券采购，实在忙不过来还要让在北京的同事们帮忙买，返回时就是几十个装得满满的大包。一个人带这么多的包上火车，显然是严重超重，按铁道部的规定，每人只能携带 20 公斤的行李，超重不准上车，已经上车的超重部分要按托运价格补款，还要进行罚款。当时全国物资匮乏，从北京去外地的人，都是大包小包的带东西，车站也就没有严格执行限重的规定，只要不是太明显的超重，都予以放行。可一个人带几十个包进站，显然是不行的，带包的人每次从北京火车站上车时，就要由十几位留守北京工作的同事送站，买站台票提前将包送上火车，整个车厢的行李架被这些包占了一大半。

到凤州站下火车时就更“壮观”，停靠的时间只有两分钟，快到站时，带包的人就得对车厢里的乘客说：“我带的包多，记不清是哪个，麻烦你们先把行李架上自己的包拿下来，不然给卸到车下去了。” 火车站上，几十个人早就赶到，分成两组等着接包。火车刚一停稳，一组人就从窗口爬进去，带包的人伸手一指行李架“这排的包全都是”。上来的人不用说话就默契地分工，有人负责取包，有人负责接传，有人向窗外递送。车下接包的人，同样分成几组，有接包的，有传递的，有码堆的，动作如同行云流水般娴熟老练。从上车卸包，到清空行李架，跳出车窗，不超过一分钟。

负责带包回来的人不参与卸包，划定了包的范围就下车，站在站台上清点数量，这样的“带包行动”几乎每星期都有，却从来都没出过错。创纪录的一次“带包”，一个人带回来 200 多个旅行包，站台上堆了一大片，卸完一清点，一个都没丢。凤州车站上的车站管理员们对此见怪不怪，都知道这是“北京工人带东西呢”，从来不加干涉，更没有因此收过超重罚款。

虽然“带包行动”持续不断，但这种个人行为解决不了多数职工的问题，于是出现了由单位组织的“大型带包行动”。

因为研制生产需要，067 基地有专门用于运送发动机零部件和相关原材料的火车车皮，在北京和凤州之间往返。如果运送产品的车皮上有空间，各单位都会在北京统一购买各种副食品一起运回来。按规定这是被禁止的行为，但上级知道三线的生活艰苦，对这一做法睁一眼闭一眼的默许了。每到春节前，各单位都会想尽办法搞到车皮，运回些副食品发给大家。山区里的副食供应实在匮乏，即便是春节，每人也只能定量买两斤肉，只够包顿饺子的，职工们就指望北京运来的东西过年解馋了。

1972 年的春节，165 站的车皮却出了一场大意外，让试验站的职工们过了个缺吃少喝的春节。

春节之前，165 站派出两名后勤人员到北京采办年货，猪肉、粉条和各种副食品装了半车皮。那两人就坐在闷罐车厢里押运货物，正是最冷的腊月天，车厢里四处漏风又黑又冷，货运列车要给客车让道，停在站内迟迟不开，两人被冻得不行，点起蜡烛，掏出提前准备好的二锅头喝酒取暖。列车启动驶出北京站时，两人已经喝得醉醺醺地睡着了，蜡烛却被晃倒引燃了车厢中的物品，列车行驶到北京良乡和窦店之间时，大火已经烧着了整个车厢，列车紧急停车灭火。那两个醉汉此时已经惊醒，跳出车厢保住了性命，可那列火车却被烧毁不少车厢，京汉线因此停运了两个小时。

山沟里的职工们还眼巴巴等着那个车皮回来，结果前边传来消息，东西全烧了，这下大家都傻了眼，真是心疼的厉害。有几个人更是气得捶胸顿足，车皮上还有他们让捎带的缝纫机、自行车，那都是几年省吃俭用地攒钱，苦苦等到工业券才买来的。那个年代，每个单位一年只有几张工业券的份额，能搞到那东西就跟中彩票一样幸运，可他们连“大奖”的影子还没见着，就被一把大火烧得烟消云散，想哭都没眼泪了。

1972 年，戴证良的爱人宋美英从云南山区调到凤州山沟里，参与远程洲际导弹的研制工作。妻子把大女儿也带来，一家人终于在山沟里得以团聚。

他的大女儿那时还不到三岁，以前一直跟外婆住，刚接来跟父母还有陌生感，加上生活环境更加陌生，总爱哭闹，不愿意去托儿所。但戴证良夫妇的工作又离不开，每天送女儿进托儿所时，都是狠着心在孩子的哭喊声中离去。托儿所距离办公室不过百米距离，戴证良心疼女儿，常在工作间隙站在托儿所窗外看看她。有时看见她在里边哭，很心疼，但也没办法，只能狠狠心离开继续去工作。

小女儿的降生，让夫妻俩更加手忙脚乱，只好将大女儿送回戴证良的老家，让哥哥嫂子帮忙照管。可送回去一年多，夫妻俩又担心长期寄养在外，将来不认识父母，又将她接回身边。孩子刚接回来时，已经满口的宁波方言，不会说普通话。

戴证良夫妻两人都从事发动机研制工作，不仅要完成设计任务，还要下厂配合生产试验件。当时，刚刚建成投产的103厂对某些加工工艺尚不成熟，发动机试验件上的部分组件需要在北京或上海的工厂协作完成。设计人员时常要带着试验件出差进行协作生产，为了节省邮寄费用，设计人员都是自己背着几十斤重的部件上火车，带到协作厂加工，然后再背回来。

有一次，戴证良要去上海出差，爱人一个人实在照顾不了两个孩子。那时，大女儿已经上小学，小女儿正上托儿所，戴证良就带上小女儿一起去上海。他背着发动机部件，还带着年幼的孩子，两方面都不能出任何问题，一路上都提心吊胆的。到了上海，把小女儿放到外婆家，他再去办事。回来时，他又带着两个宝贝上火车，小心翼翼不敢有半点疏忽。因为工作繁忙，夫妻俩实在无力照看两个孩子，只好又把大女儿送回老家寄养。

其实，搬到山沟里的职工们都是这种手忙脚乱的状态，多数职工都是三四十岁举家迁入三线，有的孩子刚出生不久，有的孩子正是上学的年龄。各单位都有托儿所和小学，因为家属区布点过于分散，整条山沟里共有7个托儿所和7所小学校。

职工子女中，还有到了初中、高中年龄段的孩子，可当初的设计规划中就没有考虑中学的设置。指挥部经过协商决定，由工人最多的103厂组建中学。没有校舍，只好将空置的宿舍楼当学校。没有专业的老师，从厂里调来7名理工科大学毕业生当代课老师，又动员职工，说服在外地当教师的亲属调到三线任教，但教师依然缺乏，只好招收一些高中以上学历的职工家属担任教师。草创的学校无论师资力量还是教学条件都是“临时拼凑”，但职工子弟们终于有了一所中学，这所学校被命名为“红光中学”。

对于调到深山中工作的职工们来说，条件艰苦他们可以忍受，但自己的孩子也随着自己一起经受这样的艰苦，却让他们心疼。毕竟山沟里的学习、生活条件都与北京相差太远，孩子们将来的个人发展必然会因此受到一些影响。

山沟里各种日用品和食品都缺乏，尤其是南方人爱吃的大米，根本就买不到。戴证良并不觉得有多大问题，可他爱人从小在上海长大，如今身处偏僻的山区，尤其是一年到头吃不到大米，实在是难以习惯，但也只能默默忍受。戴证良心疼妻子和女儿，想给她们改善生活，可这样的环境中办法也实在不多，只能偶尔托出差的同事从北京、上海带些食品、大米回来。大多数时候要靠自力更生，在当地购买一些副食品，他经常到附近的山沟里，找当地农民买一两只鸡，或者买一些鸡蛋回来。

秋天时，去山上采蘑菇、竹笋、黄花菜等山货作为副食的补充。

上级对于三线单位职工们的艰苦生活也极为重视，想尽一切办法予以特殊照顾，067 基地各单位的职工们也深切感受到了这一点。国务院特批这些单位可以到江苏、安徽等地购买高价大米，从沿海地区购买带鱼、黄花鱼，从四川、汉中等地购买猪肉、蔬菜等副食品。那时候粮食、肉类、副食品等都是严控物资，由相关部委统一管理，没有批示不能出县，更不能出省。有了上级批示并且取得了通行证，这些食品才得以运往三线的军工单位。

每隔几个月，就有车皮运来高价大米、带鱼、猪肉分发给职工，而厂、所、站的车队几乎每星期都要去汉中、四川运回蔬菜。山沟里各科室的办公室里有两样必备的工具——磅秤和大刀。磅秤用来称重，大刀用来分肉。无论是大米、带鱼、猪肉、水果还是蔬菜，都是按单位里的人数，分成相同重量，然后在每份旁边写上编号，职工们抓阄，抓到哪个号就领哪堆。

运来的这些食品都比凭票供应的市场价格高出两三倍，每个职工分 100 斤大米，就要花掉一个月工资，可只要有货，职工都会购买，住在山沟里花钱的地方有限，不买这个买什么呢？

分带鱼、分猪肉是大家又喜又忧的时候。喜的是可以放开肚皮吃，带鱼每户二三十斤，猪肉每户一条猪后腿或半扇猪身。忧的是必须放开肚皮吃，那时候没有冰箱，不赶紧吃完就放坏了。于是，运来了带鱼，家家户户顿顿吃带鱼，整个家属院里都是带鱼味儿。运来了猪肉，家家户户顿顿吃肉，整个山沟里都是红烧肉的味道。

上万名职工、家属在山沟中的吃饭问题，就靠着“东拼西凑”的方式勉强解决。而那些科研人员和技术工人们，就在这样的环境下，开始研制国家重点型号的导弹发动机。

第五章
飞向太平洋

一

1969年11月，067基地内迁三线的工作还没有开始，11所还在北京南苑的大院儿里办公，二室主任王之任给傅永贵分派了一项新任务："所领导刚刚决定，把你抽调出来，去干远程洲际导弹姿控发动机推力室。上级要求加快远程洲际导弹的研制进度，你先把这个工作抓起来。还有，远程洲际导弹的研制必须到三线搞，你得去那边开展工作。"

傅永贵听到这样的工作安排，紧张地挠挠了头，他可从来没有搞过姿控发动机的研制。

姿控发动机是小型发动机，推力室小的不到一公斤推力，大的也只有几公斤推力。他当年在北航学的是大型液体发动机设计，工作后参与"** 三号"导弹发动机推力室的研制，那是几十吨推力的发动机，完全没有小发动机的知识储备和研制经验。

姿控发动机是安装在导弹弹头部位的小型发动机，用于调整导弹飞行姿态，确保导弹按照预定的方向飞行，并控制弹头的落点精度，这是导弹上一个极为重要的部件，可当年远程洲际导弹进行型号论证设计时，却没有设置姿控发动机，因为当时对于弹头落点精度要求不高。后来技术人员发现，远程导弹如果没有这一部件，会在飞行中产生横移偏离目标，甚至有弹体横飞被折断的风险。于是总体设计部才在1968年要求远程洲际导弹弹头上配备姿控发动机。

1969年中苏发生边境冲突后，上级要求加快洲际导弹研制进度，当年4月，姿控发动机的研制任务紧急启动。11所一室热力气动组承担了这项设计任务，设计出一个方案，将阀门研制交给四室，总装部分交给五室，但推力室研制任务却没有按常规交给二室，而是自组队伍进行设计。可这项工作才进行了几个月，一室的人员都被下放东北劳动，只留下两个计算员，姿控发动机推力室的研制工作也因此被搁置下来。

此时，姿控发动机必须尽快研制，只能由负责推力室设计的二室承担。可二室的人员也大部分被下放北大荒，剩下的人都忙于“** 四号”和远程洲际导弹涡轮泵的工作，只有配合工厂生产“** 三号”发动机涡轮泵的傅永贵还算“轻松”，因为“** 三号”发动机的生产已经理顺，没有多少问题需要处理。于是他便被抽调出来，承担这一工作。

傅永贵手头所有的资料，就是一室留下的未完成的设计图草图和教科书上单组元分解的基本原理。

一室设计的姿控发动机推力室采用单组元分解方式，基本原理并不神秘，傅永贵当年学习发动机设计时，教科书上就有相关的内容。当液态的无水肼（N_2H_4）与催化剂相遇时，会立刻释放出热量，分解成氨气、氢气和氮气。液态物质分解为气态时，体积会膨胀数百倍，通过喷管排出时产生的推力比普通的压缩气体高出很多倍。

但将这种原理转变为工程应用，却是件很困难的事情。分解过程必须精密控制，可以随时启动、随时停止，几百次地重复使用，并且释放的推力始终保持在要求的额定值范围内。更困难的是，启动和停止时间必须精确到毫秒级的范围内，因为一秒钟内导弹就飞出四五公里，稍有延误就会使导弹偏离弹道，那是真正的“失之毫厘，差之千里”。这都要通过极为精密、可靠的机械结构和电子元件来控制。

1969年年底，傅永贵根据一室的设计资料，画出了一套工程设计草图，经过远程洲际导弹发动机主任设计师李伯勇签字批准后，便带着图纸独自一人赶赴凤州，准备生产试验工作。

傅永贵来到红光沟里才发现，自己竟然是第一位到此进行研制工作的技术员。不过，这个“第一”并没有给傅永贵带来什么好处，反而让他遇到了种种困难。

■ 科技人员自己动手搭建起“草棚试验室”用于姿态控制发动机热试车

此前11所派来三线的政工干部、技术人员已有100多人，但他们都是来配合工程队进行基建工作。在这里主持工作的张守法对他说：“现在山沟里的班子都是针对基建的，没有搞型号研制的职能。你要在这儿干，我们只能跟各单位联系协调，技术配合方面的事情就得你自己去谈了。”

傅永贵带着图纸去了103厂，他设计的姿控发动机共有两种，大的4公斤推力，推力室尺寸只有鸡蛋大小，小的0.4公斤推力，推力室如同一只鹌鹑蛋。工艺人员一看见设计图就直摇头：“这玩意儿，跟耳朵勺掏出来的一样，我们的设备都是生产那些大家伙的，搞不了这小东西。” 11所负责试验的八室也给了他同样的答复：“我们这儿都是为大发动机试验做的准备，没有小型发动机的试验设备。”这一连串的“不行”让傅永贵透心凉，基建处张鸿延给他出主意，“你要是着急，就先回北京干，等这边条件成熟了再过来”。

可北京那边却态度坚决地予以否定：“不能回来，必须在三线进行。”同时命张守法抽调在三线搞基建的技术人员，组建姿控发动机研制小组。朱泳明、李树林、罗大照、孙祯、于福成等几位设计员被抽调出来，与傅永贵组成研制组，大家分别负责各部件研制工作，傅永贵依然负责推力室的攻关。

承担推力室热试验的八室建在165站试验台不远处，但试验室中都被大型试验设备占满，傅永贵无奈中决定，就在八室旁边搭个草棚，里面安装上管路、试验设备和检测设备，建成了一间草棚试验室。这期间，他又在11所基建地各处寻找试验件加工车间，最终在所部办公楼对面的火工品试验室里发现了几台机床。那时，火工品组还在北京，试验室一直闲置，他借用此处的申请立刻被批准，还从北京29

车间调来老车工师傅于树德、铣工贾桂兰，试验件的钳工和装配工作就由傅永贵自己动手完成。

二

1970 年 5 月，第一件姿控发动机推力室试验件克服重重困难好不容易制造出来，傅永贵又遇到了一个始料未及的状况 —— 进行试验的催化剂断货了。

在单组元分解技术中，催化剂是不可缺少的耗材。催化剂的研制生产原本由中国科学院黎明化工所承担，此时黎明厂也要向三线搬迁，正在进行建制和研制人员重组，暂时无法开展生产。这种催化剂并不复杂，使用钼、铬和瓷土按照一定比例混合，压成条状烧制成型，任何一家化工单位都能制造。但这样的产品只有导弹姿控发动机上使用，所以化工单位没有批量生产，只能定点订购。傅永贵赶紧与北京 11 所的十三室以及大连化物所联系，请他们火速制造出一批催化剂。苦等了一个月，终于拿到了催化剂，他立刻将试验测试项目提交八室，准备开始试验。

11 所八室建在 165 站试车台的旁边，那里被称作五区，位于红光沟一条分支的小山沟内。距离傅永贵所在的六区 11 所所部有六七公里路程。那时，红光沟里每天只有早晚各一趟通勤班车，但班车只在零区站口停靠一下，就继续沿着主路开往下一站，零区到五区还有三公里，要步行 20 多分钟。如果错过时间没赶上通勤车，那就得全程步行，往返需要 3 个小时。

■ 技术人员进行试验前准备工作

那时姿控发动机推力室还在摸索基本原理阶段，设计出的试验件问题很多，使用的催化剂也是一种很初级的产品，存在许多问题。

所以每次试验，开机一两秒钟，不是推力室爆炸，就是催化剂“流黑汤”，没有一次成功的。让他苦恼的是，这两个问题叠加在一起，搞不清楚失败的原因到底是催化剂的问题，还是推力室设计的问题。

虽然在简陋的草棚中进行小型试验，八室也是严格地遵照试验流程，每次配备七八个人，各号位挨个地点号，调整各种仪器就要花费很长时间。傅永贵早上赶过去开始调试仪器，有时要等到太阳落了西山才能试验。为了这一两秒的试验，他经常半夜十一二点才能借着月光往回走，到了宿舍已是凌晨一两点钟，第二天还要爬起来准时上班，搞得疲惫不堪。

每次走在路上，傅永贵就想，如果在六区搞一个简易试验室，就可以将试验和准备时间压缩到最低限度，腾出更多精力去研究问题和改进设计方案。

1970 年 8 月初，傅永贵开始筹划建立“自己的试验室”。他申请借用了火工品试验室，又从器材科调来曾是试验员的王文秀。两人用器材科库房中找来的稳压电源、二次仪表、6 线照相示波器等器材，组装起一个小型试验系统。对几家工厂生产的各批次催化剂进行测试试验，用排除法寻找最适合的催化剂。

试验时，傅永贵喊号，王文秀操作，从开始准备到完成试验，只需要两个小时。更方便的是，试验室距离办公室只有几十米，抬腿就到，什么时候想试就能试。

可好景不长，试验室才用了两个多月，傅永贵接到通知，立刻腾出试验室。因为远程洲际导弹大发动机的研制人员陆续迁来三线，火工品试验工作即将开始。傅永贵站在火工品试验室里，愣愣地看着那堆自己攒出来的试验台，不知道该把这堆东西搬到哪儿去。再去八室做试验，精力分散效率低，如果不去，能在哪里做试验呢？

王文秀愤愤地叉着腰：“咱这个项目怎么就像后娘养的呢？”

“当年总体设计时，远程洲际导弹上就没有姿控发动机，这边基建规划里当然就没有咱的地方。”傅永贵心里也堵得慌，转身走到窗前，“哎，你看那儿能当试验室不？”他突然叫起来。

王文秀两步跨到窗前，顺着他的目光望出去，河沟旁立着一座孤零零的厕所。“这时候了，还开玩笑。想想正事吧。”

“说真的呢，那个厕所就咱俩用过几次。打扫一下，女厕所那边当试验间，男厕所这边当装配控制间，地方应该差不多。”傅永贵说。

王文秀看看他，又扭头看看那厕所："真要用，那地方肯定够了，可这地方……用你们东北话讲，不嫌埋汰呀？"

"实在没招了，这么多试验要做，耽误不起呀，咱们先临时用一段时间，八室新建的试验室好了就去那边试验。"

"要说临时用用，我看也行。"王文秀点点头。

傅永贵立刻就去找姜福来请示，姜福来一听就挠头了，"在厕所里试？这能行吗？还有……那地方紧挨着河边，万一废气、废水造成污染，那可不得了！"傅永贵已经想好了方案，"这个试验排气量很小，不会对空气有影响。试验排出的水量也很少，把厕所的粪池清洗干净，用来收集试验废水，完了用清水中和处理一下，靠日常蒸发就干了。"姜福来还是不放心，让他写一份详细的可行性报告，几个领导商议后，终于签字同意。

傅永贵跟王文秀一起把粪池掏干，用河水清洗干净，将厕所墙上的透气孔用砖头堵上，中间的隔墙上打了一个洞，装上有机玻璃当作防爆观察窗，顶棚铺上油毛毡。请水电工给厕所里接上电线、水管和暖气，又在旁边搭建了一个小棚子做介质间，终于改造出了一间"厕所试验室"。

两人将试验设备搬进去进行调试，傅永贵有些得意，"这地方一改造，还不错。"王文秀笑了："这还叫不错呢？以前是草棚子试验室，现在是厕所试验室，你这是黄鼠狼生耗子——一窝不如一窝，以后会不会是尿盆试验室呀？"

傅永贵也笑了："肯定不会！肯定不会！这就是个临时使用的地方。"

简陋的试验室建成以后，傅永贵和王文秀几乎每天都要进行一两次试验。他们将化工单位提供的几种样品进行验证试验，结果依然不是爆炸，就是被冲散"流黑汤"。距离"八年四弹"规定的远程洲际导弹全弹试射还有一年，可姿控发动机却连可以使用的催化剂都没有，研制工作被困在原地毫无进展。

为解决催化剂的问题，他还专门去北京化工三厂，与工人师傅一起搞攻关，制成高强度的催化剂条。但反应启动时间需要 1 秒钟，而且不能二次启动，根本无法使用，他急得直挠头。

正在走投无路的当口，大连化物所研制出用铱粉为基本原料的新型催化剂，其性能与美国 C2405 催化剂相仿，终于解决了催化剂难题。

有了合格的催化剂，单次启动没有问题，但连续启动时，推力室就会发生爆炸。

在控制导弹飞行时，姿控发动机必须要进行连续多次启动动作，只能单次启动，必然是推力室的结构设计方面的问题。傅永贵没有可以借鉴的资料，只能靠不断地修改设计，在试验中寻找办法，那段时间，他和王文秀每天在“厕所试验室”进行试验，每次试验都会发生爆炸，同事们都戏称他俩是在“炸粪坑”。

转眼已是 1970 年深秋，姿控发动机研制组的人员增加到了十几个。推力室问题久攻不下，周汉申、郁婉兰等人也到“厕所试验室”协助傅永贵的工作，不分白天晚上，不停地试验。当时没有保健防护措施，封闭的厕所空间狭小，身处无水肼和分解气体的环境中，大家都被熏得头昏脑涨、眼睛红肿，试验进行一段时间，就得出去休息一下。

有一天，大家坐在试验室外的核桃树下休息时，周汉申在草丛中发现了几个掉落的核桃，“哎，这儿还有高级滋补品呢！”众人都低头在树下寻找，每人都捡到几个，嬉笑着坐在地上砸核桃吃。

王文秀边吃核桃边说：“哎，老傅，咱们不会一直在这里搞吧？”

傅永贵连忙摇头：“不会，不会，回头让他们给建个像样的试验室。”

王文秀将一块核桃皮扔出老远，“每回问你，你都这样说，都说了大半年了，不是还在这儿嘛。”

“做完这批试验再说，肯定得搬。”

张贵田的爱人郁婉兰几个月前跟着丈夫一起进了山沟，分到姿控发动机研制组。她吃着核桃，看着眼前那个周边长满野草的试验室，突然问：“哎，你们说，美国、苏联这些发达国家会不会想到，中国人是在这么简陋的‘厕所试验室’里研制先进的战略导弹姿控发动机？”

周汉申吃完核桃，拍拍手说：“不用说外国，再过几十年，我们国家的年轻一代

■ 厕所试验室

还会相信吗？那时我们再讲这段历史，恐怕他们也会像听天方夜谭一样的！”

几十次的试验后，傅永贵他们终于找到了问题所在。原先设计的推力室是将各部件直接连在一起，无水肼分解后产生高温，传导到集液腔，使其温度迅速升高，并且远远超过无水肼的爆炸温度。此时进行二次启动，无水肼进入集液腔就会发生爆炸。

傅永贵设计出几种隔热方案进行试验验证，终于找到一种方式基本解决隔热问题，推力室多次启动的难题得以解决，启动、关机时间控制精确。姿控发动机终于在这个“厕所试验室”中取得了阶段性成功，可以满足使用需求。

三

1970年年底，李伯勇遇到了从事研制工作12年来最大的困难。他担任着远程洲际导弹发动机的主任设计师，此时正率领着设计员们在北京云岗101试验站，进行第一次“大四机”试车任务。可发动机挂在试车台上整整30天也没试成。

所谓的“大四机”，是他们对远程洲际导弹第一级发动机的总称，就是采用并联技术，让4台71吨推力的发动机同时工作。此前的单机试验都已经通过，只等着并联在一起的“大四机”试车成功后，远程洲际导弹第一级发动机就可顺利交付。可偏偏挂上试车台时，李伯勇他们发现了一个问题，发动机氧化剂控制阀门无法在要求时间内完全关闭。

远程洲际导弹发动机控制启动和关机的阀门采用了全新设计，将氧化剂四氧化二氮通过一个小孔加压输送，控制主阀门的开关程序，但在试验前的测试中，压力总是达不到设计要求，阀门关闭总有延迟。李伯勇不得已向试验站提出，解决了主阀门的问题后再试，这段时间里，他每天晚上都跟设计人员一起讨论解决方案，负责阀门设计的国占臣等人压力非常大，每天修改方案，设计出不同尺寸的输送孔径，白天在车间里加工出试验件立刻送到阀门试验室做试验，可问题还是没解决，这样一拖就是一个月，每个人都心急火燎。

李伯勇在这款远程洲际导弹发动机上倾注了太多心血。

早在1964年10月，国防科委制订“八年四弹”发展计划时，急需洲际导弹的相关参数。那时，其他型号的导弹都已完成或基本成型，唯独洲际导弹还是一片空白。任新民就责成李伯勇和王治军、华棣三位留苏生组成洲际导弹发动机论证小组，李伯勇担任小组组长。

经过几轮探讨和论证，小组最终确定选用偏二甲肼和四氧化二氮的推进剂组合，并对发动机涡轮泵、燃气发生器、燃烧室、阀门等部件的出入口尺寸、功率等提出具体参数要求。其实，李伯勇和王治军在洲际导弹发动机进行论证设计中，大量使用了此前被停止研发的"** 二号"备用发动机 5D61A 的设计方案。当年他们设计这款发动机时，就应用了很多先进技术，并且造出了燃烧室样机，进行过大量试验，最终因"** 二号"发动机研制成功而下马。这次设计的洲际导弹发动机相当于 5D61A 的增强放大版，此前所做的工作都没有白费，相当于进行了预研。

1965 年"四清"工作在全国展开，各级干部都要轮流参加。那年 9 月，李伯勇因参加"四清"而暂时离开研制工作。11 月王治军等人在此前的研制基础上，设计制造出第一个推力室试验件，首次试验便取得了成功。这是中国开展导弹研制以来，所有发动机型号研制中，少有的首次试验成功的案例，这充分说明了中国科研人员已经在导弹发动机研制工作中积累了丰富的经验。李伯勇结束"四清"回来后，继续主持研制工作，但上级对于远程洲际导弹的需求不断变化，总体部设计也遵照指示对发动机的参数和要求进行了几次大的变动，每次变动都导致李伯勇他们将此前的设计推翻重新开始。此后的两年时间里，发动机研制工作几乎一直在原地踏步状态，到发动机各项指标正式确定时，距导弹首发试验的时间仅剩三年多。若非时间如此紧迫，李伯勇他们的研制工作也不会如此"连滚带爬""四处堵漏"。

"大四机"挂在试验台上的第 30 天，李伯勇和同事们又开了一晚上的会，商讨的几个方案又被否决。他环视着会议室中的筋疲力尽的十几位同事，"发动机挂在台子上已经整整 30 天了，今天晚上无论如何都得拿出解决方案！"

那天晚上会议持续到 11 点，系统组的刘国球提出个意见："发动机现在是一次关机，实在不行，咱们还是改回转级关机得了。"

刘国球的提议立刻引发了争议，有人说："这个主意好！可以试试。"也有人坚决反对："这不是开倒车嘛！"原来，转级关机是一项老技术，以前研制的导弹型号中，发动机启动、关机时都使用"转级"技术，执行关机程序时，先转到末机，然后再关机，这样的方式可使推进剂流量逐步减小，水击压力小，好关机。新设计采用一级启动、一级关机的工作方式，系统简单，性能好，但主阀门关闭时，却总是出现问题。

李伯勇沉默了片刻，说："现在也实在是没招了，发动机等着试验呢。我看，先用转级技术把这个试验做完，以后有时间了再攻这个难关。咱们今晚加个班，赶紧画出图纸，明天就下厂制造。"

众人立刻铺开摊子画设计图，转级关机需要增加一个小部件，那是轻车熟路的技术，几个人搞计算、几个人画图纸，忙到凌晨两三点，就拿出了图纸，第二天一早就送到179厂加工。

■ 远程火箭发动机科研带头人李伯勇

一个星期后，部件安装到发动机上。"大四机"在台子上挂了38天，终于试车成功。

李伯勇等人在北京进行研制工作时，还有另一批人员在凤州的山沟里从事着远程洲际导弹发动机的相关工作，两队人马分隔千里，研制进度也受到一定影响。

王治军是凤州研制组的成员之一，他此前就到那里进行过"四清"，回到北京后不久，发动机生产厂迁到了三线，他又被派往三线，负责发动机推力室的研制工作。

王治军在这里的工作也不顺畅。

因为"文革"的影响，各层面的关系都发生了变化。他到工厂里配合生产时，工人的工作状态也有了变化。几年前，工艺人员和工人师傅对设计人员提出的要求和意见都极为尊重，每道工序也都严格按照操作规程执行。可如今情况却完全不同。

有一次，王治军去车间查看推力室装配情况，工人正在进行推力室前半部和后半部组装工序，他发现操作工没有将夹具调整好就准备装配，赶忙上前制止："哎，停下，停下！你们怎么不按图纸要求干呢？结合的时候必须把夹具调整好，不然两部分的中心不在一条轴线上，干出来也是废品！"旁边站着工厂里的检验员，抱着膀子瞪他一眼说："瞎咋呼啥？轮得到你在这儿指手画脚吗？靠边站！"

王治军从没遇到过这种情况，被气得说不出话来，瞪着那个检验员，憋了半天冒出一句："老子参加革命的时候，你还不知道在哪儿呢。让我靠边站，你还没这个资格！"工人们见两人争吵起来，赶忙上前劝架，王治军转身去二楼找车间工艺员说了这个情况，工艺员赶忙下去让工人把夹具调整好，按图纸要求进行装配。

王治军憋着一肚子气回到单位，跟办公室的同事说了这个事情。大家七嘴八舌地劝慰他，"也就是个别人这样，你运气不好，遇到他了。""就是，消消气吧，这边情况还算好的，要是在北京，估计当场就跟你动手了。""是呀，没准第二天还找一帮人来揪斗你呢。"

"要是对我个人不尊重也无所谓，他这是不尊重科学呀！"王治军说，"那么胡乱地装，发动机能用吗？导弹能上天吗？"

三线的"运动""斗争"虽然不像北京那么频繁，但所有人的工作状态都不像几年前那样积极投入了，各个环节的进度都放慢了。按照"八年四弹"规划，远程洲际导弹要在1971年以前试飞，1972年前定型。但此时已经是1970年年底，发动机研制工作才完成初步设计阶段，还有很多问题需要解决，很难按照要求时间完成定型。这样的状态谁也无能为力，也没人追究责任，研制进度就拖拖拉拉地缓慢推进。

研制过程中，李伯勇他们发现，推力室、大喷管、直流式喷注器、隔板冷却、泵叶片以及涡轮泵端面密封等12个部件还有技术问题有待改进。远程洲际导弹的设计人员分驻北京和凤州两地，协调配合更加麻烦，两边的人员都在这不利的条件下焦急地赶工。

与傅永贵等人研制的姿控发动机一样，李伯勇等人研制的一级、二级大发动机终于在限期到来之前交付。不过，无论是姿控发动机还是大发动机，研制工作都没有真正的完成，还有很多需要改善之处。中国的第一枚洲际导弹将在这种状态下进行首次全弹发射试验，所有人都为此捏着一把汗。

四

1971年7月1日早晨，李伯勇率领的发动机试验队到达发射基地。为迎接洲际导弹首次发射任务，又正值中国共产党建党 50 周年，整个基地内红旗飘扬，充满了欢庆气氛。

李伯勇他们无心感受这欢庆的气氛，发射前还有大量的准备工作要进行，到达当天，他们就投入到紧张的测试工作中。这是洲际导弹第一次发射试验，试验队的设计员必须给战士们讲解这个全新系统的工作原理，并亲手演示操作。随后的测试中，战士们在一岗操作，设计员在二岗把关，保证每一个环节、每一道工序都准确无误。

8 月上旬，测试工作基本结束，开始进行转往发射阵地的准备工作时，北京突然打来电话，101 试验站对二级发动机进行地面试验时，“小四机”游动发动机燃烧室出现了“串流”烧蚀的现象，那是用于二级导弹调整飞行姿态的发动机，这可是关系到发射能否成功的大事！如果导弹上的游动发动机也发生这种情况，发射试验很可能因此而失败，上级要求立刻对已经装弹的二级发动机进行排查。

这是 11 所发动机试验队的责任，李伯勇立刻召集全体人员紧急商讨。大家一听这个消息，七嘴八舌地开始议论，“以前做过两次五机联动试验，游动发动机都没问题呀！”“也可能是制造装配时超差了，应该是偶然的情况。”“我看不一定！地面试验总共进行了四次，就有一次出问题，百分之二十五的故障率，谁敢保证现在装在导弹上的没有问题？”“现在说这些没用，确定挂在导弹上的发动机能不能用才是关键。”讨论刚一开始，大家就争论得不可开交。

李伯勇却低着头，一言不发，他在回想二级发动机试验时的情景。

那是 1970 年 8 月，“小四机”刚刚制造出来，即将进行试车的时候。按照总体部要求，将在 1970 年年底前进行第二级导弹的“半弹试车”，二级导弹上共有 5 台发动机，包括 1 台主发动机和 4 台用于控制飞行方向的小型游动发动机。“小四机”和二级主发动机的联动试验必须在 10 月 1 日之前取得成功。

此前的研制过程中，游动发动机的密封一直存在问题。研制组经过努力，已经找到了解决密封的方法。按照研制程序，必须去凤州试验站进行游动发动机试验，取得几次试车成功后，才能与主发动机一起进行联动试验。但要按这样的程序进行，设计人员要在北京、凤州之间往返几次，根本无法在 10 月 1 日前交付产品。设计员穆树森提出，干脆不要去凤州进行“小四机”试车了，直接跟主发动机联动试验。李伯勇将这一提议上报，获得院领导批准。

那次五机联动试验中，4台游动发动机和主发动机都工作正常，但按照规定，一次试验成功并不能交付，必须进行两次以上的标准状态试验，并且全部取得成功才行。一般情况下，发动机送到试验站，要进行一个星期的准备工作才能试车，其后的数据判读需要一个多星期，两次试验的间隔至少需要十天半个月。第一次试车前，李伯勇跟试验站商量，“我很担心发动机出问题，你们能不能想办法把两次试验间隔缩短些，万一有问题，我们还有时间修改设计，重新试验。不然8月以前根本没法交付了。”试验站也没含糊，第四天就进行了第二次试车，又获得了成功。

两次试验中，“小四机”的工作时间都超过了400秒，具有很高的可靠性，但分解检查时，都发现了游动发动机有轻微的烧蚀痕迹，只是因为当时试验成功了，大家都没觉得这是问题。这很可能就是引起这次烧蚀现象的预兆，不过问题的原因也许是加工误差所导致。

他又想起张云波主任曾跟他说过：“我们在战争年代，最怕的是打了胜仗以后的总结。胜仗越大越抠得细，非得把你抠出问题来不可。越是顺利时，越要抠问题。出了问题再找问题，那谁都会，顺利的时候能够抠出问题、挖出隐患，那才是本事。”他当时就没往心里去，此时想起这番话，真是如芒在背。“‘小四机’太顺利，大意了！”李伯勇的这句话是说给自己的，可屋里的人都听见了，停止了议论齐刷刷地看着他。

他猛地抬起头说：“为了稳妥起见，咱们还是把4个游机拆下来送回北京，做一次工艺试车看看有没有问题，没问题再运回来装上。”没人接他的话，所有人都知道这一举动的后果是什么。

五

李伯勇要从发射架上摘下“小四机”，屋里的人都没再说话，其实大家都知道这是最稳妥的方式，但也是最让自己难堪的方式。

发动机试验队将这一决定上报给试验指挥部，瞬间成了发射基地中的议论焦点，李伯勇他们早料到会有这样的状况，等待批准的时候，他们都不好意思迈出宿舍的门。试验指挥部经过紧急讨论，同意了他们的意见，立刻拆下游动发动机，由一院军管会主任亲自带队，乘坐军用运输机返回北京，对发动机进行热试车考核。

李伯勇和几名技术人员带着发动机离开技术阵地去机场时，一直低着头。101试验站和211厂早已做好各项准备，李伯勇他们到达北京的第二天就进行了游动发动机燃烧室的热试考核，并且在三天时间连续试验了三台同批次、同质量的燃烧室，全都工作正常，各部门专家商议后认为这样的状态可以使用。李伯勇和试验队的同事们终于放下提到嗓子眼的心，立刻带上一台同批次的燃烧室，乘专机返回发射基地。

重新装上游动发动机的远程洲际导弹开始转往发射阵地，钱学森和七机部的领导每天在发射阵地看进度，这次发射非同小可，如果试验成功，中国将拥有第一枚洲际导弹，而导弹的研制水平也将因此达到一个新的高度。

9月10日上午11时，中国第一枚洲际导弹在发射场腾空而起，消失在西面的天空中，敖包山上响起一片欢呼声。几分钟后，传来“二级分离，二级点火，二级关机”的信息，发动机试验队的队员们都高兴地跳了起来。

可当天晚上他们听说，弹头没有击中目标。从遥测信号的分析结果中可以看出，姿态控制系统出现过短时间的振荡，二级发动机在207秒时提前关机，预定落点内没有发现弹头等目标物。李伯勇和他的同事们又紧张起来，难道是游动发动机又出现故障了？弹头飞到哪里去了？

李伯勇他们惴惴不安地等待了两天，意外的是，发射基地竟然在9月13日晚饭时开了场庆功宴会。此时他们才知道，试验取得了“基本成功”，二级发动机提前关机是控制系统出现了问题。发动机试验队的同志们如释重负，喜笑颜开地高高举起酒杯，相互庆贺。

宴会结束，试验队的顾明初接到命令，立即动身赶到机场，乘飞机去新疆参加导弹残骸搜索的工作。李伯勇等人送他上车后，都兴奋得不想回宿舍，一起在发射基地的空场上散步。空旷的场地中到处都是三三两两漫步的参试人员，都在愉快地说笑畅谈。

突然，一阵急促的集合哨声和军号声在基地里响起，有人挥动着手臂，大声召集着散步的人员立刻返回驻地。李伯勇和同事们不知发生了什么，赶忙往回跑。所有人员都气喘吁吁地在球场上列队集合，发射基地的领导神情严肃地高声宣布：“现在有紧急情况，全体参试人员立刻收拾行装，所有的图纸资料全都带上，片纸不留，半个小时后在技术阵地集合，上火车连夜返回北京！”

旁边的空场上，发射基地的战士们全副武装，正迅速地跳上一辆辆军用卡车，向中蒙边境的方向疾驶而去，基地的技术干部也都配发了枪支，正忙乱地往山洞中搬运资料和设备。

李伯勇他们看见这阵势，也紧张起来。“会不会是导弹偏离了预定落点，落到苏联领土了？”在宿舍收拾行装时，有人开始猜测。

那时候，中苏关系极度紧张，苏联在边境线上陈兵百万，两年前已经与中国在黑龙江的珍宝岛和新疆的铁里克提有过两次激烈的武装冲突。在这种状况下，中国发射的洲际导弹弹头飞落到苏联的国境内，那后果谁都能想象出来。

“基地的战士都全副武装往边境方向去了，看这架势，真有这个可能。”

火车载着科技人员和图纸资料，连夜驶离发射场，到达第一个停靠站点时，车站上气氛平静，没有一点备战的样子。返回北京的沿途，李伯勇他们特意观察，也没看出有任何异常。到达北京后，听同事们说近几天做了两次防空演习，看来还是有情况的，只是，谁也不知道发生了什么事情。

庆功宴结束后赶往飞机场的顾明初，等了几天都未能成行，他本该乘飞机赶往新疆搜索弹头，但所有航班都禁止起飞，就连军用飞机也不例外，具体原因不详，只听说要进行紧急战备。

顾明初等人只好改乘火车赶赴新疆，9 月 28 日，他们终于在新疆的阿克苏沙漠地区找到了弹头实物，并获取了相关的数据资料，后经分析查证，偏离预定点是因为程序设计未能适应低弹道而导致。

既然远程洲际导弹的弹头没有落入苏联境内，发射场为什么要进行紧急疏散和战备？直到 10 月底，中央 57 号文件传达全国，大家才知道原因。

9 月 13 日晚，“副统帅”林彪驾机叛逃，其乘坐的三叉戟飞机坠毁于蒙古国的温都尔汗，机毁人亡。

六

不知是否因为“林彪叛逃”事件的影响，1971 年 10 月，所有的军工企业都接到紧急命令，必须立刻向三线搬迁。

1971 年 11 月，李伯勇也来到红光沟里，与那些拖家带口来的同事不同，他独自一人没带家属，家属区的宿舍自然没他的份，他只能住在办公室里。担任 11 所党委书记的张云波也是独自调来，住在楼上的办公室，到了晚上，整个办公楼里只剩下他们两个“老单身”。

从发射架上拆下“小四机”的经历，让李伯勇一想起来就觉得心里窝火。远程洲际导弹首次发射只取得“基本成功”，一院对导弹总体设计方案进行了 10 项大幅度的改进。发动机虽然工作正常，但在发射试验前，“小四机”游动发动机也暴露出问题，同样被列入重点改进的项目。李伯勇和同事们对发动机进行了分解检查，发现燃烧室的钎焊质量不稳定，导致燃烧室的内壁和外壁间隙尺寸不准，容易导致发动机故障。

李伯勇立刻向负责发动机制造的 103 厂提出，“‘小四机’的制造必须按设计要求生产，严格控制产品质量。”

可 103 厂的胡必求却回复他，“现有设备和加工工艺很难满足设计要求，如果要保证质量，必须更改设计。”

双方互不相让，“官司”打到了 067 基地指挥部，坐镇指挥部的一院副院长张廉斧通知他们两人，“下班后，立刻赶过来，专门讨论这事。”

李伯勇和胡必求都是有备而来，各自都搬出了相关的理论，拿出各种数据，资料铺开摆了半张桌子。李伯勇说：“我这个设计是正确的，发动机出问题，就是因为加工时没有达到设计要求，你们没保证产品质量的稳定性。”胡必求说：“你这样的设计条件，用我们现有设备就是保证不了。”两人争得脸红脖子粗，旁边的张廉斧听不下去了，“啪”地一拍桌子，“都别吵了！”他转头看着李伯勇说，“我看你应该好好反省一下，老胡说得对，你要求的这个标准，我们现在的加工手段怎么去完成？你设计人员不考虑当前的加工能力，质量怎么保证稳定？你口口声声说设计没问题，这是犯糊涂！”李伯勇一下就愣住了，他没想到老领导会这么不留情面地批评自己。

那天的“辩论”结束时已是深夜，李伯勇住在指挥部的招待所，他翻来覆去地睡不着觉。张廉斧和胡必求都在强调工厂加工能力，这个问题他还真是没有认真考虑过。工厂里除了个别几台进口的小型精密设备，绝大多数机器都是普通机床，连大型的专用设备都是通用设备改制代用，钎焊炉、氩弧焊机等设备是工厂根据苏联1950年代的设备仿制出来的。这样的条件下，都是靠着工人师傅们个人的技术保证零部件的精度，但靠手工操作进行控制，总会出现偏差，质量确实难以保证。

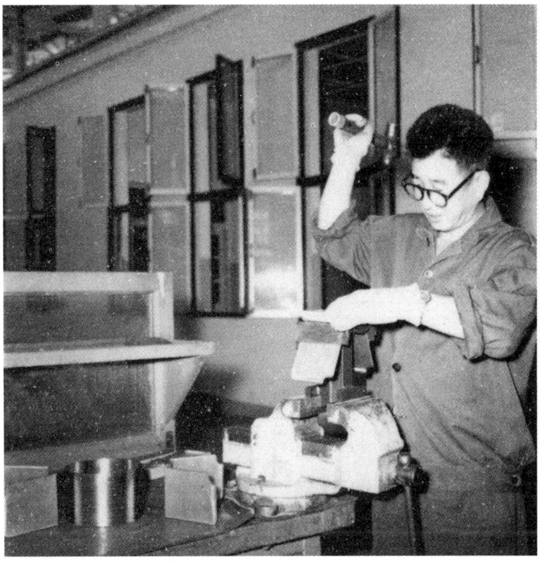

■ 当时工厂里只有普通机器设备，因为没有特种设备，发动机上重要的零件再生冷却隔板都是靠工人师傅用“土工装”手工敲打制造出来

李伯勇曾无数次地到工厂配合生产，厂里的设备状况他一清二楚，但在设计过程当中，他和他的同事们却忽略了这个基础条件。此时他终于意识到自己的问题，一拍床板：“是我的错！”

第二天一早，李伯勇就到张廉斧的办公室说：“昨晚你把我骂醒了，这事情真是我错了！”张廉斧忙说：“我要向你道歉呀，不应该那么不留情面的骂你。”李伯勇说：“你和老胡说得对，好的设计方案首先要保证能造出来。我接受这个批评，回去就对‘小四机’燃烧室进行修改设计，一定拿出现有加工工艺可以保证质量的设计。”

李伯勇和几名技术人员一起，反复更改设计进行试验，用了半年多的时间，终于拿出了新的方案，加工难度降低很多，“小四机”推力室的加工质量极为稳定。

1972年12月，远程洲际导弹将进行第二次全弹发射试验，研制人员都热切地期盼着这次发射的结果，这是“八年四弹”规划中的最后一项任务，如果发射成功，这一重点型号的研制工作就在上级要求的期限内胜利完成。

这次发射却出了意外状况。

操作员按下发射按钮，导弹却没有任何反应，发射程序立刻被中止。大家都以为发动机出了故障，对导弹进行彻查后才发现，发动机未能点火是控制系统一个插头出现故障。经过重新调试，定于12月26日再次发射，那天是毛泽东主席的生日。

12月26日，远程洲际导弹再度点火，发动机喷射出炽烈的尾焰，大家都等待着导弹徐徐升空，可几十秒钟过去了，那个庞然大物一直坐在发射台上嘶吼震颤着，却没有任何要升空的迹象。喷出的尾焰越来越小，最后竟彻底熄灭了。李伯勇急红了眼，看样子真是发动机出了问题。指挥中心发出警报解除指令后，他就和同事们奔向发射台，导弹底部的发动机喷管还散发着阵阵炙热的气浪，他们就爬上发射台观察情况。第一级导弹的4台发动机中，只有2台正常点火，另2台没有工作。大家都判断这次肯定是发动机的问题，再一检查，还是控制系统出了故障。

此时，发射试验被中止，各分系统设计人员都前往北京，召开分析会。接连两次的故障将李伯勇折磨得心力交瘁，遇见负责控制系统的型号副总设计师梁思礼跟他半开玩笑地抱怨："梁总呀！这两回可真是把我吓死了。你们那东西，捅咕捅咕行了，捅咕捅咕又不行了，总这样能行吗？"

■ 梁思礼，1924年出生，是清末著名政治家和思想家梁启超最小的儿子。早年留学美国，主攻自动控制专业，1949年获博士学位，同年9月回国。历任国防部第五研究院导弹系统研究室主任、副所长、七机部总工程师、通用测试设备总设计师、航天部总工程师、航空航天部科技委副主任、国际宇航联合会副主席等职。

梁思礼是中国导弹研制的元老级人物，当年国防部五院成立时，他是钱学森院长手下十个室主任之一。虽然他也正为这两次的失败忧心忡忡，听到这番话却并没有生气，跟李伯勇开玩笑说："我们这东西，就是这么捅咕出来的，我们不捅咕，你们那个也是白捅咕。"

梁思礼知道研制人员承受的压力，尤其是李伯勇他们这些搞发动机研制的人员，只要导弹发射出现问题，首先被怀疑的就是他们。事实上，梁思礼负责的控制系统，面临着更多难题。在当时的中国，电子产品制造基础比机械制造基础还要薄弱。当初在梁思礼的率领下，控制系统设计人员在"** 一号""** 二号""** 三号"等导弹型号上采用了"位置捷联全惯性制导系统"，这一系统除个别元件以外，大部分元件精度要求不高，但组成系统后精度却比较高。这是科技人员根据中国当时技术水平，不得已而采取的办法。十几年过去了，导弹技术发展迅速，对电子产品的精度要求越来越高，可国内电子工业制造水平却提高有限，实在难以保证质量，梁思礼他们也是在苦苦摸索。

1973 年 4 月，远程洲际导弹进行第三次发射，起飞 43 秒后发生故障，导弹自毁。全弹发射试验接连受挫，只能暂停发射。

1973 年 10 月，经周恩来总理批准，原先确定的远程洲际导弹发射试验和全弹定型时间向后推延，工作重点转为基本设计的修改和分系统可靠性试验。这不仅因为研制中遇到的技术难题还未解决，更重要的原因在于，当时的国际政治格局发生了重大变化。

1970 年代初，正是美苏“冷战”最激烈时期，面对“攻势”强劲的苏联，处于“守势”的美国迫切需要一个能够牵制苏联的“盟友”。而中苏关系一直处于紧张状况，苏联在两国边境陈兵百万，对中国的国家安全造成极大威胁，中国也需要寻找一个可以阻止苏联威胁的第三方力量。中国和美国都发现，对方是最好的合作对象。

1972 年 2 月 21 日美国总统尼克松正式访华，两国关系迎来了“破冰”时刻。2 月 28 日，中美两国发表了指导两国关系的《中美联合公报》，政治、军事对立的状态已经逐渐化解，此时暂缓洲际导弹发射试验的举动，从某种程度上，也是向美国传递善意友好的信号。

虽然洲际导弹的发射试验先后推延，但相关的研制工作却依然在进行之中。因为相关的技术不仅应用于导弹武器系统，还同时应用于运载火箭系统。那时，用于发射低轨道返回式卫星的长征二号运载火箭已经正式立项，与洲际导弹同样的两级结构，两级发动机也都由 067 基地研制，只是在个别部件稍作适应性改进。

李伯勇他们原本希望在长征二号运载火箭上验证发动机的实际工作状况，偏偏运载火箭的研制也遇到了问题。

1974 年 11 月 5 日，长征二号运载火箭在酒泉卫星发射中心进行首次发射，由于陀螺控制系统出现故障，火箭飞行姿态失控，导致发射失败。李伯勇他们干着急没办法，发动机地面试验状态基本平稳，可火箭控制系统连连出现问题，发动机就是没机会上天一试身手。

七

事实上，长征二号运载火箭还有一个“孪生兄弟”——上海研制生产的风暴一号运载火箭。说他们是孪生兄弟不仅仅因为这两个型号的运载火箭各种指标、结构和工作状态相同，就连发动机都是相同的结构，并且连很多研制人员也是从北京调去的。

早在 1961 年 8 月，国防部五院便在上海成立上海机电二局，由北京组建的 5 个研究所搬迁至上海，与当地生产厂配套，从事仿制红旗一号（原代号 543）地空导弹生产工作。1965 年 7 月，七机部再度从一院 11 所、二院第二设计部和三院 31 所抽调人员支援上海，与上海新新机器厂结合，成立上海机电二局第 21 所①，主要从事红旗三号地空导弹的研制。

1969 年 8 月 14 日，周恩来总理在国务院主持召开上海机电二局型号研制方向会议时指示：上海除了生产全套地空导弹武器外，还要搞人造卫星。随后，中共中央、国务院、中央军委复电指示上海市：“研制运载火箭、电子侦查卫星和气象卫星，以及相应的地面测试、观察设备。”

上海二局 21 所奉命承担运载火箭一、二级发动机的研制任务，1969 年 10 月 25 日，派出 12 人组成的学习组奔赴北京，在七机部一院 11 所和 211 厂等单位参观学习，查看了远程运载火箭发动机研制的有关图纸、资料和生产工艺。

1970 年年初，21 所收到一院送来的远程运载火箭发动机图纸和发动机样机，一院又派去孙敬良等一批经验丰富的专家到各工程组进行指导。有了这些帮助，21 所在技术准备的同时，也开始了生产准备。

此前，这里从未研制过大型的运载火箭发动机，不仅设计人员不配套，技术力量不成熟，而且试验设备严重缺乏。总装厂房、静力试验室、发动机液流试验台等都急需装备。如果全部新建，不仅投资大、周期长，而且无法满足进度要求。“有条件上，没有条件创造条件也要上”，21 所研制人员因陋就简，土法上马，对现有厂房、设备进行改造和扩建。因厂房高度不够，安装钎焊炉遇到困难，技术人员和工人们

① 1983 年 12 月，21 所更名为航天工业部上海航天局第 801 所。1989 年 5 月，更名为航空航天部第八研究院第 801 研究所。2008 年 7 月 22 日，根据中国航天科技集团公司专业重组的要求，801 所隶属航天六院。

发挥聪明才智，硬是靠几个千斤顶在短短的几天内将房顶升高了近两米，基本满足了钎焊炉的安装要求。用于铆接生产的厂房面积不足，无法安置 7 个装配型架，工装设计人员就因地制宜地设计出一种能自由升降的型架，结果仅安装了 3 个这种型架就满足了生产要求。针对技术力量不足的问题，21 所在当地组织了 330 多个单位进行大协作。焊接高强度铝铜合金材料的推进剂储箱，需要复杂的工艺装备和自动化焊接设备，他们抽调了当地有名的焊接专家和经验丰富的技术工人集体攻关，终于摸索出工艺规程，攻克了焊接难关。

21 所从方案设计到两级火箭地面试车，只用了十几个月的时间。1972 年，火箭总装完毕，为与长征二号运载火箭有所区别，上海生产的运载火箭被命名为“风暴一号”。①首次试射飞行就取得了成功，随即开始执行发射试验卫星的任务。

但 1973 年 9 月 18 日和 1974 年 7 月 12 日连续两次发射，风暴一号都告失败。原来，在风暴一号试制过程中，对长征二号原有设计做了一些修改，其中第二级游动发动机改动较大。但改动后设计余量小，质量控制不够严格，地面试验不充分，导致游动发动机推力下降，造成发射失败。上级决定风暴一号、长征二号上统一采用凤州 11 所设计的二级游动发动机，两种火箭的技术状态更趋一致。

■ 孙敬良，1930 年生于山东莱州。1958 年毕业于莫斯科茹可夫斯基军事航空工程学院。1965 年任上海机电二局火箭发动机研究所技术副所长、总工程师。1978 年以后，先后担任上海航天局副总工程师、风暴一号运载火箭技术负责人、长征三号运载火箭副总设计师、长征四号运载火箭总设计师、风云一号卫星工程副总设计师、局科技委主任、长征二号丁运载火箭总设计师、局技术顾问、微波成像遥感卫星工程总设计师。1995 年当选为中国工程院院士。

① “风暴一号”火箭，代号 FB-1。是 20 世纪 70 年代初，上海以其远程洲际导弹设计技术为基础，研制出的运载火箭，为与“长征二号”运载火箭区别，被命名为“风暴一号”。后以此为基础，增加第三级发动机，形成可发射太阳同步轨道卫星的“长征四号”系列运载火箭。

八

1973年，远程洲际导弹飞行试验时间被推后的同时，理论射程可覆盖全球的环球导弹研制工作也被延缓。

“环球导弹”是“文革”开始后实行“军管”时提出的研制型号，这是一种利用卫星轨道运行的空间武器，从理论上说，可以进行全球无死角攻击。导弹三个子级的动力装置分别使用了不同类型发动机——第一级是与远程洲际导弹相似的大推力常规燃气发生器循环式发动机，第二级是塞式环形喷管发动机，第三级是高压补燃循环发动机，这一设计方案被简称为“常、塞、补”。

“常规发动机”是指与“** 三号”、“** 四号”、远程洲际导弹上同种类型的发动机，但要求单台发动机推力达到100吨，四机并联使用；“塞式发动机”是美国正在研制的一种新型发动机（其技术难度极大，直至今日美国也未研制成功）；“补燃发动机”则是苏联正在研制的最新型发动机，使用补燃循环技术。

环球导弹发动机的研制工作由位于三线的凤州11所承担，这曾是一个优先发展的重点项目，设计连都被命名为“一连”（注释：当时实行军管，设计室都被称为“连”），配备100多名研制人员，是11所人数最多的连队。褚祥生担任连长，张贵田担任副连长。

这个方案是在“文革”极左思潮的大环境下，为了“赶超世界水平”，于是在一枚导弹上同时使用三种不同技术的发动机。三种类型中，有两种都是此前没有使用过的技术，难度极高，并且从导弹的实际应用角度看，这也是风险极高的方案。

因为发动机类型多、技术新，张贵田他们在设计上遇到了诸多难题，再加上要在外地协作加工，导致设计、生产周期极为缓慢，研制进行了两年多仍然进展甚微，从一级到三级发动机仅完成了图纸设计，还没造出初步设计样机。

环球导弹研制工作被延缓，一连的设计员们基本无事可做，上级只好组织他们进行政治学习，并安排他们在家属区、生产区甚至周边的山沟里开荒种菜，收获的蔬菜交给职工食堂，可以缓解供应紧缺的状况。于是一连被大家戏称为“农一连”。

1974年1月，11所从“农一连”挑选出四五十位技术人员，组建YF-40发动机研制团队，这是用于发射高轨道通信卫星的第三级火箭发动机，张贵田被任命为该型号主任设计师。

通信卫星运行的地球同步轨道，是距离地球 36000 公里的一个圆形轨道。要将卫星发射到这一高度，通常的做法是使用大推力的三级火箭发射，前两级先将卫星送至椭圆形近地轨道，然后第三级火箭发动机启动，将卫星变轨抬升至地球同步轨道。并且，第三级火箭发动机必须具有二次启动工作的能力。

中国航天界决定，在长征二号火箭上，再增加一个高性能的第三级火箭，组成“长征三号”运载火箭，专门承担通信卫星发射任务。

凤州 11 所早在 1971 年 9 月就开始了第三级高空发动机的预研，发动机采用偏二甲肼 / 四氧化二氮常规推进剂。1972 年 5 月，七机部在 067 基地召开“三星一船”三级运载器方案论证会，初步确定使用这一方案。

1973 年 8 月，七机部在唐山召开会议，对“三星一船”三级运载器方案和卫星指标进行论证立项。最终确定第三级火箭动力系统由两台常规推进剂发动机并联组成，技术要求为：单喷管，5 吨推力，能实现二次启动和双向摇摆。

张贵田率领团队开始研制工作还不到一年，情况就有了变化。

1974 年 5 月 19 日，周恩来向有关部委批转了邮电部工人的一封信，并要求加快研制地球同步轨道通信卫星。国家计委、国防科委随即召开了一系列会议，研究通信卫星的使用方针，并进一步明确了各工业部的分工。1974 年 8 月，七机部再次对第三级发动机方案进行讨论，因为备选方案已经有了三个。

一种是张贵田等人研制的 5 吨推力常规发动机方案。

另一种是朱森元等人研制的 4 吨推力氢氧发动机方案。这款发动机本来是与“** 四号”火箭组合用于发射导航卫星，但因“** 四号”推力不足，火箭的研制被取消，4 吨推力氢氧发动机便转而竞争长征三号发动机的第三级。

第三种是一院总体部提出的“短航程低轨道发射方案”。将远程洲际导弹第二级摇摆发动机稍作改进，直接用于第三级火箭。这种发动机能连续工作 1000 秒以上，不必采用二次点火技术，就能将卫星送入地球同步轨道。

5 吨常规发动机是以前就确定的方案，领导、专家们都很了解，讨论的重点主要是后两个方案。

方案汇报的会议召开前几天，北京 11 所的设计人员就开始准备筹备。此时正巧设计室主任朱森元被派去大庆油田参观学习，副主任王桁便组织几位工程组长一起商量对策。他们采用一台涡轮泵为4吨氢氧发动机缩比推力室提供燃料的方案，获得任新民等专家领导的认可。这一方案与凤州11所的5吨常规发动机争夺任务，成了“兄弟相争”的场面。

张贵田、任吉杰等人负责的5吨推力常规发动机的优势在于：相关技术比较成熟，研制进度会比较快；缺点在于：受推进剂自身性能影响，发动机比推力较低，高空工作性能一般，运载能力在900公斤左右。

朱森元、王桁等人负责的4.5吨推力氢氧发动机的优势在于：推进剂燃烧产生的比推力大，高空工作性能好，运载能力可达1200公斤以上；缺点在于：技术难度大，一些关键技术难题正在解决中，研制进度无法预期。

发动机的比推力高，通俗讲就是“省油”。同样重量的推进剂，在同样推力条件下，可以工作更长的时间，在高空环境中，比冲比推力更有优势。

这种各有优长的状况已经让人难以抉择，还有另一个不确定因素让抉择更加困难——通信卫星会有多重？常规发动机可以满足900公斤的运载能力，如果卫星质量超出这个极限，就要使用氢氧发动机。可当时通信卫星的设计还没有完成，只能预计在800公斤到1.5吨之间，谁都说不清制造出来会有多重。

于是一院副院长任新民决定“两个方向同时并举，一年以后再定”。先以5吨常规发动机为第一方案，液氢/液氧发动机为第二方案。这个“不确定”的决定，让前方、后方11所都暗中较劲，加紧了研发进度，希望能成为最终的那个正式方案。

时至1975年，一直处于停滞状态的环球导弹彻底“下马”，相关的研制人员中，十几个人被调到远程洲际导弹发动机的研制连，还剩下60多名设计人员无处安置，上级只能将他们留在一连继续进行塞式、补燃式发动机的预研工作。

其实型号下马后就没有了研制经费，所谓“预研”工作就是制作些零件的木模型，只不过是在打发时间，一连也因此从“农一连”变成了“木匠连”。这些设计员们也心灰意冷，干脆就真的当起木匠，给自家打柜子，做板凳，个个都练出一手好木匠活儿。领导们知道这些科技人员心中苦闷，他们不吵闹已经很不错了，做家具就去做吧，睁一只眼闭一只眼只当看不见。山里不缺木料，家具就源源不断地造出来，拥有了山沟里第一批私有产权的家具。

与一连研制人员的清闲相比，负责远程洲际导弹研制的二连却是另一番景象，他们研制的发动机要同时使用在洲际导弹和长征二号运载火箭上，各项发射试验任务一项项安排下来，他们忙得团团转。

可就在研制任务最紧迫之时，凤州试验台上发生了一场特大事故，发动机研制工作也因此受到了极大的影响。

九

1975 年，李伯勇等人正为长征二号运载火箭主发动机的可靠性改进加紧工作。165 站的两个试验台高频次地进行着试车试验，一号台台长高秉权和二号台台长雷茂长都忙得连星期天都没法休息。

因为发动机使用的推进剂具有很强的腐蚀性，如此高频度的试验使试验台的部件迅速老化，最早投入使用的一号试车台已经有多处管路组件腐蚀严重，必须进行更换。1975 年 3 月，一号台暂停试车进行大修维护，这期间的试验任务全部由二号台承担，雷茂长的工作任务更加繁重。

1975 年 3 月 24 日，11 所的设计人员早早就赶到了试验站，二号台要进行二级发动机五机联动试车，这是为运载火箭发射卫星配套的发动机，雷茂长他们已经为此准备了一个多星期。

二号台上，试验前各工位的检查工作一项项按部就班地进行，所有的回复都是“一切正常”，这意味着可以进入试车程序。雷茂长向几百米外的推进剂库房发出信号，可以向二号台储箱加注燃烧剂。谁都没料到，就在这个环节出现了问题，引发了一

■ 更换推进剂管道阀门

场灾难性的特大事故。

雷茂长发出燃烧剂加注指令，正在加注过程中，试车台外面突然传来一声巨响。雷茂长浑身一紧，扑到观察窗口向外查看，没有发现异常，他转身打开操作间的大门，大家都冲出去紧张地四面观瞧。“坏了！怎么也送到一号台去了！”雷茂长扭头一看，几百米外正在维修的一号台上冒着滚滚浓烟。

库房通过地下管道向试验台加注推进剂，在主管道上分出两个管路，分别连接一号台和二号台，给一个台子加注时，要关闭另一个台子的阀门。但这次给二号台加注燃烧剂，库房的操作员却忘了关闭通往一号台的阀门。

试验台的储箱前也有一个阀门，通常情况下，只有在库房加注时才打开，所以，即便库房的操作人员开错了阀门，也不会出现问题。但此时，一号台正在维修管道，阀门、管道都已经拆得七零八落，根本没有可以控制的部件，燃烧剂从敞开的管道中涌出，喷溅得到处都是。若是平时，燃烧剂流入试验台内的水泥地面不会发生燃烧、爆炸，仅释放挥发出一些有毒气体，不至于造成太大的事故。但试验台维修期间，为中和有毒性的偏二甲肼，试验间的地面上撒满了高锰酸钾。这种方法对于少量偏二甲肼可起到中和作用，但大量偏二甲肼遇到这种富氧化合物就会自燃，引发剧烈的爆炸。

爆炸发生时，一号台的台长高秉权正跟五六个人走在山坡上，准备去试车台继续维修工作。听见那声巨响，抬头一看，只见门窗碎片在头顶的空中四散飞舞，一号试验台上冲出滚滚浓烟，像电影《平原作战》里被点着的炮楼。

高秉权大喊一声“快去灭火！”身边的几个人拔腿就往试验台上跑。一号台内已经烈火熊熊，如果不赶紧扑灭，几吨的燃烧剂将发生剧烈的爆炸，试验台肯定会被彻底毁坏。库房的操作员也发现了情况不妙，立刻关闭了加注阀门，但一号台上已经被灌进了几吨的偏二甲肼燃烧剂。

跑在前面的几个操作员已经冲上一号试车台三楼，那里是燃烧剂的储存间，里面有消防阀门，打开阀门稀释燃烧剂，可以降低偏二甲肼的燃烧性。一位操作员用力拉开燃料间大门，封闭的空间内已经储存了巨大的压力，大门一开就发生了剧烈的爆炸，操作员被冲击波打飞 20 多米，抛到山坡上，面部严重烧伤。两个人赶忙去救护，另一个操作员冒着生命危险冲进烈焰滚滚、充斥着毒气的房间，奋力打开消防阀门，水柱射向墙面四散落下，可火势过于猛烈，这样的消防手段收效甚微。

高秉权顺着山坡连跑带爬地登上了试车台容器间顶部，上面有几个消防栓，他和另外几个同事接上水龙头，从上边往容器间内喷水压制火势，这里是整个试验台上最佳的消防位置，却也是最为危险的地方。试验站的所有人都知道，这样的行为意味着什么后果，燃烧剂偏二甲肼是挥发性剧毒物质，试验台里冲出的滚滚浓烟中就夹杂着大量的挥发毒气，全都向上攀升，涌到容器间顶部，站在这里灭火必然会中毒，生死难料，并且下面如果再发生爆炸，首先就会将这里炸毁。可危急之时，没人考虑个人安危，只想着将大火扑灭保住这个试验台。

■ 凤州试验区一号台用于远程洲际导弹发动机试车，1969 年 6 月，建成投入使用，是亚洲最大的液体火箭发动机试车台

陆续赶来上班的一号台工作人员看见大火，都拔腿往台子上冲，二号台上的试车也无法进行，雷茂长下令关闭一切设施，一面让人赶紧打电话求援，一面高喊："把所有防毒面具、灭火器都拿上，快去救火！"说完抱起一台灭火器就往一号台跑。

二号台的工作人员拖着大大小小的灭火器向着滚滚浓烟冲去，那些灭火器面对剧烈的火势根本不起作用，他们将用完的灭火器甩在山坡上，也爬到 27 米高的一号台容器间顶部。两个试验台 200 多人全都冲了上去，可那里根本站不下那么多人，高秉权高喊着，让一部分人下去，找消防龙头从侧面灭火。

容器间顶部留下一部分人，轮换扶着几根消防水龙头奋力向下方喷水，虽然戴着防毒面具，但根本抵挡不住浓烈的毒气侵袭，几分钟就中毒瘫倒一个，旁边有人把他背下去，身后扶水管的人立刻抢过龙头继续灭火，另一个就扶着水管等待换班。高秉权和雷茂长冲在最前面，一人抱着一根龙头，一会儿就腾手摘下防毒面具，高喊着："给我换一个！"

103 厂的消防队此时也赶来，用消防车从下面灭火，火势逐渐压下去。

一号台的火灾震惊了整个 067 基地，所有的领导都闻讯赶到现场，基地生产处钱维崧看见台顶上的高秉权已经摇摇晃晃，大喊："赶紧把老高换下来，他不行了。"几个人上去将他抬下来塞进车里送往医院。因为扑救及时，一号台上的设备损失不太严重，可参与灭火的人员却大部分中毒，150 多人被送往职工医院。

身强体健的雷茂长抢险过后没什么不良反应，清理完现场后就回家休息，可刚进家门就一头栽倒在地，不停地呕吐。他家依然住在 11 所的"厕所试验室"旁边，女儿赶紧跑到 11 所借用电话通知 165 站叫来车辆将雷茂长送进医院。

到了医院的雷茂长直接被推进了妇产科病房，他虽然浑身无力可头脑还很清楚，"你们搞错了，我一个大老爷们，咋到妇产科！"推着活动病床的护士却说："没错，没错，就是这儿。"雷茂长后来才知道，突然送来 150 多名中毒者，医院里内科、外科的所有病床全都用上依然不够，只好借用儿科、妇产科的病房。

中毒的常规判定方式是肝功能化验，检测转氨酶指标，正常值应低于 40，而这 150 多人几乎都超过了 100，高秉权、雷茂长等 6 个人的转氨酶值居然超过 500。

此时，风暴一号运载火箭要进行发射，长征二号运载火箭也要进行第二次试验发射，火箭上使用的发动机试车都急等着进行试车。可试车台上的工作人员大都因上次的事故还在养病期，即便是上了班，也不能从事重体力劳动。试验站只好向上级申请支援，中央军委下令，派西安第二炮兵学院一个营的部队和学员进驻 165 站，协助试验工作。那些战士都是 20 出头的小年轻，和试验台上的工作人员一起，完成了多次大型试验任务。

1975 年 7 月 26 号，风暴一号运载火箭成功地将中国新型技术试验卫星"长空一号"送入预定轨道，卫星自重为 1107 公斤，这是中国第一次将一颗大于 1000 公斤的卫星送入太空的成功纪录。火箭上使用的二级游动发动机便是在 165 站遭受重大事故后，顶住困难紧急试验出来的。

同年 11 月 26 日，长征二号运载火箭进行第二次发射，成功将中国第一颗返回式卫星送入预定轨道。火箭上使用的所有发动机，都是在事故之后进行的试车验证。

两次成功发射的背后，包含着 165 站试验人员太多的心血。

十

1975 年 3 月 31 日，中央军委召开第八次常委会，讨论通过了国家计委和国防科委上报的《关于发展我国通信卫星问题的报告》。报告经叶剑英副主席签署后呈送毛泽东和党中央，毛泽东在《报告》上郑重地画了一个圈，表示赞同，中国发射通信卫星的任务也由此被称为“331”工程。按照上级要求，该工程定于 1977 年年底前完成，对第三级火箭发动机研制进度要求更为迫切。

1975 年 6 月，一号试车台的事故刚过去两个多月，主任张爱萍便来到 067 基地视察，大病初愈的张将军拄着手杖专门到试车台进行了查看和慰问。

张爱萍将军在 11 所与科技人员进行座谈时，透露了一个让人颇为兴奋的信息。国防科委制订了战略导弹和航天技术新的发展规划，确定了短期内要实现的三个目标——向太平洋预定海域发射液体远程洲际弹道导弹、发射地球同步轨道通信卫星、从水下发射固体推进剂的战略导弹。毛主席、周总理批准了这个报告。

在中国航天系统内部，这三项目标被称为“三抓任务”。而这三项任务中的两项，都与远程洲际导弹密切相关，这就意味着被延缓进度的远程洲际导弹又被确定为重点型号任务。

“这三项任务里，两项都与 067 基地相关，你们负责研制的发动机，是重中之重。”张爱萍扶着手杖说，“按规划时间，这两项任务都要在 1977 年年底前完成，任务艰巨，时间紧迫，请大家想方设法在这个时间内拿出来。”11 所的科技人员很清楚，发动机还有很多难关需要攻克，两年半的时间就拿出来，压力实在太大，但依然表态，“我们一定全力以赴。”张爱萍将军站起身，“好，那咱们就在 1977 年画一条红线，不能过啊！”这句话立刻在山沟里传开，成为职工们的热门话题。

那次座谈会过后的一天，卢克忠下班回家，10 岁的小儿子卢振志在门里拦了根红绳不让他进门。卢克忠不知道他在搞什么花样，恼火地问他：“怎么回事？不让人进屋了？”儿子梗着脖子说：“1977 年一条红线！不能过！”卢克忠被逗得哈哈大笑。

1976年9月的一个星期天。张贵田跨进卢克忠的家门，“卢克，这会儿没事吧？给理个发。”山沟里的技术员们朝夕相处，见面只叫对方的外号或简称。卢克忠被简称“卢克”，张贵田被简称“老贵”。

“没事，你坐那儿。”卢克忠打开抽屉拿推子。两人在北京工作时就是很好的朋友，同事十几年，相互之间没有客套话。卢克忠手巧，在北京时就拿儿子的脑袋练就了理发的好手艺，同事们都愿意找他帮忙理发，不是为了省那一毛钱的理发钱，就是觉得让他理发自在。

张贵田往常来理发，两人总是谈笑风生，可这次却都默不作声，他们的右臂上都戴着一块黑纱。毛泽东主席9月9日逝世，那时的中国，举国哀痛，人人戴孝。

1976年，对于中国人而言，是个“天崩地裂”的悲伤之年，吉林降下了一场陨石雨，唐山发生了一场大地震，周恩来总理、朱德总司令、毛泽东主席三位伟人相继逝世。中国人经受了巨大的灾难，心中的精神支柱也突然塌陷，未有过的失落和惶恐之情紧压在人们的心头。

张贵田出神地盯着地面，剪落的碎发一点点掉落下来。

“老贵，白头发多了。”卢克忠打破了沉默。

“哎，40多岁的人了，咋能不长呢。”

“你呀……压力也别太大。”

“哎……”张贵田叹了口气。此时的张贵田，不仅和所有人一样承受着巨大的心理伤痛，还经历着事业上的极大挫折。

他主持研制的5吨推力常规推进剂发动机曾被列为发射通信卫星的首选方案，已经在1976年5月26日进行的首次整机地面试车中取得成功，可一个月前他们接到通知，这台发动机又被列为备选方案。因为1976年3月，北京11所研制的4吨氢氧发动机也进行了第一次启动试验，取得了较好的参数。1976年8月，七机部正式确定4.5吨氢氧发动机作为正式方案。这样的决定还有一个更现实的原因——受技术条件所限，通信卫星的重量无法缩减到常规发动机的运载能力范围之内，只能使用氢氧发动机方案。

可对于三线的研制人员来说，5吨常规发动机成为“备选方案”不仅意味着研制经费的大幅减少，连工作任务都没有了。当年环球导弹下马时，就有一批设计人员被留在“木匠连”无事可做，一些人不甘在此耽误时光，虽然有“禁止三线人员回流”的限制，但依然有几十名设计人员以生病、家庭困难等合理理由先后调回北京。如今5吨常规发动机也被列为“备选”，也几乎限于半停顿状态，又有很多人员无事可做，也起了调回北京的念头。此时的三线政策放宽了很多，只要有单位愿意接收就可以调过去，甚至其他研制项目的设计员也产生了动摇，以各种理由申请调离。

“你没想过回北京呀？”卢克忠问他，“你这样的人，前方肯定争着要呀。”

■ 1976年毛泽东主席逝世，067基地11所职工举行哀悼活动

“我不走！哪里黄土不埋人呀！”张贵田说，“非得回北京才能干事情？5吨常规发动机只说当备选方案，没说下马不研制呀，他们谁爱回谁回，我就在山沟里干！”

三年后，用于发射中轨道气象卫星的长征四号运载火箭正式立项，5吨常规发动机终于有了用武之地。1979年6月14日，国防科委批准的长征四号运载火箭方案中，张贵田主持研制的5吨常规发动机被选为三级动力装置，两台并联工作。规划中的“风云一号”气象卫星，是中国自行研制的第一颗太阳同步轨道卫星①，星重750公斤，轨道高度900公里，正好在F-40发动机的工况范围之内。

1976年9月，165站的高秉权办理了调离手续。在1975年3月的那场事故中，他是中毒最严重的6人之一，身体已经彻底摧垮，无法继续工作。

其实，在那次事故之前，高秉权以前就有过三次中毒，1973年他更换场区氧化剂管道阀门时，呼吸道被毒气严重烧蚀，送到北京治疗8个月，保住了性命，却留下了哮喘的后遗症。出院时，医生在他诊断证明上写着“建议调离工作”。他拿着单

① 太阳同步轨道，即卫星运行轨道平面和太阳始终保持相对固定的取向，轨道平面与赤道平面的夹角接近90度，卫星要在两极附近通过，因此又称之为近极地太阳同步卫星轨道。该轨道高度不超过6000公里，卫星轨道位于600～1500公里高度运行时最接近圆形。

子愣了半天，自己所有的特长、成就感和自豪感都来自于这个试车台，工作虽然危险，但这是他真心热爱的事业，不干这个，他还真不知道自己能干什么。回单位报到后，他没有将诊断证明交给领导，甚至没跟任何人提起此事。当初他被派到试车台工作是服从上级分配，此时留在试车台工作却是自己的选择。

但第四次中毒彻底搞垮了他的身体，此前的哮喘更为严重，每天晚上只能趴着才能勉强睡一会儿。这样的身体条件已经无法再到试验台工作，同事们在台子上紧张忙碌时，他却只能做些无关紧要的事情，苦熬了一年多。

一院副院长周吉一听说此事，考虑到山区生活艰苦不利于身体康复，便将高秉权调到西安市工作，那里刚刚成立的陕西省航天局急需有经验的工作人员，调他去担任技术处处长，既能从事工作，又便于调养身体。

离开红光沟前的那天晚上，高秉权趴在床上无法入睡，哮喘比往常更为剧烈。他爱人起身摸到床头的灯绳，拉亮了电灯："你吃点平喘药吗？""没事，没事！"高秉权伸手拉灭了电灯，在黑暗中抹了把眼泪。他 1965 年来到这条山沟里，在此工作生活了 11 年，尝尽了艰辛，如今就要离开此地，心中却涌起难以言说的万般滋味。

他爱这条山沟，因为他亲手在这片荒山野岭中建起了国内乃至全亚洲最大的发动机试车台，并且为中国最大推力的导弹发动机进行试验，这里留下了他金子般的年华，也有他无上的荣耀。

他恨这条山沟，家中三个孩子，有两个出生在这里，其中的老三是脑瘫。他一直认为，老三的不幸是那条山沟里的水土造成的，因为当地的脑瘫患者远远超过正常比例，他可以忍受这闭塞落后、物质匮乏的环境，也可以忍受被剧毒侵蚀带来的伤痛，却难以承受自己的孩子遭此厄运。

在即将离别的长夜里，他只想痛哭一场，但那些泪水却无法冲淡这爱恨交加的情绪。

十一

距离张爱萍将军划定的"1977 年一条红线"还剩一年的时间，但远程洲际导弹发动机上需要解决的难题还很多。

实际上，不仅是发动机研制进度缓慢，运载火箭上其他系统的研制进度同样难以按计划要求完成。十年的“文革”，让中国的基础工业乃至各行业的发展都停滞不前，制造业水平大都处于1960年代以前的水平。可研制洲际导弹、发射地球同步轨道卫星对技术水平和加工能力都有极高要求，中国的科技人员在落后的基础工业条件下，要制造出尖端科技产品，其困难远非常人所能想象。

科技工作者们费尽心血、拼尽全力，但张爱萍将军划定的“1977年红线”，还是在无奈之中被“撞断”了。鉴于实际情况，1977年9月，中共中央批准延长“三抓任务”时限，远程洲际导弹全程试验推迟至1980年，地球同步轨道通信卫星的发射任务推迟至1984年。

这个延缓计划让李伯勇等人长出一口气，他们负责的远程洲际导弹发动机在几次的全弹发射中，虽然都能正常工作，已经基本研制成功，但对发动机分解后发现，各部件都存在一些小问题。仅在王治军负责的一级发动机推力室，就发现了12处问题，比如：燃烧室在关机时发生烧蚀现象；涡轮泵端面密封不严，存在少量推进剂泄漏问题；泵叶片出现裂纹，甚至局部脱落问题。这些看似“细小”的问题其实都意味着发动机可靠性差，没有发生问题只是“运气”较好，必须对各处零部件进行改进设计，才能提高可靠性。

发动机改进设计工作开始后，试车工作更加频密。但几乎每次试车过程中，氧化剂测量数据都显示流量不足的状况，这导致了氧化剂和燃烧剂混合比不足，试验数据显示全都无法达到设计要求。11所的设计人员和165站的试验人员分析后认为，可能有杂物堵塞管道，他们拆开管道内安装的过滤器检查，没有发现杂物，这到底是怎么回事？

试验站想了很多办法也没能解决这个奇怪的问题。发动机还有那么多试验要做，主任设计师李伯勇急得不行，派系统组副组长董锡鉴协助试验站赶紧解决此事。

董锡鉴在试验站的配合下，先对几个批次的氧化剂进行抽样化验，各项指标都正常，也没有发现多余的杂质。他又检查了氧化剂输送管路，一切正常。其实，这些检查工作试验站已经做过，问题显然不在这里，董锡鉴也实在想不出问题到底出在哪里。第二次试车结束后，他无意中发现操作员正用水冲洗推进剂管道，他上前询问为什么要这样做，操作员说推进剂具有腐蚀性，每次试验后必须用水将管道清洗干净。听到这个解释，董锡鉴脑海中立刻闪出一个念头——硝酸盐！

远程洲际导弹发动机使用四氧化二氮作为氧化剂，在常温状态下四氧化二氮会自动分解成二氧化氮，二氧化氮遇到水产生化学反应，生成硝酸和一氧化氮。而试车台使用的是铝镁合金管道，硝酸对金属铝有腐蚀作用，发生反应就会生成硝酸盐。

董锡鉴认为，操作员用水清洗管道，里面会残留大量水分，试车时，四氧化二氮涌入管道分解出部分二氧化氮，与管壁上残留的水分反应后析出硝酸盐堵塞管道。

董锡鉴将这一发现报告给李伯勇和试验站，李伯勇认为这个分析有道理，试验站却认为不是这个问题，氧化剂都是加压进入管道的，流速很高，管道里的残留水汽会被迅速挤压出来，这么短的时间内，即便有少量硝酸盐析出，也不足以堵塞管道，并且“为什么打开管道检查时，里面什么也没有？”董锡鉴说：“因为硝酸盐溶于水，试车完后用水冲洗管道，当然什么痕迹也看不到了。”

李伯勇说：“老董，你做个试验，抓出这个硝酸盐的问题。”董锡鉴立刻到 11 所 58 车间加工了一个滤网，拿到试验站在管道中进行模拟试验，可取出滤网后，里面什么东西都没有。试验站的技术员说：“你看，我们就说不是这个问题。”董锡鉴不死心，对他们说：“这种模拟状态时间太短，咱们还是在试车时验证，下次试车完后别用水冲洗管道，直接分解。”

随后的一次试车后，操作员戴着防毒面具将管道分解开，那个碗形的大滤网中

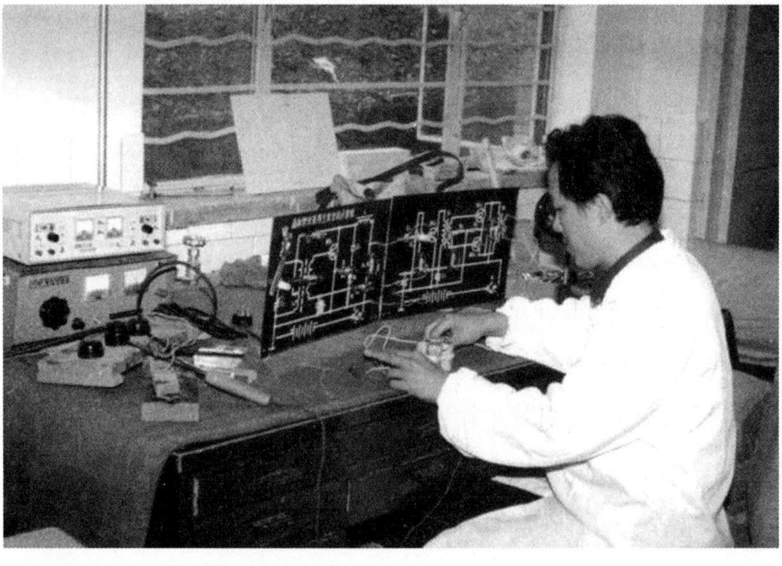

■ 试验人员进行控制电路改进工作

竟然积存着大量杂质，他们找来工具往外清理，结果掏出整整两脸盆的硝酸盐。董锡鉴的分析终于被验证，氧化剂流量不足就是因为被硝酸盐阻塞而引起。

管道需要清洗，但又不能用水清洗，还能用什么方法呢？这可是一个牵扯面极大的事情，那时候，不仅试验站用水清洗推进剂加注管道，酒泉发射基地也在使用这样的方法，并且将来远程洲际导弹列装部队，也会采取同样的方式。如果不尽快解决，不仅现在的试验无法正常进行，以后的列装和发射都将受其影响，中国的洲际导弹的发射准备时间将因此被延长数倍。

试验站尝试使用水蒸气加压清洗，但蒸汽在管道里冷却后依然结成水滴，只不过比直接用水清洗的水量减少了一些。他们还为此向上级做了专项汇报，需要派来学化工设备防腐蚀专业的人才。这种专业人才在全国都是紧缺的，各单位都不愿转调，只好与高校联系，分配一名应届毕业生参与这项工作。当时国内只有天津化工学院和浙江化工学院有这个专业，于是决定给试验站分配一名毕业生，但那时还没到毕业季，人员无法立刻到位。

此时，董锡鉴想出了一个办法，要求试验站试车完后别用水冲，也别用水蒸气，而是向管道里面充入氮气后将两端密封住，氮气是惰性气体，不与其他物质产生化学反应。

试验站用这个方法进行测试，此后试车，果然极大地减小了硝酸盐析出的现象，流量不足的问题得到了有效解决。酒泉发射场听说了这一方法，在推进剂加注管道中也采取了同样的措施。

试验站也对这一问题进行了深入研究，认为产生硝酸盐析出的最大根源是管道问题，稀硝酸对铝材有腐蚀性，但对于不锈钢的腐蚀量几乎可以忽略不计。当年建台时，由于缺乏不锈钢管材，只能使用铝镁合金管材，如今国内炼钢厂已经可以大批量生产不锈钢管材，全部更换试车台上的管道，这一问题立刻就能解决。

1978 年，两个试车台的管道全部更换为不锈钢管，彻底解决了硝酸盐析出的问题，为了保护不锈钢管道，依然采取了氮气增压封存的技术手段。

此时，来代初从浙江化工学院毕业，被分配到 165 站，可硝酸盐析出的问题已经解决，领导只好安排他到 165 站子弟中学当化学老师。来代初很不愿意去，领导跟他说最多干一年，他实在没办法只好去了中学。可直到两年后，才被调到试车台上从事技术工作。

十二

时间到了 1979 年,距离远程洲际导弹后延的全程试验日期还有一年多,发动机却还有两个关键问题没有解决:一级发动机振动过大,二级游动发动机氧化剂泵泄漏。

一级发动机振动现象从生产出第一台试验件时就一直存在,当时各部件的设计都需要改进完善,发动机振动并非最急迫的项目,因此一直被搁置。经过十几年的改进,各部件的设计逐渐合理完善后,设计人员才发现,发动机振动现象是个很严重的大问题。

根据试验测量数据分析,一级发动机工作时产生的振动加速度高达 50G 以上,这就意味着发动机上的每个部件都要承受相当于自身重量 50 倍以上的压力反复冲击,在巨大的冲击压力下,零部件随时都可能被震断,其结果就是发动机漏火、漏液、漏气,最终导致爆炸。

而振动产生的源头,来自于发动机燃烧室。燃烧室组组长王治军带领几位设计人员对振动频谱进行分析,最终确定振动是由中频振荡引起。

物理学将振荡分为低频、中频和高频三种类别。低频振荡的频率为 1—10Hz,中频振荡频率为 10—1000Hz,高频振荡频率为 1000Hz 以上。发动机工作时产生高频振荡会引起燃烧室的不稳定燃烧现象,而中频振荡则会导致剧烈震动。事实上所有的发动机都存在中频振荡的现象,只不过振动的量级大小不同,如果振动量级在发动机材料强度的承受范围内,就是安全状态,反之则会造成严重后果。

远程洲际导弹全程发射试验还有一年多的时间,为了尽快解决中频振荡带来的隐患,加快发动机研制进度,主任设计师李伯勇决定采用“减震、抗震相结合,以抗为主”的策略 —— 着重加强零部件强度,以抵抗振动的影响。但当时国内缺乏质量轻、强度高、加工性能好的材料,只能采用常规材料加厚的方式。可是导弹内空间有限,发动机推力同样有限,不可能无限制地增加零部件的体积和质量。零件增大的尺度有限,难以抵御中频振荡产生的冲击力,取得的效果并不理想。王治军等人建议,推力室的抗振措施改用“减振为主”的方式解决,这一建议立刻获得批准。

研制人员经过分析、试验后发现,振动现象不仅是推力室的问题,其他各个系统都有振动，而且还有机械反馈振动的现象。

发动机点火启动后，推进剂在推力室内剧烈燃烧时产生中频振荡，振动波迅速传向推进剂输送管路和储箱，储箱内的推进剂也因此产生谐振。当剧烈振动的推进剂被送入推力室时，如同沙滩上的海浪般一波一波地涌入，只不过那频率比海浪要高出千倍。推进剂流量不断发生高低变化，燃烧状态也因此处于变化之中，引起更剧烈的机械振动，振动波回馈到推进剂储箱，进一步加重了推进剂振动，成为恶性循环的过程。

这是个复杂的系统性问题，必须有相关的理论做支撑才能找到解决方案，李伯勇派系统组的孙宏明和推力室组谢佑兰、吴宏恩等人去中国科学院声学研究所请求协助。孙宏明等人在声学所的配合下，展开了相关课题的研究，并很快拿出理论分析报告。

他们根据这份报告，对储箱、管路、涡轮泵等部件采取了抑制振动波的预防措施，形成了“O 方案”，对一些关键部件进行了重新设计，中频振荡引起的振动加速度明显降低。

发动机的振动虽然降低了很多，但源于推力室的振动还是很高。大家认为，要想进一步抑制中频振荡，必须从最根本点——燃烧室的燃烧状态进行控制，而控制燃料状态的关键点则在于喷注器。王治军仔细分析了相关理论资料，决定对喷注器进行重新设计。他一连几天闷在办公室里，白天晚上地画图。一个星期后，拿出了一套新的喷注器设计图。去工厂加工出试验件一试，果然有效！这结果让王治军和同事们兴奋不已，又对喷注器设计进行了 28 次修改和试验，终于确定了最终设计方案，并将其命名为“K 方案”。

发动机上使用了这套“O 方案”和“K 方案”后，就“OK”了，振动加速度由原来的 50G 以上锐减到 8G 以下，完全符合使用要求，发动机可靠性大幅度提高。

一级发动机振动难题终于被攻克，让主任设计师李伯勇卸下心中一块巨石，可他还有另一个亟待解决的问题——二级游动发动机氧化剂泵泄漏。

二级发动机上有 4 台控制导弹飞行方向的游动发动机，为这四台发动机输送氧化剂的泵经常出现泄漏现象，这会导致一个致命的问题——烧毁发动机。每次进行二级发动机试车时，李伯勇都提心吊胆，总要专门派人用望远镜观察氧化剂泵有没有出现冒火燃烧。

其实，二级游动发动机涡轮泵原来并没有这个问题。

当初的设计是针对导弹使用状态，涡轮泵工作时间不到4200秒，在此时间段内涡轮泵没有泄漏现象。但“三抓任务”提出后，上级决定在不更改总体格局和已有研究成果的基础上，对远程洲际导弹进行改进设计，形成长征二号运载火箭①，以满足卫星发射的要求，同时，067基地生产的二级游动发动机还要为上海的风暴一号运载火箭提供配套。这就需要二级游动发动机具备400秒以上的可靠工作时间，超过原有设计工作时间的1倍。而发动机进行试车时，就要超出正常工作时间的数倍才能验证其可靠性。

但二级发动机进行1000秒试验时，参试的游动发动机小涡轮泵中，有1/3的氧化剂泵都出现了泄漏，可靠性不佳，李伯勇组织设计人员攻关一年多都没有解决。

更让人挠头的是，风暴一号运载火箭将在1979年7月执行中国首次“一箭三星”的发射任务，二级游动发动机能否可靠工作成为关键问题。可此时二级涡轮泵研制小组的人员大都调离三线回了北京，剩下了两名设计员，关键时刻居然缺少人手了！11所领导专门为此召开讨论会，最终圈出了张静山的名字。

此人1957年从上海交大毕业，分配到国防部五院第三设计部工作，参加过“1059”的仿制，已经算得上是“元老”，又在涡轮泵设计室工作多年，大家都觉得这是最合适的人选。“就让他当小涡轮泵的组长”。

没想到，张静山却犯起了牛脾气。

十三

涡轮泵研究室指导员陈玉新向张静山转达了工作任命，张静山却说：“我不干！你们另找高人去。”陈玉新没想到他会拒绝工作安排：“这是所党委共同决定的事情，你是党员，不干也得干！”可张静山一听这话更上了劲，跟他吵了起来，这场谈话不欢而散。

---

① 长征二号运载火箭于1974年11月5日首次发射，由于火箭控制故障导致发射失败。1975年11月26日长征二号运载火箭进行第二次发射，并成功将中国第一颗返回式卫星送入预定轨道。在此基础上，长征二号进行了进一步改进设计，使其近地轨道运载能力由1800公斤提高到2400公斤，并大大提高了运载火箭的可靠性。改进后的火箭被称为长征二号C。

张静山是老五院成立第二年就参加工作的“老人手”，可22年来，除了仿制“1059”的那两年，其余20年时间都在“跑龙套”。重要的研制任务都没他的份，去东北军垦、调三线工作、在“木匠连”当木匠却一样不少的全都参与。后来虽然重新分配到远程洲际导弹发动机涡轮泵室，但那时各项研究工作已经基本成型，他只能干点杂事，根本派不上“大用场”，这让他心中实在不服气。此时小涡轮泵组只剩下两个人，才派他去当组长，他很有情绪。

晚上回到家，张静山气哼哼地将此事跟妻子说了一遍，没想到妻子却慢悠悠地说了一句：“这事儿，你不对啊。”

张静山的妻子武超然也是位“老资格”的设计员，1958年从北京航空学校毕业，分配到老五院，两人在沈阳仿制“1059”时相识相恋。1971年10月，她就带着两岁多的小儿子进了山沟工作，几个月后，张静山才从东北军垦农场调到凤州。性情温和的武超然工作严谨、说话办事极为周到，此时担任着11所传感器室的副指导员。

“我怎么不对！”张静山眼睛一瞪，声音又高了起来。

“你先别吵吵。”武超然说，“我就问你，这么多年你是不是一直想搞点有意义的工作？”

“没错呀！一直不用我呀。”

“现在不是用你了吗？你别管那个小组有几个人，你就想那是不是能干点有意义的事儿了？发动机上就剩下这最后一两个难关，你说重要不？这事儿交给你，你不接，打算再给咱家做两个柜子呢？”武超然慢悠悠地说着，却句句戳在张静山的心口上。

他一拍大腿：“别说了，我明天去找陈玉新。”其实陈玉新是武超然高一级的校友，平常两家关系不错，张静山的暴脾气一上来就跟人家翻了脸，此时他也觉得后悔。

第二天一大早，张静山就找到陈玉新：“老陈，昨天是我不对，这个事情我去干！”

其实，李伯勇等人已经根据以前的试验结果，找出了小涡轮泵氧化剂泄漏原因，是由于泵体与转轴连接处密封不严造成，他们认为对零件公差和部件装配过程进行严格控制应该可以解决这一问题。调张静山来小涡轮泵组当组长，只是负责与工厂配合，细化生产和装配工艺。

张静山以前在大涡轮泵设计组工作，对小涡轮泵的情况并不了解，半路接手必须从头开始检查。他拿着图纸去了103厂的装配车间，全程跟踪装配过程。两位同事也同他一起下厂，将自己的经验和此前发现的问题和盘托出。

跟踪装配过程中，张静山也确实发现了一些问题，于是将工艺规程重新整顿。车间的工艺员、检验员也非常配合，与他一起讨论研究，制定出新的装配流程表，并建立了质量跟踪卡。张静山要求，加工装配的每一步都必须由操作人员、检验人员签字，所有数据都要记录在案，这样每台产品都可以查到当时生产、装配的原始记录。其实，以前也有类似的跟踪卡，但只是粗略框架，记录项目不够细致，装配出来的涡轮泵每台状态都不一样，出了问题也很难找到是什么原因引发的，张静山细化了这项工作，对于迅速寻找和判断问题有极大的帮助。张静山等人正在103厂的配合下，一边调整工艺规程，一边追赶进度，按照新流程装配出来的小涡轮泵送去试验，泄漏燃烧现象依然存在，只是减少了比例。零件生产和装配过程都符合图纸要求，这就要对设计方案进行调整了。

但发动机已到交付时限，只能以这种状态交付。

1979年7月28日，风暴一号运载火箭托举着3颗空间物理探测卫星从酒泉卫星发射基地起飞。火箭一级、二级主机工作正常，但在滑行段飞行中，游动发动机推力下降，起飞后297秒自行关机。火箭因飞行姿态失稳在空中自毁。专家对事故进行分析后，认为这次发射失利是游动发动机涡轮泵出现“磨、漏、烧、卡”的故障。

此时，李伯勇刚刚被任命为11所所长，就遭遇了这次重大事故，二级小涡轮泵成了他的心头大患。

1979年10月1日，是共和国30周年大庆，李伯勇却顾不上休息。他和党委书记一起，召集11所党委成员和主要技术负责人，召开了一次紧急会议，讨论二级小涡轮泵的解决方案。

上级要求，必须在两年内解决涡轮泵的可靠性问题，保证一箭三星发射任务的顺利进行，但李伯勇却对11所的设计人员要求，必须在两个月内解决问题。因为二级小涡轮泵还同时应用于远程洲际导弹，并且导弹将在1980年上半年进行“飞向太平洋”的全弹试射，发动机必须在1980年2月份交付产品，此时仅剩3个多月的时间。

会议之后，李伯勇对张静山说：“此前为节省时间，采用工艺方法解决二级小涡轮泵的泄漏问题，现在看来并不可行，必须更改设计。党委会决定成立一个攻关组，重新设计小涡轮的密封结构，过去用皮碗式密封，现在改成端面密封。你和11室的杨绍康、祁新源两位搞密封材料的同志，还有103厂208车间主任老夏组成攻关组，由你牵头，尽快把氧化剂泄漏的问题解决了。”

张静山问道：“重新设计有什么要求？我可以改到什么程度？”

李伯勇说：“不能大改，发动机舱体里位置有限，只能小幅改动。”

张静山知道，虽然只是密封方式的改动，但实际上这是牵一发动全身的事情，其他相关零件的构造和尺寸都要进行很大的变动。“那总要给我一个改动的余地吧？”

李伯勇说：“有余地，但不多，轴向距离的增加量不能超过20毫米。还有，设计和加工必须在年底之前完成。”

攻关小组的其他三人都是负责材料和零件制造，只有张静山一人负责结构设计工作，责任实在重大。张静山心中既有些紧张，又有种难以抑制的兴奋。工作20多年，他终于可以独自承担一次重大的设计任务。“李所长，你放心，保证按期完成。”

接到任务当天，张静山就抱着图纸、绘图仪，从六区的办公室搬到了三区生产密封件的11室，跟杨绍康、祁新源一起，对涡轮泵密封结构进行改动设计，仅用44天时间，就拿出了第一批试验件。

涡轮泵水力试验顺利通过。李伯勇拍板：“行了，直接装发动机，热试车，1000秒长程。”按规定，水力试验要进行4到5次，全部成功才能进行热试车。并且，第一次热试车也应该先做200秒的工况试验，先验证是否能达到远程洲际导弹要求的工作时间，连续3次以上合格才能进行测试可靠性的长程试验。李伯勇的决定，一下子跳过两个试验阶段，实在是不合规矩。二级发动机是一个涡轮泵带4个游动燃烧室，试验一次，仅推进剂的花费就在十几万元。前期水力试验不充分，万一热试失败，损失可就太大了。

其实，李伯勇做出这样的决断，也是经过了缜密的考虑，以前的涡轮泵就能承受200秒试车，并且在以前进行的1000秒试车中，涡轮泵的其他部件都完好无损，问题只是出现在密封泄漏上。新设计仅对密封结构进行调整，涡轮泵总体变化不大，为了抢时间，李伯勇选择越过中间的这些试验环节，“出了问题，我承担责任。”

■ 凤州试验区二号台

张静山也觉得紧张，这是他独自完成的第一项重大任务，毕竟没有经过热试车的验证，一上来就是长程，他心里也没底。他站在试车台的观察窗口前，握着望远镜紧盯涡轮泵，满手是汗。

第一次热试车在张静山的惴惴不安中顺利通过，涡轮泵没有一丝泄漏，李伯勇决定："再试一次"。第二次依然顺利通过，大家高兴得击掌相庆，张静山更是兴奋得直拍大腿。按规定，这样的试车要进行 3 次以上，李伯勇却说："不试了，直接上 3000 秒长程！"

"啊？"张静山也被这狮子大开口般的叫价惊住了，"他怎么跟疯了似的！"

李伯勇实在等不及了。如果按部就班地进行试验，全部试车做完得 3 个多月，已经超过上级要求的发动机最后交付时间。如果没有问题还好，万一出现意外情况，需要更改设计，就一点时间余地都没有了。他这样做，就是为"万一出现问题"留出应对的时间。

试验那天，张静山又端着望远镜站在观察窗口，那 3000 秒的时间在他感觉中如同 3 年一样漫长。试验结果却令他满意，"没问题！"

李伯勇回复："再试一次！"

几天后，又一个 3000 秒，也没问题！

李伯勇手一挥："不试了！定型！"

远程洲际导弹发动机最后一个难关终于攻克，原来是"心头之患"，现在是"高枕无忧"。张静山长出一口气，跑了 20 年的"龙套"，他终于成功地出演了一次"主角"，用实力证明了自己的价值所在。

十四

1979年年底，张静山正在解决二级小涡轮泵泄漏问题的时候，负责生产的103厂已经制造出所有发动机部件，开始组装一级发动机。可装配过程中，却发生了一件看似微不足道，却足以影响全局的事件。

12月底的一天早晨，总装车间装配组组长刘文勤刚上班，一辆转运车就送来了39车间生产出的几台一级发动机涡轮泵。他二话没说立刻开始交接验收工作。

按照工作规程，运到总装车间的每个发动机部件，都必须由装配组长对外观和内部腔道状况进行目测检验，确认没有磕伤、异物后才能办理交接。

刘文勤打开手电筒，趴在每台涡轮泵的内腔口边照边观察。装配车间的老师傅们总结出"吹、拉、照、摸"四种目测检验方法，这是其中的"照"检法。

前几台涡轮泵都没问题，检查最后一台时，刘文勤发现内腔拐弯处有一个小小的阴影。他心中一紧，赶忙伸手进去摸，可他的手大，卡在内腔拐弯处，他伸出一根手指轻轻一拨，碰到一个小小的物体，管道中也随即发出轻微的"咔嗒"声。

"有异物！"

刘文勤的这句话，让在场的所有人都紧张起来。他从腔道内抽回手，叫来旁边一位女同事："你手小，把那东西摸出来。小心点，千万别碰到内腔里去。"女同事小心地伸手进去，一下就摸到了那个小小的异物，捏出来一看，是一颗小螺帽。

这颗小小的螺帽出现在其他地方，根本不算什么事情，但出现在导弹发动机部件里，就是个隐含着巨大危险的事情。高速旋转的涡轮泵叶片如果碰到它，就如同被一颗子弹击中，轻则叶片损毁导致发动机停止工作，重则会引起导弹爆炸。

此事立刻被上报067基地，各相关单位都紧张起来，立刻进行追查。这可是一个大事故，发动机制造过程中，每一颗螺钉、螺帽都是按数量领取，怎么会多出一个螺帽？会不会是从哪个零件上松脱掉下来的？

调查组经过两天的追查，发现这颗螺帽不是从涡轮泵上脱落，而是做气密试验时使用的螺帽。原来，涡轮泵车间完成装配后必须进行气密性检查，工作人员完成检查拆卸密封连接件时，不小心将螺帽掉进了涡轮泵中，由于连续加班工作太劳累，竟毫无察觉，并且拆卸完毕后也没有清点螺帽数目，最终导致了这个事故。

刘文勤的细致检查，避免了一次重大事故的发生，不仅获得通报表彰，并且得到15块钱的奖励——这是067基地有史以来金额最高的一笔个人奖金。

刘文勤他们将一级发动机装配完成时，张静山对小涡轮泵的改进和试验工作也取得了成功，二级发动机也开始投入装配。经过一个多月的赶工，067基地负责生产的远程洲际导弹一级、二级发动机以及弹头姿控发动机顺利交付。

1980年2月12日，中央专委批准了国防科委提出的远程洲际导弹全程飞行试验方案，确定于1980年5月份择日发射，这次发射因此被称为“580任务”，又因导弹落点定于南太平洋海域，大家又将这次发射称为“飞向太平洋”。

1980年5月18日10时00分23.302秒，酒泉导弹试验发射场向预定海域（南纬7度0分、东经171度33分为中心，半径70海里圆形海域范围）发射580-甲弹。29分57秒后，弹头落于南太平洋预定海域，射程9070公里，发射取得圆满成功。这标志着中国人自己研制的战略武器已经达到实用阶段，成为继美、苏之后第三个拥有洲际导弹的国家。

■ 1980年5月18日，我国首次向太平洋发射运载火箭试验取得圆满成功

傅永贵等人负责研制的弹头姿控发动机，在这次试验中显示出了良好的性能。弹头落点误差250米，远低于此前要求的两公里误差指标。对飞行9000余公里的洲际导弹来说，这种射击精度，就相当于步枪击中千米之外的乒乓球，或用手枪击

中百米之外的蚊子。

远程洲际导弹发射试验成功，是067基地最大的喜事，红光沟里洋溢着激动喜悦的气氛，红旗飘扬，鞭炮齐鸣，简直比过节还热闹。所、厂、站各单位都召开庆功大会，职工们集体会餐，大宴三天。

“大宴三天”也实出无奈，各单位都只有一两个职工食堂，食堂内顶多摆下10张大桌子，每次开席，只能坐下一二百人。要让所有职工都吃上一顿庆功宴，每天开三次席，至少也得三天时间。

所谓的庆功宴，其实还是食堂平常做的那几样大锅菜，只不过多放了几片肉。唯一不同的是，有专门从宝鸡买来的碗口大的白面馒头，从汉中买来的三粮液白酒，可以不限量地敞开了吃喝。一些科室想出了一个高招，每个人在家做一道拿手菜，带到食堂一凑，每桌就多出10道不同的菜，这个创意将庆功会餐办成了百家宴，气氛更加热烈。

其实，庆功宴上没人在意吃了些什么，他们一次次高高举起酒杯，一次次地一饮而尽，他们只想痛痛快快地大醉一场。为了中国的第一枚洲际导弹，他们来到这条与世隔绝的山沟里，隐姓埋名地生活了整整15年，他们付出了无数的心血，他们忍受了万般的艰辛，他们熬白了少年头。

酒一杯杯喝下去，话一句句说出来，15年的悲喜交加，就为了这一天的到来，有人笑了、有人哭了、有人醉了，小小的食堂里，挤进了太多的人生况味。

此刻陶醉在成功喜悦中的人们都不曾料到，一场巨大的劫难正向他们一步步逼近……

第六章

众志战洪荒

一

1980 年 5 月 18 日，“飞向太平洋”试验发射成功后，紧随其后的便是完成“一箭三星”和高轨道通信卫星的发射任务，这是中国对航天运载能力和火箭发射技术的新探索，也是那时最为紧要的任务。红光沟里各单位在庆祝“飞向太平洋”的“大宴三天”过后，立刻开始了新一轮的生产工作。

1980 年 6 月 15 日，发动机制造工作才开始了半个多月，凤州的山区就下起了那年的第一场连阴雨。每年夏季，这里都会有一两场或长或短的连阴雨，平日里水面不过三四米宽的安河清澈柔顺，此时会一天天暴涨起来，浑浊的狂流涌动在三四十米的河道中，如同一个暴怒的莽汉，咆哮着、冲撞着奔向下游的山口。

红光沟里那条唯一的公路沿安河河岸而建，路边用石块和水泥筑起护坡、堤坝。每次暴发洪水，都有几处堤坝被洪水冲断无法通车，职工们只能走山路上下班。为了洪水后重修道路，山沟里各单位都常备着一两台推土机和苏式 AT-C 牵引车，以备应急之用。

修路时，都要将冲毁的堤坝重新修整，每次用水泥重建花费太高，于是就用粗铁丝编成巨大的铁丝笼，里面装进大石块形成简易护堤。但下次洪水一来，护堤又被摧毁，石块又被冲回河里，职工们再从河道里搬回石头重修护堤。年年如此地从河道里搬石块，折算花费的资金和精力，每块石头的价值比普通职工 3 个月的工资还高。

1980 年 6 月的这场连阴雨一下起来，山沟里的职工们都知道，“又得发洪水了”。在山沟里生活了这么多年，洪水年年有，大家都没觉得这是个什么事儿。

可这场连阴雨整整下了半个月还没有停止的迹象，穿越秦岭山区的国道被冲断，宝成线秦岭段停运。红光沟里的洪水也比往年凶猛得多，安河河道已经占据了半条山谷，那条唯一的公路大多已经被淹没在翻滚的浊浪中。

7 月 1 日深夜，雨越下越大，黑黢黢的夜里只有哗哗的雨声和洪水的滚滚怒吼。11 所六区家属院的东侧，副所长宋承河正带领十几个人拼命地搬石头，装沙袋，垒起一道简易的防洪坝。这些工作本是主管行政工作和器材管理工作的副所长贾伯雄负责。贾伯雄和宋承河是天津大学同学，当年一起分配到 11 所，两人是多年的老朋友。此时，贾伯雄正在北京出差，因道路阻断无法返回，宋承河便临时替老同学承担起防洪救灾的指挥工作。

十几天来，宋承河已经几次组织防洪小组的人员对各个危险地段进行加固，但洪水实在凶猛，此前的那些防洪设施大都被冲毁，六区家属院的情况岌岌可危。

六区是一个地势较高的山脚台地，11 所所部和设计室的办公楼坐落于此，职工家属的宿舍区建在台地边沿，紧邻着河道。当年修建时为保护地基，沿着台地修筑了一圈十几米高的护堤，但此刻洪水已经将护堤淹没了大半，并且家属区位于河道的大转弯处，正经受着洪水的巨大冲击，如果护堤被冲垮，整个家属区都将遭受灭顶之灾。

宋承河等人正忙碌时，副书记姜福来也赶到现场。宋承河一见他，就说：“老姜，这水势越来越大，情况不妙呀！得赶快再召集些人来。”

“别急！我这就去找人！”姜福来转身就往所部大楼赶去。他敲开值班室的门：“打开高音喇叭，赶紧播送紧急通知！所有男职工立刻拿上工具到家属区东边筑坝抢险！补上一句，这是所党委的紧急动员令！”

此时已是深夜 12 点，高音喇叭中反复播送着紧急动员令，伴随着黑暗中的雨声和涛声，显得凄厉而又悲凉。家属区里，男职工纷纷走出家门，手持工具向河边赶去。

戴证良被高音喇叭的声音惊醒，听到要去抢险，心中真是作了难。妻子宋美英正在外地出差，家中只有他和年仅 10 岁的大女儿。身为党员和干部处副处长，抗洪抢险的事情他必须冲在前面，但将年幼的孩子独自留在家中，实在难以安心。只犹豫了几秒钟，他便起身穿好衣服，将两床被子摞在熟睡的女儿身边，这样她翻身

■ 1980 年 6 月 15 日，秦岭山区连降暴雨，山洪暴发，江河横溢，067 基地处于一片汪洋之中

也不会掉下床。然后按灭台灯摸黑走到门口，又折回身将台灯打开，想着万一孩子醒来，不至于太害怕。他刚跨出门，又折回身，抓起一张纸，写上“爸爸跟叔叔们去河边阻挡大水，很快就回来，你别害怕，乖乖地睡觉”。他将纸条靠在台灯上，又看了看熟睡中的女儿，套上雨衣，拿起工具，走出了家门。

家属区东侧的河边，已经聚集了几百名男职工，有人腰间系着绳索，跳进洪水中，将木桩打进河床；有人将河道旁的树木砍倒，用铁丝挂在木桩之间抵挡洪水的冲击；有人扛来沙袋，搬来石头，压在树枝上巩固河堤。大雨一直不停，水势越来越猛，人人心中都焦急万分，戴证良更是双重地焦急，边抢险边担心孩子会不会半夜醒来受到惊吓。

7 月 2 日凌晨 4 点多，大雨渐渐停歇，水势却依然凶猛。河边的抢险持续了整整一夜，直到早上 7 点，水势才逐渐消退，忙碌了一夜的人们已经筋疲力尽，看到堤坝无恙，姜福来和宋承河才下令留下值班人员观察水情，其他人员回家休息待命。戴证良一路小跑着回到家中，开门一看，女儿已经醒来，神情慌张地坐在床头，见他进门，一直憋着的眼泪一下流出来，放声大哭。戴证良一把扔下雨衣，过去安抚：“别怕，别怕！爸爸回来了，没事了！”

宋承河指挥着众人与洪水鏖战了一夜，早已疲惫不堪，大家都回去休息，他却不敢有任何松懈。宋承河是 11 所的元老，1956 年老五院成立之时便参加工作，先从事设计工作，后被任命为 58 车间主任，1979 年担任 11 所副所长，兼任科技处处长。这是他第一次负责抗洪工作，可水势明显比往年都大得多，当地六七十岁的老人说，第一次见到这么大的洪水。

■ 11 所副所长宋承河

■ 11 所房产科科长李宝良

此时，六区的险情已经过去，但六区东边还有 11 所的四个生产区和家属区，情况如何他还一无所知，必须去各处巡查一番。众人回去休息，他和房产科科长李宝良一起，往东边巡查。山沟里的每个生产、生活区都相距一两公里。洪水还在肆虐，公路已经冲毁，他们只能爬上山坡，走山间小路前往各处查看。

两人走到最东边的下坝家属区，然后再折回三区、炮房家属区，一路查看水情和防洪措施。虽然沿途道路多被冲毁，但厂房、职工宿舍都没有受到破坏。此时，十几天的连阴雨终于停了下来，天空上阴沉沉的乌云还未散去。

“车队”是他们巡查的最后一个点，那里距六区只有一公里，是 11 所的车库和器材库房所在地，制造发动机试验件的贵重原材料都存放在这里，此外还有两栋家属楼。此处河道狭窄，两侧山体相距不足百米，水势极为凶猛。

车队和器材处的办公室紧邻河道而建，一堵两米多高的防护堤坝保护着地基，那道堤坝原本距离河道有十几米的距离，如今已被洪水淹没，办公室的后墙都浸泡在水中。宋承河、李宝良担心办公室后墙被冲毁，绕到东侧的空地上向后观察。那里有一个修建在堤坝边沿的水泥平台，平日里车队用于清洗、修理车辆，站在平台上可以看到办公室后墙。

洪水已经涨到与洗车台台面相同的高度，浊浪扑打着的台面像是浮在洪水上的一块方舟。宋承河、李宝良小心翼翼地踏上这块看似坚固的水泥洗车台，却不料这平台下正隐藏着巨大的危险。

在洪水的冲刷下，洗车台的地基早被掏空，只剩下浮在水上的台面。他们刚走到洗车台边沿，立足未稳，水泥台面就轰然坍塌，两个人瞬间就被卷入滔滔洪水中不见了踪影。

有人在隔着马路的家属楼上看见了这一场景，赶忙到所部大楼报告情况。11 所火速组织几十名搜寻人员，沿着河岸向下游寻找。大家都很清楚，落入凶猛的洪水中，生还的希望微乎其微，但他们仍抱着一丝希望。沿途所经之处，泡在水边的树枝也要拽起来看一眼，路过河边的淤泥滩也要上前踩一踩，岸边泥泞湿滑，随时都有塌方的危险。走到安河与嘉陵江交汇的磨湾村，都没发现任何踪迹，大家心急如焚，但天色已晚，无法继续搜救，众人只好在龙口镇的067基地指挥部招待所住下。第二天一大早，几十个人又沿着嘉陵江向下游的凤县县城方向寻找，过了县城十几公里，依然没有发现任何线索。

7月4日，两人失踪的第三天，洪水已经消退大半，众人搜寻无果，只好向回折返。他们心有不甘，又顺着河道边走边查看。洪水消退后的河床上乱石杂陈，淤泥堆积，空气中弥散着浓重的土腥味。

走出县城三四公里，有人突然高喊："那是什么？"

众人闻声望去，嘉陵江边浅水的淤泥里，竖着一个树杈般的物体，仔细一看，居然是一只沾满黄泥的手臂！大家跌跌撞撞地蹚着没过小腿的淤泥赶过去，奋力扒开烂泥，抬出已经僵硬的躯体，有人捧着浑浊的河水，冲洗掉那人脸上的淤泥。

嘉陵江水翻卷着浑浊的浪涛，哗哗的水声延绵不绝，河道边的淤泥中，几十个人静默肃立。他们找到的，是副所长宋承河的遗体，房产科长李宝良却始终没能找到，永远地隐没于滔滔的嘉陵江水之中。

六区11所的职工食堂，被临时用作宋承河、李宝良两位烈士的追悼会场地，花圈肃穆，哀乐悲凉。一个月前，这里曾是远程洲际导弹发射成功后的庆功宴会厅，此刻却只有压抑的哭泣声。小小的职工食堂，默默地见证着三线航天人的酸甜苦辣、悲欢离合。

■ 1980年召开的宋承河、李宝良追悼会现场

二

1980 年代是地球气候变化巨大的时期，受地球温室效应影响，全球气温明显上升，引发了世界范围的气候异常现象。中国大陆的气候也因此受到极大影响，北方地区从 1978 年至 1983 年发生连续的大旱，而南方却降水量过多，长江流域几乎年年发生洪灾。

横贯中国中部的秦岭山脉是中国地理上最重要的南北分界线。位于秦岭山脉南坡的凤州虽然行政区划属于北方的陕西省，但地理上却属于南方的长江水系。在陕西关中、陕北地区正遭受严重旱情时，这里却连年大雨，水量丰沛。

1981 年 8 月初，秦岭山中的连阴雨又不期而至，持续了七八天的小雨变成大雨，又接连下了四五天，红光沟里的安河水又毫无悬念地暴涨起来。

8 月 19 日一大早，11 所副书记姜福来就接到三区 58 车间打来的电话，羊山沟里涌出的山洪已经威胁到车间器材库的安全，库内存放着的几十吨金属材料，需要紧急转移，车间里近百名职工都在进行搬运，可人力还是不足，请求所部派人支援。

姜福来立刻在六区所部发出通知，组织近 300 名设计人员和行政人员赶往三区，从车队到三区的路段是片相对开阔平坦的区域，公路和南侧山根之间有几十米的距离，被当地农户开垦成农田。此时，洪水已经漫过堤坝，涌到山根下，公路上已是没过小腿的洪水，抢险人员冒着大雨，凭着路边电线杆判断公路的位置，一路蹚水走到三区。300 多人手抬肩扛忙了一上午，将 58 车间库房中的金属材料搬到车间西山坡的围墙下。

此时暴雨倾盆，降雨量已经超过当地 60 年来水文最高记录的一倍多。067 基地指挥部用电话向各单位发出紧急通知，立即停止所有生产工作，职工以各自居住的小区为单位组成抗洪自救队，科室干部承担起各自小区的抗洪指挥工作。

在 58 车间的 300 多人抢险结束，立刻返回各自的小区。住在六区的设计员们刚蹚水回到六区的坡地上，就听见身后一片巨大的声响。他们回头张望，只见浑浊的水面上，一道水墙排山倒海而来，一米多高的洪峰翻滚嘶吼着势不可当地向前推进，所过之处，电线杆像多米诺骨牌般一根根歪倒，粗壮的柳树被连根拔起，掀到浪尖又按到水底。洪峰呼啸着向下游冲去，南山根到北山根之间已变成一片泽国。

触目惊心的黄褐色洪流咆哮、奔腾，掀起三四米高的巨浪，河面上漂浮着草屋顶、房梁和牲畜尸体，水面下传来沉闷的轰鸣声，那是洪水驱赶着巨石在水下滚动，地面在那巨大的冲撞之中不停地震颤。这些设计员们再晚一些回来，就会被这来势凶猛的洪峰困在半途中。科研区和家属区都建在地势较高的坡地上，此时都被洪水隔成了一个个“孤岛”，相互之间都失去了联系，只能各自为战。

58 车间指导员赵海诚刚在车间完成抢险，又在自己家的小区内指挥抢险。他被任命为家属区抗洪自救小组总指挥，与叶培柱、谢泰等几位科室领导一起组织职工抗洪。

他们所在的炮房家属区距离三区一公里，只有五栋家属楼，住着 9 室和 58 车间的职工。四栋楼建在一块地势较高的台地上，围成一个“口”字形，旁边六七米有一条山沟里流出的小溪，另一栋家属楼隔着小溪，建在地势较低的平地上，安河河道里涌出的洪水浸入一楼的房间，泥水已没过了小腿。楼里的住户已经撤离，安置在其他四栋住户家中。

安河里的洪水虽然已经接近家属区，但最大的危险却来自于小区旁边的那条小溪，平日里一步就能跨过去的那道窄窄的浅水沟，此时已经浊浪滔滔，变成一道四五米宽的激流，山上的巨石被山洪裹挟着急滚直下，砸在河道里轰轰闷响，地面也随之不断地震颤。

赵海诚和他的同事们站在波涛翻滚的水边，砍倒树木，用铁丝绑紧挂在水边抵挡水势，搬来沙袋、石块筑起一道堤坝。脆弱的堤坝一次次地被山洪冲开，堤坝后面两米就是家属区充当围墙的简易棚，而简易棚后面两米就是家属楼。他们没有退路，必须一次次拼着命冲上前重新封堵。

他们正在加固堤坝时，山洪冲垮了上游的山体，一股泥石流猛扑下来，被堤坝阻挡后，冲向了那栋地势最低的家属楼，高高溅起的泥浆把楼体染成了黄褐色，一楼房间的门窗都被撞碎，灌进了一米多深的泥石流，所幸，楼里的住户们都已转移。

泥石流过后，山洪的水势明显减小，众人终于喘息片刻，各自回家休息。山洪时大时小，每隔几个小时，职工们就要去加固一次。此时，水电都已断绝，夜幕渐渐降临，各家都用玻璃药瓶做成简易的煤油灯照明。屋外的黑暗中，只有铺天盖地的雨声和洪水奔流的喧嚣声。

惶恐不安中度过了一夜，没有发生意外状况，大家觉得洪水可能已经消退。天色大亮时才发现，眼前竟是世界末日般的景象。安河的洪水已经漫到了台地的最边缘，再上涨几厘米就将涌进家属区。从家属区到对面山脚之间只有汤汤的洪水涌动，水面中央，一串两三米高的巨浪疯狂地跌宕着，房梁、屋顶、动物尸体漂浮在水面上，被急速地推向下游，屋顶上一条浑身透湿的黑狗，绝望凄厉地吠叫着。

所幸洪水没有继续上涨，赵海诚和同事们加固着家属区旁的堤坝，惴惴不安地度过了一天。8 月 21 日，洪水暴发的第三天，众人冒雨加固护堤后，刚刚回家休息，山洪和泥石流突然从山上冲下，一块直径近两米的巨石撞开了护堤，“嗵”的一声顶塌了两三间简易棚，洪水卷着泥浪将简易棚中的杂物冲得满院子乱滚，径直扑向四栋家属楼中地势最低那栋楼，楼上的孩子惊声尖叫哭喊起来。

此时，赵海诚刚刚拿起碗筷准备吃饭，听见水声和哭喊声，立刻冲出家门。见到洪水在院子里四处奔流，他猛吹着集合哨，向决口处奔去。他觉得心跳加速浑身颤抖，奔跑中几次险些跌倒。3 年前他才从部队转业到 11 所，近 30 年的军旅生涯中，他曾执行过无数危险任务，都没有像这次心情紧张。他并非胆怯，紧张是因为身后就是家人，以及这个家属区数以百计的老老小小，他可以让自己身处险境，却不能让他们受到一点儿威胁，为了他们的安全，他必须用尽全力，哪怕用自己的身体当作最后一道堤坝。跟他一起冲到决口前的那些职工何尝不是如此，根本不用任何指令，都拼抢着冲到最前面封堵决口。

冲开的决口很快被堵住，山洪的水势逐渐减弱。那栋地势较低楼上的住户，也转移到其他楼里。五栋楼的住户都挤进了三栋小楼里，本来就狭小的房间里满满当当都是人。此时，大家突然发现，有两户人家不见了踪影，这让所有人都紧张起来，洪水虽然冲进了院子，也只是没过脚面的深度，不至于将人冲走。这七八口人怎么就无缘无故失踪了？赵海诚带着几个人在家属院各处查找了两三遍也找不到。这两家的男主人都是 9 室的技术员，大家猜测他们有可能去了三区，那边地势高一些，住到办公室更安全些。

没想到，两个多小时后，那两家人又满身泥水地突然出现了。大家忙问他们去了哪里，他们指指小区后面的山坡。刚才洪水冲进院子的景象实在太可怕，两家人都住在一楼，觉得实在不安全，就带着干粮和雨具上了山，准备在山上露营。但大雨一直不停，他们在山坡上用塑料布、雨衣和雨伞搭起的小帐篷根本无法宿营，只能挤坐在里面躲避洪水。山上实在寒冷潮湿，其中一家有个五六岁的小孩，满身起了红疹，不断哭闹，两家人只好又下山回到家属区。

正说话间，山坡那边突然传来一阵沉闷的巨响，众人循声向后边望去，山坡上一段几十米宽的山体垮塌下来，瞬间就滑落到山脚下，巨大的岩石翻滚着砸到地面，竟一路冲到了简易棚跟前，山体垮塌形成的泥石流，也缓缓蠕动着向家属楼推过来。刚刚下山的那两家人被这恐怖的景象惊得半天说不出话，滑坡之处正是他们刚才宿营的地方，那孩子的红疹让两家人逃过一场劫难。

连日的雨水已经浸透了山体上的泥土，四周的山坡上都开始出现大面积的滑坡。泥石流呼啸而下，狠狠地砸进洪水中，掀起阵阵黄褐色的水雾和巨浪，山体上如同被怪兽的利爪撕裂般，留下一片片触目惊心的褐色滑道。院子里的职工、家属们都慌乱了。北面的洪水正在上涨，西面是夹带着巨石凶猛奔腾的山洪，南面又有渐渐逼近的泥石流，生存空间已经被压缩到几十米的范围中。

三

小小的家属区被洪水和泥石流包围，职工、家属们都感到恐慌，赵海诚与叶培柱等几名组织者赶忙商议对策。有人提议，所有人员都转移到 9 室的办公楼去，那里地势高，楼房都是混凝土整体浇筑，洪水冲不垮。赵海诚和叶培柱却不同意，家属区里老老小小近 200 口，转移过程就很危险，况且办公楼紧靠山根，一旦发生山体垮塌，危险更大。家属区虽然有山洪和泥石流威胁，但后山已经不再滑坡，泥石流已经停止移动，山洪的水量时大时小，只要抵抗住猛涨的那段时间，应该不会有大问题。两种意见争执不下，最终只好决定是否撤离由各家自行决定，十几户人家立刻收拾行李从小路转移去了 9 室。

作为家属区的抗洪总指挥，赵海诚也担心自己不转移的决定会带来严重后果。家属区旁那条山洪让他放心不下，如果上游山体发生滑坡形成堰塞湖，溃堤的山洪会将家属区彻底冲毁。他决定到山沟里进行探查，但此时山洪凶猛，进山实在是件危险的事情。

此时，他家中还暂住着两户职工，他不想让别人知道此事，悄悄将爱人张爱英叫到楼梯道上，小声地说："我到山沟里去一趟，看看上边有没有堵住大水。"

张爱英一听就急了："去哪儿干啥？又是洪水又是滑坡的，多危险！"

"我就到山口的半山腰看看，没事。"

"你跟谁一起去？"张爱英忙问。

"嗨，就去看一眼，还用几个人？"赵海诚故作轻松地说，"我自己去，人多了还得相互照应，那才麻烦。"

"一个人去？不行！"张爱英坚决地反对，去年宋承河、李宝良巡查时遇难牺牲的事情还记忆犹新，此时自己的丈夫也要身犯险境，这让她心惊胆战。

"我负责呢，我不去谁去？这儿还住着这么多人，上面要是下来大水咋办？我就到山口看一眼，没事，马上就回来。"赵海诚说完穿上雨衣，拎着当作拐杖的木棍就往楼下走。

张爱英了解丈夫的脾气，知道拦不住，跟在后面说："你千万小心呀。"

赵海诚走出几步，回身说："要是两个小时后我还没回来，你跟叶培柱说一声。"说完大步走出楼道。张爱英追出去看着丈夫的背影，雨水打湿了她的面颊。

赵海诚独自出了家属院，沿着山洪的河道边沿踩着泥泞走到山口，山上的小路早被冲毁，他手脚并用爬上山坡，在灌木丛间艰难地向山沟里走了一段，周围只有山洪的怒吼在山谷里回荡。他站在一处开阔地上向山谷里张望，目力所及处可以看见几处滑坡，但规模不大，不会造成堰塞湖的危险，这才放下心来，转身返回家属区。

下山的路异常艰难，山坡上泥泞不堪，脚踩上去就滑出半步，赵海诚伸手抓住身边的灌木，一步步向下挪。快到山口时，他脚下一滑，赶忙用力抓紧灌木保持平衡，没想到那丛灌木竟被连根拔出，他失去重心摔在山坡上，迅速向坡下滑落。他慌忙将手中的木棍向地面猛戳，想阻止下滑，可被雨水浸透的泥土根本起不到支撑作用，木棍在山坡上犁出一道深深的泥沟，眨眼工夫，他就被翻滚的石块、泥土和灌木裹挟着下滑了七八米。他慌忙伸出一只手，在周围胡乱地抓着，终于在临近山洪的边沿抓住了一根粗壮的灌木根，另一只手上的木棍也顺势扎进了泥土中。一只脚已经浸泡在浑浊的山洪之中，飞溅的浊浪扑打在身上、脸上。他翻身站起，迅速向上爬到安全之处，觉得心跳急促，呼吸困难。雨衣已经被山石、树枝划破，里面的衣服上也都沾满泥水，他站在原地稍微平息一下，小心地向山下走去。

赵海诚带着一身烂泥回到家中，张爱英终于放下了一颗悬着的心，赶忙找出干净衣服给他换上。此时屋外突然吹响了集合哨，赵海诚立刻起身往外走，破损的雨衣上满是烂泥还没来得及清洗，他顺手拿起雨伞跑出门。院子的空地上，抢险队的人员已经到齐，雨衣、裤腿上都是斑驳的泥水，赵海诚打着雨伞、身着干净的衣服出现在人群里，显得特别扎眼。

这次紧急集合，并非又有险情，11 所的党委副书记姜福来和科技处副处长卢克忠从六区冒险赶来，巡查各处灾情并慰问受灾的职工。各区之间的道路早就被洪水淹没，两人沿着水势较缓的山根，蹚着没过大腿的洪水走过来。

炮房是他们经过的第二个家属区，刚才路过的车队家属区，院子里已经有不少积水，不过生活尚未受到影响。炮房的情况却严重得多，看着被洪水冲击得凌乱不堪的小区，姜福来心里实在难受。这山沟里每一处小区都是他当年亲自选定，并眼见着一点点建成，如今变成了这番景象，让他心痛万分，眼前的这些满身泥泞、一脸疲倦的职工更让他心疼。姜福来与职工们一一握手致意，走到赵海诚跟前，上下打量一下，什么话也没说，转身与另外一名职工握手。

赵海诚知道自己这身干净的衣服引起了误会，可这场景下他也没法去解释，也不愿去解释。送走姜福来两人，他才对叶培柱说："我刚才进沟里去看了下，上边没堵塞，咱这里目前没啥大危险。"

姜福来和卢克忠继续涉水向东，赶往一公里外的三区，其实，那里才是姜福来最担心的地方。三区是红光沟里最深处的生产、试验区，那里地势较高，安河的洪水不会对其造成威胁，但车间、厂房都是沿着羊山沟里那条无名小河修建的。当年他曾在那里与地质专家产生过争执，专家说，这块高地就是小河形成的冲积扇，姜福来由此判断，发洪水时，这条小河的危险性会很大。

羊山沟是红光沟里的一条小山沟，窄窄的峡谷呈南北走向，谷底宽度不超过 20 米，里面分布着 11 室、6 室和 58 车间等几个单位，厂房在山谷里绵延 500 多米。

58 车间位于山谷的最远处，车间西侧紧靠山脚，东侧围墙紧邻着小河，河道在车间门口拐个弯，贴着西山根流向山谷外，进入车间大门必须跨过那条小河。当年为了防洪，专门挖深了河道，修起了两三米高的护堤，还修建了一座结实的跨河小桥。

姜福来、卢克忠巡查到此，只见洪水已经涨到桥面，挣扎咆哮着像是要挣脱护堤的束缚。三天前，这里就因河水暴涨对小桥东侧的材料库房造成威胁，两人率领着 300 名职工来这里转移器材，如今，车间空无一人大门紧锁，职工们都在各自的生活区抗洪，姜福来和卢克忠站在桥头，观察紧邻着河道的车间围墙，没发现异常情况才放心地离开。

他们万万没想到，第二天这里就发生了一场巨大的灾难。

四

8 月 22 日早晨 6 点，家住车队小区的李秉钧便走出家门，顺着山根蹚过没膝的洪水向三区走去。他是 58 车间的副主任。按照此前的工作安排，停产期间，每天上午都要由车间领导带队巡查，几位干部每人一天轮班，今天轮到李秉钧带队去车间巡查。

李秉钧在三区羊山沟口与车间调度员陈兴岱等几位职工汇合，一起往车间走。走到距离车间大门十几米的地方，他们发现一处小滑坡，泥石流堵塞了半边河道。李秉钧安排那几位职工立刻清理石块疏通河道，自己去上游的车间围墙外巡查情况。

陈兴岱等人正奋力疏通河道的当口，突然听见山沟里传来一阵低沉的轰鸣声，脚下的地面也随之微微地震颤。他们抬头观瞧，只见车间后面的西山坡上的树木都在剧烈地摇摆。大家还在犹疑之中，那片山体突然铺天盖地垮塌下来，狠狠地砸向谷底。李秉钧正在谷底的河道边清理树枝乱石，几位职工高声叫喊："李主任——快跑——"

李秉钧刚站起身，垮塌的山体已经迎面而来，巨大的气浪掀起褐黄色的泥雾，如同爆炸的烟尘般向四面翻卷。58 车间厂房瞬间被山体覆盖，50 多台机床和几天前转移过去的那几十吨材料都被掩埋其中，只剩下车间大门和门边的几间办公室。

李秉钧被气浪高高抛起，甩到东山坡上，又翻滚着摔进沟底。东山坡在剧烈的冲击和震荡下，也开始发生滑坡，泥石流滚滚而落，一块足有半间房屋大小的巨石从山上冲下，"嘭"的一声撞进东山坡下的一座二层小楼，半边小楼应声坍塌，那是 58 车间的会议室和材料库房。

洪水与泥石流在谷底混在一起，成了一大片浑浊的泥浆，落入谷底的李秉钧被泥浆裹挟着冲向下游。那几名职工顾不得危险，赶忙上前从泥浆和乱石中将他拽出来，李秉钧已经奄奄一息，几个人慌乱地清理出他口鼻中的淤泥，却发现他每一次微弱的呼吸时，嘴里都不断涌出鲜血。

■ 在抗洪抢险中牺牲的李秉钧烈士

生产传感器的六室与58车间相邻，前来巡查的六室指导员张宏年正好见到了这个场景，赶忙让众人抬起李秉钧送到坡下的医务室。可医务室的大夫只能看些头疼脑热拉肚子的小病，根本无法医治这种剧烈冲击引起的内脏大出血。714医院远在十几公里以外，肆虐的洪水阻隔道路，无法送去抢救。医务室只能为他输氧，注射镇痛剂，希望有奇迹发生。58车间的几名职工都慌张得不知该怎么办，张宏年指派两个人，分头去下坝、炮房家属区通知58车间的几位领导干部。

医务室的救治根本无济于事，大家都束手无策，只能守在李秉钧身旁，眼睁睁地看着他在深度昏迷中停止了呼吸。“去找一套干净衣服！”在这滔天洪水的围困之中，他们能做的，也只能是让逝去的同事穿上一身洁净的衣服。

几个人端来水盆，将李秉钧身上的淤泥洗净，附近试验室的职工从办公室取来几件工作服，挑出最干净的凑成一套，张宏年接在手中，和陈兴岱一起为李秉钧换上身。

58车间主任曹富、指导员赵海诚、副主任叶培柱蹚着没腿深的泥水赶到医务室的时候，张宏年他们正在为李秉钧更换衣服。赵海诚觉得胸口像顶住块巨石般地难受，他跟李秉钧相熟只有半年多时间，那时候李秉钧刚从保卫处调到58车间担任副主任，因为都有从军的经历，两人很快成为要好的朋友。这场大水之前，他们还相约找机会一起上山打猎，如今，这都成了永远无法实现的约定。

衣服已经更换完毕，李秉钧静静地平躺在急救室的病床上。赵海诚走上前，将他湿漉漉的头发拢顺，摘下自己的蓝色军便帽，轻轻地戴在他头上，然后直起身后退两步，立正，抬手，正要行一个军礼，却意识到自己早已不是军人，他整了整了衣领，然后随着大家一起，向李秉钧的遗体深深地三鞠躬……

五

8月22日早晨8点多，三公里外的六区11所所部大楼前，姜福来带着几个人向东而行，他们得知了李秉钧遇难的消息，赶去处理后事。而周同和卢克忠等十几位领导干部却向西出发，他们要去下游的科研生产区巡查灾情、慰问职工。

11所的试验室布局极为分散，因为要与103厂各个部件生产车间配合，11所的几个试验室都按照就近原则，建在相应的车间旁边，试验室和家属区分布在长达14公里的山沟内。几天前电话线和道路都被冲毁，六区以西的各个单位已经失联，11所领导决定趁着水势稍小，过去看看情况。

视察小组由副所长周同带队，还有卢克忠、闵少奇等10名中层干部，一行人都拄着木棍，穿着雨衣，在腰间系一根麻绳，每人的挎包里都装着一瓶用于取暖的白酒。

六区向西三四十米的坡下，道路都被洪水淹没，他们用木棍探探水深，棍子全部没入水中都没戳到底，他们只好爬上山坡，向下游进发。爬上山坡的一道山脊，众人向四周张望，整条山沟都被浩浩汤汤的洪流填满，褐黄色的水面上翻转着巨大的漩涡，让人有种天旋地转的晕眩感。卢克忠低头发现脚下的山体有一道手掌宽的裂纹，随时会有滑坡的危险，赶忙招呼一行人赶紧离开此处。

在山坡上艰难跋涉了40多分钟，他们才到达1.5公里外的一个沟口，安河对岸建有一个家属区，103厂总装车间和11所水力试验室的职工家属都住在那里。

以前横在安河上的大桥被洪水卷走，卢克忠他们只能隔河相望，可看到的景象让所有人倒抽一口凉气，肆虐的洪水已将对面沟口的台地冲走了一半，台地上的两栋家属楼已经无影无踪，还有一栋楼房如同被利斧劈断，只剩下半边楼体悬在台地的坍塌面上，楼房断裂处，房间里没有搬出的家具还历历可见。卢克忠等人看见如此惨状，都焦急担心，不知道那边是否有人员伤亡。隔着滔滔洪水，他们束手无策，只能寄希望于小区里的人员能照顾好自己。

距离这个沟口两公里的一区，是103厂发动机总装车间所在地，两地之间本是一片开阔地，此时，已被山上滑下的泥石流填埋了大半，滑坡的山体上无法行走，卢克忠等人只能下到那片开阔地，从泥石流和洪水相交之处通过。众人卷起裤管踩进稀软的泥石流，脚深深地陷下去，一直没到膝盖，必须一次一次奋力地高抬腿才能向前迈步。那片山区都是页岩，泥石流下滑时都破碎成尖利的石片，夹杂在烂泥里像隐藏着无数的利刃。卢克忠他们每走一步，腿上都被石片划出血口，那段100多米的滑坡区域，在所有人的腿上留下几十条血口。

雨还在不停地下，卢克忠他们一路连滚带爬蹚水跋涉，浑身都已湿透。雨中的山风寒冷刺骨，一行人不停地打着寒战，不停地掏出白酒喝上一口驱寒，无论平常酒量大小，此时都已经喝掉了小半瓶。

一区所在的山沟里流出的小溪是安河最大的支流，此时小溪上架着的水泥桥已经被淹没，桥面上的山洪没过膝盖，众人必须冒险通过这个桥面，才能走到对岸。大家又掏出酒瓶，每人灌了一大口，将腰间的麻绳取下，连成一根长长的绳索，相互帮扶着通过了小河。

周同、卢克忠等人一身酒气地走进一区的山沟里，浑浊的泥水在厂区里肆意横流，总装车间、试验室都已经浸泡在水中，冲进了泥石流。山沟里也有几栋家属楼，住着十几户11所水力试验室的职工，见到一行人的到来，像失散了多年的亲人般，冲上前紧紧地拥抱在一起。虽然试验室的状况让周同、卢克忠等人觉得心情沉重，但看到这里的人员都没危险，他们稍许放了心，继续向安河下游走去。

前面是165站的零区和松坪家属区，房子沿着山坡而建，洪水没涨到那里，可山上滑下的泥石流却冲进了十几栋家属楼中，好在转移及时，没有人员伤亡。165站的试验台在安河对岸的五区山沟里，洪水相隔，受灾情况不明，但从山沟里涌出的水势判断，里面的情况也实在不妙。

■ 被洪水冲毁的职工家属楼

过了165站一两公里，便是一处山势陡峭的路段，此处被称为“梯子崖”，河道在崖下拐了一个急弯，两边的山体相距三四十米，水势汹涌。公路就修在梯子崖的峭壁间，那段悬崖有六七十米高，当年炸掉了部分山体，在距离水面十多米的悬崖上修出了公路。洪水的冲击造成山体垮塌，能并行两辆卡车的公路，如今只剩下一米多宽，悬崖上还不时滑下山石、泥块，“噼噼啪啪”地砸在损毁的路面和残破的山体上。一行人就像侦察兵通过封锁线一样，趁着山石掉落的间隙，一个一个地小跑着通过那段险路。

走过梯子崖，又蹚过坡下齐腰深的泥水，终于来到103厂阀门生产车间和11所的阀门试验室，厂区里已经被洪水冲得乱七八糟，车间、试验室里灌满了泥石流，机器、设备都泡在泥浆里。11所阀门试验室职工所在的朱家坝家属区，被洪水阻隔在对岸，好在洪水还没有冲上护坡，后面的山体也没有出现滑坡，还处于安全状态。

试验室西面100多米的高坡上，是103厂最大的一片家属区，也是整个山沟里最繁华的地方。马路南侧紧靠着山根下，建有一个整个山沟里最大的职工商店，商店西侧是山沟里最大的招待所。商店北边的马路对面，是可以容纳1000多人的“红光工人俱乐部”，既是大型会议厅，也是整个红光沟里唯一的室内电影院。俱乐部后面，则是一大片家属楼。

那里是一块高地，躲过了洪水的袭扰，却没躲过山上的泥石流。后面山上下来的泥石流冲垮了商店和招待所，灌进了103厂小礼堂和所有紧临马路的家属楼，路面上淤积的泥石流有一米多深，卢克忠他们只能拄着木棍，踩在泥石流中的树干、石头上小心地行进，稍有不慎就滑到泥石流中，挣扎半天才爬上树桩。

下了那片泥泞的大坡，就是103厂的生产区。此时已是下午两点多，众人浑身透湿，又累又饿，冷得直打寒战。他们在厂区内找了块高地坐下休息，仰脖灌下几口白酒，环视着四周。厂区里已经是一片沼泽，到处都是没腿深的洪水和泥石流。眼前的景象让一行人都觉得心中像堵着铅块一样沉重，凶猛的洪水给厂、所、站三家单位造成了严重的损失，机器设备大都浸泡在洪水、泥石流中，他们都不敢去设想后果。

休息片刻，他们继续蹚着泥水向下游进发，目的地是3公里外的201洞，那里是发动机上的氧化剂输送泵、燃烧剂输送泵进行水力试验的试验室，整个山沟中唯一建在山洞中的单位。当年两个工兵连用三年时间将整座山体掏空，才修建起这个秘密的试验室。洞内被分成三层，第一层是电缆布线区域，第二层安装着一台亚洲最大的变频电机，第三层是吊运产品的吊车区域，洞内控制间、试验室一应俱全。201洞有两个出入口，人员出入口在山体的西侧，要走100多米的通道，进入洞内的第一层位置。产品出入口在另一侧的山坡上，可以用汽车直接将泵送到洞内二层的位置。

201洞的洞口本来有武警驻守，可门前的那条小河已经将营房冲毁，人员都已转移。建在洞外地势较低处的小涡轮泵试验室，已经被泥石流掩埋，只露出一个屋顶。201洞门口前也淤积着一层泥石流，将大门堵死。201洞主任闵少奇几步跑到洞口前，掏出钥匙打开大门上的那个小门洞，惊呼一声："坏了！"

大家赶忙向里面张望，通道里淤积的烂泥竟然有半米深，比大门外还厚。闵少奇说："这肯定是从上面的入口进来的，大电机不会被水泡了吧！"他的话让所有人都紧张起来，那可是"国宝级"的设备，如果进了水就会彻底报废，几年之内远程洲际导弹和新型运载火箭都将面临没有发动机可用的后果。

当年将试验室建在山体内，就是为了保护那台"国宝级"的大电机，这是全国唯一一台大型高速电动机，在整个亚洲也是绝无仅有。当年制造这台大电机时，闵少奇在上海电机厂驻厂两年半，历尽艰难才造出来，专门用于发动机推进剂输送泵的试验。如果电机进水报废，生产出的输送泵未经试验调试，将无法使用，发动机研制、试验工作都将因此而停滞。

■ 洪水肆虐之时，067基地各单位都组成了抗洪自救抢险队，担任守卫任务的警卫部队也投入到抢险之中

六

一行人打开手电，踩着烂泥进入洞内，大家都紧张得顾不上说话。洞内底层的地面已经成了泥潭，二层试验区的机架、楼梯上不断地往下流淌着泥浆，到处都是“稀里哗啦”的落水声，如同进了水帘洞。

闵少奇登上二层去检查，众人都紧跟上去，泥石流撞开了二层通道的大铁门，直扑进试验区，涡轮泵试验台的底座已经被泥石流掩埋。闵少奇用手电照着那台大电机，众人也赶忙将手电照在电机上，跟着他一起围着大电机转了几圈，上上下下地仔细观察。

卢克忠忍不住问闵少奇：“怎么样？没事吧？”“应该没事。”听到这个回答，所有人长出一口气。大电机的安装位置比较靠后，涌进来的泥石流大多从楼梯口落到底层，虽然有些泥石流冲到了试验台的底座，却没有冲到大电机上，真是不幸中的万幸。

一行人走出201洞，都站在洞口向对面山坡上张望。出发之前，姜福来对他们说，当年选点筹建的时候，他曾上到对面山顶查看过，山体上有裂缝，如果坍塌，201洞的入口就会被封堵，让他们留心观察一下。其实大家都知道，现在即便发现隐患，也没办法解决，靠这十几个人的力量，怎能对抗一座坍塌的山体？吉凶祸福只能交给老天爷了。

出了201洞继续向西，一公里外的山脚下还有几栋家属楼，201洞的职工大都住在那里，这是他们此行的最后一个目的地。赶到那里时，已是下午6点多钟，十几里的路程他们整整走了10个小时。那里的职工见到涉水而来的周同、闵少奇、卢克忠等一行人，眼含热泪地迎过去紧紧地拥抱。大家都是共事十几、二十年的老同事，平常见面，连握手都显得多余，可在这洪水围困的险境中得以相见，只有这样的拥抱才能表达亲切和感动。11个人被各家抢着、拉着分散住下，给他们生火做饭。

此处家属区建在山脚的高坡上，下面是一片开阔地，714医院就建在不远处。那片开阔地已经变成一片泽国，医院的门诊部、住院部都已经浸泡在洪水之中。

那天夜里，卢克忠浑身酸痛，却翻来覆去地睡不着。一天的沿途所见，13栋房屋被冲毁倒塌，几十栋房屋被泥石流填埋，绝大部分车间、试验室都浸泡在洪水中，大部分机器设备都将因此受损，即便洪水消退，研制生产工作也无法继续进行，研制任务肯定会因此延误。

午夜时分，大雨悄无声息地停了，屋外只剩下涛涛的洪水声。第二天早晨，天空的乌云逐渐散开，似乎要转晴的样子，洪水也减弱了不少。周同、卢克忠一行人返回六区的行程顺利了许多，他们乐观地估计，连阴雨应该结束了，洪水也很快就会消退。可事与愿违，他们刚到家，大雨又瓢泼般地浇了下来。

大雨不停地下了一个昼夜，11 所车库家属院里的积水已没膝深，两栋外廊式的三层小楼上，住着 30 多户职工，一楼住户都用沙袋将门窗堵住，转移到了二楼和三楼。

那天下午，安河上游的山洪再度汇聚成巨大的洪峰，在河道上形成两米多高的水墙，向下游急速横推而来。车库家属区的防洪总指挥陈玉新见情况危急，赶忙召集二楼的住户往三楼转移，此时洪峰已经冲到楼下，狂涌而来的洪水被楼房阻挡，激起的巨浪吼叫翻滚着蹿上了二楼，在二楼的外墙和窗户上留下一层厚厚的黄泥汤。楼体在巨浪冲击下不断地晃动，这恐怖的景象让所有人都两腿发软，慌张之中有人摔倒在楼梯上，怎么也站不起身，被几个人拽着上了三楼。

洪峰冲过家属楼，扑向车库和器材库房，停车场上的十几辆卡车被洪水冲得七零八落，有的只露出驾驶楼的舱顶，有的直接被卷入激流，不见了踪迹。器材库背后的山体早已被雨水浸泡松散，在洪水的猛烈冲击下终于支撑不住，轰然垮塌下来。洪水又被垮塌的山体狠狠地推回来，掀起更高的浪头，折身冲回器材库房，几十米的库房像纸片一般悄

■ 特大洪水和泥石流冲毁了 11 所器材处库房，各种物资和车辆被浸泡、冲走。车库家属区水位最高时达到 4 米，洪峰过后水深依然在 1.8 米，部分房屋内淤泥厚度达 1.5 米

无声息地塌陷下去，瞬间就四分五裂。水浪推举着库房的屋顶、木架和各种材料，又直奔两栋家属楼而来，妇女和孩子们早就被这世界末日般的景象吓得失声痛哭。

库房缓解了洪水的冲击力，两栋家属楼剧烈地晃动了一下，挺住了冲击。屋顶、木料、文件柜、三轮摩托车等各种物资在院内漂浮碰撞着，被洪水裹挟拖拽进洪流中，急速地漂流而下。一公里外的六区台地边，11 所组织的青年敢死队几次试图前往车队抢险，可水势凶猛根本无法过去，只能眼看着洪水在那里肆虐。

李秉钧的妻子木然地坐在三楼外廊的楼道上，紧紧搂着两个被惊吓得不住哭喊的孩子，眼前的一切仿佛在向她重演丈夫去世前的景象。两个孩子的哭声在她耳边环绕着，她仰头靠在墙上，更紧地搂住孩子，两行泪水慢慢地滑下脸庞。

七

距红光沟千里之外的酒泉卫星发射中心，11 所的郁明桂、孙宏明等 9 名设计人员正在紧张地准备“一箭三星”的发射任务。

8 月 24 日晚，他们做完了当天的测试工作，回到宿舍休息。孙宏明打开随身携带的半导体收音机，中央人民广播电台播送的新闻中播出“陕西凤县地区遭遇百年不遇的特大洪水”，宿舍里的几个人触电一般从床上弹坐起来，“特大洪水！”“赶快问问情况去！”

孙宏明立刻跑到试验队部，给 067 基地拨打长途电话，可电话始终无法接通。他赶忙给北京 11 所拨电话，打听情况，得到的消息是，“凤州发了大洪水，据说是百年不遇的。听说山沟里一片汪洋，各单位都被围困，部队派直升机向里面空投过一些粮食。据说你们六区也被山上下来的洪水冲击，职工商店、食堂和几栋家属楼都进了水。我们知道的就这些。”

孙宏明赶忙跑回宿舍，喘息未定就将情况转述给大家，设计员们都焦急起来。“哎呀，我家那栋离河边最近，不会被冲了吧？”“我爱人胆子小，不知会吓成什么样了！”每个人都不断地问孙宏明各种细节，他了解到的也只有那几句话，为了让他们安心，只好随便编两句，再补上一句“你家没事”。其实他心里也紧张得不行，恨不得找个人问问详细情况。

当天晚上，大家都急得翻来覆去睡不着，第二天起来，嘴上起了一串水泡，发射准备工作正在紧张关头，队员们却在此时乱了阵脚。为稳定大家的情绪，郁明桂、孙宏明两位队长商议后决定，由孙宏明每天向北京和凤州拨打电话了解洪水灾害情况，尤其是试验队员们家里的状况，每天向大家通知，好让他们放心工作。

试验队员们正在执行的“一箭三星”发射任务极为重大，两年前风暴一号火箭的首次发射因二级发动机故障导致失败，这次换用了 067 基地生产的二级火箭，他们必须保证发动机正常工作。虽然心中焦急，但队员们都知道自己肩负的任务，一到工作岗位，就强迫自己集中精力进行每一项准备工作。

1981 年 9 月 20 日 5 时 28 分，风暴一号运载火箭点火起飞，经过 7 分 20 秒，3 颗卫星按照设定的程序逐一与火箭分离，进入各自预定的轨道。“一箭三星”发射终于获得了成功，中国成为第四个独立掌握“一箭多星”发射技术的国家。

这是中国航天技术的一次重大突破，在国际上引起强烈反响，美联社发表评论说“中国多卫星的发射意味着具有了发射多弹头导弹的能力”，美国、法国等国家的驻华大使馆甚至打电话到七机部，要求了解卫星的详细情况。凤州山中的那场洪水也引起国际关注，《美国之音》在此前的新闻中曾报道：“中国一个导弹制造基地被特大洪水彻底毁灭。”

“一箭三星”是风暴一号的第 11 次发射，也是它最后的辉煌。这次发射后，国家对火箭的研制发射任务做了调整，上海不再研制风暴一号，但其相关技术继续应用于后来的长征四号运载火箭。

9 月 27 日，完成发射任务的孙宏明等人从酒泉到达宝鸡。秦岭山中宝成铁路多处被洪水冲毁，正在抢修中，067 基地在宝鸡设立了临时接待站，无法返回的职工都暂住此处，孙宏明在此遇见了几十位同事，一见面就谈论起山沟里的灾情。

孙宏明归心似箭，第二天就与 20 多位同事一起踏上了回家的路。火车只能通到距凤州车站 30 多公里的黄牛铺车站，那里的 107 厂是 067 基地的代管单位，派车将孙宏明一行人送到草凉驿。此处距离凤州还有 20 多公里，前方公路也被洪水冲断，他们只好徒步涉险前行。

沿途之中，公路、铁路残破不堪，两边的山上到处都是滑坡的痕迹，大片的泥石流堆在山脚下，孙宏明他们踩着湿滑的烂泥，顺着铁路前行，行进速度极为缓慢。穿过两个黑乎乎的隧道，到达油房沟，眼前是一座铁路桥，跨在 30 多米的河道上，一边是峭壁，另一边是十多米的深渊，滔滔的嘉陵江在谷底吼叫。桥柱和桥面已经无影无踪，只有两根铁轨悬在半空中通向对岸，不远处的公路已被坍塌下来的半座山体彻底掩埋，这两根铁轨是通往对岸的唯一通道。

大家没别的选择，只能冒险从此地通过，孙宏明也鼓足勇气走上了去，天空飘起了小雨，铁轨湿滑还在轻轻地晃动，下面江水汹涌，更让人头晕目眩。他赶忙俯下身去，双手抓住铁轨和枕木，慢慢地爬过铁轨到达对岸，20 多人走过油房沟，已经暮色苍茫。后面的路况好了许多，半夜时分，一行人终于赶到龙口镇的 067 基地招待所。孙宏明脱掉鞋袜才发现，五六个脚指甲已经因充血变成了黑色。

第二天一早，基地派车送他们进沟，沿途一派荒败景象，103 厂的厂区里，满目疮痍，褐黄的淤泥充斥着每一个角落。沿途的各单位都在清理生产区的淤泥，没有工程机械，全靠人力一锹一锹地铲除。因为校舍被冲毁无法开课，十几岁的孩子们也参与到清理工作中，挥动着铁锹奋力挖掘。

汽车开到 103 厂建在台地上的家属区，路面上淤积的泥石流有半人多高，正在清理之中。孙宏明等人跳下车，徒步向六区进发。里面的情况更为严重，断壁残垣随处可见，多处道路被彻底冲毁，原来路面的位置被洪水掏成了两三米深的断崖。

孙宏明回到家，刚换下沾满泥泞的衣服坐下。邻居唐祖怡端着一盘热腾腾的饺子敲开了他的家门："听说你回来了，给你送点高级营养品慰劳一下。"那盘韭菜鸡蛋馅的饺子，在平时不算什么，可在当时却绝对抵得上一顿"山珍海味"的价值。

半个多月前，洪水刚刚消退时，山沟里职工们家中储备的粮食很快告罄，可洪水冲毁道路，切断了所有的物资供应。七机部用电报发来紧急通知，已与当地政府协商，可与当地农民联系就地收取驻地附近的玉米，以后由部里负责结算支付。但当地农民也同样受灾，需要地里的玉米作为应急口粮。七机部只好与驻扎宝鸡的部队联系，派出几架次直升机送来了大米、食盐和蔬菜罐头等物资。但直升机运力有限，运来的粮食只有几吨，山沟里上万名职工家属，根本无法满足需求。

几天后，各单位又接到通知，165 站零区旁边的红光公社仓库里存有一批作为国家储备粮的面粉，可以全部用于救助受灾职工。此时张贵田刚刚担任 11 所所长，姜福来被任命为党委书记，他们立刻组织起几十人的"背粮队"，亲自率领前去背粮。

洪水虽然开始消退，但水势依然凶猛。六区距红光公社 4 公里，但公路已被洪水冲毁变成河道，背粮队只能涉水而行，山根边的河水最浅处没过膝盖，深处已经齐腰，上了岸又得蹚过没及小腿的泥石流，行进极为困难。返回时每人还要背负50斤的粮食，路上到处都是泥水，不能放下休息，体力消耗极大。张贵田、姜福来都已年过50，这样高强度的跋涉让他们疲惫不堪。“背粮队”每天都要往返一两次，不断地背回粮食，还要再涉水背到三区、下坝等职工家属区分发，勉强解决了粮食紧缺问题。

职工们的饮用水只能靠接雨水或者到山边寻找干净的泉水，六区家属区离山边泉水较远，每天往返抬水就耗费大量的人力。为了让职工们吃上干净的水，张贵田带领十几名职工，冒险涉水赶到十几公里外的067基地四区库房，扛回一台小柴油机，用于抽水。肥皂、火柴、蜡烛以及对饮用水进行消毒的明矾等日用品，都要从067基地指挥部的仓库中背回来。

洪水之中，当地农田大量被毁，职工自己开垦的菜园也都被冲得七零八落，想搞到一点蔬菜难上加难。当地农户拿出少得可怜的一点农产品售卖，职工们手中都没有多少现金，储蓄所也全部关闭，单位也没有现金发工资，无奈之下，连孩子存钱罐里的钢镚都被取出来，基本生活已陷入极度困难的状况。

这场特大的洪水中，造成安河两侧48处塌方、22处泥石流、9处严重滑坡，7.5公里的河道被堵塞。严重的灾害给067基地造成了巨大损失，红光沟里的公路四分之三被彻底冲毁，13栋家属楼和单身宿舍被洪水冲垮，家属区内160多栋楼房和平房进泥进水，最深的超过1米，其中8栋家属楼处于开裂的山体下，随时有垮塌的可能。466户职工无家可归，近700户家庭财物损失。被洪水、泥石流摧毁的公共设施有：两个商店、两个菜站、两个面包房、两个托儿所、两所学校、一个卫生所、一座煤场。

■ 11所组织“背粮队”跋山涉水背回粮食，图中居中者为时任11所所长的张贵田

厂区、办公场所的损失更为严重，6个车间厂房和库房被摧毁，16个车间、库房、试验室损毁严重，进水、

进泥的厂房、试验室、变电站多达34座，400多台机床设备、试验仪器被淤埋浸泡，淤泥最深处超过2米。那时职工的人均工资不到50元，但洪水造成的直接经济损失就高达6000多万元，发动机的生产、试验工作全部中断，间接损失无法估量。

八

1981年国庆节过后，红光沟里依然满目疮痍，各单位都在进行灾后重建工作。此时11所接到上级通知，远程洲际导弹高弹道遥测飞行试验任务按原计划进行。这是一次具有军事战略意义的井下发射试验，发射靶场所处位置是高度机密，发动机试验队人员必须赶往北京集合，与其他部件试验队统一出发前往靶场。这次的发射试验任务中，导弹使用的一级、二级发动机和姿控发动机全部由11所设计，每个组件都要有相关设计人员现场配合，试验队将近20人。

试验发射时间定于12月7日，所有人员必须提前50天到达靶场进行准备工作。此时，山沟里的电力、通信已经抢修恢复，但通往外界的公路、铁路因损毁严重依然无法通行。上级部门也曾联系当地驻军用直升机接出试验队，但部队的飞机另有任务，他们只能“自行解决困难”。

试验队要按规定时间赶到北京，就必须立刻赶到宝鸡，转乘火车去报到。通往宝鸡的公路只有油房沟那一段还未修复，067基地决定派出两辆大功率柴油卡车，从油房沟的河道里硬闯过去，将试验队送到宝鸡。

■ 1981年10月，前往发射场执行任务的参试人员合影

试验队定于10月6日早晨7点出发，所长张贵田、党委书记姜福来早早起身来到六区的班车站，相关科室

的负责人也赶了过来，聚在一起为队员们送行，小小的班车站前站满了人。

姜福来特意叫来资料室摄影组李新民，招呼大家一起合影留念。设计员们参加的发射试验不下几十次，出发前合影还是第一次。在这样特殊的时期冒险出发，每位参试队员心中都生出“风萧萧兮易水寒”的悲壮和豪迈，合影时都努力地挺直了身子。

队员们登上大卡车向山沟外驶去，可到了傍晚时分，队员们又一个不少地被送回了六区。

原来，他们到达油房沟后，汽车便开进嘉陵江中涉水前行。可汽车刚下水就被卡在河道里熄了火，再也发动不起来。067 基地闻讯赶忙征调 165 站的履带式牵引车前去施救，一直等到下午 3 点牵引车才赶到，结果履带都断了也没将汽车拖上来，当天肯定无法再走，指挥部只好将试验队员们送回去。

人员无法送出去可是个大事情，张贵田和姜福来立刻召集紧急会议，大家商议后都认为，办法只有一个，从冲断的铁路桥上过去，半个多月前，孙宏明等人就是从铁轨上爬回来，证明那里可以通过。只是，试验队员们每人都带着一个装满衣物和生活用品的大木箱，要通过悬空的铁轨，危险性很大。

又是一番商议后决定，挑选身强力壮的年轻人组成“敢死队”，与试验队员两人一组，护送他们走过这段险途。同时与位于黄牛铺的 107 厂联系，请他们派车在油房沟对面接应队员，送到宝鸡换乘火车。张贵田打电话将这个方案报到 067 指挥部，立刻获得了批准。

第二天一早，所长张贵田、副所长周同带领着“青年敢死队”，和试验队员们一起乘车出发。卢克忠也登上卡车，他是科技处处长，保证科研任务正常进行是他的职责。汽车一路颠簸到油房沟火车站旁停了下来，卢克忠和众人一起跳下汽车，被眼前的景象所震惊，听说这里很危险，他没想到会是这样的场面。

前面垮塌的半座山体将公路彻底覆盖，铁路修在半山腰，一边是峭壁，另一边是深渊，深渊下是汹涌的嘉陵江水，水面下露出一角卡车的驾驶楼。两根铁轨从对面山上的隧道中伸出来，那里本是铁路桥，可桥面、桥柱都不见了踪影，只留下铁轨悬在半空中。铁轨上固定枕木的螺栓有些已经松动，路政人员用粗铁丝将所有的枕木和螺栓紧紧地绞在一起，山中各处道路都在抢修，工程机械无法到达此处，只能用这种方式暂时应急，这是通向对岸唯一的通路。

看见这两根在风中轻轻摇摆的铁轨，大家都紧张起来。但此时身负重任不能耽误，再危险的路也得走，大家将车上的行李箱卸下，两人一组抬到铁轨前。行李中还有一只装着部件图纸等试验资料箱子，有一米见方，周同和卢克忠对视一眼，“咱俩来这个吧。”说罢就用木杠抬起箱子，第一个走上了悬空的铁轨，两人是这支队伍中职位最高的干部，工作几十年，他们受到的教育就是，干部必须以身作则，危险面前要第一个冲上去。

两人一前一后喊着号子保持相同的步调慢慢向前移动，枕木的间距实在别扭，跨一根有点短，跨两根又太远。铁轨轻轻地摇摆，没有任何可以攀扶的东西，踩空一步就会掉下深渊。

山风呼啸着吹过，拴在抬杠上的箱子被吹得倾向一旁，两人必须将身体向另一侧倾斜以保持平衡。卢克忠走在后面，看着眼前歪斜的木箱和周同的背影，让他有种失重的错觉。他赶忙低头看着脚下的枕木，铁轨下面水流湍急的嘉陵江像是一个不断移动的背景，更让他头晕目眩。

走到河道中间位置，猛地吹过一阵山风，木箱剧烈地摇摆起来，强大的推力险些将两人掀入沟底，铁轨也随之摇摆。两人赶忙停下脚步，压低身体努力保持平衡。卢克忠伸手紧紧抓住抬杠上的绳索，想阻止木箱的摆动，周同也侧身，用一只手抓住绳索。两人雕塑般呆立在悬空的铁轨中间，山风掀动着他们的衣角，铁轨慢悠悠地来回晃动着，时间仿佛停止了一般。下面的嘉陵江水，奔腾喧嚣着流过谷底那辆歪倒的卡车。

■ 翻越大山穿越悬空铁路奔赴发射场

待到山风吹过，两人才重新迈步，终于挪到了江对岸，站在隧道口边接应后面的人员。试验队队员的行李箱体积较小，两人一组半趴在铁轨上，将箱子斜搭在轨道边，前拽后推地运到了对岸。所有人员通过那段30多米的“空中走廊”，用了两个多小时。其实大家都满怀恐惧，可任务在身，都硬着头皮爬了上去。

护送试验队员们坐上107厂的卡车，张贵田、周同、卢克忠带着十几名“敢死队”队员再次爬过铁轨，原路返回。回到家中，卢克忠筋疲力尽地躺在床上，眼前又浮现出铁轨上的场景，此时他忽然觉得两腿发软，脖颈子后面阵阵发凉，难以抑制的恐惧感涌上了心头。当时万一有个闪失…… 想起来，真是觉得后怕。

九

水灾过后两个月，067基地的生产、试验工作依然处于瘫痪状态，有人估计三年内都无法恢复生产。可此时，几项重要的生产任务都压在067基地身上——远程洲际导弹处在最后定型、列装部队的关键时刻，各种适应性考核试验正在频密地进行；“三抓任务”中的“地球同步轨道卫星”即将发射，承担发射任务的长征三号运载火箭要使用067基地生产的下面级发动机；经过改进的长征二号丙运载火箭也即将进行首发任务，同样也是使用067基地生产的发动机。

如此众多的紧急任务，哪里等得及三年时间！于是七机部的一些领导机构提出，将相关的发动机生产线转移到沈阳或上海的工厂，解散067基地建制，设计人员调回北京，试验、生产人员安置到七机部位于四川大竹的三线单位。

对于发射任务而言，用这种方式解决发动机生产难题，似乎颇有些合理性，可对于067基地的职工们而言，这简直就是“落井下石”之举。虽然这只是一个尚在商议中的提案，却迅速传回了红光沟，刚刚遭受了惨烈的灾难，又面临着被解散的命运，山沟里立刻就炸了锅。尤其是103厂的职工们，更是难抑心中的不平，“要解散067基地，那就都回北京去。我们又不是穿山甲，钻完这个山再去钻那个山。”正在进行的灾后重建工作，因此受到了极大的影响。

七机部部长张钧来红光沟视察灾情时，原本写着“热烈欢迎”的黑板上，被职工们擦掉，写满了“誓死不去大竹”“搬回北京去”的标语。已担任103厂党委书记的王本兰，为了安抚职工们的情绪，不断地进行疏导工作，提出了“队伍不散，任务不转，努力恢复生产”的号召，并将职工的呼声汇编成册亲自递交七机部。

067基地主任张云波为此专门召集所、厂、站各家的主要领导人开会商议对策。李伯勇此时已担任基地副主任，他心直口快："解散 067 基地，理由无非两点，重建的资金和时间。咱们这次直接损失 6000 多万，如果全额拨款重建，部里拿不出那么多钱。如果花两三年才能重建好，各项任务根本等不了那么长时间。咱们各家都算一下，恢复生产需要多少资金和时间。如果比迁往外地更省钱省时间，067 基地解散不了，任务肯定还是咱们的！"

李伯勇说出了问题的核心，其实将生产线迁往沈阳或上海，同样牵扯到这两个问题。建立一条新的发动机生产线，需要 3000 万至 5000 万元的投入，从新建到开工也需要近一年的时间。

几家单位分头进行估算，汇总后得出结论，修建受损厂房和维修、增添必要设备的资金需要 1500 万，厂房的清淤重建工作已经在进行中，可以清完一个开工一个，半年内就可以全面恢复生产。

张云波心中有了底气，率领着所、厂、站的主要领导和主管科研生产计划的负责人一起奔赴北京，向七机部请命。张钧部长立刻接见了他们，为了缓和气氛，他站到一行人中最高的卢克忠身边说："你这个头可真高呀，咱俩比比。"两人身高差不多，他又笑着问："你打篮球不？"卢克忠也笑着说："偶尔玩玩，水平一般。""我可是有空就去打一场，有机会咱们得较量较量。"

说笑间，气氛轻松了不少，张部长将话题一转，对在座的人说："067 基地这次遭受了严重的水灾，我也到现场去看过了，大家真是受苦了。有什么困难，你们提出来，我们尽量帮助解决。"

张云波主任接过话头说："067 基地目前确实有很多困难，但都能自己克服。来北京之前我们已经研究过，067 基地要'自己干，三不变'，争取半年内恢复生产。"

"你们这个'三不变'是什么意思？"张钧部长问。

张云波清清嗓子说："除去添置受损设备的资金，其他的科研经费不变，科研生产任务不变，交付时间不变。"

"好！"张钧部长在沙发扶手上一拍，"好一个'三不变'！重灾之下不叫苦不叫累，真是个打硬仗的好队伍！"

那次会谈后，"解散 067 基地"的设想再也无人提及，倒是很快针对 067 基地的现状提出了"恢复、收缩、转移"的六字方针，张钧部长着重强调，要"从容计议、尽快选点、抓紧建设、适时搬迁"。张云波、李伯勇等人回到凤州的山沟，将"自己干，三不变”的工作安排向基地所有单位传达下去，激励大家全力以赴地进行恢复生产的工作。

这是真正意义上的“生产自救”，067 基地所有人员都参与到挖泥、排水、修路的灾后重建工作中，经历了灭顶之灾的导弹生产基地，在一片废墟中创造出奇迹，仅用四个多月就全面恢复生产。1982 年 1 月 9 日，103 厂的生产线上，出产了用于发射返回式卫星的长征二号丙发动机，中国洲际导弹和大型运载火箭的动力之源重新焕发出勃勃生机。

■ 重整道路

■ 清理厂房

■ 疏通涵洞

CHINA POWER

— 下卷 —

飞天

飞天揽月是人类从远古时期就心向往之的夙愿。浩渺无际的太空是妙不可言的神仙世界。古老的神州大地上，有“嫦娥奔月”的浪漫传说，也有“万户飞天”的壮烈探索，传说与探索都饱含着中国人对神秘太空的无限向往。

第七章

再启新长征

一

1978年3月16日，聂荣臻元帅获悉即将召开“全国科技大会”的喜讯，欣然写下题为《攀高峰，争朝夕》的七言律诗，用“廿载沧桑足堪训，奋起攻关新长征”的诗句表达了自己的兴奋之情。

这次大会是粉碎“四人帮”、结束“文化大革命”后，中共中央在科技战线的重要部署，实现四个现代化的重大步骤，也是中国科学技术发展史上的一个重要里程碑。

1978年3月18日，全国科技战线的近6000人齐聚北京人民大会堂，参加全国科学大会。开幕式上，当宣布大会开始，奏响国歌时，许多科技工作者都流下了热泪。时任中共中央副主席、国务院副总理的邓小平，称这次全国科学大会是“我国科学史上空前的盛会”。

3月31日，年逾八旬、已经重病在身的中国科学院院长郭沫若也难抑兴奋的心情，在全国科学大会的闭幕会上做了题为《科学的春天》的书面发言。他在发言中疾呼“这是革命的春天，这是人民的春天，这是科学的春天！让我们张开双臂，热烈地拥抱这个春天吧！”

科学的春天终于到来，身处大山深处的三线科技人员们也感到了阵阵春风，以前他们只能“夹着尾巴做人”，现在终于可以扬眉吐气了。

1978年12月18日至22日，中国共产党第十一届中央委员会第三次全体会议在北京举行。全会确立了“解放思想，实事求是”的指导思想，做出了把党和国家的工作重点转移到社会主义现代化建设上来和实施改革开放的重大战略决策，形成了以邓小平为核心的第二代领导集体。中国的改革开放进程由此全面展开。

1980年10月，067基地11所的朱宁昌匆匆赶往北京，对于红光沟的设计人员来说，到北京出差如同是“回娘家”一样的平常事。但朱宁昌这次到北京却非同寻常，他是前往七机部报到，参加赴美国考察的访问团，这可是中国航天界第一个出访美国的访问团，能与大洋彼岸的同行进行交流，实在是件令人兴奋的事情。

朱宁昌口才极好，博闻强识，只要他讲起导弹发动机方面的理论，引经据典，滔滔不绝，三四个小时连一口水都不喝，同事们送他外号叫“朱博士”。实际上他也真是博士，当年留学苏联鲍曼工程学院，取得“副博士”学位。

朱博士在11所理论研究室工作。当年他在三分院发动机热过程研究所从事的就是理论研究工作，1965年解散建制被分配到11所，继续进行理论研究和国外资料翻译工作。他中学时就学英语，后来一直坚持自学，留学苏联时又练就了流利的俄文，双外语能力让他的资料翻译工作占尽优势，可以在得到的美苏两国资料中进行筛选对比。在各型号发动机研制过程中，他为同事们的设计提供了大量的理论依据，解决了很多的实际问题。也正是因为拥有双外语能力和出众的口才，他被任命为访问团的对外联系人。

中国航天界第一个访美考察团由任新民、林爽两位副部长带队，这次访问得益于中国改革开放后中美两国正式建交，美国解除了对中国长达30年之久的封锁，两国交流日渐频繁，甚至在军事、航空、航天等特殊领域也开始了互访。

访问团到达美国，看到美方给出的日程安排表，朱宁昌颇为失望。美方出于保密原因，军用导弹及商用运载火箭的设计和试验机构都不在开放之列，参观范围仅限于美国宇航协会总部和发动机生产厂。

朱宁昌他们参观的发动机生产厂，是普·惠公司[①]的一个生产车间。与中国专门组建军工企业生产导弹、运载火箭的模式不同，美国以招标的形式，将生产任务

① 普拉特·惠特尼集团公司（Pratt & Whitney Group），简称普·惠（P&W）公司。

外包给大型民营公司，普·惠公司就是主要的承包商。

其实，普·惠公司是以生产飞机发动机而闻名于世，是美国最大的航空发动机制造公司之一，也是世界主要的航空燃气涡轮发动机制造商之一。波音747、767客机以及F-14、F-15和F-16战斗机上使用的发动机都由这里生产。但与此同时，美国运载火箭和航天飞机主要使用的液氢/液氧发动机，也由这家公司生产，足见其技术实力的雄厚。

但火箭发动机的生产车间依然不对中国访问团开放，能够参观的只是一个民用飞机发动机生产车间。访问团虽然对这样的安排并不满意，但能看看美国的制造技术，也聊胜于无。当这些中国的航天专家们坐着电瓶车进入车间时，他们都被眼前的景象震惊了。

那是一座巨大厂房，长1.6公里，宽1.2公里，高度足有七八米，内部没有隔墙，只有十几根巨大的柱子支撑着屋顶。各种机床分区排列、整齐有序，中间由人行道和车行道区隔，机床全部都是计算机控制的自动化设备，甚至还使用了激光加工技术。零部件加工时都封闭在机床的遮挡罩内，地面上见不到一片金属屑，车间的地板都覆盖着一层软性材料，预防零件意外掉落造成磕碰损坏。发动机各部件除铸造和锻造的热加工工序以外，其他所有的机械加工和装配调试工序，都在这个车间里完成。生产原料从入口进入，周转到另一边的出口，就是已经包装好的发动机成品了。

看着眼前一台台先进的数控机床和洁净的工作环境，坐在电动车上的朱宁昌已经有些难以自制了，"这只是人家生产民用飞机发动机的车间呀！"配备着中国最好机器设备的导弹发动机生产车间，跟这里一比，简直就成了手工作坊。

朱宁昌回到宾馆，心情沉重得饭都不想吃。差距实在太大了！美国的生产车间里都已经全部由计算机控制，就能推测出他们设计单位的计算机应用状况。可那时候，整个七机部只有一台"109丙"计算机，放在北京704所的计算室里，占了整整一层楼。他和山沟里的那些同事们别说使用计算机，连见都没有见过！进行气动计算、喷管造型计算时，还是使用手摇计算机，两三个人"咔嚓咔嚓"地摇上一两个月。他出国访问前，同事张恩昭从北京买回一只日本造的袖珍计算器，居然在研究所里造成了轰动，大家都跑去看稀奇，轻轻地按几下按键，面带羡慕地说："哎呀，这东西简直太方便了！"想起这样的场面，朱宁昌就觉得悲从心起。

在这种“手工作坊”般的条件下，中国航天科技人员要造出达到世界先进水平的洲际导弹，必须付出比外国同行多出许多倍的努力。此时，他们正在攻克更高难度的“一箭多星”发射技术，以及“地球同步轨道通信卫星”的技术难关，但他们所拥有的条件却依然没有改变。

那一夜，朱宁昌久久无法入睡，他在心底一遍遍设想，如果他和同事们也拥有美国同行们这样的条件，现在应该是怎样的结果？

二

1980 年代初，中国掀起新一轮“出国留学热”，留学依然是公派，但目的地已由苏联换成了美国。1981 年，余金宝有幸被选为外派留学人员，他曾在远程洲际导弹发动机燃烧室小组工作，1971 年搬迁三线时留在了北京，此时成为“出国留学大潮”中的一员。

他原本是去美国留学，结果阴差阳错地被派往日本，以访问学者身份赴福井大学交流两年，前去进行一项涡轮泵汽蚀研究的科研项目。这是一项基础性的研究工作，福井大学的研究人员已经进行了两年，依然毫无进展。

余金宝一到福井大学，就感受到那里科研环境的优越，研究室专门为他配备了一台 NEC 公司生产的最新型 PC 机，价值 100 万日元，相当于人民币 1.2 万元，那时余金宝在国内的工资还不到 100 元。

余金宝是国内火箭发动机设计人员中，最早学习计算机应用技术的人员之一，却从未在国内见过这样的 PC 机。七机部只有一台“109 丙”计算机，是中科院计算机所为“两弹一星”工程，于 1967 年专门设计制造的，研制核弹的二机部和研制导弹的七机部每家一台。七机部的那台“109 丙”安装在第一研究院 704 所，一个连一个的大机柜将办公楼的整个楼层占满。

1975 年，一院为了推广计算机使用，专门组织了培训班，余金宝成为学员之一，学习了两个多月，上机时间还不到两小时。因为计算机白天要进行一院的计算工作，培训班的人只能在晚上 12 点或凌晨 1 点才能上机操作，一个星期只有两到三次机会，每人最多 5 分钟。

但即便只学了很短的时间，余金宝还是学到了一些基本的知识，并运用到设计工作之中。在发动机热力气动计算中，余金宝就使用了计算机建立模型进行计算，建成了国内第一个能与世界先进水平相当的热力气动计算程序。在发动机喷管造型设计中，余金宝与其他同事共同努力，用计算机算出了喷管造型面的形状，这个造型的改变，就使发动机推力获得了 2.5% ～ 3% 的增加量。但直到余金宝去日本交流时，七机部还是只有那一台“109 丙”计算机。

福冈大学提供的 PC 机为他的研究工作提供了极大的方便。日本同行两年没攻下的课题，余金宝只用了半年时间就拿出了研究成果。这让他觉得，从个人素质而言，中国的技术人员并不比日本的技术人员差，但是日本科研的整体水平要比中国高许多，尤其是基础性研究方面，日本人的细致、精深让人惊叹。

福井县是日本制造眼镜的生产区，余金宝所在的教研室，主要进行镜架材料抗腐蚀性研究。他的导师正在进行的课题是研制出抵抗人体汗液腐蚀的材料。这个课题已耗费了教授几年的时间，日复一日，对近千种材料进行测试，每种材料都进行数万次试验。这不禁让余金宝心生感慨，日本研究人员对镜架材料都较真到这种程度，其他方面的“认真”可想而知。

余金宝在日本购买了一台缝纫机带回国内，结构精巧特别好用，说明书上标明保质期 10 年，到了第 10 个年头真的就不能用了。他拆开缝纫机检查，发现是用于传动的一个扇形齿轮断裂，而这个关键零件偏偏用了塑料材质。真不愧被称作“鬼子”！对材料的刚度、韧性和疲劳强度等各项指标都了如指掌，“鬼”到可以“随心所欲”地利用这些材料特性达到各种使用目的。标注 10 年，多一年都不给你。他找车间的师傅照着做了一个金属的安装上去，又使用了 20 多年也没出过问题。

有人认为，这是日本人对精致化、精细化、极致化的一贯追求使然，但这只是其中的原因之一，事实上，还有另一个重要原因。日本受制于国际法，不能自行研制尖端武器，他们不断研制出的新型材料，都可用于制造各种装备。将这些材料用于制造日用品，可在各种环境下检验其性能、特性，一旦有实际需要，可随时选取合适的材料应用于其他领域。

日本的大学每年有 4 个假期，每个假期都组织访问留学人员去日本的大型企业参观。余金宝曾参观丰田汽车厂生产线，他第一次见到了计算机控制的全自动机械，车间里只有十几名操作工，每人管理几个工位，其工作效率让余金宝目瞪口呆。后来，他在新日本制铁株式会社参观，巨大的炼钢高炉全部由计算机自动控制，整个冶炼过程只有 8 名操作工人值守，据日方介绍，那座高炉的年产量达到 1000 多万吨，整个厂区这样的高炉有十几座。

封闭多年的中国，打开国门走出去时才发现，新技术的发展已是如此迅猛，如果不是及时实施了全面的改革开放，将会被拉开更大的差距。

正当余金宝们看到了差距，回到日思夜想的祖国，准备甩开膀子大干的时候，出乎所有人意料的是，他和国内的同事们已经面临着前所未有的困境……

三

1982 年 6 月，经过两年多的严苛验证，远程洲际导弹发动机正式定型，相关的研制工作也由此画上了句号。

红光沟 11 所的办公楼内，王治军捏着钢笔，手却微微颤抖着，他在一摞厚厚的图纸文件后签上了自己的名字，那是第一级发动机的定型文件。

王治军此时担任着远程洲际导弹发动机设计室主任，从 1964 年 10 月成立发动机论证小组，到如今签下定型文件完成研制，他参与了整个过程。这摞图纸耗费了他和同事们整整 18 年的心血，遇到过多少艰难，付出了多少艰辛，只有他们这些亲历者才能体会。在如此艰苦的环境中研制出这款高质量的洲际导弹发动机，是足以让他们一生为傲的事情。

王治军放下钢笔，合上图纸，一只手在封皮上轻轻地抚摸着，像是抚摸着自己的孩子。这本该是个欢乐的时刻，可在这个燥热的夏日午后，他的心中却如同下着绵绵秋雨般凄切寒凉。

这悲切不仅源于要同相伴 18 年的“孩子”告别，更是因为几天后，他就要与这个工作了 23 年的单位告别，与那些朝夕相处的同事们告别，调往西安第二炮兵学院担任教授。他甚至担心，此时离开会让同事们认为他是一个“逃兵”，其实他心中真是舍不得离去。

此时，067 基地 11 所正面临着前所未有的困境，而 11 所面临的困境，其实是中国所有军工单位共同面临的困境。

1982年的中国正经历着痛苦的转型，十年“文革”过后，改革开放的“总设计师”邓小平为迅速改变中国经济的落后面貌，将发展摆在首要地位，提出“以经济建设为中心”的方略。在这一思想主导下，国防建设也让位于经济建设，国防尖端科技的投入资金大幅缩减，航空、航天、船舶、兵器等众多大型项目“下马”。这种“断崖式”的缩减，让国内的军工企业都陷入了前所未有的困境。1982年4月9日，“第七机械工业部”改组为“航天工业部”，但名称的改变并没能改变中国航天领域缺乏资金投入的困顿局面。

位于大山深处的067基地，情况更加窘迫。远程洲际导弹发动机的研制已经结束，没有了研制经费；正在研制的某重点型号发动机拨款也越来越少，有传言说此型号也可能会下马。而这两个型号是基地仅有的两个大型项目，一时间职工们人心惶惶，几年前就不断有人调离，此时，更多的人员都有了调离此处的想法。

王治军的调离，却有着不得已的原因。他爱人朱钰是067基地职工医院的儿科大夫，1969年就来到凤州山沟里工作，常年生活在潮湿阴冷的山区，患上了严重的类风湿疾病。这是医学界无法根治的疾病，山区阴冷潮湿的环境更加重患者的病痛。一年多前，朱钰调往西安医学院第二附属医院工作，并帮丈夫联系到西安第二炮兵学院导弹工程系工作，学院方面知道王治军是导弹设计专家，当然热烈欢迎。王治军犹豫再三，为解决夫妻两地分居的状况，只好答应前往，但提出要求，必须等一级发动机定型之后才去报到。

此时，定型文件已经签字，离别的日子终于来临，王治军抚摸着那摞图纸，心中涌起万般的不舍。正在他胡思乱想之时，杨瑞亭突然推门走进来，他此前也是远程洲际导弹发动机的研制成员之一，两年前被调到资料室担任主任。两人是多年的老同事，又是河南老乡，还都有留学苏联的经历，一直是很好的朋友。

“老王，你准备哪天走呢？”

王治军勉强挤出一丝笑容：“噢，明天。东西早就收拾好了，工作也都交接了，就等着签这个定型文件呢。”

“今晚下班，到我家吃饭去啊，我给你饯行。”杨瑞亭说。

王治军如约来到杨瑞亭家，桌上已经摆了一瓶白酒和几盘凉菜。那瓶三粮液是山沟里能搞到的最好的白酒，春节前单位派车从汉中运回来，每户限购4瓶，杨瑞亭省下两瓶，今天特意拿出一瓶为老友饯行。王治军也从包里掏出一瓶三粮液晃了晃，“一样的，你那个收了吧，我就剩这一瓶，路上带着不方便，今天喝了吧。”

“今天请我吃啥好东西？”王治军一落座就笑着问。

“饺子。”杨瑞亭说，“当年 …… 1969 年，也是 6 月份，我下放到东北军垦的时候，你把我叫到你那个单身宿舍里，包饺子给我饯行，那顿饺子我一直记着呢，今天轮到我给你老哥饯行了。”

“整整 13 年啦，一转眼就过去了 ……”正说话间，杨瑞亭的女儿杨丽娟从厨房端着一大盘饺子出来，王治军说：“那时候你家娟儿还是个小妮儿，现在都长成大闺女啦。”

“可不是嘛，那时你还是个单身，现在儿子都长到你肩膀头了，时间飞快呀。”杨瑞亭说着端起酒杯，“来，饺子就酒越喝越有，先干一个。”

几杯酒下肚，王治军不禁长叹一声：“从发动机第一次试车开始，到现在定型，总共试车 250 多次，亲眼看着发动机成了，我就得走了，这心里真是空落落的。”

“别说是你，我也有这个感觉呀。这就像咱们自己的孩子，看着她一天天长成了，要离开家的时候，真是舍不得呀。”杨瑞亭说。

“老杨，我从内心讲 …… 真是不想走。”王治军说，“我就是爱搞技术，这就是我最爱的事情，我不考虑干这事值不值，我只考虑我愿不愿意干。我愿意干的事情，吃再多的苦也值得。我这辈子觉得最骄傲的事情，就是设计出了‘K 方案’喷注器，那真是费了很大劲才搞出来的呀，光设计方案就改了 28 次。可我不觉得这个辛苦，我就爱这个！费多大的劲我都愿意。”

杨瑞亭给他斟满酒：“来，为你这个技术狂人干一杯！”

王治军端起酒杯一饮而尽：“在这个山沟沟里窝了这么多年，总算搞成了，不容易呀。”

杨瑞亭说：“穷国干了个花钱的事情，太难了！”

王治军说：“以前觉得，十几秒的短程试车都得几万块钱，花钱真是不少，可这些花费跟国外比较起来，咱们要省得太多了。”

杨瑞亭连连点头说：“也就是人家十分之一的资金。”

“现在，连这样低水准的科研经费投入都没有了。没项目、没经费，还能搞啥呀？”王治军又长叹一声，“当年环球导弹下马，预研设计连成了木匠连，不就是因为没项目、没经费。搞科研要有钱呀！”

“**Хлеб будет, молоко будет, все будет там.**（面包会有的，牛奶也会有的，一切都会有的。）”杨瑞亭忽然冒出一句俄语，惹得两个人都笑了。这是苏联电影《列宁在 1918 年》里的一句经典台词，经历过 1960 年代的人都耳熟能详。

王治军端着酒杯说：“尽管人说‘搞导弹的不如卖鸡蛋的’，但我还真不是怕吃苦、当逃兵才调去西安的，除了我爱人身体的原因，我还想去做点本专业的事情。你想，一个国家要搞好经济，得有多少年？十年？二十年？我今年虚岁五十了，还能蹦跶几天？到二炮学院带学生，至少能把我这些经验教给更多的年轻人，将来情况好了，国家也能有更多的后备人才。即便他们不能搞研制，那教会他们更好地维护、使用咱们研制出的导弹，也是为国家安全出了力。”

杨瑞亭也举起酒杯：“你老哥是什么样的人我会不清楚？你是有事业心的人，到哪儿都能干好。来，干了这杯！”

“我真是不甘心呀！没机会啦……”王治军神情没落地叹了口气……

四

1984 年 4 月 8 日，西昌卫星发射场上，长征三号运载火箭拔地而起，中国的第一颗地球同步轨道卫星发射成功。

这是 1975 年提出的“三抓任务”中最后一项，用了 10 年时间终于全部完成，航天部为此召开庆功表彰大会。11 所的肖乾芬、张静山等人分别被评为一等功臣和劳动模范，党委书记姜福来带队前往北京参加会议。上了火车，姜福来就火了：“怎么还是这种情况？！”

一起上火车的那七八个人，被安排在了不同的车厢，姜福来在软卧车厢，处级干部的获奖者在硬卧车厢，普通干部的获奖者去了硬座车厢。“我都说了要买一样的票，为什么搞这种特殊化？”姜福来气愤地质问办公室负责票务安排的工作人员。

“这是按政策规定执行的呀。”工作人员很委屈。按照当时国营单位统一执行的差旅费标准，一天以内的行程，厅局级干部可以坐软卧，处级干部可以坐硬卧，一般干部、职工只能是硬座。

列车在凤州车站只停两分钟，开车的铃声已经响起，姜福来也没法再说什么，气哼哼地上了车。之所以说“还是这情况”，是因为此前就曾发生过。那是4年前，远程洲际导弹首次发射成功后，七机部在北京召开表彰会，11所董锡鉴、李宗兰等人被评为一等功臣和劳模，同样是姜福来带队去北京参会。那次因为各自有工作任务，只能分批陆续前往，姜福来和董锡鉴两人一起出发，一个是局级的党委副书记、一个是科级的小组长，送站的办公室人员给他们的两张车票，一张软卧、一张硬座。

姜福来一上车就坐到硬座车厢里，对董锡鉴说：“你去软卧睡。”

“那不行，我怎么能去，你快过去休息吧。”董锡鉴连忙摆手。

姜福来伸手拽他：“你是咱们的功臣，你必须去。”

董锡鉴坐着不动：“不管怎么说，你年纪比我大，应该你去。”

车厢里的人都看着他俩，两人也不好再拉拉扯扯，干脆都坐在硬座车厢，谁都不去。董锡鉴看这状况也实在不行，只好说：“那咱俩一人去睡两小时吧。”姜福来点头说好，两人换班睡觉到了北京。

姜福来没想到4年后还是这样的情况，他又跑到硬座车厢，满脸不快地跟张静山等几个人坐在一起。“姜书记，别为这事生气，确实是有规定标准嘛。我们平常出差都这样，没什么呀。”张静山说。

姜福来说：“这是什么标准！你们这样的功臣、劳模都不能坐卧铺，有合理性吗？回去我就得解决这个问题！”

■ 1984年4月，067基地领导在凤州火车站迎接参加我国第一颗试验通信卫星试验队胜利归来

开完表彰会刚回到红光沟，姜福来就召开了所党委会，专门商讨技术人员差旅费标准的问题。相关工作人员为难地表示，这是有上级文件规定的统一标准。

姜福来说："咱们这种单位，必须结合本单位实际情况。搞研制的技术人员，行政级别不一定高，可他们为国家做出的贡献却非常大，我们不讲级别，要讲贡献！现在总说落实知识分子待遇，怎么落实？让他们坐上卧铺就是落实的具体措施之一。从今以后，这些功臣、劳模和技术骨干出差，一律买卧铺票，如果有需要，可以坐软卧、坐飞机。重要设计室的室主任出差，也可以坐软卧、坐飞机。不用报请批准，直接报销。"

姜福来的这个决定在11所设计人员中引起了轰动，这份体贴和尊重让他们觉得非常感动。但那段时间，依然不断有科研人员申请调离，因国家大方针的变化，11所的研制任务急剧缩减，大量科技人员处于赋闲状态，对于这些科技人员来说，工作任务和事业前途是他们更为看重的第二生命。姜福来当然无力改变这样的大环境，他能做的，只能是对每位申请调离的人员进行一番劝说工作，但往往收效甚微。

姜福来的"卧铺政策"公布没几天，一份调离申请就摆到了他的桌上。姜福来拿起一看，是董锡鉴的报告，立刻给他拨通了电话："老董，你到我办公室来一趟。"

董锡鉴进了办公室刚坐下，姜福来就说："老董呀，你就别走了吧，搞发动机的人越来越少，以后咱们这儿还怎么搞呀？"

"现在还能搞什么呢？"董锡鉴低着头说，"我就是想干，也没有研制项目呀，我是不甘心这么闲着。"

姜福来点点头："你是有事业心的人，业务能力也强，我相信你到哪儿都能干好。不过我还是跟你说一句，你再仔细想想，是搞火箭重要还是回老家重要？"

这句话戳中了董锡鉴的心，他真是热爱航天事业，只是因为无事可做，才在老家济南联系了一家单位，那根本不是他想干的事情。他低着头，内心苦苦地挣扎着，半天说不出话来。

姜福来看出董锡鉴的心里已经开始松动，对他说："你这个申请报告我就不签了，就当你没递交过。"说着就将那张调离申请一撕两半，"我相信，情况不会一直这样持续下去，国家的强盛离不开咱们搞航天的，研制任务肯定会来。"

董锡鉴抬头看着他："你都这样说了，我就不走了！我就等任务来的那一天。"

董锡鉴做出这样的决定实在需要勇气，没人知道那一天什么时候会来。现实状况是，因为研制任务不足导致067基地经费短缺，各单位都陷入了财政困难，虽然身处经济落后的三线山区，却同样要进行“军民品分线”改革，自谋出路，“以民养军”。

但开发民用产品必须以经济发达的城市及周边地区为主要市场，而这些三线职工在闭塞的山沟里生活了十多年，别说去研发民用产品，在商海中开拓市场，他们连城市中的现代生活方式都已经淡忘。

五

1984年10月1日，新中国成立35周年的阅兵式上，远程洲际导弹方阵威风凛凛地驶过天安门广场，这是中国第一次将自己研制的洲际导弹展示在全世界面前。激动人心的场面让亿万中国人欢欣鼓舞、心生自豪。可很多人并不知道，为这些导弹提供发动机的一批科技人员和技术工人，正为自己的生存与前途深深地忧虑。

国庆节过后，北京11所的余金宝被调到新成立的“民品部”，干起了与发动机研制毫不相关的工作。具体干什么，得自己想办法，目标只有一个——“自己养活自己”。

一年前，余金宝在福井大学访问交流期满，他婉拒了教授留他在日本工作的盛情，回到北京。单位里已经没有了新的研制任务，大多数设计人员都无事可做，他也处于赋闲状态。

1984年，中央针对军工单位面临的生存困境，提出“以军为本，军民兼顾，以民养军”的政策，允许军工单位从事民用产品开发。军工单位纷纷进行“军品、民品分线”的改革，部分人员专门从事民品研发生产工作。

11所进行“军民品分线”时，每个科室都按比例分出一部分设计人员从事民品工作，余金宝便在此时，被调到了“民品部”，他和被分去“搞民品”的同事们都觉得低人一等，心中倍感失落。

此前的几十年间，军工单位都是按国家提出的任务进行工作，几乎与外界社会隔绝，形成一个个封闭独立的“大院儿”。如今突然被推向市场，自寻生路，根本就是两眼一抹黑，只能在“海”里胡乱扑腾。北京 11 所成立民品部时，大家对市场需求毫不清楚，开发的项目五花八门，电子秤、丰乳器什么都造。能拿到 2000 块钱的合同都算是一笔“大买卖”。

从水力试验室调出来搞民品的人员，误打误撞地开发出了一项热销产品——“家用淋浴器”。其实就是一根带着莲蓬头的铁管，接上两根软管，一根拧在水龙头上，另一根放入热水盆中，打开自来水利用虹吸原理将盆里的热水吸上来混合用于淋浴。试验室的几名女同志拿着淋浴器到王府井摆摊销售，一遍遍地向过往的行人演示、推销。一套淋浴器十几块钱，第一次推销，竟卖出了二十多套。拿着那 300 多块钱的销售款，几个女同志直抹眼泪，心中五味杂陈。

而与此同时，中国改革开放已初见成效，乡镇企业蓬勃兴起，“个体户”经济迅速繁荣，“卖鸡蛋”的收入已远高于这些造导弹的。新一轮失衡不仅体现在经济收入上，更在于心理冲击。对于中国航天人来说，身处这样的转型时期，真是一段艰苦而又漫长的岁月，可他们必须在困境中寻找生存和发展之路。在“新长征”的征途上，他们“被逼着”用自己的聪明才智，随着时代的节奏谱写出一曲激奋人心的摇滚乐章。

用那些缺少技术含量的产品在市场上摸爬滚打一番后，北京 11 所的“民品部”开始重新思考发展方向。拥有这么多搞涡轮泵、搞阀门、搞燃烧室的技术人员，如何将他们擅长的火箭发动机技术应用于民用产品上？经过一年多的摸索，他们决定以“替代进口”为突破口。当时国内石化行业大量引进国外设备，但使用时间不长就需要更换部件，而那些原装进口的设备部件价格奇贵，更换几次就相当于购买一台新设备，北京 11 所的技术员们便针对备件的国产化开展了工作。

可他们对于石化行业是两眼一抹黑，谁都不认识，这些工程师们放下身段，像推销员一样四处登门找活儿。登门拜访时，人家都觉得奇怪，得知来意后就问：“你们能干什么呀？”可这些搞航天技术的工程师们，也不知道石化行业设备是什么样的，根本无法回答，只好说：“我们能造火箭。”

对方简单地说了些石化行业常用设备后，搞涡轮泵的技术员就跟他们介绍，泵的转速有多高，功率有多大，搞燃烧室的则介绍控制的温度有多高。不过，对方还是不放心：“我们的燃烧加温炉，都是几层楼高的大家伙，你们燃烧室那么小。你们泵里用的高速齿轮是比我们用的转速高，可你们又没干过石化行业设备，隔行如隔山呀……"

工程师们无奈，只好说："你把齿轮让我们测绘，我先生产出来，你们使用后觉得满意再付钱，然后你再把以后的任务也给我。"经过多次的沟通，石化厂才将一些小备件交给他们试制，不过是几百元的备件制造合同。工程师们背着测绘器材，搭公交、赶火车赶到厂里，一个零件一个零件的测量，画出图纸，将备件制造出来。厂家使用后非常满意，逐渐将更多的备件交由他们生产，合同额也几千元、几万元地增长起来。后来干脆请他们设计生产立式高速泵替代进口设备，当时进口高速泵几十万元一台，而北京 11 所生产的高速泵，只需一半的价格，并且使用周期比进口产品延长一半。这个结果让双方都美得"屁颠儿屁颠儿"的。

余金宝所在的那个室原先从事发动机推力测量工作，先期也是为石化厂的自动包装系统提供传感器备件，此后设计生产出替代进口的电子智能包装秤，可对化肥或者乙烯原料进行包装。他们在设备中应用了一些特殊的智能软件，每袋包装都是刚好 25 公斤。

事实上，精确控制包装重量是极为复杂的技术，因为包装封口时，出料口还不断有原料落下，封早了重量不够，封晚了就超重。这就是"空中落料"的落料差。空中落料跟产品性能有关，这与物料的黏稠性、流动性有关，也跟天气有关。特别是化肥，随着天气变化，会吸收空气中的水气，误差比较大。余金宝他们采取微处理智能控制，能够根据温度、湿度，自动调整关门时间。这种电子包装秤在国内石化系统、粮食系统被广泛应用，航天技术应用到民用产品上，产生了很好的成效。

六

1985 年 1 月，航天部向 067 基地下发通知："接国务院、中央军委发布的命令，即日起终止某重点型号发动机的研制工作。"

这道命令由邓小平亲手签署，并且"下马"的不仅是这一个重点型号战略导弹，而是涵盖了导弹、飞机、舰船、坦克等几乎所有的军事工业重点项目。这并非邓小平的一时心血来潮，而是这位政治家、军事家经过深入权衡后的决定，他对当时的国际形势进行深入分析后，将国家经济建设放在了最首要的位置，军费开支大幅缩减，各军工领域中只保留个别项目进行重点研发。

接到这份通知时，067 基地主任张贵田的脑子一片空白，这项国家重点型号是 067 基地唯一一个正在研制的项目，也是勉强维持基地所属几家单位正常运转的主要资金来源。此后他们能获取的资金来源只有为远程洲际导弹配套的发动机生产费用，但那些经费连给职工发放工资都不够。同时，因为重点型号发动机停止研制，生产线上的大批发动机零组件、半成品、产成品全部成为无用的“废品”，067 基地将因此陷入政策性大亏损的被动境地。

张贵田 9 个月前才担任基地主任，那时，老主任张云波离休，副主任李伯勇调任航天工业部一院副院长，他“临危受命”担此重任，却又遭遇了型号下马的“灭顶之灾”。两万多名职工、家属该如何生活？前途何在？但面对国家政策性调整带来的影响，莫说是 067 基地，就是航天部，乃至所有的军工部门都一筹莫展。

■ 1985 年 3 月，11 所团委召开团代会，号召共青团员积极响应上级指示，转变思想迎接新挑战

出路同样是“自己养活自己”，开展民用产品的研发生产。但在这样闭塞落后的环境中根本没有可能性，只有尽快搬出山区才可能寻找到机会。

其实，在 1981 年的那场洪水过后，当时的七机部就批准 067 基地选址重建，只是新点选择必须在三线地区的范围以内。七机部基建局与 067 基地各单位组成选点联合调查组，在陕西、四川、湖北、河南等省份查看 39 处地形，最终选择湖北襄樊作为新建地址。1984 年 1 月，搬迁报告获得批准。但此时，第二汽车制造厂也要搬迁襄樊，再搬来个 067 基地，当地生活供应的压力极大；而基地的干部、职工们觉得，襄樊依然地处山区，也希望就近搬迁到西安。张贵田当然也倾向于这样的意见，从民品发展的角度考虑，这也是一个最好的选择。刚一上任，他就将这一意见上报，并通过航天部与陕西省委接触协商。

1984年6月，陕西省委书记马文瑞和副省长张斌专程到凤州067基地视察，并观看了远程洲际导弹二级发动机的试车。试车结束后，两人都激动不已，马文瑞书记说："以前我都不知道咱们陕西还有这样一个重要单位，科技力量这么强，对国家贡献这么大！听说你们要搬迁，我的意见，你们就别走了，还是留在陕西好。"副省长张斌也明确表态："你们找地方困难，我们省上给你们找，只要不进西安城市区，什么条件都能保证，有问题省政府给你们解决。"两位领导返回西安后，很快就在西安市南郊的长安县北塬，为067基地划拨一片土地用于新点建设。

1984年11月，067基地主任张贵田和副主任周同动身前往北京，向国防科工委、航天部机关和有关部委汇报，希望将搬迁地改为西安。但事情比他们预料的更为复杂，上级不同意改迁的提议。

无奈之中，两人找到航天部张钧部长请求支持，张部长曾亲临067基地视察，水灾过后的场景依然历历在目，他知道那里职工们的艰苦，也同样关心着他们的生活状况。067基地是三线单位中的一座标杆，当年那么多三线单位中，最早建成、最早开工投产、最早拿出产品，取得的成绩也是最大的，他同样不愿意看到这些勤勤恳恳的部下遭受如此困窘的境遇。他拿着张贵田、周同起草的报告草稿，逐字逐句地看着，在上面圈圈改改一番，递给张贵田："把这些地方修改一下，你们再上交中央。"

1985年7月20日，国家计委、国防科工委下发批文，067基地搬迁西安新点列入国家"七五"重点项目。但所有的指标都大幅压缩——搬迁费只有7000万元，搬迁职工名额2700人。准迁人数还不到职工总人数的一半，手心手背都是肉，谁搬谁留呀？

周同到上海参加一个航天部的会议，兄弟单位的同行们已经听说批准了他们的搬迁，围过来说："列入国家重点项目才批了7000万元？钱太少了吧！人家北京协和医院的搬迁费用比你们多多了。"周同只能无奈地一笑："不在于钱多钱少，在于重要性。"

7000万拨款仅够买地，修建厂房、家属楼的资金只能靠航天部自行筹集。可航天部的日子也不好过，全国航天系统24万人，但每年的财政拨款只有5.8亿元，发放工资就得用掉一多半，剩下的经费连维持日常办公都困难，哪有资金拨给067

基地建设新点？

建设资金只能靠自行筹集，但067基地已经没有了研制项目，所属几家单位，日子都过得捉襟见肘，不过是勉强糊口的状态，而建一座合乎标准的厂房、试验室需要上百万元，一栋普通标准的6层家属楼需要几十万元，根本无力建设新点，基建工作只能处于停滞状态。

七

身处山沟中的067基地同样要执行“军民品分线”，“自己养活自己”。一些单位尝试着生产出半导体收音机、家用绞肉机、沙发弹簧等产品，但小小的山沟里哪有市场，产品只能卖给基地的职工们。

搬迁西安遥遥无期，民品开发又不得不进行，山沟里的三线单位纷纷向北京前方单位取经。凤州后方11所便借鉴了北京11所的经验，瞄准进口设备的国产化。

后方11所的章本立已经50出头，此时也从军品室调到了民品室。1986年，所党委书记陈玉新带着他和几位设计人员一起到南京出差，洽谈民品项目。那边有个当时亚洲最大的聚酯生产厂，全部使用法国进口设备，这个厂1984年投入运营，一个厂有三台热媒炉，但每三个月就要更换一次炉顶，连更换配件使用的螺丝钉都是进口的，价格昂贵。更头疼的是，热媒炉停车维修，需要七天到十天的时间，每天损失产值100万元。

厂里的总工程师对这些搞航天的技术人员很尊敬，热情地接待，但他对航天技术能不能在这里应用，心里也没底。他说：“我一年中检修四次，加起来就是一两个月的时间，我要求常年运行，你们行不行？”章本立说：“我们先了解一下情况，看看现在有什么问题，再谈我们能不能合作。”

此时，厂里的一台热媒炉正在检修，总工程师把设备处的人召集起来，和章本立他们一起去现场查看。章本立登上足有13层楼高的炉顶，检查烧蚀情况。半个小时后，他从炉顶走下来时，就归纳出几条意见。

第一，炉盖材料抗氧化性能不好。

第二，密封垫片采用石棉绳，可靠性太差。

第三，4.2 米直径的炉盖，只用 8 毫米的螺栓固定，强度不够。

第四，结构设计有缺陷，炉顶没有变形余地，导致使用寿命不长。

厂里的技术人员很惊讶，他们两三年没解决的问题，这些人半个小时就能找出问题所在？一行人回到办公室，把热媒炉的图纸找出来一看，跟章本立说的情况完全一样。一个年轻技术员忍不住说："简直神了！你怎么光看看就知道呢？"章本立说："这是我们将近 30 年的经验。你们这个炉子温度才 1800 度，压力不过是微增压，我们搞的是 3000 多度的温度，几百个压力。"

厂里的总工程师说："你那是短时间，我这个要求长时间你行不行？有什么办法解决吗？"章本立说："你给我们半天时间，我们得想想。"当天下午，11 所的几个技术员凑在一起，针对热媒炉存在的问题，提出了改进方案：炉盖重新设计，更换制造材料，炉顶原有部分去掉一米，重新焊接一块重新设计的炉顶结构件，密封石棉绳改为柔性绳，炉桩加密、直径加大。

第二天给厂方递交方案时，总工程师说："这样改造得多少钱？"章本立说："大概 10 万块钱吧。"对于厂方而言，停产一天就损失 100 万，如果花 10 万元解决这个问题，简直就像白捡。总工程师又问："什么时间能拿出来？"章本立说"3 个月。"

第三天，厂家就和他们签了合同。过了几天，章本立等人搞出了设计图，并派人去工厂现场指导，3 个月造出了改制的顶盖，换上去以后，第一个炉盖一年没出现过任何问题，拆开检查，依然没有变形和泄漏，可以继续使用。工厂方面非常满意，特意给章本立他们出了个证明，这项改进为工厂每年节约 2000 多万元。

刚刚走出山沟"下海"闯市场的章本立他们当时并不知道要"保护知识产权"，那家工厂有三个分厂，每个分厂有三台热媒炉。他们对第一个工厂改造后，厂方也掌握了技术，其他的两个分厂就自行改造了。不过，他们的这"第一炮"打出了名声，此后这家化工厂的很多问题都来找他们解决，几年后南京扬子、上海金山以及全国多家工厂也都慕名来找他们解决设备改造问题。

后方 11 所还有另一项"拳头产品"—— 系列加油泵。

地处深山中的 067 基地民品开发较为困难，陕西省国防工办为他们介绍承担了一项民用项目 —— 自吸式飞机加油泵，但要求半年之内就要拿出样件。从事发动机涡轮泵研制的陶维国等人承担起这项研发工作，他们加班加点地进行设计，在要求时间内拿出了样品泵。与用户提出的标准相比，效率提高了三到五个百分点，扬程提高了5米，产品质量和性能受到用户的好评，并获得航天部科技进步二等奖、陕西省新产品三等奖。此后他们又将航天技术广泛运用于各类民用泵体上，开发出了洒水车泵、坦克加油泵、消防泵和多种低温泵等多个系列，成为三线单位民品项目开发中的支柱产品。

八

1986年，中国航天事业的发展正因缺乏资金陷入低谷之际，一项影响中国今后几十年高科技研究发展的计划正在筹备实施之中。

那年3月，面对世界高技术蓬勃发展、国际竞争日趋激烈的严峻挑战，王大珩、王淦昌、杨嘉墀和陈芳允四位科学家提出“关于跟踪研究外国战略性高技术发展的建议”，邓小平做出“此事宜速做决断，不可拖延”的重要批示。在充分论证的基础上，党中央、国务院果断决策，于1986年3月启动实施了“高技术研究发展计划（863计划）”，旨在提高我国自主创新能力，坚持战略性、前沿性和前瞻性，以前沿技术研究发展为重点，统筹部署高技术的集成应用和产业化示范，充分发挥高技术引领未来发展的先导作用。在“863计划”中，发展大型运载火箭被列为重点项目。

而此时，国际航天界却遭遇到一个惨烈的“灾难年”。

1986年1月28日，美国的挑战者号航天飞机在发射过程中机毁人亡，升空72秒后爆炸，7名美国宇航员丧生。

1986年4月18日，马丁·玛丽埃塔公司为美国空军制造的大力神火箭发射卫星时发生爆炸。

1986年5月3日，麦道公司的德尔塔火箭起飞71秒后主发动机突然熄火，90秒时自毁。

1986年5月30日，欧空局的阿里安火箭发射时，第三级发动机点火失败发生爆炸。

一连串的厄运使欧美众多型号的运载火箭暂停发射，商业卫星用户排队等待无法升空。

此前，国际商业卫星发射市场全部被欧美航天界所垄断，此时，他们接连出现发射事故，为困境中的中国航天进入国际市场创造了一个难得的契机。国家计委、国防科工委和航天工业部联合向中央提出报告——用中国的运载火箭发射国外卫星。航天部也同时派出一个10人小组进行国际市场调研。1986年9月，报告得到中央的批准，中国航天界终于要迈出国门。

但调研组反馈回来的信息却让人沮丧。此时国际上主流卫星制式，都为2.5吨以上的“大卫星”，中国的运载火箭只能将2.4吨以内的卫星送入地球同步转移轨道，要想闯入被欧美垄断的国际市场，就必须尽快研制出新一代大推力运载火箭。但此事谈何容易，“863计划”中刚刚提出发展大推力运载火箭，连具体的研制计划还没有成型，即便立刻开始研制，以中国当时的条件，拿出一个新的型号也需要七八年的时间，远水解不了近渴。

北京南苑的第一研究院里，副院长王永志、李伯勇和火箭专家王德臣闷在一间办公室中，商讨出一个大胆的方案——使用捆绑技术提高运载力——以长征系列火箭中有着不败业绩的长征二号丙火箭为芯级，在一级箭体上并联4台液体发动机助推器，可使火箭的总推力提高到588吨，低轨道运载能力将由2.4吨提高到9.2吨。配以固体推进剂的第三级火箭，可将3吨的有效载荷送入地球同步转移转道；配以液氢/液氧推进剂上面级，同步转移轨道运载能力就能达到4.8吨，可以满足大多数国际卫星的高、低轨道发射任务。

这一方案利用现有成熟技术，只需设计出助推器和捆绑机构的方案，就可以获得大推力运载火箭，极大地缩短研制周期。

航天部副部长刘纪原见到这一方案，坚决予以支持。但也有领导持反对意见，除担心挤占其他项目的科研经费影响正常型号的进度外，最主要还是担心搞出来却没能进入市场。部内的意见不统一，是否上马的问题被上报国务院裁定。

在国务院的汇报会上，李鹏总理问：“没有经费怎么办？”刘纪原回答：“我们贷款吧！”在场的人都被这句话震惊了。自从1956年中国开始导弹研制至今，30年来都是靠国家拨款，从来没听说过“贷款”搞型号研制。这真是急红了眼，要破釜沉舟的架势。

刘纪原是铁了心要干这事，尽快拥有大推力运载火箭，中国航天业就能在国际市场上找到突破口，在困境中获得一丝喘息，解决基本的生存问题。并且，还有特别重要的意义——中国大吨位卫星发射以及宇宙飞船、载人航天工程的周期，也会因此而缩短。

不过，此举确实风险极大，谁也无法预知这个型号能否成功，更无法预知国际市场能否接受一个新面孔的出现。如果未能成功，那所有的投入都将“打了水漂”，巨额贷款怎么还？已经“揭不开锅”的航天部岂不是雪上加霜？

最终，国务院批准了这一项目，型号定名为“长征二号E”，又称“长征二号捆绑式火箭”，简称“长二捆”。但为保险起见，在未拿到发射合同前，暂缓实际研制工作。就是说，中国航天部只能拿着一张火箭的构想图去跟外商去谈卫星发射合同。

中国航天界的高层领导人紧锣密鼓地寻找着发展出路，但基层职工们却对此毫不知情，缺少工作任务，工资收入微薄，让很多人为前途担忧。

李伟民1987年分配到165站一号台，工作了一年半，只进行了两次试车，实际工作时间不到一个月。以前，从事航天工作曾是他的梦想，可如今他真是后悔选了这个行当。

李伟民是067基地的子弟，4岁跟着父母从北京来到了山沟，父亲李和卿以前担任11所8室主任，负责姿控发动机试验工作，当年曾帮傅永贵搭建起“草棚试验室”。后来8室划归试验站，李和卿也调了过来，此时担任着165站的总工程师。那时067基地的单位中，有很多他们这样“父子兵”。

1965年组建的067基地，已经在凤州扎根了20多年，那些随父母来到山沟里的孩子们都已经长大，到了参加工作、恋爱结婚的年龄。在那样封闭的环境中，就业和婚恋一般都在067基地几家单位内解决。山沟里“父子兵”“兄弟连”随处可见，又因为子女联姻，几乎有半数职工都绕成了“八竿子”亲戚。

三线单位有句口号，叫“献了青春献终身，献了终身献子孙”，看似豪迈，实则无奈。山沟里的孩子每年只有不到20%考上大中专院校，并且那些考上大学的也大都是定向委培生，毕业后又大都分回了067基地；考不上大学的只能报考067基地自办的红光技工学校，毕业分配也是按父母所在单位“哪来回哪去”。技校招生名额同样有限，很多子弟只能在家待业。山沟里唯一的就业渠道就是067基地这几家所属单位，可每年招工名额有限，能把孩子送进单位当临时工都让人羡慕，至少将来招工时可以优先考虑。对这些山沟里的老职工们而言，“献子孙”不是悲壮之举，那是天大的幸福。

李伟民就是山沟里那20%的幸运儿，1984年考入西北工业大学学习液体火箭发动机专业，1987 年毕业后分配到 165 所 1 室，他们一家人都在 165 所干发动机试验工作，就连大学时同班的女朋友，也分配到 165 所从事测量控制工作。偏偏此时正值航天事业低谷期，067 基地几乎没有研制任务，每天到试车台上班，女同事织毛衣聊天，男同事在山坡上割草养兔子。

这样无所事事的状况让李伟民实在难以忍受，工作的第二年，他就强烈要求去新成立的民品容器检验站当技术员。他父亲并没有反对，儿子成天养兔子确实是在荒废青春，去干民品至少还能搞点技术工作。副站长张斌章却把李伟民叫去谈话："你的调令已经批下来了，但我还是想劝你几句，你听完要是还想去，那我就不拦着了。第一，你是学发动机专业的，不干这个，你就真的荒废了；第二，你不能光看眼前的状况，这可能就是暂时的。"

李伟民听后犹豫了，对张斌章说："那我回去再想想。"他回家跟父亲商量一番，第二天又申请撤回调令留在了一号台。时隔不久，他便为自己的这个决定感到庆幸。

九

为承揽国际发射任务，航天部专门组建了开展对外业务的中国长城工业总公司，但他们手里只有一张手绘的"长二捆"火箭设想图。由于没有相关经验和资质，长城公司难以进入国际市场，只好寻找国外的宇航集团，以分包商的身份逐渐介入。

1987 年 9 月，澳大利亚奥普图斯公司就建立第二代国家卫星通信系统"奥塞特 B"型卫星进行招标，有 4 个西方宇航集团以主承包商的身份参加投标。长城公司以发射服务分包商资格与主承包商组合参加投标，正式迈向国际市场，开始与美、欧火箭角逐。

中国这个只有一张设想图的长征二号 E 火箭并不被看好，4 个主承包商中，只有休斯公司将其列入备选方案之一。休斯公司选择这个尚无实物的火箭发射方案，是因为"长二捆"火箭以连续 7 次发射成功的长征二号丙火箭为基础，有一定的口碑。更重要的原因在于，中国的报价比欧、美火箭制造公司的低 15% ～ 20%。

休斯公司最终以低于其他公司的报价取得了澳大利亚的卫星发射合同，但无论是休斯公司还是奥赛特公司，都对这枚图纸上的火箭心存疑虑。虽然其改制的基础是有着100%发射成功率的长征二号丙火箭，但由于此前的保密措施，国外一直对其技术水平和性能标准不清楚，两家公司决定前往中国考察火箭研制能力，休斯公司专门聘请了美国航天界火箭专家史密斯先生作为评估总顾问。当获知中国的火箭还只是草图阶段时，史密斯说："这样大的火箭项目，在美国也要3至4年的研发时间，现在距发射时间只有两年多，中国人恐怕很难完成。"

1988年9月，史密斯一行三人来到秦岭深处的067基地，这是火箭发动机生产基地建成后，第一次有外籍人士造访。此时秋高气爽，正值秦岭山中最美的季节，红光沟四面的山上红叶满坡，山下绿草如茵，安河水清澈见底、游鱼可见。史密斯一下车就连连赞叹："你们这里的环境简直太美了！"

当初接到史密斯一行要来参观的通知时，067基地和103厂的两级领导班子都犯了难，让人家看什么呀？1981年那场洪水后，103厂虽然添置了一些新设备，但依然全都是手动操作机床，跟美国工厂里那些全自动控制的机床相比，仍像不在一个时代的手工作坊。他们担心，美国专家见到这种生产环境，反而会让他们对发动机质量产生质疑。但此时，他们也不能拒绝人家提出的考察要求。

其实上级部门出于技术保密，也明确规定，参观尽量限于生产普通零部件的车间，如果考察组要求强烈，只开放一两个关键零部件加工车间。067基地和103厂开会商讨，美国公司请来的肯定是行家，外行看热闹内行看门道，随便定个车间肯定糊弄不过去，最终决定，将加工燃烧室头部喷注器盘的车间作为预备开放参观的地点。

喷注器盘是发动机的关键部件，这个圆盘形的不锈钢零件上，密布着上千个0.1～0.3毫米不等的小孔，两种推进剂从这些小孔送入燃烧室雾化混合产生燃烧，对于小孔的加工精度要求极高。业内的行家都知道，这是个加工难度非常大的零件。103厂加工这个零件，依然使用手动操作的普通机床，只不过机床精度较高，要靠手摇分度头进行孔距等分，手摇控制钻头钻孔的速度。为了这次参观，专门在机床上加装了一台异步电动机，等分孔距时可以由电动机完成，但其他操作依然需要靠工人手动进行。其实，这样的"自动化"可靠性极低，只能用于"表演"。

史密斯看到103厂生产的喷注器盘和涡轮盘转子，连连赞叹"真是太精美了！”参观了中方安排的生产车间后，点名要求参观喷注器盘和涡轮部件生产车间。103厂厂长张志新见推脱不过，只好说：“生产涡轮盘转子的车间离这里太远，时间来不及了。可以去看看喷注器盘的生产车间。”

张志新带着史密斯一行来到35车间喷注器盘生产组，史密斯脸上明显带着惊愕的表情，他没有想到生产如此精密部件的车间里，依然是这种普通机床。

■ 全国劳模曹化桥进行喷注器盘钻孔作业

曹化桥师傅正在一台钻床上为喷注器盘打孔，他手扶摇柄，轻轻地按下，又轻轻地抬起，那支比头发丝稍粗的钻头飞快地旋转着，卷出两条细细的金属屑，金属盘上出现了一个细细的小孔。曹化桥1970年到103厂工作，1978年开始跟着师傅学习小孔加工技术，如今整整10个年头，这几年生产的发动机喷注器盘，几乎都是由他加工小孔。史密斯看得出神，略懂机械加工的人都知道，小孔加工是一项高难技术，普通机床设备难以控制加工精度，发达国家早已采用激光、电火花等加工工艺取代传统的钻孔工艺。史密斯此前已经看过喷注器盘成品，那细致均匀的内孔让他赞叹不已，没想到竟是用手工控制加工出来的。从车间里出来，史密斯说了句：“中国的技师，真是太了不起了！”

史密斯一行考察结束，得出结论是：中国目前的火箭制造水平，完全有能力承担这项任务。美国休斯公司与中国的长城公司开始进入合同谈判阶段，可毫无经验的中方又遇到了新的问题。

长征二号E火箭仅是个“纸上谈兵”的产物，没有实物，更没有飞行记录，国际保险界因此迟迟不肯同意承保。根据长城公司与休斯公司的“澳星”发射协议规定：在1988年10月31日前，如果双方没有正式签订发射合同，将失去合作的可能。而拥有保险合同是签署发射合同的前提条件。初入国际市场的中国航天界对这些规则一无所知，一路跌跌撞撞，处处碰壁。

直到10月初，中方才找到一家愿意承保的保险公司。拿到了保险合同，中国航天专家组成的代表团急赴美国，开始了发射合同的谈判工作。谈判进行了几个回合，仍没有结果。10月31日下午7时，离最后的期限只有5个小时，休斯公司的代表竟提出中止谈判。

中方代表也站起身说："很遗憾没能在今天签订这个合同，我们将不得不面对一个困难的选择。"

"什么困难的选择？"休斯公司的代表问。

"我们将决定是否向另一个潜在客户提供同样的服务价格。"

中方人员很清楚，休斯公司能够赢得奥赛特公司的卫星发射合同，主要原因之一就是长征火箭的价格优势。如果不与中方合作，休斯公司的发射将会是"亏本买卖"。但二十多天的谈判中，他们一直试图进一步压低价格，中方此前的报价已经再无退让的余地，美方在最后时刻提出中止谈判，就是为逼迫中方接受他们的报价。无奈之下，中方代表也只好使出了"杀手锏"，如果中方选择与休斯公司的竞争对手合作，那么对方将会凭借价格优势重新夺回发射合同。

"请允许我们离席 30 分钟。"美方代表进了隔壁办公室紧急商议，不一会儿便重返谈判间继续谈判。直至晚上 9 点 30 分，双方终于草签了合同。

1988 年 11 月 1 日，中国长城工业总公司与美国休斯公司正式签署"澳星"发射服务合同，用长征二号 E 火箭发射两颗澳大利亚卫星。中国航天在国际市场上的第一笔合同，就靠着一张构想图成交了。

休斯公司对于这个没有实物的发射方案也是惴惴不安，在合同中加入了附加条件：要求中方必须在 1990 年 7 月 30 日前有一次成功的飞行试验。在任何时候，只要他们认为中方不能发射或没有充分论据证明自己能够按时发射，将有权终止合同并罚款 100 万美元。

1988 年 12 月 14 日，长征二号 E 火箭研制全面启动，此时，离合同规定的火箭首次发射试验时间仅仅 18 个月，而留给火箭发动机的研制周期仅 15 个月。承担"长二捆"火箭研制任务的航天部第一研究院贷款 4.3 亿元，才得以启动研制工作。

为开拓国际市场，用火箭图纸订发射合同，用发射合同向银行贷款，用贷款来研制火箭——中国航天人走出一条新路，也是一条险路。当时人均工资只有 100 多元，4.3 亿相当于几十万职工的年工资。如果一年半之内未能拿出合格的产品，那笔巨额的贷款将彻底压垮他们。

中国航天界面临着一次严酷的挑战，只能背水一战。

十

067基地的职工们都眼巴巴地盼着“长二捆”的生产能早点下来，他们实在太需要一个大项目扭转艰难的境遇了。1989年1月，“长二捆”火箭研制任务下达到067基地时，大家的兴奋之情难于言表。

老设计员张宝琨也在此时被任命为“长二捆”火箭副总设计师，担任发动机主任设计师。他1962年从哈军工毕业，分配到三分院热过程研究所工作，1965年热过程研究所解散时调到11所，随即被派往凤州参加三线建设，两年后又被派到东北的军垦农场劳动。随后再度调到凤州，分配到环球导弹发动机研制连队，后来环球导弹下马，他成了“农一连”、“木匠连”的成员之一。在这里“工作”了一段时间，他实在受不了这样打发时光，申请去单位的子弟中学当老师，他的申请立刻得到批准，他不仅是授课老师，还担任校长职务。再后来，设计室人员不足，他又被调到远程洲际导弹发动机设计室参加研制工作。李伯勇、褚祥生等人先后担任领导职务调离设计室后，张宝琨被任命为洲际导弹和长征二号火箭发动机的主任设计师，但此时，正值航天低谷期，任务量极少，大部分时间都无事可做。“长二捆”任务的下达，是他工作27年以来，最为重要的任务，终于有了一展身手的好机会。

165站的青年技术员李伟民曾经闹着要调离试车台，此时他暗自庆幸：“幸亏没调走！”让他更没有想到的是，自己竟在此时被任命为工艺组组长，负责最为关键的助推发动机转接机架设计工作。“长二捆”火箭是在此前的“长二丙”火箭的基础上改进而来，增加了4台自带推进剂的助推火箭发动机，并且都与箭体有6°的倾斜偏角，试车时也必须保持这样的夹角进行试验，李伟民就负责这个偏6°试验件的改造项目。两个月前，他还在山坡上养兔子，承担设计工作后却让他忙得恨不得每天能有48小时。其间正值他的婚期，他和爱人商量后放弃了蜜月旅行，结婚后第三天就双双回到工作岗位。虽然每天加班加点地忙碌，李伟民却觉得乐此不疲，终于有了干事业的成就感。

其实，“长二捆”火箭的其他试验项目都是过去已经成熟的技术，偏6°工装是试验技术中唯一一个难点。将这项关键任务交给参加工作还不到两年的李伟民，是067基地在“长二捆”项目中的统一规划——培养年轻一代的技术人员。

11 所的年轻设计员谭永华参加工作不到两年，他是李伟民的西工大校友，却是硕士研究生毕业，是山沟里新一代屈指可数的高学历人才。

谭永华同样承担着一项重要的任务 —— 设计出将 4 台助推发动机“捆绑”在火箭主体上的机架。这是最为关键的部件，也是此前从未应用过的技术。这个机架不仅起到连接、固定助推发动机的作用，更要将助推发动机产生的推力传递给火箭主体。每一台助推火箭发动机产生 75 吨的推力，4 台达到 300 吨，要承受如此巨大的推力，机架设计极为关键。

按照总体设计任务书的要求，助推火箭与主体火箭采用“三叉梁式助推器机架”连接，这种捆绑式机架与以往传统机架完全不同，此前，国内没有相关的设计经验，可以参考的国外资料又少之又少。

谭永华面临的困难不仅是缺少资料，更困难的是时间紧迫。“长二捆”机架的设计工作根本没有可以返工修改的时间，所有的设计、试验都必须一次成功，这期间出现任何微小的失误都将导致无法按时交付发动机。

谭永华感到了肩头沉甸甸的压力，每天加班到深夜，没有休息日，没有节假日，无法照顾身怀六甲的妻子。为取得一份资料到上海出差时，接到父亲病危入院的消息，他匆匆赶回江苏老家探望。却因为任务时间紧迫，必须当天就赶回上海，他仅在病床边陪护了几个小时就不得不匆匆告别，没想到，一别就此成永诀，几天后父亲溘然长逝。

一面是至亲永别的葬礼，一面是航天事业的重任，谭永华陷入忠孝难全的境地，他只能强忍悲痛，继续加班进行助推机架的设计任务。

设计出助推机架后，谭永华又每天赶往 103 厂，同工艺攻关小组反复讨论、试验，选定了最佳的加工方案，终于制造出符合设计要求的助推架，并通过了静力试验。此时，距指挥部安排的发动机系统试车时间仅有 11 天。

11 天内，8 吨重的试验平台要到位，5 米高的支架要安装，几千个紧固件、上百个测点焊接、连线需要加工布设 …… 谭永华和助推机架攻关小组其他成员轮换工作，日夜不停。室主任赵连忠生病发烧，仍不离开试验现场，女研究生李锋到北京取备用件，从窗口爬进拥挤的车厢，往返只用三天半时间 …… 1989 年 10 月中旬，首台助推机架终于在试验台上就位。经过反复试验，完全符合设计要求。

067 基地新一批技术人员在磨砺中成长起来。

十一

“长二捆”火箭发动机即将开始生产，但11所的“201洞”涡轮泵水力试验室却亟待修缮。洞内的设备都生产于1960年代，已经使用了20多年，其间又经过1981年那场洪水的浸泡，很多储箱、管道都产生了锈蚀，早已到了大修年限。但这些年来经费紧缺，根本没有资金用于大修，几次军品任务都是冒着危险做完的试验。

1989年2月底，“长二捆”任务的研制拨款到位，“201洞”终于获得了修缮资金，大修工作才提上了议事日程，“长二捆”发动机上使用的涡轮泵几个月后才能造出，“201洞”可以用这个时间差改造水力试验台。没想到一批紧急军品试验任务也在此时下达，必须做完这批军品试验才能开始大修工作。

“201洞”室主任杨敏达和几位主管干部开会商议，这批军品试验必须在一个月内完成，否则必然影响试验台的改造，全室职工立刻开始军品试验任务。“201洞”里的几台大型电动机耗电量惊人，试验只能在晚上11点后进行，通常在凌晨3点左右结束工作，但为了赶进度，试验员们都是通宵工作，每天干到早晨7点。

杨敏达和大家一起每天从深夜工作到清晨，时常背过身去，偷偷地吃上两片止痛药。“长二捆”研制任务刚刚下达时，他就感觉到身体不适，每天毫无食欲。早在几年前，他在体检时查出患有肝炎，当时他根本就没在意，对山沟里的职工而言，肝炎算是“常见病”。妻子担心地对他说：“你是不是肝炎犯了？去医院检查一下吧。”杨敏达摆摆手：“现在哪儿顾得上呀，等‘长二捆’试验做完再去检查。”其实他家住在烧锅村，距离714医院只有不到一公里的距离，不去医院检查，是担心医生让他住院。试验室的改造工作和后期的试验工作即将开始，作为室主任他实在放心不下。高强度的工作中，杨敏达的腹部开始隐隐作痛，到后来时常疼痛难忍，他每天靠着止痛片坚持工作。

试验员们连续工作了28个通宵，终于完成军品试验任务，1989年4月，开始进行试验设备大修改造工作。这项工作只能由他们自己进行，一来因为这是个高度机密的单位，二来因为自己动手可以节省经费。这项工作当然少不了杨敏达，1967年筹建“201洞”时，他是第一批来到山沟里的试验人员，洞内每件设备的安装调试都参与其中，熟悉每一个环节。杨敏达 1960 年从北航毕业后，就分配到 11 所从事涡轮泵水力试验工作，在这个山洞里工作了 20 多年，他也从普通试验员成为室主任。改装工作有他在，职工们才觉得心里踏实。

山洞中两只长 7 米、直径 1.3 米的卧式储罐内壁进行除锈涂漆是大修最后一项工作，修整时只能由两三个人从狭小的管道接口中钻进去，储罐内无法站立，必须跪在储罐中用铁铲和砂纸进行除锈操作。罐内空气不流通，20 分钟换一班人，每次杨敏达都要第一班先进去。储罐内壁涂抹的防锈漆是用环氧沥青和二甲苯调配而成，味道刺鼻并且含有毒性，在空旷场地调配时，就呛得人头晕恶心，更何况还要在储罐内的封闭环境内涂刷。杨敏达推开大家："我有鼻息肉，闻不到味道，这事情我来干。"

5 月 25 日，终于完成储罐的除锈涂漆，试验台改造任务全部完成，杨敏达提着漆筒准备到河边清洗，可刚出洞口，腹部的剧痛就让他脚下一软，瘫坐在地上。一起出来的李银忠赶忙扶住他："怎么了杨主任？"杨敏达脸色蜡黄，摆摆手说："没事，没事，有点儿头晕。"老李信以为真："油漆味太熏人，就应该大家轮班干嘛，你非得抢着干。你透透气歇会儿，我去洗漆筒。"

第二天一大早，杨敏达打电话给 11 所所部，汇报改造工作已经结束，并询问了试验开始的时间，然后又召集几位干部商讨试验方案。

正在商讨之时，杨敏达的腹部又是一阵剧痛。他痛苦地伏在桌子上，一只手紧

■ 储罐里无法站立闷热难耐，在里面干一会儿就要出来透口气

■ 杨敏达

压在腹部，一只手颤抖着掏出药瓶，吃下两片止疼药。众人见情况不对，赶忙架起他送往职工医院。在医生的厉声要求下，杨敏达很不情愿地住了院，开始接受各项检查。他以为自己患的是黄疸性肝炎，同事来病房看望，他都提醒“别摸门把手，小心被传染”。

可他的病情比他想象的严重得多，职工医院无法确诊，很快将他转到西安第四军医大学附属医院。检查结果是胆总管癌，已到晚期。四医大迅速安排手术，但打开他的腹腔后发现，癌细胞已经扩散……手术后的杨敏达，持续昏迷高烧了四五天，6 月 28 日下午，他慢慢睁开眼睛，向房间四处张望。守在身边的妻子、孩子围到他身边，他的眼睛却盯着暖气管道上搭着的一条毛巾，突然怒吼：“谁把毛巾放在管道上？违反操作规程，拿走！”弥留之中，他把病房当作了试验室。妻子赶快忙让儿子把毛巾拿走，他又陷入了昏迷状态，嘴里还含混地说着“这样……不行……”这竟是杨敏达生前的最后一句话。

7 月 1 日凌晨，年仅 52 岁的杨敏达心脏停止了跳动，他没能参与“长二捆”发动机涡轮泵的试验工作，却用自己的汗水和生命为这项工作的顺利进行铺平了道路。

1989 年底，发动机生产工作已经进入攻坚阶段，067 基地开始了“大干一百天，决战长二捆”。设计、制造和试验人员拼命般地工作，“长二捆”火箭上有大大小小 14 台发动机，其中的 13 台是由 103 厂生产，工人师傅们三班倒地赶工，终于在 1990 年 3 月顺利交付，比上级要求的交付时间提前了一个月。

十二

1990 年 5 月 25 日，“长二捆”火箭运抵四川西昌卫星发射中心，全国数十家航天单位几万名航天职工经过不懈努力，以惊人的速度制造出了这枚新型火箭。

11 所褚祥生、赵宏超、萨兆泓、蒋勤华、国占臣、马贻侯等 8 人组成的试验队已经进驻技术阵地，开始了紧张的检验调试工作。发射场上所有的试验队队员都处在高度紧张的状态中，这次发射将在很大程度上决定中国航天十年内的发展，他们正为中国航天事业挺身一搏。如果失败，休斯公司将取消正式发射合同，中国航天界不仅会失去进入国际卫星发射市场的良机，还会因此背上 4.3 亿元的贷款债务，已经困难重重的中国航天将更加举步维艰。

6月25日，测试完毕的“长二捆”火箭转场至发射阵地，预定发射时间为1990年7月9日。

凤州的红光沟里，067基地的科技人员们都对这次发射翘首以待，没想到，一场连阴雨又在此时不期而至。7月5日傍晚，连阴雨转成大暴雨整整下了一夜。7月6日上午10点钟，一场特大洪水和泥石流再次席卷了凤县地区。

这次不仅红光沟里遭遇了灾害，连几十公里外黄牛铺镇的067基地托管单位107厂也未能幸免。多处厂房被冲毁，26名职工被洪水包围，危在旦夕。107厂组织突击队驾驶吊车冲过洪水湍急的地段抢险救人，24岁的青工杨小林自告奋勇参加抢险。吊车通过洪水时陷入了一处塌方地，车身突然倾斜。位于车门边的杨小林本可一转身就登上踏板跳到岸边，可车内还有9名同事，他攀住倾斜的车门，将同事们一个个拉出来脱离险境。杨小林正要离开，吊车却被洪水冲击得侧翻90度，他被重重压在车底，为抢救同事而献出了自己年轻的生命。

红光沟内的067基地各单位都遭受了洪水的猛烈袭击，生产区、家属区又被洪水和泥石流包围，多处路段被冲毁，10年前的可怕景象再度重现。所幸6日早晨暴雨停歇，洪水没有持续上涨，但依然造成了4000多万元的经济损失。

■ 1990年7月6日，洪水再次侵袭067基地，抢险队的青年正在用铁丝网固定沙袋保护路基

7月9日，洪水刚刚消退，卢克忠接到基地指挥部的电话通知，国务院三线调整办公室的鲁大东主任带视察组到基地视察，即将到达11所。两个月前，原任所长胡鸿福调到067基地担任副主任，卢克忠被任命为11所代所长。

基地主任张贵田陪着鲁大东一行坐一段车、蹚一段水地视察，到达11所已是下午，卢克忠领着他们来到下坝家属区，那里的积水没过膝盖，多栋房屋进水，山根旁的六户房屋冲进了泥石流，屋里的淤泥跟窗台一样高。

鲁大东主任连连摇头："路都冲得七零八落，机床被淹，厂房里都是淤泥，连职工家里都是这样，这样不行呀！这么重要的部门，要是被洪水冲毁，损失就太大了。"

"您看到的这些呀，很多都是在废墟上重建的。"卢克忠说，"10 年前的洪水比这次的大多了。"

"还有过更大的洪水？"鲁主任颇为吃惊。

张贵田接过话："这是我们第三次受灾。1981 年上级就批准搬迁，我们的新点 1987 年就已经动工了，可是没经费，建设缓慢。另外，上级只批准我们搬迁 2700 名职工，大部分人员还得在这里……"

"是呀。"卢克忠又接着说，"我们 11 所有 700 多户，搬迁名额只有 345 户，这情况我们一直没敢跟群众讲过，怕引发情绪呀。"

鲁主任问张贵田："你们新点建设还需要多少资金？"

"两亿左右吧。"

鲁主任说："这一路走过来，看到你们在这么艰苦的环境中工作，这才是真正的任劳任怨、无私奉献呀。我回去后向国务院申请专项资金，一定要全迁出去，否则这个基地就被毁了。"

张贵田和卢克忠高兴得两眼放光："哎呀！鲁主任，我们代表 067 基地两万多职工、家属，感谢您！"

正当几位领导在红光沟里谈论着 067 基地存在的种种问题时，1000 多公里外的西昌卫星发射中心却传来一个不好的消息。

火箭出现了意外情况，原定的发射时间不得不向后推移。

7 月 8 日进行推进剂加注后，箭体表面像是出汗般蒙了一层细密的水珠，这是此前从未出现过的状况。发射总指挥王永志和几位总师闻讯赶来查看后，分析认为是山中雨季湿度大造成的结露现象，嘱咐总装车间师傅和操作手用毛巾将露珠擦干即可。

夜幕降临之时，箭体"出汗"情况更为严重，用毛巾不停地擦拭都无济于事，"汗珠"很快变成了"汗流"，顺着箭体流进仪器舱，发动机舱的防火裙处积水已达几升之多。此时，大家才紧张起来，如果仪器盒、电缆插头内也出现积水，将会因漏电导致发射失败。

发射场紧急动员大量人员擦拭箭体表面，并将所有能用于绝缘堵漏的物资运到现场。11 所试验队赵宏超等技术员也接到命令，爬进发动机舱内进行擦拭、排水，马贻侯指导操作工用防水胶带对接口、插头处进行包扎。各个分系统的技术员们一直忙碌到 7 月 9 日上午，箭体还在不停地出汗，发射被迫推迟。

7 月 10 日，对各系统全面检验结果正常后，再度进入发射程序，16 时 30 分，指挥台下达了 80 分钟准备口令。赵宏超等技术人员已经对发动机检查过三遍，可还是想再次检查，在倒计时程序的催逼下，才不得不离开勤务塔架。

他们登上撤离车时，勤务塔架已经与箭体脱离向后移动，塔架下一个钢轮因电机故障无法转动，被其他轮子拖拽着发出尖厉的金属摩擦声，铁轨上磨出一串耀眼的火花，山谷中回荡着“吱吱嘎嘎”的啸叫，凄厉而又悲凉。

赵宏超他们到达安全位置，已经开始 30 分钟倒计时，他们遥望发射场，期待着火箭一飞冲天，喇叭里突然传出“停止发射”的口令。大家面面相觑，出了什么状况？直到当天晚上他们才获知，箭体“出汗”问题确实造成了影响，指挥中心在最后时刻发现控制与遥测系统漏电，立即停止了发射程序。经过排查处理，第二天再次组织发射，却再度于发射前 30 分钟时被取消，原因还是漏电。

发射连续取消，试验队队员们情绪低落到极点，巨大的心理压力让他们吃不下饭，睡不着觉。他们没想到的是，这竟然还不是最糟糕的情况。

7 月 12 日，发射场指挥部要求各分系统再次进行全面检查，以彻底杜绝漏电问题。下午 4 点钟左右，马贻侯进入助推器发动机舱内检查时，闻到有四氧化二氮的刺鼻气味，他立刻退出来向守在仓外等待复检的赵宏超说：“我闻到氧化剂的味道了，不会是幻觉吧？你来闻闻。”赵宏超探身进舱，立刻出来说：“就是有味，赶紧通知指挥部！”

■ 设计、操作人员在发动机舱内对发动机进行各项测试和检查，火箭发射前，这样的测试要进行多次

这是非同小可的事情，有刺鼻气味说明有氧化剂泄漏，这将造成发动机烧毁、爆炸的后果。发射基地司令员立刻带人赶到现场，经检查发现，一个压力传感器的密封接口处有泄漏。下午 6 点钟，返回驻地待命的赵宏超他们接到电话："立刻赶往发射阵地！"

屋外响起尖厉的警报声，几辆消防车闪烁着警灯向发射阵地疾驶而去，"不好！出大事了！"

十三

十几只探照灯将发射阵地照耀得如同白昼，"长二捆"火箭的一个助推火箭发动机舱口处正源源不断地冒出橘红色的烟雾，那是已经气化蒸发的四氧化二氮。消防车围在火箭四周，战士们手握水枪等待着命令。

赵宏超端着望远镜观察发动机舱内情况，依稀可以看见处于橘红色烟雾处的组件是涡轮泵壳体。气化的四氧化二氮虽然有毒性，但对于金属部件的腐蚀性不大，如果喷水进去，四氧化二氮就会分解成强腐蚀性的硝酸和亚硝酸。赵宏超以此断定，只要不喷水，发动机组件不会受到严重影响，但对于如何堵漏也一时拿不出方案。大家心急如焚，他们担心燃烧剂也出现泄漏，两种推进剂遇到一起就会发生自燃，酿成巨大的灾难。

紧急关头，发射基地决定紧急泄出推进剂。午夜 12 点钟，氧化剂泄出完毕，14 日早晨 7 点钟，燃烧剂泄出完毕，所有人都暂时松了一口气，但心中却有了一份更大的压力。7 月 16 日是"长二捆"火箭首发的最后期限，必须在两天之内解决泄漏问题，完成发射任务，否则超过时限，即便发射成功也不能取得合同。

11 所试验队的赵宏超等人正在紧急商议堵漏措施，大家提出几种方案，虽然造成泄漏的只是一个小小的接口零件，但发射基地没有加工能力，从原生产厂调运，时间根本来不及。大家都为各个方案无法实施焦急不安时，突然有人提出，技术阵地上还放着一枚"合练箭"，那是与正式发射的这枚飞行箭同状态的产品，芯级上的压力传感器接口是同批制造出来的，把那个零件卸下来，立刻就能解决问题。

这个方案立刻被批准，赵宏超等人早晨 7 点钟撤出发射阵地回宿舍休息，一支

30多人的小分队进入阵地，执行更换传感器的任务。这本是一件难度不高的工作，但因事关重大，发射场的总指挥以及"长二捆"总设计师王永志都赶到了现场，他们生怕出现意外，可偏偏就在这里出现了意外。

发射场工人魏文举师傅进入发动机舱执行更换任务，他刚一拧开压力传感器螺母，管道中残余的四氧化二氮就喷溅出来，魏师傅即刻中毒倒在发动机舱内。其他操作员赶忙过去抢救，可上去一个倒一个。毒气迅速扩散开，站在火箭附近的发射场总指挥以及总师王永志也都中毒昏倒，先后中毒的工作人员竟达13人。经过医院紧急抢救，12人脱离生命危险，魏文举师傅却献出了宝贵的生命。

此时，发射期限只剩下最后两天时间，发射场却遭受如此重大事故，副部长刘纪原临危受命，承担起现场指挥任务，顶着巨大压力指挥工作人员做好继续发射的准备工作。

7月15日，火箭漏液、漏电的问题全部解决，推进剂重新加注完毕，发射前的准备工作就绪。可老天又在此时给他们出了道难题，西昌的山区里，雷雨大作。世界各国在发射火箭的时机选择时，都会避开雷雨天气，雨水会带来设备绝缘性能下降，而雷电很可能会击中火箭引起爆炸。

当天下午，国务院派来的领导在发射中心召开各分系统会议，讨论是否在明天发射的问题，直到16日凌晨两点还没有决断，各分系统的专家被一个一个地询问："是否有把握？"谁也不敢回答——这是个一年半就拿出来的型号，谁也没有把握说"肯定成功"。并且这样的气象状况下发射，火箭可能遭遇雷击而失败，甚至有可能连发射塔都炸毁，谁能承担这个责任？但如果不发射，就超出了合同约定的时间，不但丧失了合同，还要罚款100万美元。还有——合同失效，4.3亿元贷款该如何偿还？

那一夜的西昌发射场无人入睡，大家都在焦急地等待最后的消息。凌晨3点，刘纪原拍板说："今天上午9点钟发射！一切责任我来承担！"

1990年7月16日，凤州的山沟里，067基地的职工们正站在泥水里、山坡边抢修道路、清理厂房淤泥。厂区的高音喇叭突然响起一段音乐，这是要播送紧急通知的前兆，所有人都停下手中的事情，直起身子静静地等待。

"今天上午9时40分，'长二捆'火箭进行了首次发射，顺利将模拟澳星送入太空，发射取得圆满成功！"

站在泥水中的职工们顿时欢呼起来，发射澳星的合同已经稳稳地握在手中，今后的一年半之内，他们还要造出相同质量的火箭发动机，用于 1992 年 3 月的正式发射。

他们浑身泥水、满头大汗，却兴奋地击掌相庆，他们的身后，是那片破败的家园。

十四

1990 年 7 月 17 日，“长二捆”成功发射的第二天，鲁大东主任就将《关于 067 基地遭受特大洪水灾害的简易恢复和加快新点建设的紧急请示》上报国务院、中央军委。请求国家安排基本建设专项投资，以完成正在实施的部分迁建工程，除已批准的 2700 人外，尚余 5187 人全部搬迁西安。并请求批准减免 067 基地迁入西安市落户的配套费用等。

但国务院答复是实在没有经费了。那时候国家每年可支配的资金只有几千亿元，所有的资金使用计划早在上一年度就已经确定，这种临时申报的经费，根本无从开支。

不知是不是国务院将相关文件转发陕西省的原因，7 月 21 日，陕西省省委书记张勃兴、省委办公厅主任张建功、宝鸡市市委书记纪鸿尚一行 11 人来到了 067 基地。张贵田陪同他们察看了所、厂、站、医院的灾情后，又在总装车间参观了火箭发动机。张勃兴感慨地说：“067 基地在条件这么艰苦的秦岭深处工作，生产的火箭发动机把几十颗卫星送入太空，在连续遭到三次洪水和泥石流袭击的情况下，依然任劳任怨，无私奉献，让人钦佩！省里决定，免收 067 基地职工在西安落户的城市人口综合开发费。希望你们加快新点建设，早日搬迁西安！”

张贵田闻听此话，握着张勃兴的手说：“我代表 067 基地职工、家属衷心感谢陕西省委、西安市委的亲切关怀和大力支持，我们一定按照张书记的指示，加快新点建设，早日搬迁西安！”

那时候，“城市人口综合开发费”的收取标准为 3000 元 / 人，067 基地职工、家属两万多人，陕西省免收这一项，就为 067 基地省出 6000 多万元的资金。张贵田面带笑容，其实心中依然焦急。虽然陕西省减免了这笔费用，但新点的建设资金却依然没有着落。

国务院三线调整办公室的鲁大东主任同样满心焦急，他可是对张贵田等人说过，一定要全迁出去的。山沟里破败的场景给他留下了深刻的印象，对于这些在艰苦环境中工作的科研人员，他充满了敬意，他不能对这些人食言。

鲁主任得到一个信息——李鹏总理掌握着18亿元的机动资金，以备不时之需。如果遇到特别重大的紧急情况，可以向总理申请。对于一个幅员辽阔的国家来说，突发事件实在太多了，18亿元的应急资金实在是杯水车薪，如非事关重大，绝不会动用。鲁主任抱着试一试的心态，给李鹏总理写了份报告，为067基地申请1.31亿元的建设资金。没想到总理很快就签字批准，1.31亿元全额下拨，并且要求航天部，资金必须全部用于067基地的新点建设。

历时9年多，067基地的新点建设终于得以全面启动。上级拨款1.31亿元，航天部为“长二捆”给067基地划拨的技改费3000万元，加上某导弹型号下马造成的政策性亏损补贴2000多万元，建设所需资金已基本到位。还差2000多万元，只好采取“集资建房”的方式向广大职工筹集。

职工们纷纷拿出多年来省吃俭用积攒下来的存款，终于凑齐了最后的建设资金缺口。

1990年12月30日，航空航天部副部长刘纪原率领航天系统各院、局、基地、公司领导54人，来到067基地，召开了为期4天的“航天传统精神经验现场会”。在中国航天界，这种规格的现场会还是第一次。刘纪原副部长在大会上称赞067基地是一支“特别能吃苦、特别能战斗、特别能忍耐、特别能奉献、特别能顾全大局的队伍”。专门授予067基地一面“艰苦奋斗的楷模，无私奉献的榜样”的锦旗。

十五

“长二捆”火箭首次成功发射后，067基地的职工们又开始了新一轮的紧张工作。距离“澳星”正式发射时间仅有一年半的时间，用于试车和发射的发动机大大小小近30台，承担制造任务的103厂必须加班加点地进行工作。

19岁的张勇峰此时从红光技校毕业，分配到103厂25车间成为一名车工。

25 车间是厂里四大军品车间之一，负责火箭发动机阀门、小推力室和储箱的制造。那届毕业生有 200 人，只有 4 个进了 25 车间，都是学习成绩和操作水平最好的毕业生，这让张勇峰觉得很荣耀。

红光技校是067基地自办的学校，1978年7月成立，主要招收067基地的子弟，仅有个别从社会上招收的学生，学生毕业后分配回父母所在单位。那时技校很难考，报考和录取比例高达 6:1。

技校学制三年，设立车工、钳工、铣工、磨工专业，理论课和实习课各占一半时间。实习课就在学校内的机加车间，实习车间占据了校舍一大半，各种机床几十台，成立之初从 103 厂调来一批技术过硬的工人担任实习老师，其中几位还是 211 厂时期的老师傅。理论课教师则从基地各单位抽调技术人员担任，学生的机械加工的基本理论知识和实际操作能力都比较强。

学生毕业后进厂工作的第一年是学徒期，不拿奖金，但也不承担责任，出了废品都由师傅承担后果，大多数师傅只让徒弟打下手，干些粗加工的工作。张勇峰的师傅石建立技术高超，却直接让他上手干产品，“经验和技术都是干活儿的过程中积累起来的，你就大胆地干吧。”

张勇峰第一次上手加工一批产品时，就出现了 10% 的废品，师傅被扣光了当月的奖金还被罚了一部分材料费，师傅没说什么，他的心里实在不是滋味。25 车间负责生产的阀门、小推力室都是要求极为严格的产品，误差精度都在 0.02 毫米之内。那时 103 厂所有的设备都是普通的手动操作机床，大都是 1960 年代的产品，虽然设备保养得很好，加工误差精度可控制在 0.01 毫米，但需要技术水平很高的工人操作才能达到。张勇峰在技校学习期间操作水平名列前茅，但那毕竟只是基本操作技能，加工难度与实际工作中的工件相差很远，干起真正的产品，就力不从心了。

这次废品事件让张勇峰更刻苦地钻研技术，师傅也毫无保留地传授经验。下班回家他也不闲着，向父亲请教技术问题，父亲张良举是三车间的铣工，但车铣刨磨钳样样精通，在 103 厂是颇有名气的技术高手。有师傅和父亲两位高手的指点，张勇峰的技术提高极快。

半年后的一天，师傅石建立拿着一张图纸，放到工具柜上：“小张，来活儿了。”

张勇峰凑过去看图：“师傅，这是什么呀？”

“止动阀门。”师傅说，“发动机点火时要是出现故障，这东西一关，推进剂停止输送，火箭就保住了。”

“呦，发动机上还有这东西呢？”张勇峰说。

“这是发动机的最后一道保险机构，希望它用不上，但真要出现故障就必须起作用，不然火箭就在发射台上爆炸了。”

这半年来张勇峰一直在钻研技术，憋足了劲头想干一次漂亮活儿，机会终于来了。他看着师傅说：“这活儿……”

石师傅笑了，他很清楚徒弟的心思：“这回还是你操刀，我给你当下手。你去磨刀，我去准备工装。”

这个阀门加工难度极大，公差要求都在 0.01 毫米以内，经验丰富的老工人干这活儿都有些紧张。张勇峰使出了浑身解数，圆满地完成了任务，所有工件全部合格。一个工作不满一年的学徒工主刀完成了这项任务，在车间里引起了轰动，“这小子不简单，真是名师出高徒啊！”张勇峰终于打了一场漂亮的“翻身仗”，也为他师傅挣回了面子。

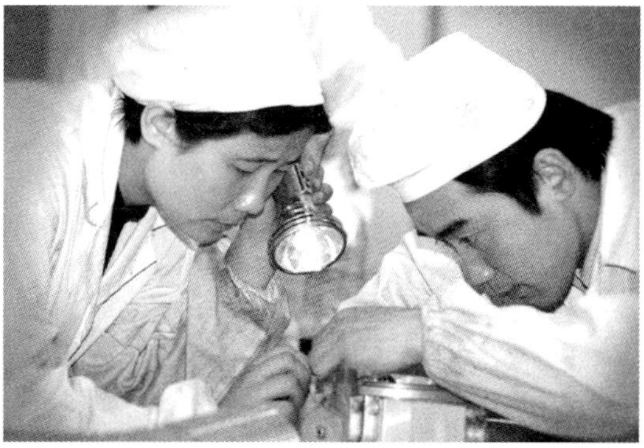

■ 厂装配工人正在进行火箭发动机阀门装配工作

1992 年 3 月 22 日，矗立在发射塔架上的“长二捆”火箭携带着“奥塞特 B1”卫星，已经处于待发状态，按照合同要求，“澳星”发射过程必须实况转播。发射时间定于 18 点 40 分，中央电视台的实况转播从当天下午就已开始，这在中国火箭发射历史上还是首次，人们都守在电视机前，观看这一历史时刻。067 基地甚至专门在当天下午就给职工们放假，在家收看电视转播。

张勇峰和父亲坐在电视机前，盯着屏幕中的火箭，那里面就有自己亲手制造出的零件，这让他有种难以言表的兴奋与自豪。18 点 30 分，塔架已经撤除，火箭威风凛凛地矗立着，电视机中不断传出指挥中心发出的口令，张勇峰心情紧张，双手握在一起不停地搓着。

“两分钟准备！”

张勇峰已经紧张到了极点，感觉到一阵阵的心悸，甚至不由自主地颤抖起来。

18点40分，传出“点火”的口令。火箭猛然一震，尾部喷出橘红色的火焰，张勇峰紧盯着屏幕，双拳紧握浑身使力，仿佛这样就能给火箭增添一份向上的力量。可突然之间，尾焰收缩下去，竟然渐渐熄灭了，淡黄色的烟尘慢慢飘过发射台上木然矗立的火箭，消散在半空中。

父子俩看着电视中的画面，都目瞪口呆地反应不过来。电视画面被迅速切换到播音员张宏民的画面“…… 火箭发射中会出现各种意想不到的情况 ……”

张勇峰父子俩面面相觑：“发射失败了！”

张勇峰当时并不知道，他加工的止动阀门在最后关头起了作用，保住了火箭和卫星。

11所所部大楼里，所长卢克忠独自坐在办公室里观看电视转播，看到发射失利的画面，一下就慌了，凭着几十年的工作经验，他立刻判断出发动机出了问题。他赶忙让办公室主任给主要技术人员打电话，通知他们立刻到资料室开会，电话还没打出去，几十位设计人员就已经赶到了所部大楼。

此时，067基地打来电话，通知召开紧急会议，卢克忠带领几名主要技术负责人乘车赶往龙口镇的指挥部，沿途的家属区路灯下，聚集着成群的职工，都在神情焦急地议论着刚才发射失败的事情。067基地指挥部会议室内，基地党委书记戴证良和副主任胡鸿福主持着这次紧急会议。大家都认为两台发动机同时出现问题的几率不大，但谁也不敢打包票。

■ 参加“澳星”发射任务的067基地试验队在“长二捆”火箭前合影留念，他们满怀欣喜，不料随后的发射却遭遇了失败

十六

基地主任张贵田此时正在西昌发射中心，这次的试验队由他亲自率领，没想到遇到了这场意外。看见中心指挥大厅的屏幕上发射失败的画面，他和发动机主任设计师张宝琨几乎同时站起身，脑子里一片空白。

亲临现场“观战”的航天部部长林宗棠下达命令，“各家找自己的原因”。067 基地的试验队员查看了遥测参数，芯级火箭和助推火箭共 8 台发动机，启动曲线值都一致，他们判断这不是发动机的问题，但仅凭这不到一秒钟的数据就下结论，显然缺乏说服力。出现问题必须先检查自己，否则会让其他兄弟单位认为这是在推卸责任。

发射现场的领导、专家经过紧急商议，决定立即在现场对火箭发动机分解检查，做出最终的判断。发动机分解任务落在了 067 基地试验队刘文勤肩上。他是 103 厂发动机总装车间的装配组长，“长二捆”火箭上的每台发动机都是由他所领导的小组装配而成。

晚上 8 点钟，助推火箭储箱内的推进剂已经泄出，刘文勤也做好了进入发动机舱的准备，此时距发射失利仅仅一个多小时。这是冒着巨大危险的举动。虽然助推火箭的推进剂已经泄出，但主级火箭的推进剂还在泄出中，那可是数百吨的易燃化学品，出现任何意外，方圆几公里都将被夷为平地。可发动机分解工作必须立即进行，因为发动机点火启动后，会积存未经燃烧的推进剂，将会腐蚀零件，如果不立即拆卸检查，就很难判断零件是否合格。

张贵田在刘文勤的防护服上使劲地拍拍说：“刘师傅，注意安全啊！”刘文勤对张贵田说：“张主任，万一我出了什么意外……请组织上多照顾我爱人和孩子！”张贵田用拳头捶他一下：“别说这话！小心谨慎，平安地回来，老婆、孩子你自己回去照顾。”

刘文勤穿着一套笨重的防护服，如同全封闭式的潜水服。去年“长二捆”火箭首发出现泄漏事故造成重大伤亡事故后，发射场专门从沈阳某特种装备厂定制了两套特殊防护装备，每套价值 20 多万元，可以耐受强酸腐蚀，封闭式呼吸循环系统，由距离发射台 300 米外的泵站打压供气。

发射基地的战士王小建穿着另一套防护服紧随其后，配合刘文勤的分解工作。

两人的身后，跟着一位肩扛摄像机没有任何防护装备的中年男子，那是航天部负责记录整个过程的摄像师。出发前，刘文勤对他说：“你要注意风向！一定要站在上风口，不然会中毒的。”

基地内的人员已经后撤到几公里外的安全地带，空旷的发射场上寂静无声，夜幕下，数十盏探照灯照射着静默的“长二捆”火箭。刘文勤一步步挪向发射台，耳边只有自己的脚步声和粗重的呼吸声，全封闭的防护服让他满身大汗。

刘文勤抬头望了一眼高耸在面前的火箭，那巨大无比的箭体，仿佛随时都会重重地压下来。气泵源源不断地供气，防护服内却依然憋闷，他深吸一口气，弯腰进入助推火箭一分机舱内，开始小心翼翼地分解发动机。半个小时后他和王小建将发动机副系统拆下，一起搬出舱外，轻轻放在发射台旁边的平地上，又转身进入三分机……4个小时后，他将4台助推火箭发动机和4台芯级发动机的副系统全部拆下，整齐地摆成一排，摄像师记录了整个拆卸过程。

刘文勤完成拆卸工作被接到指挥大厅时，已是深夜12点钟，技术人员都在大厅内等待。刘纪原副部长见他进来，立即站起身走到他面前问道：“发动机什么情况？”五大系统总师也都站起身，急切地看着他。刘文勤赶忙说：“一、三分机副段流正常。发动机内没有多余物。其他发动机完全正常。”这就些情况证明了发动机没有问题。

此时控制系统的技术人员已被派往现场，他们打开一级火箭和二级火箭之间的一个程控配电器时，发现其中一只集线插头上有个黄豆粒大小的短路打火点。技术人员将这个程控配电器拆下带回，刘纪原一见，说：“封上！立刻空运回北京。”

凤州山沟里，067基地指挥部的讨论持续到了深夜，正当大家为怎样确定自检结论挠头的时候，接到从北京打来的电话，“不是发动机的问题”。这消息让大家松了一口气，可心情依然沉重，无论是哪个部件出了问题，毕竟火箭发射失败了。

几天之后终于有了结果，问题果然出在那个程控配电器插头上，而导致这枚460吨的火箭发射失败的原因，却让所有人都大吃一惊，竟然是一片重量不足0.2克的金属碎屑！

那只短路打火点的集线插头，类似于台式电脑上主机与显示器的连接插头，只不过插针更多、更密集。在这个插头上的一根插针粗了0.05毫米，插入插孔时，多余的金属被刮下来，堆积在插针根部，那一点点金属碎屑竟然在两根插针之间形成了一个导电的回路。巧合的是，这两根形成回路的插针，一根控制发动机点火启动，另一根控制发动机关机。所以在火箭发射时，点火电路刚接通，关机电路也因短路被同时接通，造成两台发动机未能正常启动，导致发射失败。

发射失利后，航天工作者自身的压力可想而知，可这次，更有来自外部的巨大压力。以前的发射任务都是秘密进行，发射成功后在电视广播上发布一条几十字的新闻。这次的发射过程，却是首次在电视中向全国实况转播，本想为全国人民展示中国航天走出国门冲向世界的盛况，没想到却遭遇了失利。一些媒体刊登出来自全国的读者来信，有鼓励与支持，更有批评与责难，字字句句都像千斤巨石般压在航天工作者的心中。

万幸的是，那次发射中，发射指挥中心发现异常，立刻将6台已经启动的发动机紧急关机，才没有造成星箭俱毁的严重后果，“奥塞特B1”卫星没有受损。休斯公司提出要求，必须在半年之内将卫星发射升空。

十七

再次发射并非给那枚火箭重新装填燃料就能进行，“长二捆”火箭使用的是具有腐蚀性的推进剂，已经启动的发动机全部报废，必须重新赶制。为了保险起见，航空航天部提出“打一备一”的方案，“长二捆”的一级和助推火箭共有8台大发动机，“打一备一”就是16台。067基地得到的命令是，3个月内拿出这两组发动机，并且，第一组必须在两个月内交付。按照常规进度，制造装配出8台大发动机至少需要6个月时间，此时加工任务上涨了一倍，加工时间却缩减了三分之二，承担制造任务的103厂压力巨大。

负责制造发动机启动阀门和止动阀门的25车间，接到命令，所有阀门必须在40天内干完，没有讨价还价的余地，车间倒排生产计划，将产品零件落实到每个人、每台设备。

车间主任把张勇峰叫到办公室：“小张，这次你给咱们挑个重担。”这话让张勇峰又惊又喜，他刚刚参加工作一年半，半年前才出徒，按照惯例，重大生产任务都是技术高超、经验丰富的老工人承担，尤其是这样紧急的重大任务，根本轮不到年轻人。更让他意外的是，车间主任交给他的竟然是一道关键工序——阀门与涡轮泵壳体配合连接处的密封槽。25车间的人都知道，这道工序精度要求高，难度极大，这个活儿以前专由一位稳重细致的老师傅操刀，如今破天荒的头一次换人，居然就交给一个毛头小子。

“老师傅水平高，质量有保证，可是干活进度慢。咱们这次的活儿，不光要质量，更要进度快。我们都觉得你技术不错，出活儿也快，这道工序就交给你完成。不过，话可说在前面，7天之内必须干完，而且必须全部合格，干废一件就没时间再补了。”

张勇峰当然知道这活儿的难度，这是控制阀门与涡轮泵的连接处，高压的推进剂都要从这里通过，任何一点儿制造缺陷都会导致推进剂泄漏，引起燃烧爆炸。此处设计了好几道密封槽，尺寸公差要求都在0.01毫米之内，而密封槽又是特型曲面，在机床上测量很困难，量具稍稍倾斜就有0.1毫米的误差，只有从机床上卸下工件后才能测量准确，加工时全靠经验和技术，加工时必须进刀准确、一次成型。

可他更明白干出这个活儿就是件“出头露脸”的事，21岁的小伙子正是争强好胜的年纪：“您放心，保证按时完成任务！”

车间里都是普通车床，使用的车刀也都是毛坯刀头，那时的车工讲究“三分技术七分刀”，活儿干得好不好，跟磨车刀的水平有很大关系。张勇峰要干的这道工序，难点在于密封槽特型曲面的加工，那里是放置密封材料的位置，对形状和尺寸要求都极为严格，特型曲面没有成型刀具，只能由操作工人将普通车刀刀头磨成符合要求的特型面。

他的磨刀水平不差，但第一次干这么重要的任务，还是有点不放心，立刻向那位老师傅请教。老师傅毫无保留地向他传授了磨刀的诀窍，并告诉他加工时的一些要领。任务只有7天时间，张勇峰并没有急于上手，前期讨教、调试机床和磨刀准备就用了一天半，老师傅们都看出了这小伙子“在行儿”。加工精度要求高的活儿，就得事先把机床调整到最佳状态，刀具准备齐全，这就是所谓的“磨刀不误砍柴工”。

可毕竟是第一次上手，第一个工件张勇峰用了一天时间才干完，交给检验员测量，“合格！”这让他心中有了底气，后面的产品越干越快，7天之内完成了任务，并且全部合格。“好小子！这活儿干得漂亮！”车间主任高兴地说，“这几天我一直捏着把汗，生怕你出问题。行！我们没走眼。”

4月15日，103厂完成了所有零件的生产，总装车间开始组装发动机。基地主任张贵田特意赶来鼓励大家：“一个月的时间总装出8台发动机，这在咱们067基地历史上没有先例。进度要求是板上钉钉的事，我希望大家按时完成任务，拜托了！”

装配车间的工人们高声作答：“主任放心，保证完成任务！”

“我还要提醒大家一条。”张贵田抬手指着车间墙面上的那一排大字，“严肃认真、周到细致、稳妥可靠、万无一失。这是当年周总理对咱们航天事业提出的十六字方针，任务再紧急，这十六个字也不能忘！”

总装车间三个装配班轮流作业，车间领导亲自担任现场质量监督员，严格把关。57岁的装配班班长王玉成，此时患上了严重的肩周炎，每举一次胳膊都疼痛难忍，大家劝他在旁边看着就行，他说：“我能歇得住吗？干总装30多年，这是最关键的一次，我豁出去了！宁叫这把老骨头散了架，也不叫发动机松个铆！”焊工班班长杜凯，带领全班职工白天黑夜连轴转，因为长时间的焊接，他的眼睛被电弧刺伤，红肿起来，医生告诉他，要赶紧去西安的大医院进行治疗。他却一心想着要把发动机焊接工作完成，把转院证明装进口袋，又回到车间拿起了焊枪……

经过54天的日夜鏖战，5月19日，凝结着067基地职工心血和汗水的第一批8台发动机总装完毕，运往火箭总装厂……

1992年8月14日上午7时，改进了控制线路的“长二捆”火箭托举着“澳星”，在西昌卫星发射中心再次发射，惊天动地的轰鸣声中，火箭直上苍穹。

■ 103厂发动机总装现场

扩音器中传来“卫星入轨”的报告，大厅里爆发出雷鸣般的掌声。年轻的技术员们兴奋地将几位火箭总师高高地抬起，不断地欢呼声着抛向空中……他们用这样的方式释放出内心巨大的压力。

第二颗“澳星”的发射任务又紧接着布置下来，更令人激动的是，中国“载人航天”工程也从 1992 年 9 月 21 日开始实施（被称作“921 工程”），身处大山之中的科技人员终于走出了事业的寒冬期，迎来了冰雪消融的初春。

十八

1992 年，红光沟里的 067 基地忙碌得不可开交。列装导弹发动机的生产任务、“澳星”发射的火箭发动机任务、“载人航天”火箭发动机研制任务、液氧 / 煤油发动机研究工作都在此时全面展开。067 基地在西安的新点建设已经大部分完成，搬迁工作也开始实施，职工住房分配以及分批搬迁工作也要同时进行。

早在 1991 年年底，067 基地第一批 78 户职工搬迁西安，揭开了由山沟向城市的“大转移”的序幕。1992 年，西安的新点已经全部建成，基地专门召开会议，要求“加快建设，确保生产，1993 年实现大本营转移，1994 年全迁西安”。并要求各单位在此过程中，“军品要完成，不能出问题；搬迁要搬好，不能出事故”。

1993 年初，11 所机关、设计室、民品车间已经搬迁到西安，红光沟里只剩下 7 室、9 室、16 室、201 洞，这几个重要的试验室要配合 103 厂的生产任务，并且拥有众多大型试验设备，只能暂缓搬迁。

11 所此时分成了西安、凤州两地办公，军品任务多，921 工程也上马了，液氧 / 煤油发动机也开始了研究工作，时任所长孙宏明和副所长唐祖怡等人几乎分不出精力安排试验室的搬迁工作，只好一拖再拖。时至 1993 年 8 月，依然没有进展，留守的试验人员已经心情躁动，难以安心工作了。

此时，退居二线的卢克忠被请出来帮助拟定试验室搬迁计划，他第二天就到各试验室调研，几天后拿出了方案。胡鸿福已经接替张贵田，担任 067 基地主任，听说卢克忠正在筹划 11 所试验室的搬迁计划，专程来找他：“老卢，听说你在搞所里试验室的搬迁计划，我看，搬迁这个事情你就全面负责了，任命你当搬迁工作总指挥。”

卢克忠点头答应下来，胡鸿福又提出要求：“咱们明年的生产、试验任务很多，能不能一年内搬完？不然就会耽误咱们的产品交付时间。”卢克忠盘算了一番，点头说:“争取一年内搬完。”

副所长贾伯雄被任命为副指挥,配合卢克忠工作。他笑呵呵地说:“老卢,又跟你搭档啦,我全力配合工作,咱老哥俩把这事办好。”贾伯雄参加工作37年,其中36年都是从事器材管理工作,担任11所副所长后依然分管器材管理,对各类物品的分类、吊装、紧固、运输,有着丰富的经验。两年前,卢克忠担任所长主持研究室、车间和职工家属搬迁时,贾伯雄就负责搬迁的装车调度工作,前期安排条理清晰,装车现场井井有条,绝对是专家级的水准。卢克忠笑着说:“有你干这个,事儿就成了一半了。”

11所着手准备试验室搬迁工作的时候,103厂的发动机生产车间的搬迁工作也在筹备之中。1993年,是067基地军品生产任务最繁重的一年,研制型号之多、任务量之大、时间要求之紧,都达到了历史的最高水平。103厂的绝大多数车间都在加班赶工,难以进行搬迁。可是按照基地的工作安排,生产任务和搬迁任务都必须按时完成,哪个也不能耽误。

1993年6月,103厂将各车间的生产任务以文件的形式予以明确,并且规定:“哪个车间完成了生产任务,就先搬哪个车间。”这是一条极有诱惑力的规定,在山沟里住了20多年,大家都盼着早点搬到西安去,职工争分夺秒地抢时间、赶进度。钣金、阀门、涡轮泵、推力室等产品车间内,机床日夜不停地轰鸣,工人们几乎天天

■ 1992年,即将迁往西安的11所科技人员在职工俱乐部门口合影留念

加班，却毫无怨言。零部件迅速地制造出来送往总装车间，而装配车间也创造出了一天装一台涡轮泵，15 天装一台发动机的惊人速度。

1993 年 8 月，103 厂的车间开始陆续搬迁，运送设备、器材的车队每天往返在西安和凤州之间，300 多公里的路程，有一半都是在秦岭山区中那狭窄蜿蜒的盘山路，正常行驶也需要 12 个小时。负责搬迁工作的副厂长郝忠文，每天早晨看着车队从厂区出发，一整天都提心吊胆，生怕车队在路上有什么闪失，到了晚上更是焦躁不安，守在电话旁不停地抬手看时间。直到电话铃声响起，听到那句“车队已安全到达西安，你放心吧！”这才长出一口气。

1994 年春节过后，11 所的试验室也开始陆续搬迁。西安红旗厂的安装公司通过招标承揽了 201 洞的搬迁任务，费尽千辛万苦，把那台“国宝级”的高速电动机和其他几台大型设备一寸寸移出山洞，装到大型运输车上。103 厂也有一台“国宝级”的巨型设备 —— 能产生 2000 吨压力的水压机，用于生产发动机大喷管。水压机的底座就重达 80 吨，加上拖运的大型拖板车，总重量将近 90 吨。这些大型设备超长、超重，只能在夜间启运，缓慢地通过秦岭山间崎岖狭窄的盘山公路，又增加了风险。

这些庞然大物，都是制造火箭发动机不可缺少的关键设备，搬迁过程中，出现任何意外损坏都将造成发动机无法生产的严重后果。067 基地提前组织有关专家、技术人员对沿途所经的每座桥梁承重能力进行了详细勘察、论证，确保了设备绝对安全地运抵西安新点。

从 1991 年陆续开始的搬迁工作，到此时已经持续了 3 年，整个过程中没有出现一次安全事故，大大小小数万台套设备也没有造成任何损坏。

十九

1994 年 8 月 14 日下午，11 所六区的宿舍楼前，将最后一批办公用品和行李装进集装箱，卢克忠和贾伯雄站在车下，看着几个年轻人将门锁一个个扣好落锁，长出了一口气。这是 11 所搬迁的最后一趟车队，明天，当地政府将接管这里的房屋设施。

“大家辛苦了！”卢克忠高声地对车上车下站着的年轻人说，“咱们在山沟里的搬迁工作，到今天就胜利完成了。今天在食堂里准备了几个好菜，犒劳一下大伙儿。”大家高兴地鼓起掌来。

卢克忠接着说：“有一条啊，不能喝酒！吃完饭自由活动，打牌聊天儿都别太晚，明天还要赶路。这是最后一趟车，安全意识不能放松，到达西安才算完成任务。”

连续十几天装车搬迁，都是一身疲惫。吃过晚饭，大家都回了宿舍。山沟里的最后一夜，家具行李都已经装车，所有人都打着地铺，有人已经悄然入睡，有人凑在一起打扑克消磨时间。

卢克忠睡不着，披上一件外套走出门外，山谷中吹来的习习凉风驱散了白天的酷热，天空中繁星点点。他点上一根烟，深深地吸了一口，面前那一栋栋黑黢黢的家属楼在夜幕之中寂静无声，这里曾经鸡飞狗跳、炊烟缭绕，孩子的嬉笑，夫妻的吵闹，如今都已成为记忆中的画面。他用目光缓缓地抚摸着那一栋栋熟悉的小楼，哪个曾是张家的窗口，哪个曾是李家的门洞，他都清清楚楚。

他的目光渐渐延伸出去，突然发现，不远处的小巷拐角处也有一个烟头在黑暗中明明灭灭，迈步过去一看，居然是贾伯雄。

“老贾，你也没休息呢？”

“睡不着，出来转转。”贾伯雄声音嘶哑着说，每天在装车现场指挥吊装，他的嗓子都喊哑了。

“嘿，大炮都哑火了。”卢克忠笑着说，“咱们的搬迁工作，你可是出了大力了，前后 3 年多，没出过一次安全事故，这事情可不容易呀！”

贾伯雄也笑了：“这块军功章，有我的一半也有你的一半。咱们这些老家伙眼看就要退休了，能把这个事情干好，就算有个圆满的交代了。”

卢克忠点点头：“明儿个把这一趟搬过去，咱们这就算圆满了。你要是不想睡，咱俩再去遛个弯儿？”贾伯雄把烟头一扔：“走！遛遛去。”

“遛弯儿”是山沟里的生活习惯，也是夏季山沟里最为惬意的休闲方式，沿着那条窄窄的马路信步而行，吹着清凉的山风，采几朵山根的野花，赤脚蹚进河里摸几条小鱼。每到夏季的晚饭后，那条唯一的马路上，满是三个一伙、五个一群乘凉散步的职工，可是今天，马路上只有卢克忠和贾伯雄两个人的脚步声。

路灯已经停止供电，路两边的职工俱乐部、菜站、粮店、小商店、锅炉房和不远处的办公楼都沉沉地隐没在夜色里。半个月亮慢慢爬上山头，两人借着微光，缓步向东边的车队方向走去。

卢克忠轻轻叹了口气："头前儿呀，一心就想着赶快搬出去，现在真的要走了，心里一下儿觉得空落落的，又舍不得了。"

"哎，就是。"贾伯雄说，"我刚在屋里就觉得心慌，不知道为啥，你这一说，就是这个感觉。"

卢克忠说："算起来，我在这儿都23年了，这山里头哪儿有块石头，哪儿有棵树都清清楚楚。我15岁从老家出来上学，在这儿的时间，比在老家的时间还长。"

"我1965年第一批就过来了，29年！半辈子都撂到这儿了。"贾伯雄说，"当年这儿还是一片荒山，这些房子，我亲眼看着一栋一栋盖起来，想想就像是昨天的事情一样。"

"咱们来的时候，都是30岁正当年，这一转眼就成老头儿了。"卢克忠说，"这块地方不用了，咱们这些老家伙也都要退休了，这篇儿就翻过去了……我回头想了想，咱们这批人，还真不容易啊。"

两人已经走到了车库旁的器材库房，贾伯雄扭头看着月光下那片已经搬空了的库房，他曾在这里管理器材设备十几年："当年，我和冯必达把设备、器材运过来，现如今，我又把它们搬出去，29年，画了一个大圈。"

又走了几十米，两人都停住脚步。路边靠近河道的护堤旁，那块清灰色的洗车台在月光下格外醒目，1981年的大水过后，车队在这里重修了一座洗车台。"那年……宋承河、李宝良就在这地方遇难的。"卢克忠幽幽地说。

宋承河是贾伯雄天津大学的同学，当年两人一起分配到老五院，住在一个宿舍。后来都调到山沟里工作，先后担任了副所长，两人是称兄道弟的好朋友。1980年，宋承河、李宝良在那场大洪水中不幸牺牲。

"老宋是替我走的！那次要不是我到北京出差，来这儿巡查的事儿肯定是我来干。"贾伯雄走上洗车台，摸出香烟，抽出三根叼在嘴里一起点燃，双手捧起高高举过头顶，对着河水深深地三鞠躬，然后将香烟整齐地摆在洗车台上。他直起身愣愣地看着波光粼粼的安河水，突然高声说道："老宋——我们明天就走了，跟你道个别。好兄弟！老哥想你啦！"沙哑的声音在山谷中回荡，奔流的安河用哗哗的水声应和着。

卢克忠也点燃三根香烟，对着河水三鞠躬，轻声地说："李宝良，当年我们找了几天也没有找到你，到现在也不知道你在什么地方，我心里真是很难过，无论你在哪儿落脚，希望你安息！”

卢克忠将香烟排在洗车台上，突然说：“咱得给李秉钧、杨敏达也敬根烟。”说罢又去摸烟，可烟盒里只剩下两根。贾伯雄默不作声，掏出四根香烟，分出一根递给他。两人一起点着香烟，月亮已经升到半空，冷冷的光辉勾勒出远方山梁的轮廓，两人转身面向安河上游羊山沟方向，对着层层叠叠的山峦深深地三鞠躬，李秉钧就安葬在那里的山坡上。两人一起转身，面向安河下游 201 洞的方向深深三鞠躬，杨敏达生前一直在那里工作。

12 根香烟整齐地排在洗车台上，卢克忠和贾伯雄静静地站在旁边，看着香烟微弱的红光在黑夜中明明灭灭，卢克忠轻轻地说：“几位老兄弟，我们要走了……只可惜，你们早早地牺牲，永远留在这儿了……咱们这些老兄弟，都不会忘记你们，我相信，以后的晚辈们也不会忘记你们……”

一阵山风轻轻吹过，几支香烟翻滚着掉落到护堤下的河床里，青烟在风中飘然散开，安河水依然不停地奔腾喧嚣，闪烁着盈盈波光……

第八章

丹心照日星

一

1993 年，067 基地正热火朝天地忙着赶任务、搬迁西安的种种事务时，北京南苑的 11 所也格外忙碌。王桁主持的第二代液氢 / 液氧发动机的研制工作也接近尾声，有了这款发动机，中国发射高轨道卫星的能力将获得极大的提升，在国际卫星发射市场上的竞争力也将进一步加强。

1990 年代初，中国航天凭借长征系列火箭过硬的质量和低廉的发射价格打开了国际市场，承接了大量的“外星”发射任务，终于度过了中国航天事业发展的“寒冬期”。事实上，能够进入国际卫星发射市场，与此前中国一直坚持卫星技术发展有着密切的关系。由于国家对通信、气象、导航、探测卫星的迫切需求，即便在航天最严酷的“寒冬期”内，与卫星相关的发动机研制项目都未曾受到影响，甚至不少搁置的项目也起死回生。当年张贵田他们研发的 5 吨常规推进剂发动机也有了用武之地 —— 成为长征四号运载火箭的三级发动机。1988 年 9 月 7 日，成功发射第一颗试验性气象卫星“风云一号”，这是中国自行研制和发射的第一颗极地轨道气象卫星。

1986 年王桁主持研制的第二代液氢 / 液氧发动机正式立项时，正值大批研制型号被叫停下马的“寒冬期”，这一型号能得到如此不同的优待，就是因为提高卫星发射能力的迫切需求。

在广大航天人的默默坚守之中，中国航天终于迎来了回暖的初春。1993 年，王桁刚好 60 岁，他也在中国航天的初春里，迎来了自己事业的“第二春”，虽然来得有点晚，但还是让他激动万分。第二代液氢 / 液氧发动机将被应用于新型运载火箭长征三号甲（CZ-3A）的第三级，能够发射地球同步转移轨道卫星，也可执行低轨道、太阳同步轨道和极地轨道任务。

中国第二代液氢 / 液氧火箭发动机，真空推力达到 8 吨，同步转移轨道运载能力达到 2.65 吨，比长征三号火箭使用的第一代氢氧发动机 4.5 吨的运载能力提高了近一倍。长征三号甲和长征三号的区别，就在于使用了不同的第三级火箭发动机。因为这个新型号运载火箭的投入使用，中国的卫星发射能力也因此迈上了一个新高度。

1994 年 2 月 8 日，长征三号甲首次发射，成功将两颗实验卫星送入轨道。11 月 30 日，又将新一代通信卫星东方红三号成功送入地球同步转移轨道。

从 1986 年被任命为这个项目的主任设计师到发动机投入使用，王桁和同事们付出了长达 8 年的时间和心血。此刻卫星上天，心中不仅石头落地，多年来工作中遇到的种种磨难和艰辛也瞬间涌上心头，为了掌握氢氧发动机技术，他付出了 24 年的光阴……

早在 1970 年，王桁就在王之任、朱森元的带领下，进行中国第一台液氢 / 液氧发动机的研制工作，虽未获得应用，但为以后的研究积累了宝贵的经验。1974 年提出的第一代改进型 4.5 吨推力氢氧发动机方案，就是以此为基础，并在与凤州 11 所的 5 吨常规发动机竞争中取胜，在 1976 年被选定为长征三号运载火箭的第三级发动机。

研制 4.5 吨氢氧发动机的过程并不轻松，他们遭遇了种种技术困难，甚至在一次试验中还险些付出生命的代价。

1979 年 1 月 28 日，王桁和北京 11 所七八位设计员一起前往 101 试验站，他们要对一批文氏管进行液氢流量测试。这是进行稳压的零件，需要通过试验，测量管子的流量和两段的压差，以便判定文氏管的性能。

因为文氏管的流量不大，这次试验就安排在 101 试验站五号台前的空场上，试验设备也很简陋，文氏管安装在一个支架上，管口朝向地面，通进液氢进行测量。液氢从文氏管吹出来就汽化消散，此前已经做过几次这样的试验，都没什么问题。

试验从早上8点进行到上午11点多，一切顺利。最后一个文氏管试验时，大家已经准备收摊下班。王桁正和一位设计员说话，突然一声巨响，他就飞离地面，又随即重重地摔在地上。王桁觉得双手和脸上火辣辣地疼，耳朵像被塞满了棉花一样，听不见任何声音。脑子空白了几秒钟，才反应过来这是发生了爆炸。

他觉得头晕目眩，努力了几次才爬起身来，踉踉跄跄地站立不稳。试验台周围一片狼藉，附近的房屋玻璃全被震碎，窗框歪斜，连屋瓦都被掀飞。现场的30多人，眉毛、头发都被烧焦，多数人都被灼伤了皮肤，面色通红，其中7个人被严重灼伤，双手捂着脸部，痛苦地缩成一团。有位工作人员站在离试验现场稍远的地方，被冲击波抛起摔进身后的试车台导流槽中。

燃爆发生时，他们就身处火焰之中，没有看到熊熊的火光，因为氢气燃烧的火焰是无色的。不过，也幸亏是在开阔的场地进行试验，如果是在封闭的空间里引发氢气爆炸，现场所有人将会因此送命。

奇怪的是，事后调查时，竟查不出燃爆因何而起，现场没有任何火源，使用的电子设备和元器件也是专用的防爆设备，这让所有人都感到费解。

此事还没查出结果，液氢试验又发生了事故。那年3月在对四号台进行氢泵试验调试时，又突然起火，试车台上蹿出的火焰高达20多米，幸亏扑灭及时才保住试车台，起火原因同样没查出来。紧接着，4月份进行了两次氢泵试验竟然也全部失败，这是此前试验氢泵时没有出现过的情况。

接连发生事故并且都原因不明，氢氧发动机的安全可靠性也因此遭到严重质疑，甚至有了氢氧发动机“下马”的提议。

二

王桁他们的研制工作遇到了前所未有的困难。面对科研和“议论”的双重压力，研制团队白天黑夜地讨论分析、排查计算，终于找到了一连串事故发生的原因。

试验文氏管时发生的大爆炸，是因为忽视了氢的特性，试验操作方式存在安全隐患。那次流量测试试验中，文氏管是对着地面安装，液氢流出文氏管后挥发形成的高压气体直接冲向地面，随着压力增高，氢气排放的速度增大，将地面沙砾吹动，打出了静电火花。氢气是极度易燃品，梳头产生的静电就足以将其引燃。那次试验进行了几个小时，周围空气中都弥漫着氢气，一个小小的电火花便引发了现场空气燃爆。

而液氢泵试车的两次失败，与试验设备简陋，并且改变试验地点有关。液氢工程应用是一项复杂的技术，其低于 -252.7℃的超低温存储技术、超低温材料应用技术等都有着极高的难度。研制中遇到的困难层出不穷，是因为当时的中国科技人员确实没有掌握液氢的特性，国内相关的基础研究很少，他们只能在实际工作中慢慢摸索，总结经验。随着对液氢的认识逐渐深入，发生故障和意外事故的原因都被找出来，氢氧发动机“下马”的危机才得以化解。

此后的几年中，王之任、朱森元、王桁这些科技人员先后克服了轴承滚珠破碎、发动机漏火、燃气发生器结冰、次同步回旋共振、发动机启动时缩火等诸多技术难题，终于在 1983 年 8 月 14 日取得了 4.5 吨氢氧发动机整机试车成功。

但对他们来说，更大的考验还在后头。

1984 年 1 月 29 日，西昌卫星发射中心发射台上，长征三号载着通信卫星高高耸立，就要进行中国有史以来最远的“长征”——将通信卫星送到 36000 公里的地球同步轨道。

20 点 24 分 02 秒，火箭腾空而起，踏上征程。一级、二级火箭工作正常，三级火箭点火正常，第一次关机正常。经过 200 多秒的滑行后，开始第二次点火启动……

发动机二次启动后不久，突然失去推力，卫星未能到达预定轨道，发射失败。遥测数据分析结果表明，第二次启动后几秒钟，涡轮壳体被烧穿，发动机推力迅速降到零，通信卫星只能在一个低轨道上运行。

■ 4.5 吨氢氧发动机试车

负责发动机研制的王之任、朱森元等人倍感压力，上级严令他们迅速分析出事故原因，并以最快速度解决发动机存在的问题。

北京 11 所的设计人员连轴转地工作，很快排查出是发动机设计上存在问题，导致启动时氢氧混合比过高。他们立刻商讨改进方案，决定采取特殊的副系统控制启动混合比、延长二次启动前的预冷时间等措施，分头进行改进设计，没日没夜地加班工作，设计出一台新的 4.5 吨氢氧发动机，并以最快的速度进行了多次地面试车，证明措施可靠，才将发动机交付。

1984 年 4 月 8 日，距第一次发射失败仅 70 天，第二枚长征三号火箭运载着另一颗备用的通信卫星再次发射。第三级火箭二次启动后，发动机完全按照预定程序完成工作。4 月 16 日，通信卫星经过 8 天的飞行，成功定点于东经 125° 赤道上空。按照发射成功才予以命名的惯例，这颗通讯卫星被命名为“东方红二号”。

1986 年 2 月，东方红三号通信卫星发射任务正式确立，这是新一代中等容量的实用通信卫星，执行这一发射任务的运载火箭是长征三号甲。按照火箭总体方案要求，必须设计出一款单机真空推力为 8 吨，运载能力为 2.65 吨的改进型第三级火箭氢氧发动机。王桁便在此时被任命为这款发动机的主任设计师。

1994 年 2 月 8 日，长征三号甲成功地将东方红三号卫星送入轨道，这标志着中国新型发动机在研发、应用上取得了长足进步，中国的航天技术也由此跨上了一

■ 1993 年 12 月 4 日，北京 11 所试验队赴西昌卫星发射中心参加长征三号甲首飞任务

个新的高度，极大地缩短了与世界先进水平的差距。

中国在航天技术上的进步不仅给国家带来巨大的现实利益，也引起世界的关注，其廉价、高效和很高的成功率也获得世界商业发射的青睐。美国的休斯公司、普・惠公司等先后与中国航天合作。

1996 年，长征三号乙 (CZ-3B) 火箭正式投入使用，这是中国当时运载能力最大的火箭。“长三乙”的首次发射便是一次重要的“外星”任务，而这次发射却遭遇了一次重大的灾难性事故。

三

1996 年元旦刚过，北京 11 所的王桁便带领着几位设计员登上火车，前往大凉山深处的西昌卫星发射中心，参加长征三号乙运载火箭的首次发射任务。他是“长三乙”的副总设计师，8 吨氢氧发动机的主任设计师，这样重要的发射当然不会缺席。

长征三号乙火箭是按照“上改下捆”原则构型的捆绑式三级火箭，同步转移轨道运载能力达到 5.1 吨。火箭的助推器、第一级和第二级发动机，由已经搬迁到西安的后方 11 所设计研制；三级火箭使用两台并联的 8 吨氢氧发动机，由北京前方 11 所设计制造；姿控发动机由上海 801 所（原 21 所）设计制造。

这枚运载火箭在 1996 年 2 月执行的首次任务，就是为国际卫星组织发射国际通信卫星 708（Intelsat-708)，这是当时世界上最重的通信卫星。

发射前的准备工作一切顺利，1996 年 2 月 15 日凌晨 2 点钟，长征三号乙运载火箭进入发射前一小时倒计时。

王桁和其他几位负责发动机研制的副总师，已经转移到距离发射台 100 多米的操作室中。那是一个结构坚固的建筑，浇筑墙壁和房顶的混凝土厚度可达半米，大门都是厚钢板制成的密封门，这里没有窗户，只能通过电视屏幕观看火箭状态。王桁他们在这里等待，是为了防备发射准备过程中发动机出现突发状况，他们可以立即分析问题原因，为操作人员提供解决方案。

其他的试验队技术人员都后撤到两公里外的技术阵地测试厂房边，西安 11 所

■ 发射准备中的长征三号乙火箭

的试验队也在发射场，由赵宏超率领张金容等6名设计人员进行发射前的准备工作，此时他们也站在测试厂房大门前的空场上观看发射。4天后就是春节，大家都等着发完这颗卫星，回家过个好年。

凌晨3点，火箭点火启动。巨大的轰鸣声让操作室里的王桁觉得胸闷气短，他的眼睛却紧盯着电视屏幕。火箭缓缓地向上攀升，2秒钟上升了30多米，箭体突然发生倾斜，尾焰直接喷向了监控摄像机的方向。王桁从电视画面中能清晰地看见发动机喷管和熊熊的尾焰，火箭尾部竟然撞到了固定发射塔架。这场面让所有人惊得汗毛竖起，火箭失控了。操作间里的人都毫无办法，他们只能处理火箭发射前出现的意外情况，火箭点火升空后出现问题，根本无法解决。

测试厂房边的试验队技术人员们目睹着升到半空的箭体不断地倾斜，仅几秒钟的工夫，火箭已经变为水平飞行状态，此时飞行高度仅有300多米。大家都已意识到，这将是一场灾难性的后果，但心中依然企盼出现奇迹，希望火箭能恢复正常轨道，掉头向上飞行…… 可奇迹并没有发生，发射后20秒钟，横飞的火箭再度转头向下，迅疾地冲向地面，仅2秒钟后就撞在距离发射台1.9公里处的山坡上。

剧烈的爆炸将发射场区的几条山沟瞬间照亮，火箭残片拖曳着耀眼的白光，在夜空中划出无数条光轨四面飞散，爆炸点腾起巨大的蘑菇状火球，滚滚浓烟中透出猩红的火焰，那里距技术人员临时住宿的“协作楼”只有100多米，所幸发射中心有规定，发射前12小时所有人员都必须撤出，否则后果不堪设想。

参加发射任务的几百名技术人员都聚集在测试厂房前，距离爆炸点不过两三公里。此时突然有人高喊“快卧倒——”，厂房前的人群瞬间四散，有人跑进厂房，有人蹲在墙根，也有人直接趴在排水沟中。

剧烈的爆炸声猛地袭来，冲击波也席卷着沙石树枝紧随而至。剧烈的震颤中，测试厂房的玻璃碎裂飞射，门窗翻转着摔落地面，到处都是令人恐怖的声响，躲在墙根下的很多人被掉落的玻璃扎伤，满身是血。

爆炸声和冲击波过后，发射场上一片死寂，技术厂房周围的人们从惊恐中回过神，摸着黑向厂房前的空场会集，各单位的试验队都在黑暗中呼喊着各自队员的名字，有人打开手电四处照射。因为担心推进剂挥发的有毒气体飘散，所有人员立刻向山沟深处几公里外的警卫营营房转移。

操作室里的王桁他们看不到外面的情景，只觉得一阵剧烈的震颤，房顶的墙皮哗啦啦地掉落，屋内瞬间一片漆黑，供电线路被摧毁了。他们在漆黑的操作室里坐等了半个多钟头，估计有毒气体已经消散，才打开密封钢门来到院子里向四周观察，外面只有一片死寂的黑暗，情况不明，基地的操作员们奉命原地守候。

此时已是凌晨4点，王桁和几位副总师摸黑走向“协作楼”宿舍区，那里存放有测试仪器设备和保密文件，他们担心会受到损坏。才走出几百米，就在路边发现一个黑乎乎的东西，凑近一看是被炸变形的发动机涡轮泵。这里距离“协作楼”还有一公里，看到这个涡轮泵，他们就能判断出情况实在不妙，加快步伐向那边赶过去。

生活区的状况比他们想象得还要严重，空气中弥漫着刺鼻的焦糊味道，基地的小邮局、大礼堂……那些熟悉的建筑已成了一堆断墙残砖，几栋家属楼门窗破碎，被掀掉了屋顶，火箭残片散落在瓦砾碎石之间，树木都被连根拔起倒伏在地上，焦糊的枝干上挂着几块衣物碎片。天色的微光之中，这世界末日般的景象更显得形状可怖。火箭坠毁的爆炸点与宿舍区仅隔着一条马路，山坡已经被炸飞了一半，裸露的泥土和岩石都被烧得焦黑。

试验队住宿的“协作楼”围墙已经坍塌，楼体没有垮塌，但墙体外所有的阳台都被炸飞，门窗也都不见了踪影，留下一个个形状诡异的黑洞。楼顶上那只巨型的卫星信号接收天线被炸得扭曲变形，垂头丧气地吊在楼边，旁边砸着一块房间大小的巨石。

王桁住在一楼拐角处的房间，围墙坍塌，门窗被炸，他可以从院子里直接进入房间，却被先期到达的警戒人员告知不能入内。发射基地的战士们已经组成了抢险队，正在“协作楼”内排查情况。

在抢险队员杂乱的手电筒照射下，王桁他们发现楼前的碎砖乱石间竟有一片血迹，“哎哟，这怎么有血呀！”大家都判断肯定有人遇难了！这实在是个意外的情况。按照发射场规定，火箭发射前 12 小时，宿舍区、家属区内所有人员都必须全部撤离，这楼内怎么还有人？

王桁他们不能在抢险区域逗留，于是就走到不远处的小河旁等待，河道里、河岸边也散落着大大小小的金属残片。山谷中吹来一阵阵寒冷的夜风，还夹杂着浓重的焦糊味道，几个人缩着脖子裹紧衣服，在河边不停地踱步，都沉默着不说一句话。

东方的天色微微放亮，转移到警卫营营房的技术员们纷纷赶回“协作楼”，也都会聚到小河边等待抢险队排查结束。几百号人都在昏暗的晨曦中默不作声，有人呆望着河水发愣，有人低头来回踱步，如同一群失魂的幽灵。

四

太阳初升之时，试验队接到通知，进入楼内取出各自的仪器设备和保密资料后立刻撤出。技术员们立刻回到“协作楼”，楼内同样是残破不堪的狼狈景象，地面上遍布砖块、玻璃碎片和被炸成尖刺状的木片，并且楼道里也有一大片血迹。大家也顾不得多想，都在各自的房间慌乱地整理着测试仪器和保密资料。好在文件柜是铁皮制成，虽然都已倾倒，但资料和仪器都没有受到损坏。

西安 11 所试验队的赵宏超等人正在整理资料，靳爱国带着几个年轻人也进了“协作楼”。他们是西安 11 所执行另一项发射任务的试验队，住在“协作楼”旁边的老式营房中，因为营房损毁严重，发射基地派士兵把守，未探明情况之前禁止入内，于是就来到“协作楼”帮忙。靳爱国一见到赵宏超就冲上前握住他的手：“赵老师，要不是你昨天把我拽出来，我就交待在这儿了。”

按照基地的工作安排，这次发射完成的当天，靳爱国等人就要进入技术厂房执行他们承担的检测任务，他本打算就在宿舍睡觉，养足精神第二天干活。恰巧宿舍区清场前，老技术员赵宏超专门去查看了一番，发现靳爱国还在睡觉，硬把他拽起来撤到了指定区域，这一拽，才让他幸免于难。

在“协作楼”和老营房里，确实有几名未撤离的技术人员在爆炸中遇难，其中一位是北京某研究所的火箭飞行弹道专家。

这位老专家几个月后就要退休，他向单位提出，干了一辈子航天，从没到过发射场，希望能在退休前亲眼看一次火箭发射，了却心中的遗憾。单位满足了他的愿望，将他编入试验队参加此次发射任务，老专家非常兴奋，这是他人生中唯一一次近距离观看发射的机会。

按规定发射前所有人都必须撤离宿舍，但指定的安全区是露天场地，当时正是腊月天，山区里特别寒冷，在露天十几个小时实在难熬。技术人员住宿的“协作楼”距离发射台仅 1.5 公里，站在楼上就能观看发射，不必吹风受寒，还能睡到发射前再起来看。老专家便自作主张留在“协作楼”内。没想到这次发射失败，他也在爆炸中遇难。

旁人很难理解这位老专家，只是为了看一眼火箭发射而失去生命，可在航天界工作的人们却能够理解他的心情，这其中包含着航天人的别样心酸。中国从事航天工作的职工有几十万，但真正到发射场亲眼见过火箭发射的，只有一两千人。谁不想亲眼见到自己制造出来的产品穿云破雾一飞冲天的景象？谁不想在发射现场骄傲地为成功欢呼？但那几十万航天职工，一辈子都不会有这样的机会。

这次火箭爆炸事故，造成 6 人死亡，57 人受伤，毁伤民房 80 余间。这场重大的航天灾难过去很多年后，还不断被人提及，互联网上曾有人发帖说：“发射场附近的一个村庄也在爆炸中被夷为平地，500 百名村民全部遇难。”其实，对发射前准备工作稍有了解的人都知道，这是以讹传讹的杜撰。

每次发射任务的前几天，发射场周围村庄的村民都会被全部撤离至安全地带。甚至火箭弹道经过之地，以及助推器和一级火箭落点附近几十公里范围内的村庄，都要在几天前进行撤离转移工作。

发射场的爆炸点不远处确实有个小山村，村中用“干打垒”土墙建起的房屋也确实被强大的冲击波摧毁大部，但村中仅有一位坚决不肯转移的老太太在爆炸中不幸身亡。那次爆炸事件过后，国家立刻拨款为那个被毁村庄在远离发射场的地方选址重建，村内清一色的砖瓦房，成为当地住房条件最好的村庄。这让临近村子的村民们非常羡慕，见到发射基地的人就开玩笑说：“什么时候把我们村也炸了吧！”这让基地的工作人员哭笑不得。

引发这次重大事故的原因，是一个小小的质量问题——火箭上有一个控制飞行的部件，称作“惯性平台”，就是俗称的陀螺仪。它是火箭上的参考坐标系，所有飞行控制动作都以此为基础参照物，可偏偏那上面的一个电子器件焊接质量出现问题造成基准倾斜。火箭控制系统按照错误的信号进行姿态矫正，导致火箭横飞，最终触地爆炸，星箭俱毁。

国内专家组成的故障分析组和审查委员会在整个故障分析过程中，不断将分析报告的进展情况通报国际卫星组织，而国际卫星组织也专门成立了国际独立专家组，对中方分析的原因进行评审。经过4个月的调查，最终结论与中方专家一致，故障调查及分析工作全部结束。

这次事故对中国航天界震动极大，运载火箭技术是一项庞大、复杂的系统工程，任何一个细小的环节出现问题，都可能导致灾难性的后果，造成无法挽回的政治影响和数以亿计的经济损失。

五

长征三号乙火箭首发失败的事件让中国航天人极为沉痛，出台了一系列严格的质量控制措施。王桁更是觉得惋惜，这次发射的可是当时世界最大重量的通信卫星，本可以展示中国氢氧发动机强大的运载能力，但火箭刚点火就出现故障，第三级火箭上的8吨氢氧发动机连启动工作的机会都没有。他没想到的是，其实自己主持研制的这款氢氧发动机早已被国外所关注，并且还为中国航天界带来了一次难得的合作交流机会。

就在“长三乙”火箭爆炸事件过后不久，美国普·惠公司与中国航天部门联系，希望中国代工生产美国设计的RL-10液氢/液氧火箭发动机。

如果达成合作，对于中国航天界而言，这简直就是“天上掉下个林妹妹”。不仅可以获得长期的生产任务、代工利润，更重要的是可以深入了解RL-10火箭发动机，与国内技术进行比较。

普·惠公司是世界著名的航空、航天发动机制造公司，不仅是美国最大的航空发动机制造公司之一，同时也是液氢 / 液氧火箭发动机的主要制造商，RL–10 火箭发动机便是其承造的一款产品。

RL–10 火箭发动机是美国研制的第一种液氢 / 液氧燃料火箭发动机，真空推力 6.67 吨，1959 年进行第一次地面试车，1963 年 11 月 27 日完成第一次飞行。虽然使用的是早期技术，但发动机性能较好，可靠性极高，几十年来一直投入使用，其改进版曾用于土星一号、半人马座号、德尔塔 –3、德尔塔 –4、宇宙神 5 号等多种运载器。

普 • 惠公司提出这样的合作，是因为当时中国已研制出真空推力达到 8 吨的液氢 / 液氧火箭发动机，突破了设计、制造的技术壁垒，比美国用早期技术研发的 RL–10 火箭发动机的性能更高。更关键的是火箭发动机交由中国生产，比美国本土生产的价格便宜很多，他们可以赚取更高的利润。

双方一拍即合，很快开始了项目谈判。普 • 惠公司的高层对中国的设计、生产环节没有疑问，但对试验检测技术心存疑虑，要求到试车台实地考察。此时，张正担任着 101 所四号试验台台长，受命陪同美国专家参观试验台系统。他 1970 年开始进行液氢试验技术的研究，经历 25 年的时间，已成为超低温发动机试验的专家。

101 所原有的 5 个试车台都已经改为液氢 / 液氧发动机试验为主，美国专家考察后，基本确定了合作意向。中方也提出要去看看美方的试车台，进行互访了解，普 • 惠公司立刻对中国发出参观邀请。中方试验专家考察团由张正带队，开始了美国访问之行。

在此前的几十年间，美国一直对中国实行技术封锁，即便是 1980 年代的“中美蜜月期”，依然不曾松懈，航天技术方面更是如此。张正和他的同事们从事超低温火箭发动机试验工作 25 年间，根本找不到多少可以借鉴的资料，使用的设备都是靠自己摸索出来的。这次考察，不仅可以参观 RL–10 发动机的试车台，还包括普 • 惠公司的生产、试验基地，甚至还包括发动机高空模拟试验系统和测量设备，简直是给他们打开了“百宝箱”。

访美考察的第一站，便是位于田纳西州的 RL–10 发动机试验台。他们乘坐的大巴车在高速路上一路飞驰，路两边是一望无际的开阔平原。张正和同事们猜测目的地肯定在很远的地方，以他们的经验，试车台都要选建在隐蔽的山区，这里地势平缓一览无余，根本不适合建台。

大巴在高速路上飞驰了40分钟，拐入一条窄狭的公路，又行驶了不到一个钟头，停在一片空旷的无人区。美方人员说："前面就是试验台。"

漫无边际的荒草中，露出几个低矮的建筑物屋顶。张正他们下车步行到建筑物旁，周围没有警卫，没有围墙，连围栏都没有，试车台就建在荒野之中，这实在出乎中方人员的意料。

■ 美国的卧式火箭发动机试验台

这里建有三座试车台，都是标准的水平式，一段高出地面两三米的混凝土建筑用于将发动机水平固定其上，试车台后面还拖着一条长长的起重机专用轨道，美国的火箭发动机试车台大都采用这种形式。张正他们在国内使用的试验台，都是苏联式的45度倾斜式，仅从试验台的建造方式，就能看出各国航天技术思路的不同。这些方式各有优劣，并没有高下之分，科技工作者通过不同的手段都能取得相同或相近的结果。

那三座试车台的布局、外观让张正赞叹不已，对美方人员说："你们这些试车台建得真是规矩。"美方人员说："我们的试车台建成后不做改动，所以前期设计时，就必须考虑周全。"

在试车台前仔细参观时，张正发现试验台机架表面都涂抹着厚厚的机油，处于封存状态。美方工作人员说："这里好多年没做过试验了。"张正等人颇为意外："这么好的试车台，为什么不做试验？"

美方人员说："我们的每一座试车台只试一个型号的发动机，如果发动机停产了，试车台也随之封存停用。"

这句话震惊了张正等一众中国试验专家，美国人真是太舍得投钱了！一座试车台几千万元的投资，只试一个型号的发动机，这在中国是无法想象的事情。101所1960年仿制"1059"发动机时建成的二号台，后来不断地改换试验设备，试验过** 二号、** 三号、** 四号发动机，到现在又改装试氢氧发动机，用了30多年都没停过，甚至可以预见，以后很多年还会不断地改进使用。就是每次进行试验台改造，也都在千方百计地节省资金。

试车台操作室中的景象更让张正一行人万分羡慕，一排整齐的电脑让人看了就眼红，美国的试验操作及测量记录早已应用了计算机，而此时，张正他们在国内的试验台上还是通过口令指挥、人工操作，试验数据还在使用纸带式记录仪。

张正特别留意了美国试车台上的液氢输入系统，液氢是超低温物质，通过管道输送时，会通过管道与外界进行温度交换产生汽化。如何为液氢保温是一个关键的技术问题，当时国内采用管道外部包裹绝热发泡材料的方式，但效果不佳。美国也采取了同样的方法，但管道却使用了双层真空管，保温效果极大提升。这给张正他们很大启发，很快将这一方式应用在国内的试车台上。

液氢的流量测量也是一个关键的技术问题，张正他们使用叶轮式流量计测量，记录叶轮旋转圈数，通过计算得出每秒钟液氢流量。这种方法得到的是液氢的体积，而所需数值是液氢的重量，所以还要代入液氢的密度进行计算，不过在实际应用中的液氢密度并非书本上的那个固定值，这样的计算结果就很难保证精确性，这一问题一直困扰着他们。美国人也是使用叶轮式流量计，但又在后面增设了一个密度测量装置，这让张正一行人都眼前一亮，这种联合测量体可以精确测出单位时间内流过的体积量和实时的密度值，得到精确的质量数值。他们提出想找负责这方面技术的人员多了解一些情况，美方人员却说负责人不在。张正等人立刻就明白，这是婉拒之辞，他们不愿意告诉中方这些技术。

两天后，张正一行前往另一处试验场，参观高空模拟试验设备，但照相设备都不准带入。那个巨大的模拟舱深深震撼了中国技术人员。内部直径 5 米的筒形模拟舱，其空间相当于宾馆的一个标准间，可容纳百吨以上推力的大型发动机在里面试验。后来他们听说，美国其他几处试验室还有直径 10 米的大型模拟舱，更是让他们只有感叹的份了。高空模拟舱的工作原理中方人员都很清楚，101 所也有高空模拟舱，但只是姿控发动机的小型模拟舱，要想造出美国这种巨大的设备，其技术难度和资金都将呈几何倍数增长，那时的中国还无力完成。

在美国东海岸佛罗里达州的梅里特岛，张正目睹了世界闻名的航天发射场——肯尼迪航天中心，这个长 55 公里，宽 10 公里，总面积达 567 平方公里的航天中心，共有 23 个发射阵地，每个发射阵地都有两三座发射台。高高低低的发射台静立在蓝天白云的苍穹之下，如同列阵的铁甲武士般气势逼人。张正曾多次去过西昌卫星发射场，国内的发射场都在山区，所有设施都挤在山地间，那种“游击战”式的布设方式实在难与肯尼迪航天中心这种“罗马军阵”般的气势相比。

不过，那些设施只能站在远处遥遥观望。在美方人员的指引下，张正看到了肯尼迪航天中心最著名的39号发射阵地，土星五号火箭及航天飞机等大型航天器大都是从那里的两座发射台飞向太空的。1986年1月28日，世界载人航天史上最重大的灾难之一，造成7名宇航员全部罹难的“挑战者”号航天飞机爆炸事故，也发生在这里。

虽然不能去参观发射台，但发射场的参观者中心却向所有人开放。在这里张正一行看到了航天飞机、土星五号等世界闻名的先进航天器。巨大的土星五号运载火箭曾用于阿波罗登月计划，是迄今为止世界上体积最大的火箭，一级火箭底部直径达到13米，相当于6层楼房的高度，由5台F-1液氧煤油火箭发动机并联而成，每台发动机的喷管直径都相当于两层楼的高度，单台推力高达680吨。那时中国最大推力的长二E、长三B等型号，一级和助推器共8台发动机加起来，推力还不到600吨。

那5台F-1发动机能够产生3402吨推力，可将118吨的重量送入近地轨道，也可将45吨的航天器送到月球轨道。据说，土星5号发射时，强烈的声波会将20公里以外的泰特斯维尔市的窗户玻璃震破。张正向陪同参观的美方技术专家询问：“这样的发动机，还有没有可能进一步增加推力？”那位美国技术专家说：“像F-1这样巨大的发动机再提高推力就很困难了，因为材料的强度已经接近极限。”

在美国考察的每一天都让张正心生感慨，作为一名航天人，他非常清楚面前那些冷冰冰的庞然大物背后，有着多高的技术难度，更明白要达到这样的水准，需要多么庞大规模的基础研究和制造技术的支撑。

六

张正一行结束考察后回到国内，本该进行合作协议的谈判程序，却突然接到美方取消合作的通知。普·惠公司解释说，该项目未能获得美国政府的批准，因为依据相关的法规，与火箭发动机相关的设计、生产、试验技术都是保密资料，严禁向国外输出。

这让双方都觉得惋惜，中国的科研人员更为失去这次难得的交流机会而叹息，因为能看到外国第一手资料的机会实在是太少了。

那时，王桁也在特别关注着“膨胀循环”技术，他和同事们都知道，这代表着氢氧发动机技术的最高水准，但中国还一直未能掌握。

液氢转化成气态氢时，体积膨胀700—800倍，可形成极高的气压。高压氢气直接吹动涡轮泵工作，不仅保持了发动机的工作效率，还可以取消燃气发生器组件，减轻了发动机重量。要知道，在发动机上每减轻一克重量都是极为困难的事情。

事实上，美国的RL-10发动机虽然是早期技术，但已经采用了“膨胀循环”方式。王桁很希望能够亲眼一见，如果这样的实物作为技术借鉴，研制工作可以少走很多弯路，毕竟，他们能够获得的参考资料实在是太少了。美国方面发来终止合作的通告后，他还曾跟随一个访问团再次赴美进行沟通，最终还是未能扭转这一结果。

与美国RL-10发动机的成熟技术擦肩而过，虽然让王桁觉得惋惜，但也并没有太多的遗憾。从事航天工作40年，他和同事们都是在这种资料缺乏的条件下进行研究的，早就习惯了这样的状况。

但这件事也让他暗下决心，一定要寻找机会开始“膨胀循环”技术的研制，依靠中国人自己的智慧和能力，攀上这座技术高峰。

首次发射失败的长征三号乙运载火箭经过一年半的改进，再次竖立在西昌卫星发射中心。1997年8月20日，将菲律宾马步海1号卫星成功地送入预定轨道，同年10月17日，又成功发射亚太二号R通信卫星。

从1970年长征一号运载火箭发射第一颗近地轨道卫星东方红一号，到1997年长征三号乙运载火箭成功发射地球同步转移轨道卫星，中国构建起一个完备的运载体系，具备了发射低、中、高不同轨道，不同类型卫星的能力。而为这个庞大运载体系提供动力的主发动机，全都出自067基地。

用于发射低地球轨道（LEO）卫星的长征二号系列火箭，包括长征二号甲、乙、丙、丁、长征二号捆等众多型号，最大运载能力达到9.2吨。这个二级结构的系列火箭，一、二级发动机和助推发动机，全部使用由李伯勇等人研制的大推力常规推进剂发动机。

用于发射地球同步转移轨道（GTO）卫星的长征三号系列火箭，包括长征三号甲、乙、丙等型号，最大运载能力达到5.5吨。这个三级结构的系列火箭，以长征二号为平台，第三级火箭使用王桁等人研制的YF-75氢氧发动机。

用于发射太阳同步轨道（SSO）卫星的长征四号系列火箭，包括长征四号甲、乙、丙等型号，最大运载能力达到5.5吨。这个三级结构的系列火箭，同样以长征二号为平台，第三级火箭使用张贵田等人研制的5吨推力的常规推进剂发动机。

这三种发动机组合搭配，形成了当时中国的三个主力运载火箭系列，圆满完成了返回式遥感卫星系列、“东方红”通信广播卫星系列、“风云”气象卫星系列和“实践”科学探测与技术试验卫星系列的发射任务，为中国建立起一个包括低、中、高轨道，四个卫星系列的“天网”，使中国成为卫星发射技术强国。毛泽东主席当年遥想的“巡天遥看一千河”的畅想，终于成为了现实。

拥有了完备的运载发射体系，中国的地球资源卫星系列和“北斗”导航定位卫星系列也先后展开了研制工作，在随后的几年中顺利地发射升空。

第九章

吴刚何所有

一

1992 年 3 月 25 日，“长二捆（长征二号 E）”火箭第一次发射“澳星”失利的第三天，张宝琨接到通知，立刻前往北京怀柔参加紧急会议。

此时，他担任着“长二捆”火箭发动机主任设计师，三天前的发射失利让航天部的所有干部职工都心情沉重，火箭各分系统的设计、制造部门都在进行自查。接到前往北京参加会议的通知时，张宝琨猜测可能是召开故障分析会，他和几位同事赶忙从西昌发射中心奔赴北京。

心情忐忑地赶到怀柔会场，领到会议议程安排时，张宝琨和他的同事们都觉得意外。这不是故障分析会，而是中国一项宏大航天计划的开幕序曲 —— 立项研制宇宙飞船，开展载人航天工程的讨论会。

这突如其来的状况，让刚刚经历了发射失利的张宝琨他们一时没有缓过劲来，直到坐在会场上讨论一项项议题时，他们才确定这是真的，内心的欣喜越来越难以抑制。中国人千百年来“飞天”的梦想，就要在他们的手中付诸实施了！

腾云驾雾、飞天揽月是人类从远古时期就心向往之的夙愿。浩渺无际的太空是妙不可言的神仙世界，是至善至美的天堂，那里有屈原“登九天兮抚彗星”的向往，也有苏轼“挟飞仙以遨游，抱明月而长终”的期望。古老的神州大地上，有“嫦娥奔月”的浪漫传说，也有“万户飞天”的壮烈探索。“日月安属？列星安陈？”传说与探索都饱含着中国人对神秘太空的无限向往。

对于张宝琨他们这些从事航天事业的科技人员而言，制造出可以自由往返于地球和太空之间的航天飞行器，飞向广袤无垠的太空，探索未知的时空，是他们愿意穷尽毕生心血追求的终极梦想。

1961年4月12日，苏联采用东方号飞船将首位航天员加加林送入地球轨道，这不仅揭开了载人航天的第一页，更使人类文明的历史观从国家疆域、地球视野跨越到太空的“光速世界”。此后，苏联和美国接连不断地将宇航员送入太空，载人航天器从单一的飞船发展到巨大的太空站。1969年7月20日美国“阿波罗11号”宇宙飞船成功登月，宇航员阿姆斯特朗在月球表面踏上人类第一个脚印，并发表宣言：“这是个人的一小步，却是人类的一大步。”可多少年间，中国的航天科技人员却只能羡慕地望着美国、苏联的同行们不断取得进步。

1992年4月，中国航天界召开载人航天工程的专项讨论，多少白发苍苍的老专家都难掩激动之情：“真没想到，自己能赶上这个事情！”

从国家层面而言，载人航天具有无可代替的战略意义，那是生产1万辆坦克也无法获得的国际地位。载人航天的核心是发展高科技，是一个国家多领域现代科学技术进步的成就展示，是综合国力的体现。发展载人航天技术，不仅能更好地开发太空资源为地球人类造福，也许会带来“新的工业革命”。同时，航天技术又对现代科学技术各个领域提出了新的发展需求，从而促进和推动整个科学技术的发展，其成效可以直接或间接反馈到民生。

美国的医学、材料、军工控制、通信科技之所以世界领先，与其太空技术的发达有很大关系。据美国宇航局专家计算，美国在载人航天上每投资1美元，就能收到9美元的效益，有3万多种民用产品得益于研制航天飞机发展出的技术，更不用说航天飞机100多次飞行所带来的直接科技成果。

张宝琨在这次方案讨论中了解到，中国即将开展的载人航天工程由航天员、空间应用、载人飞船、运载火箭、发射场、测控通信、着陆场、空间实验室等八大系统组成，如果方案获得通过，将是中国航天史上规模最大、系统组成最复杂、技术难度和安全可靠性要求最高的国家重点工程。

在这个草案中，“神舟”载人飞船系统采用多人多舱的设计方案，由推进舱、返回舱、轨道舱和附加段构成，可容纳3名航天员；可自主飞行7天，具有出舱活动和交会对接功能；可与空间实验室和空间站进行对接并停靠飞行半年；返回舱直径 2.5 米，是目前世界上可利用空间最大的飞船。

用于发射飞船的运载火箭系统，是以“长二捆”为基础进行改进，增加故障检测、逃逸救生等功能，在功能、性能、可靠性和安全性方面全部达到载人运载火箭的要求。

在草案中，对于提供动力的发动机并没有提出过多的改动要求，拟定采用与“长二捆”火箭相同的发动机。但作为火箭发动机主任设计师的张宝琨却有不同的观点，他在讨论期间提出，虽然“长二捆”火箭发动机的可靠性和推力可以满足需要，但用于载人发射，还要对发动机进行很多的改进：

发动机用于载人发射任务，振动要进一步降低；发动机启动器要改成钝感状态以保证更高的安全性；必须进行全天候状态的改进，以适应酒泉卫星发射场冬季寒冷、夏季酷热的环境……

二

事实上，中国在很早的时候就已经开始了载人航天技术的研讨和规划。1966 年 3 月，国防科工委便召开了第一次发展载人飞船的规划会议，中国的航天专家们那时就达成共识：在卫星研制的同时，也应逐步开展载人飞船的研究工作。

1970 年 4 月，400 多名航天专家汇聚北京京西宾馆，再度对载人航天进行了深入讨论。同年 7 月 14 日，毛泽东主席批准了发展载人飞船的报告。时任国防科工委主任的钱学森，将飞船命名为“曙光一号”，计划在 1973 年底发射升空。但经过两年多的秘密研制，这项计划却难以继续进行。

那时，“长征二号”“风暴一号”大推力运载火箭尚在研制之中，发射返回式卫星更是无从谈起，开展载人航天任务的所有条件都不具备。毛主席指示：“载人航天的事暂停一下，先处理地球上的事，地球外的事往后放放。”

1984 年“三抓”任务全部完成后，中国拥有了大推力的长征二号系列运载火箭，具备了返回式卫星的发射和回收能力，空间技术取得了长足发展，载人航天计划再度被提上议事日程。1985 年 7 月 25 日至 30 日，50 多名航天界专家在秦皇岛对建立太空站的议题进行了讨论。

1986 年制订的“863 计划”中，“载人空间站系统及其应用”被列为主题项目之一。1987 年 4 月，“863-204”专家组发布《关于大型运载火箭及天地往返运输系统的概念研究和可行性论证》招标通知，国内航天部门的多家单位都参与了方案竞标。

载人航天器根据不同的飞行和工作方式，可分为载人飞船、载人空间站与航天飞机三类：载人飞船按乘坐人数分为单人式飞船和多人式飞船，按运行范围分为卫星式载人飞船和登月载人飞船。载人空间站又称为轨道站或航天站，可供多名航天员居住和工作。航天飞机既可作为载人飞船和空间站进行载人航天活动，又是一种重复使用的运载器。

这其中，美国使用的航天飞机是最为先进的载人航天器，它既能像运载火箭那样把人造卫星等航天器送入太空，也能像载人飞船那样在轨道上运行，还能像滑翔机那样在大气层中滑翔着陆。

中国航天科技工作者自然对这种有着众多技术优势的航天器充满了向往，不到两个月的时间里，“863-204”专家组收到多家单位提出的 11 种技术方案，其中 10 个都是航天飞机方案，只有一个宇宙飞船方案。

1988 年 7 月 20 日至 31 日，上百位航天专家会集哈尔滨，对专家组筛选出的 5 个方案进行第二轮评审，选出两个方案，其中“多用途宇宙飞船”获得 84 分，“不带主动力的小型航天飞机”获得 83.69 分。两种方案代表着两种发展方向，中国航天界也因此形成了“两大阵营”。

1989 年年底，北京市阜成路 8 号的航天大院里，召开了宇宙飞船方案与小型航天飞机方案的比较论证会。“两大阵营”进行了面对面的激烈辩论，却依然未能达成共识。

1990 年 5 月，“863-204”专家委员会从安全性、造价和运行成本，以及中国当前的技术能力等因素考虑，最终确定了“投资较小，风险也小，把握较大”的飞船方案。利用中国已经研制出的长征二号 E（“长二捆”）运载火箭发射一次性使用的宇宙飞船，作为突破载人航天的第一步，在 2010 年或稍后再建成载人空间站大系统。

1990 年 12 月，航空航天部成立载人航天工程领导小组，任新民担任首席顾问，同时成立由钱振业为首的载人航天联合论证组。

1991年3月15日下午，李鹏总理邀见任新民、钱振业，听取载人飞船工程的汇报。当听到“研制飞船的费用约30亿元，在保证投资及时到位的条件下，工程研制需要六七年时间”，李鹏总理笑笑说：“钱是有困难。但是，对我们这样一个大国来说，还是可以解决的。我们要搞载人航天，从飞船搞起，争取建国50周年载人飞船上天！”

航空航天部随即根据这次汇报，整理出了《航空航天重大情况（五）》报批件，上报中央和国家领导人。5天后便获得了批准。中央军委副主席刘华清在文件上批示：“当前财政实在困难，动用国库存的金子，每年出点也得干！”中国载人飞船工程的论证和立项由此进入快车道。

1991年4月初，航空航天部开始论证《载人飞船工程实施方案》。6月，“863-2’专家委员会正式提出《关于发展我国载人航天的意见》。11月，航天总体设计单位分别提交了各自的载人飞船设计方案，形成了《关于我国载人飞船工程立项的建议》。

1992年1月8日，李鹏主持召开中央专门委员会第5次会议，专门研究中国载人航天问题。“从政治、经济、科技、军事等诸多方面考虑，立即发展我国载人航天是必要的。我国发展载人航天，要从载人飞船起步。”会后，国防科工委和航空航天部随即成立了由200余名专家组成的载人航天领导小组，立即展开载人飞船方案论证工作。

于是，才有了1992年4月在北京怀柔召开的那次草案讨论会，航天部的专家们热烈商讨了载人飞船八项系统的各项指标和实施方案，形成了最终的载人航天工程实施方案。

1992年9月21日，是中国载人航天史上具有决定性意义的一天。中共中央政治局十三届常委会第195次政治局常委扩大会在中南海勤政殿召开，江泽民、李鹏、乔石、姚依林、李瑞环五人常委参加，中顾委委员杨尚昆、中办主任温家宝等列席会议，专项讨论审议《关于开展我国载人飞船工程研制的请示》。

在《请示》中计划的载人航天工程分为三步：

第一步，在2002年前，发射两艘无人飞船和一艘载人飞船，建成初步配套的试验性载人飞船工程，开展空间应用实验。第一艘试验无人飞船要实现“争8保9”

的目标，即争取1998年、确保1999年首飞。

第二步，在第一艘载人飞船发射成功后，大约在2007年左右，突破载人飞船和空间飞行器的交会对接技术，并利用载人飞船技术改装、发射一个8吨级的空间实验室，解决有一定规模的、短期有人照料的空间站应用问题。

第三步，建造20吨级的空间站，解决有较大规模的、长期有人照料的空间站应用问题。

与会的党和国家领导人都明确表态，应大力支持这项事业，会议批准了开展研制的请示。江泽民总书记建议这个事要“多干、少说”，“只干、不说”…… 并做出了一个让航天人深受鼓舞的决定：“要像当年抓‘两弹一星’工程一样，抓载人航天工程，有事可以直接向中央报告。”

中国载人航天工程由此正式启动实施。这是一项规模庞大的工程，其重要意义不亚于当年的“两弹一星”。按照中国保密工程以日期命名的惯例，9月21日获得正式批准的载人航天工程便被称作“921”工程。相关工作即刻在全国各有关单位中悄然展开。

三

1992年，“921”工程立项后，张宝琨和同事们便开始了“长二F”火箭发动机的改进研制工作。他是西安11所二室主任，此前担任着“长二捆”火箭发动机的主任设计师，此时又被任命为“长二F”运载火箭发动机主任设计师，

从外形上看，“长二F”火箭除了多出一个逃逸塔，其他部分确实跟“长二捆”火箭没有明显区别 —— 由4个助推器、芯一级火箭、二级火箭、整流罩和逃逸塔构成。火箭全长58.34米，起飞质量为479.8吨，芯级直径3.35米，助推直径2.25米，整流罩最大直径3.8米，可将8吨有效载荷送入近地点200公里、远地点350公里的轨道 ……

但事实上，因为要搭载宇航员，必须对火箭各系统，尤其是发动机进行大幅度的适应性改进，使其具有极高的可靠性和安全性。按照总体部的要求，“长二F”火箭的可靠性指标要达到0.97，安全性指标要达到0.997，也就是说，故障概率必须在

百分之三以下，危及宇航员安全的概率必须小于千分之三，这是中国航天史上从未有过的高标准。此前的各型号运载火箭，可靠性指标为 0.91—0.93，对安全性没有要求。

火箭发动机必须在原有基础上进行大幅度的改动，才能适合载人航天任务的要求。以前在“长二捆”火箭二级发动机上使用的推进剂阀门，有时会出现无法完全闭合的现象，发动机关机后，会有少量残留的推进剂泄漏出来。“长二捆”用于发射卫星，少量推进剂泄漏发生在关机后，并且很快二级火箭就分离，不会对发射造成影响。但“长二 F”要搭载宇航员，如果还用这种阀门，就会存在安全隐患，所以必须进行改进设计，不仅要保证每次都能闭合，还要设计一个保险机构，闭合后将它牢牢拴紧。这类的小幅度更改设计有很多处，但还有一项改动设计，是牵扯到整个发动机系统的全面改进，其成功与否甚至会影响到“921”工程能否顺利实施。这项改进设计便是 —— 降低发动机的振动量级。

无论是“长二 F”火箭，还是“长二捆”火箭，使用的发动机都脱胎于洲际导弹发动机。前文曾经说过，在研制洲际导弹发动机时，设计人员曾遇到了中频振荡产生的振动加速度问题，振动量级高达 50G，严重影响着导弹的可靠性。经过几年的努力，孙宏明、王治军等人在储箱、管路和涡轮泵设计中采取“O”方案，在喷注器设计中采取“K”方案，终于将振动量级减小到 8G 以内，使发动机可靠性大幅度提高。这样的振动量级用于携带核弹头或者发射卫星都没有问题，却根本无法用于载人航天。

事实上，人体能够承受的振动量级很低 —— 在 0.25G 以下的振动范围，可以正常工作。超过 0.25G，就会出现极强的不适感。达到 0.5G 时，会出现思维混乱、四肢运动困难、语言功能受阻的状况，感觉极度痛苦。2G 的振动量级已超过可承受的最大极限，大脑和内脏在剧烈振动下会迅速升温，对人体造成严重伤害，甚至导致死亡。

这就要求运载火箭发动机的最大振动量级必须控制在 1G 以下，当年孙宏明、王治军等人将 50G 的振动量级降到 8G 以下花费了极大的心血，此时张宝琨和他的团队要将振动量级从 8G 降到 1G 以下就更为困难。

“921”工程在立项之初，中央就提出“争 8 保 9”的目标，即 1998 年要在技术上有大突破，1999 年要争取飞船上天，研制周期只有短短的 7 年。但那是飞船发射的时间，对于火箭发动机而言，时间更短。

可当时常规推进剂发动机都由二室负责，张宝琨他们不仅承担着“长二 F”火箭发动机设计工作，还承担着洲际导弹，“长征”系列运载火箭一、二级发动机的生产配合工作。无论哪个型号的导弹、火箭需要制造、试验、发射，二室都必须派设计员到现场协助，工作任务极为繁重。

和其他的设计室一样，二室也是由张宝琨等几位年近六旬的老技术员带领着一帮不满 30 岁的年轻人搞攻关，人才的断档让他们这些老人手不得不冲在最前面。在降低振动量级的研制工作中，张宝琨患有严重的椎间盘突出症，却和那些年轻的设计员们一样，每天加班加点地工作。发动机试车依然要在凤州试车台上进行，每次他都要跟大家一起从西安返回山沟，亲临试车现场。

1994 年 12 月 26 日，载人航天工程发动机要进行第一次可靠性试验。12 月中旬，他就返回凤州试车台进行试前各项准备工作。20 日，他妻子打来电话：“咱妈病危了，你能赶回来吗？”张宝琨是独生子，从小与母亲相依为命，母子感情很深。而此时正是发动机装配最后的关键时刻，他实在无法离开，手握着电话颤声说：“你跟妈说，我明天才能回去，让她等我……”第二天，他在装配现场亲眼看着发动机装配完毕，立刻乘车赶回西安。可是，老母亲没能等到她唯一的儿子赶回来，便离开了人世。

年轻的设计员们同样是争分夺秒地工作，经常白天晚上连轴转。有一次，女设计员张金荣为了尽快拿到一份试验数据，蹲守在水力试验室配合试验，竟累得昏倒在试验现场。

103 厂为保证发动机的高质量要求，进行数十次艰难攻关，采用了强力旋压等 11 项先进工艺技术，满足了设计指标。165 所的试验技术人员为检验发动机的可靠性，增加了此前从未进行过的高空模拟点火试车。并在短时间内设计、制造出了长达 12 米的高空模拟筒，使试验得以顺利进行。

在设计、制造、试验单位的共同努力下，需要改进的难关一个个被攻破，高可靠性的“长二 F”火箭发动机终于按期交付使用，确保了在“1999 年以前进行首次发射”的任务目标。

四

1999年11月15日，搭载着“神舟”一号飞船的“长二F”火箭已经高高竖立在酒泉卫星发射中心的发射塔架上，5天后，中国研制的第一艘宇宙飞船将进行首次飞行。

初冬季节的塞外已是寒风刺骨，载人航天工程的总设计师王永志急匆匆地找到张宝琨，一见面就说：“老张，这几天可是很冷呀。你们发动机能行不？能发射吗？”火箭发动机都有工作温度范围，此时酒泉发射场的气温已接近-20℃，王永志很担心这样的温度条件下发动机能否正常工作。这次发射将成为中国载人航天史的第一页，所有的航天工作者都不希望在这第一页写上“失败”二字。

张宝琨笑眯眯地说：“王总，你放心，绝对没问题！当初在发动机改进工作的时候，我们就模拟过这样的温度环境。没问题！”王永志一听这话，紧锁的眉头舒展了许多：“这几天我心里一直在打鼓。有你这句话，我心里有底了！”王永志是中国航天界的老专家，他很清楚张宝琨那句“没问题”背后要付出多少艰辛。

1999年11月20日凌晨6点30分，“长二F”火箭腾空而起，搭载着“神舟”一号飞船飞向茫茫太空。21小时11分钟后飞船在内蒙古四子王旗成功着陆，中国第一艘试验飞船发射获得圆满成功。

2001年1月10日，“神舟”二号飞船发射成功，7天后返回地面。

2002年3月25日，“神舟”三号飞船发射升空，4月1日返回地面。

2002年12月30日，“神舟”四号在-29℃低温环境下成功发射，突破了我国低温发射的历史纪录。2003年1月5日，飞船安全返回并完成所有预定试验内容。

■ 长征二号F火箭和“神舟”飞船完成垂直总装

2003年10月15日，“神舟”五号发射前，宇航员杨利伟坐在太空舱里，通过电视屏幕向大家招手说“同志们，明天见”时，张宝琨紧张得心都提到了嗓子眼。作为火箭发动机主任设计师，他对这个保持了100%发射成功率的发动机型号很有信心，但从工程科技的角度而言，并没有百分之百的可能性，再可靠的发动机也有故障风险，科技人员能做的，只是把发生故障的概率缩小到最低程度。他真是担心发动机在此时出现故障。

“神舟”五号飞船发射的整个过程，他紧张得透不过气，总在想着“上边坐着一个人呢”。直到听见“船箭分离”的指令，他才长出一口气：“安全送上去了！”

后面的工作与张宝琨没有关系，可以稍作解脱，但他心里却依然紧张，他是为中国首次载人航天发射的成败而担心。“神舟”五号飞船整个发射、入轨、绕行、回归的过程中，要执行数万个口令和操作，每一个环节都不能出现任何微小的差错，杨利伟没有安全返回前，中国的这次载人航天发射都算不上成功。张宝琨回到宿舍，躺在床上翻来覆去地睡不着。那一夜，发射中心里几乎所有的科技人员都是这样度过了一个难熬的不眠之夜。

第二天早上6点28分，杨利伟安全返回地面顺利出舱，张宝琨的心也一下落了地，此时他才觉得疲惫困乏，只想好好地去睡一觉。

2005年，张宝琨已经68岁，日渐严重的椎间盘突出症让他饱受折磨，走路都只能小步挪动，实在无法继续工作。“长二F”发动机的改进任务早已结束，相关的技术已经成熟，年轻人才的培养也已完成，段增斌接任了他的发动机主任设计师和“长二F”火箭副总设计师之职。

五一节过后，张宝琨办完工作交接，本想彻底地休息，可还是被安排了任务。11所所长栾希亭对他说：“张总，从今天起，你就可以上自由班了。平常你想来就来，身体不舒服就在家休息，但有重要的事情你可得过来当参谋呀。”“神舟”六号飞船发射在即，这是两名宇航员升空的大事，段增斌刚刚担任“长二F”火箭副总设计师，张宝琨还要“扶上马再送一程”，必须再上一段“自由班”。

2005年10月12日，酒泉卫星发射中心，航天员费俊龙、聂海胜已经进入“神舟”六号飞船舱体，“长二F”运载火箭整装待发。中国第一艘执行“多人飞天”任务的载人飞船即将升空。

早上8点，距离发射时间还有一个小时，张宝琨慢慢挪动着脚步，从指挥中心大厅走出来。以前的这个时候，他都是坐在指挥中心前排的位置查看大屏幕上显示的各种数据，如今这项工作由段增斌承担。

张宝琨已经参加过几十次发射任务，几乎每次都是坐在指挥中心大厅里面对着那个大屏幕。虽然身在发射现场，但火箭点火启动、飞离发射台的景象，他都是通过指挥大厅里的大显示屏观看的，跟在家看电视没什么区别。这次“神舟”六号的发射，将是他职业生涯中最后一次来到发射场，他想亲眼去看看火箭升空时的场景。

他手里捏着一只小小的数码相机，从指挥大厅来到距离发射台 1.5 公里的安全点，这里是被允许的距离发射台最近位置。各分系统的技术人员都聚集在此处，很多都是老相识，张宝琨笑眯眯地跟他们打招呼。

“张总，你怎么跑出来了？不管指挥大厅的事了？”

“不管了，该年轻人顶上去了。我来这儿看看发射，做个历史的告别，哈哈哈……”

天空上飘着一层薄云，昨晚的一场大风卷走了空气中的尘埃，发射场上能见度极好，发射台上的火箭清晰可见。张宝琨举起相机，拍了几张照片，然后静静地望着发射台，一桩桩往事浮现在眼前，就像昨天才发生的一样清晰，可今天过后，他将要对这里的一切说“再见”了。他的心里突然生出万般的不舍，一片潮润渐渐模糊了双眼。

■ 参加神舟五号载人飞船发射任务的六院科技人员返回西安，在车站受到热烈欢迎

远处的运载火箭已经点火启动，喷出橘黄色的火焰，张宝琨赶忙举起数码相机，调到录像功能，按下按钮。火箭缓缓地拔地而起，从尾焰的状况他就能判断出发动机工作正常。火箭越飞越快，张宝琨举着相机追拍着火箭的轨迹，直到火箭消失在遥远的天幕中。

周围的人群已经渐渐散去，张宝琨双手微微颤抖着关掉相机，双眼依然望着火箭消失的方向，火箭留下的那道烟迹在气流的扰动下扭曲散开，像一条盘曲的巨龙。他的目光缓缓向下，落在远处那座发射塔架上，多少次发射前的准备工作，他都在那里上上下下地忙碌，每层楼梯有多少级台阶他都记得清清楚楚。

安全区内只剩下张宝琨孤零零一个人，他慢慢地举起右手，对着发射场上同样孤零零矗立的塔架轻轻地挥挥："老伙计，我的任务结束了，走了！"

2005年10月12日，航天员费俊龙、聂海胜搭乘中国第二艘载人飞船"神舟"六号遨游太空，经过115小时32分钟的太空飞行后顺利着陆。

2008年9月25日，搭载着三名航天员的"神舟"七号飞船成功发射， 27日，翟志刚完成出舱太空行走，中国成为世界上第三个掌握空间出舱活动技术的国家。

2011年9月29日，无人太空实验舱"天宫"一号由 "长征二号FT1"火箭送入近地轨道。2011年11月1日，"神舟"八号飞船发射升空，11月3日和14日，"神舟"八号飞船与"天宫"一号实施了两次对接，中国在空间交会对接技术上迈出了重要一步。

2012年6月16日，"神舟"九号飞船成功发射。

2013年6月11日，"神舟"十号飞船成功发射。

"天宫"二号空间实验室计划将于2016年9月中旬，择机发射；2016年10月中旬，将发射"神舟"十一号飞船，搭乘两名航天员，与"天宫"二号对接，进行人在太空驻留试验。

"神舟"系列飞船的发射，是中国航天技术发展的重要里程碑。中国独立自主地进行航天活动，经过几十年的艰苦努力，以较少的投入，在较短的时间里，走出了一条适合本国国情和有自身特色的发展道路，并取得了一系列重要成就。中国航天科技人员并没有止步于此，他们正向更高、更难的技术高峰挺进。

五

2007年10月24日，西昌卫星发射场，长征三号甲运载火箭已经竖立在发射架上，这是一次意义特殊的发射。

这枚"长三甲"火箭将携带着"嫦娥一号"探月卫星飞入太空，奔向月球轨道，这是中国探月工程的第一次发射任务，中国人千年的"奔月"梦想将由此变为现实。

上午10点，火箭的上端骤然间白烟缭绕、雾气蒸腾，几百米处也突然燃起一团熊熊大火，这并非发生了事故，而是使用液氢、液氧推进剂的第三级火箭在发射前所特有的现象。

火箭已经进入8小时发射倒计时，开始为第三级火箭加注推进剂。第三级发动机使用液氢、液氧燃料，储存温度分别是–253℃和–186℃，尽管燃料储箱进行了水平极高的保温设计，火箭周围的空气还是迅速地被冷凝成水汽，为了防止结冰，要不停地用氮气吹除，直至发射前的最后几秒。

液氢、液氧在常温下极易挥发，不断汽化的过程会使储箱的压力越来越高，因此需要一边加注一边泄压。从发射前8小时液氢、液氧开始加注的那一刻起，两条专用的管路就要不停地将汽化的燃料导出，引入距发射塔架500米处的燃烧池内烧掉，那团熊熊大火便来源于此。液氢、液氧的加注将一直持续到发射前5分钟。

发射中心的指挥大厅内，来自北京11所的第三级液氢/液氧发动机主任设计师罗巧军正查看着各项数据。她已经工作了18个年头，5年前她接任王桁曾担任的“长三甲”火箭动力系统副总师之职，成为航天系统中为数不多的女性技术主管人之一。18年前，罗巧军到11所工作，一直从事“长三甲”火箭三级氢氧发动机研制工作。参加了发动机从模样、初样到试样的全部研制过程，从一个普通设计员成长为型号领军人。当时，氢氧发动机氢涡轮泵在国内首次采用超临界转速工作的柔性转子，是难度最大的组合件。试验过程中一度出现了较大的振动问题，型号办专门成立了攻关小组，罗巧军承担了涡轮泵转子临界转速计算和结构设计改进等工作。经过将近3年的努力，改进后的涡轮泵有效解决了超临界转子的动力稳定性问题，使发动机研制工作取得了重大进展。

这是她参加的第20次发射任务，却依然精神紧张。由于头天晚上一直在回想发动机准备状态，满脑子都是飞行数据曲线，罗巧军一夜都没睡好。当年第一次参与发射任务时，王桁曾跟她开玩笑说：“去发射场的人心脏要好，要不然，发射还没完，人就完了。”实际情况也确实如此。对于所有参试人员来说，发射前一遍又一遍的检测工作像是将发条一次又一次地拧紧，在这种高度紧张的状态下，她根本感觉不到困倦和疲乏，到了火箭点火升空时，会将紧张状态推到最高点。

指挥大厅里，比以往多出了几十个人，那是新华社、中央电视台等媒体的记者，七八台摄像机摇来摇去地拍摄。发射前召开的动员会上，航天总公司的领导曾对参试人员说："这次发射，全国人民、全世界都看着呢，你们要注意自己的精神风貌。"这句话曾让罗巧军心里直打鼓，这是她第一次经历电视直播发射过程，走进指挥大厅前，她还下意识地拢了拢头发。

虽然记者们都悄无声息，没有对现场的工作造成影响，但这气氛给所有人都造成了一种心理负担。每一次发射前的几个小时，对技术人员们来说都是一次备受煎熬的"魔鬼时段"，因为发射结果无法预知，每个人的心理压力都到达了极限。在焦躁不安的心绪中又有那么多台摄像机架在身边，就更让技术人员们不自在。

10月24日18时05分，"长三甲"火箭点火发射，搭载着2.35吨的"嫦娥一号"卫星慢慢升空，罗巧军双眼紧盯着屏幕上的飞行曲线，太阳穴都随着心跳剧烈地跳动。

"火箭飞行正常。"

"一、二级火箭分离。"

"二、三级火箭分离。"

"跟踪正常。"

"遥测信号正常。"

……

每到一个关键点，大厅里都爆发出一阵欢呼和掌声。

罗巧军很羡慕那些负责一级、二级火箭发动机的技术人员，前两级火箭在点火后271秒就完成任务，他们可以放松心情、鼓掌庆祝。而她负责的发动机却在此时刚刚启动工作，并且一直持续工作到1473秒星箭分离，这长达20分钟的时间里，还要经历一次关机和二次点火、二次关机的动作。那是她经历过的最漫长的20分钟。

发射中心的大屏幕上，显示飞行状态的曲线时常会猛然跌下来，几秒钟后又突然跳回预定轨道。罗巧军明知那是因为受到电子干扰，火箭根本不会出现那样的飞行状态，但每次看到曲线的跳动，心脏也会随之猛然一颤，这简直就是炼狱般的折磨。直到听见扩音器中传出"星箭分离"的报告，她一直揪着的心才落下来，跟着大家一起热烈地鼓掌。

"卫星进入预定轨道"，扩音器传出的播报声再度引发大厅里的欢呼和掌声，

“嫦娥一号”探月卫星发射的第一阶段任务取得圆满成功，卫星将在地球轨道中运行一段时间后，变轨飞往绕月轨道。

罗巧军看见身边的技术员们簇拥过来，欢笑着摊开双臂。众人欢呼着将她抬起，一次次地高高抛向空中，旁边的几位总师、副总师跟她一样，也在兴奋的人群中起起落落。这是发射成功后的传统庆祝项目，火箭各分系统的负责人无论男女，都会受到同样的“礼遇”。

六

中国的探月工程从开始论证，到如今成功发射第一颗探月卫星，经历了 13 年的曲折。

早在 1994 年，中国航天界便开始对探月进行必要性和可行性研究，1996 年完成探月卫星技术方案研究，1998 年完成卫星关键技术研究，并开展深化论证工作。但直到那时，依然有很多对于实施探月工程的质疑声，技术、资金投入和产出，都是人们议论的焦点。探月能带来怎样的经济效益？

经过长达 10 年的讨论酝酿，中国最终在 2004 年正式开展月球探测工程。工

■ 欢庆“嫦娥奔月”圆满成功

程分为“无人月球探测”“载人登月”和“建立月球基地”三个阶段。其中“无人月球探测”的第一阶段，又分为“绕”“落”“回”三期任务。

第一期绕月工程，计划在 2007 年发射探月卫星“嫦娥一号”“嫦娥二号”，对月球表面进行探测。

第二期工程时间定为 2007 年至 2016 年，目标是研制和发射航天器，以软着陆的方式降落在月球上进行探测，为以后建立月球基地的选址提供月面的化学与物理参数。

第三期工程时间定于 2016 至 2020 年，目标是研制和发射小型采样返回舱、月表钻岩机、月表采样器、机器人操作臂等，采集关键性样品返回地球，并对着陆区进行考察，为下一步载人登月探测、建立月球前哨站的选址提供数据资料。计划于 2017 年前后发射“嫦娥五号”月球探测器，完成无人自动采样返回任务。

在这一规划中，由长征三号甲火箭承担第一阶段发射“嫦娥”系列卫星的任务。“长征三号”系列火箭是中国发射地球同步轨道的高轨道运载火箭，其中的“长三甲”火箭，其同步转移轨道的运载能力为 2650 公斤，正好可以满足 2350 公斤重量的“嫦娥一号”卫星发射任务。

“长三甲”运载火箭的技术已经成熟，在被选为探月工程使用的运载器之前，就已取得多次发射的成功，具有极高的可靠性。罗巧军和同事们负责“长三甲”第三级火箭 8 吨氢氧发动机的研制，卫星能否成功入轨，很大程度上要依靠这款发动机。

发动机的设计不必进行改动，但此前一直沿用的发动机工况的检验工作效率较低，急需更高效便捷的新手段。罗巧军等人就需要设立检查项目和标准，以验证发动机的状况。每一个项目都需要艰苦的攻关，其中发动机振动标准如何确定的问题，就困扰了设计团队很长时间。为取得发动机振动数据，罗巧军安排女博士王慧带领一个小组，将发动机从 1980 年代以来的所有试验数据进行整理。这是一项枯燥而又漫长的工作，数百次的试验数据量浩如烟海，而且以前的试验都是用磁带记录，要用专用设备读取后，转换格式才能与现在的数据放到一个平台上去比对，必须靠超强的耐力才能坚持下去。女博士花了几年的时间，终于整理出了一套发动机振动的标准模型。

8 吨氢氧发动机有着极好的性能，并且因为氢氧燃烧后只产生水，没有腐蚀性物质，发动机可重复使用，所以每一台发动机在交付使用前，都可以进行模拟真

■ 长征三号甲双机并联液氢/液氧发动机

实飞行状态下的点火校准试验。但这也带来了另一个问题，氢氧发动机试车后，必须将内部生成的大量水分处理干净，否则，再次使用时，超低温的液氢、液氧会在瞬间将水变成冰，活动部件可能会被冻住，小孔也有被堵死的可能，发动机就会无法工作。更严重的是，将水分冻结成冰，高速流动产生静电，会引发强烈的爆炸。所以每次试验后，都要将发动机分解清理，再重新装配才能交付使用。这一拆一装需要耗费大量的时间，交付周期很长，同时也存在装配时出现差错的可能。

当年主持这款发动机研制的王桁曾对罗巧军说："这个发动机要是能不分解检验就好了。"2002年，罗巧军担任这款发动机总师后，便开始带领团队探索不分解检验技术。以前拆卸发动机进行内部清理时，水分很好处理，现在不拆卸的状态下进行清理，实在是一个难题。并且这也为发动机内腔气密性检验带来了难题，以前用氦气检漏的方式，在不分解的状况下也很难使用。

罗巧军们知道国外有这样的技术手段，但相关的技术资料根本无法获取，只能靠自己摸索，研制团队想了很多办法都无法奏效。她觉得免拆检验实在太难实现了，曾一度想放弃这种尝试。在攻关过程中，有很多检漏专家、结构专家和工厂的老师傅都出谋划策，罗巧军他们用了两年时间，终于找到免拆检验的解决办法，研发出专用设备，解决了水分清理的问题。

氢氧发动机免拆检验技术获得了国家专利，极大地缩短了发动机交付周期，2007年4月14日，"长三甲"火箭发射第一颗北斗导航卫星任务中，这项技术首次开始使用，并取得了成功。时隔6个月的"嫦娥一号"发射任务中，对第三级火箭发动机进行试车测试后，罗巧军和她的同事们再次应用了免拆检验技术。

2007年10月24日，"嫦娥一号"卫星被准确送往近地点200公里、远地点51000公里的椭圆轨道中，经过数次变轨运行，于11月5日进入12小时月球轨道。

11月6日，卫星进入3.5小时轨道。11月7日，卫星进入127分钟月球极月轨道，距月球表面200公里，开始进行为期一年多的科学探测工作。

中国的“探月工程”迈出了成功的第一步。从2004年初正式立项研制，到完成第一阶段第一期“嫦娥一号”探月卫星发射，总共用了3年半时间，工程总投资14亿元人民币，仅相当于目前国内修建14公里高速公路的费用。

七

“嫦娥一号”成功奔向月球之时，西安11所的兰晓辉正率领着另一个研制团队进行着“嫦娥三号”月球着陆器发动机的关键技术攻关。每周“5+2”工作日，白天进行方案讨论、设计，晚上在试验室进行试验。这样的工作状态，兰晓辉和他的同事们已经持续了一年多。

此前，兰晓辉在11所四室工作，从事5吨常规推进剂发动机的改进研制。这款发动机是当年张贵田主持研制成功的，其后根据发射要求的变化，不断进行改进设计。1995年兰晓辉接任这项工作，担任5吨常规发动机主任设计师，并被任命为四室副主任，主持进行由一次启动变为两次启动的改型设计，2005年取得了成功。2006年，探月二期工程上马，兰晓辉调任二室主任，主持“嫦娥三号”着陆器发动机的研制工作，这是一款中国首次投入研制的变推力发动机。

所谓的“变推力”，就是发动机可根据需要自动调节推力大小，是实现“落月”环节的最关键技术。要让航天器平稳着陆，就必须在下降过程中逐渐减小向上的推力，固定推力的火箭发动机显然无法完成这一任务。

按照总体设计要求，月球着陆器须携带140公斤的巡视器（俗称“月球车”），以及2吨的四氧化二氮/甲基肼推进剂。发动机最大推力7500N（约750公斤），最小推力1500N（约150公斤），必须能够实现推力无级变换。

着陆器下落到一定高度时，必须在空中悬停选择着陆点，如果下面有陨坑或巨石，要在空中进行平移，选择地势平坦的区域降落。这对发动机无级变换推力的要求极为严格。因为整个过程中，推进剂在不断消耗，着陆器的重量也在不断变化中，要始终保持平稳状态难度可想而知。

虽然早在 1990 年，兰晓辉当时所在的四室就对变推力发动机进行过一些预先研究工作，但也仅限于对工作原理的基础性研究。2006 年正式立项开始初样设计时，总体部对发动机性能、重量、尺寸和可靠性都提出了极为严格的指标，并要求 2008 年 7 月前必须完成模样和初样研制阶段，兰晓辉他们只有短短两年半的研制时间。

受运载火箭运力所限，着陆器的自重以及携带的推进剂重量都受到严格限制，这就要求发动机结构简单，又要有高比冲的性能。这在发动机设计上是个矛盾体，高比冲发动机往往结构复杂，而复杂的发动机自重就大。

发动机尾部的喷管也因重量限制，不能采用双层冷却结构的喷管，只能使用单层喷管。但没有冷却系统的耐高温金属材料也只能承受 1400℃的温度，发动机喷出的尾焰温度则在 3000℃以上。当年美国实施阿波罗登月计划时，着陆器发动机的喷管用两种材料制成，前半段是烧蚀材料，就让尾焰将那些材料烧掉，后半段是铌合金材料。但中国设计师们必须面对国内可选材料有限的现实，只能在很小的选择空间里打转，只能从技术上想办法解决。

兰晓辉和同事们在严苛的条件限制下，用了近一年时间设计并制造出第一台变推力发动机样机，2007 年 1 月，进行点火试验，但燃烧效率未达到使用要求，喷管的冷却方式也没找到有效解决方式，试验件都因此被烧蚀。

初战失利，推进剂雾化方案需要重新设计，喷管材料和设计问题也要重新制定，对于中国科技人员来说，几十年来面对的研制困境依然没有得到解决 —— 基础材料、基础研究和技术储备都缺乏，研制工作往往都在解决基础问题，为加快进度，兰晓辉他们只能采取加班加点的工作方式来争取时间。

除了设计方面存在问题，关键部位零件的制造精度不足也是一个突出的问题，变推力发动机上的调节锥就是一个加工难度极高的零件。

2007 年 6 月末，西安已经进入了酷热的夏季，103 厂 25 车间加一组班组长张勇峰被叫到车间主任办公室。“小张，这有几个硬骨头，你牙口好，给咱们啃下来吧。”

“这骨头有多硬呀？”张勇峰笑着问。

“有多硬？你自己看。”主任把一叠图纸推到他面前。

张勇峰打开图纸，扫了一眼图纸标号：“这个 …… 变推力发动机上的活儿，不是咱们车间的任务呀。”

按照六院的生产管理和保密条例规定，11 所几个设计室分别负责不同的发动机型号，而配合生产的 103 厂也有同样的任务分工，几个军品车间分别负责不同的发动机产品制造，变推力发动机生产任务的第一责任分工不在 25 车间。

“要不说是硬骨头呢。”主任看着他说，“人家半年多没啃下来，厂长就让转到咱们车间，点名让你上手。”

其实，每次听到有“硬骨头”，张勇峰内心都会有一种莫名的兴奋。他是 103 厂的技术工人里的顶尖人物。1996 年，25 岁的他就荣获陕西省“金刀工程”技能大赛车工组第一名，两年后就被聘为技师。与他同龄的工人，此时大都刚刚取得中级工的资格证。2001 年，他又获得航天科技集团公司技术比武第二名，同年被聘为高级技师。2004 年获全国首届数控技能大赛陕西赛区第五名，同年被聘为特级技师，这是技术工人的最高级别，航天六院的国家级特级技师中，他是最年轻的一位。多年来，他参加过许多重点型号的研制任务，喜欢挑战高技术难度的工作。

张勇峰低头查看手中那张图纸，这是一个形状、大小都类似圆珠笔的工件，他干过比这个外形更为复杂的零件，并不觉得困难。可他再看上面标注的工件尺寸公差，立刻明白了为什么别的车间半年多都啃不下来，这么严格的要求，他也觉得头大。

那个 100 多毫米长度的零件，尺寸公差必须控制在 ±1 微米之内。也就是说，图纸上要求 100 毫米，制造出来的产品长度必须控制在 100.001 毫米和 99.999 毫米之间，超出这个范围就是废品。在这个工件上，以 ±1 微米标注的公差，有十几处之多。

在机械加工行业中，0.02 毫米以内的公差已经属于高精度加工，达到 1 微米的级别的精度，已经达到了加工极限。那么，这 1 微米到底是多长呢？一根头发的直径一般在 0.08 毫米左右，将这根头发的直径等分成 80 份，得到的厚度就是 1 微米，这已是肉眼无法看到的尺寸。

张勇峰所在的 25 车间，使用的机床都已更换成精密的数控设备，从理论上讲，加工精度可以达到 1 微米。但这也仅是理论，要实现这样的精度，还有很多技术条件需要解决。

受热胀冷缩的物理特性影响，同一块金属在不同温度下的尺寸是不同的。张勇峰要加工的这个零件使用钛金属材料，他知道，温度每变化1℃，100毫米的钛合金长度会变化1微米。当时正值初夏，车间里白天的温度在36℃上下，夜间28℃左右。同一天内不同时间测量，尺寸就能相差8微米，仅这一项，就远远超出了公差范围。

金属工件在受到刀具切割挤压时，切割表面也会被压紧，这被称为应力变形。加工后的金属工件会随着温度变化产生应力释放现象，被压紧的金属又会膨胀起来，就像用力挤压一个面包，松开手后，被压扁的面包会缓慢地胀起来一样，只不过金属的这个膨胀过程很缓慢，需要几十天，甚至几个月，膨胀的程度也用肉眼无法察觉，但对于微米级的公差要求来说，这样的尺寸变化足以造成超差。另外，用量具测量工件时，稍微用力就能使零件产生2微米的变形。也就是说，测量误差都已经超出了公差要求。

张勇峰手中拿着的这张图纸，是变推力发动机上使用的流量调节器，这是发动机上一个至关重要的零件，流量调节器的制造精度决定着发动机控制的推力大小的精确度。这样的调节锥共有三个不同型号，却都是同样严格的公差。桌上的那摞图纸中，还有流量调节锥的壳体加工任务，微米级的公差也有几十处。

果然是一块硬骨头！张勇峰使劲地挠了挠头。如果这些零件的精度要求在0.01毫米的范围内，那他只需要两道工序，两个小时之内就能完成加工，但面对0.001毫米的精度要求，就不能采用常规的加工工艺，必须专门制定出一套特殊工艺。

张勇峰与11所的设计人员以及车间的工艺员反复商议后，最终确定了加工方法：首先，确定零件加工环境、测量环境的温度与零件使用时的环境温度保持一致，消除环境温度造成的误差。其次，将加工步骤分为粗加工、半精加工和精加工，并且从毛坯材料就开始进行热处理，每一个加工步骤之间都要进行相应的热处理工序，以消除应力。

在最后的精加工步骤之前，还要进行冷热双重处理——先将工件放入加热炉中经过几天的热处理，再放到零下196℃的液氮中进行几天的冷处理，再静置于常温环境下，将应力变形彻底释放。

整个加工过程中，除特定的操作工人和检验人员外，任何人都严禁接触零件，并且零件不能水平放置在桌面上，必须用细绳悬挂在特制的工装上，保持垂直状态，以防止磕碰和零件自身重量引起的微小变形。其保护措施之严格，绝不亚于故宫中的那些国宝。

“合格！”听到检验员的这句话，张勇峰长出了一口气，他终于啃下了这块硬骨头。一个小小的流量调节锥经过17道工序，用了两个多月的时间才完成加工。

有了这个成功经验，张勇峰顺利完成了三种规格的调节锥以及调节锥壳体的加工工作，攻克了这道制造难关，研制工作得以继续进行。

八

2008年3月，探月工程二期正式立项，兰晓辉他们研制的探月着陆器变推力发动机已经进入试样设计阶段，这是在真空环境下工作的发动机，必须使用模拟太空环境的高空模拟试验台对发动机进行试验。

北京101所就有类似的试车台，但那里的真空舱只能对低于3000N推力的发动机进行测试，而探月着陆器的发动机最大推力达到7500N，必须建起一座新的试车台。

航天六院经国防科工局探月工程办公室批准，在西安新建一个能够满足试验条件的试验台。165所副所长史超被任命为试验台建设总设计师兼总指挥，必须在2009年9月底建成这个专用的高空模拟试车台。

高空模拟试验台由真空舱、扩压器、降温引射系统组成，真空舱其实是一个半封闭机构，依靠一组功率强大的抽气泵，将舱内的空气和发动机喷出的高压气体迅速地抽出去，抽气排量比发动机的排量高，就形成了真空状态。

用于抽真空的引射系统，通常是大型的蒸汽真空泵，但史超和他的同事们此前没有接触过高空模拟试验台，对真空舱使用的蒸汽真空泵一无所知，也不知道国内哪个厂家能制造这种超大排量的真空泵。

史超只好用个“笨办法”，找来一本真空泵产品手册，选了杭州的一家厂家拨通电话。接电话的是一位主管技术的副总经理，听了史超的要求后，对他说：“你稍等，我计算一下。”过了片刻回复：“能做！”史超还是不放心，让对方发来他们做过的最大产品的方案，看过后觉得方案很专业，第二天就带着几名技术人员到对方的工厂去调研。

到了厂家才发现，那个最大的真空泵只有方案，还没实际产品，厂方现有的产品都是化工、食品等行业使用的小型真空泵。史超颇为失望，但又不甘心地问："我们这种规模的泵，你们干过没有？"对方说："国内除了我们干过大型设备，其他厂家都没干过。我们曾给俄罗斯生产过一套大型设备，但抽气量比你们这个小。你们这个系统要是干出来，将是目前国内最大的蒸汽引射泵。"

直到此时史超才知道，他误打误撞选择的这家工厂，居然是国内真空设备领域中技术最强的厂家。如果这家工厂生产不了，国内其他厂家更无力制造。史超别无选择，便问他们能不能干。厂家的技术人员用了半天时间画出一张草图，大致规划系统的直径、长度和布局，对他说："能做。"

史超又问了一个问题："这么大的设备，需要的蒸汽量是多少？"对方又计算了一番——240 吨 / 小时的蒸汽量，就是一小时内把 240 吨水转化成水蒸气。史超对这样的数据并没有概念，结束调研回到西安后，他查了一下蒸汽锅炉的资料，结果让他大吃一惊。50 吨 / 小时的蒸汽锅炉就已经达到小型火力发电站锅炉的级别，240 吨相当于 5 台这种级别的锅炉，且不说需要多少资金，仅占地面积就达到 100 亩以上。

165 所从凤州搬到西安后，在南郊建立了一个小型发动机试验区，高空模拟试车台就规划在那片试验区内。那个试验区也只有 100 多亩的土地面积，都建成锅炉房，试验区岂不成了发电厂？试验台建到哪儿去呢？

让史超头疼的不仅是蒸汽的问题，还有另一件技术难题——在低真空状态下，如何对发动机喷出的高温燃气进行降温。发动机喷出的燃气温度达到 3000℃以上，但后部的真空泵系统只能耐受 300℃以下的温度，所以必须在几秒钟的时间内把燃气温度降下来。通常采用的方式是向燃气喷水，水转化成水蒸气带走热量，降低燃气温度。

这种方法必须保证精确的喷水量，如果水量太多，产生的水蒸气超出真空泵的排出量，就造成舱内气压升高，无法保持真空状态；如果水量太少，燃气温度无法降到 300℃以下，就会烧坏后部的真空泵。

史超本想通过热交换计算得到喷水量，但能够查到的热交换公式、系数都是以正常大气压环境状态的计算方式，根本不能应用于真空环境。因为在真空环境下，气体极为稀薄，分子碰撞几率远远低于大气环境下的状态，所以热交换系数完全不同。他找到西安交大热过程实验室，向教授们请教。得到的回答是：国内还没有这方面的理论研究，这个系数能算出来，但你们要提出一个课题，我们才能开始进行研究。史超愣了几分钟都没说出话，一个研究课题少说也得两三年时间才能拿出来，高空模拟试车台马上就要立项开工，哪里等得及他们研究！

没有理论数据的支持，史超和同事们只能另想办法。讨论再三，最终采取的方式，是将在真空舱内喷入少量水，将燃气温度大致降到1000℃左右，后部管道外包裹上密密麻麻的细水管，用流水带走热量，燃气到达蒸汽真空泵时，温度已经远低于300℃。实际上，这是管束式火箭发动机的降温方式。

■ 采用众多高科技技术的变推力发动机试车台，只占用了很小的一块场地

降温难题终于解决，可蒸汽锅炉的难题却几个月都没找到解决方式。北京101所也有真空试车台，但他们是与附近的发电厂联系，使用那里的锅炉提供蒸汽进行加压。西安的试验区附近没有发电厂，自己建锅炉根本不现实，这个难题几乎让史超陷入绝境。正在焦急之时，11所的设计人员提出了一个方案——用水蒸气发生器代替锅炉。这个思路让史超眼前一亮，水蒸气发生器启动快，占地面积小，优点显而易见。

但史超很清楚，要实现水蒸气发生器的工程应用，技术难度可不小。水蒸气发生器工作原理是将液氧和酒精进行混合燃烧，同时向燃气中喷水产生水蒸气。但240吨/小时的蒸汽量实在太大，就是要在一秒钟内将120多瓶矿泉水变成水蒸气，并且这样的燃烧要持续十几分钟，当时国内还没有任何一家单位使用这样的技术。

史超很担心这个方案是否真能实现，但除了这个方案，他别无选择，便将此项目委托11所完成。对于11所而言，这只是液体火箭发动机技术的逆向应用，燃烧技术是他们的长项。

2009年4月初，高空模拟试车台正式开工建设。此时距离规定的建成时间只有半年时间，史超住在工地上督促施工单位拼命向前赶工。11所从3月份开始研制水蒸气发生器，仅用4个月时间便研制成功，可以投入使用。此时，变推力发动机的研制工作已经完成试样设计，只等试验台建成试验。这是六院最为紧迫的任务，院长谭永华竟然和分管此项工作的副院长刘志让隔三岔五就来工地上查看进度。集团公司领导也几次前来视察，到了现场的第一句话就是表扬进度快，第二句话就是问啥时候能建成投入使用。史超也是心里急得冒火，恨不得第二天就能建成，但高空模拟试车台的工程量确实太大，他拼尽全力也没能按时完成，直到10月18日才完成考台试车交付使用。

虽然最终的交付时间超出了半个月，但半年时间建成一座试车台，也是前所未有的建设进度。更难得的是，研发出了蒸气发生器和管输式降温系统两大技术成果。此时，北京开始筹建登月着陆探测器的整机高空模拟试验台，真空舱可进行最大20000N推力的发动机试验，这些技术被直接应用于这个大型试车台上。

九

2011年，变推力发动机研制进入最紧张的时候，发动机单机要在西安165所试车，推进系统要在北京101所试车，整个探测器的悬停试验也要在北京朱庄试验场进行。兰晓辉和他的同事们，不断地往返于西安和北京之间，不间断地试验和改进设计，让这台发动机日趋成熟。

研制过程中，兰晓辉感受到了基础材料和新技术手段不断提高带来的便利。以前的燃烧室试验中，测量工具只有红外温度计，仅能对几个点的温度进行测量，后来拥有了红外场测量设备，能够显示出燃烧室各个部位的温度分布，为改进设计提供了更精确的数据。

冶金部门也针对发动机喷管的技术要求，专为航天工程研制出特殊合金材料，可以耐受更高的温度。设计人员也对冷却结构进行了改进，单层喷管的烧蚀问题也随即得到了解决。兰晓辉主持研制的中国第一台变推力发动机，终于在2013年研制成功，新材料的使用，使这台1.4米高、0.82米直径的发动机，重量仅有几十公斤。

2013年12月2日，长征三号乙加强型运载火箭怒吼着冲入云霄，兰晓辉和同事们站在西昌卫星发射中心的广场上，看着火箭消失在天边，立刻登上专机赶往北京。12天后，那台变推力发动机将带着“嫦娥三号”探测器和“玉兔探月车”降落在月球之上，揭开千百年传说中的“广寒宫”那神秘的面纱。而兰晓辉他们将在飞行控制指挥中心配合技术人员，操控变推力发动机执行“奔月”“落月”的动作。

登月过程中，为修正探测器的飞行轨道、变换飞行速度，这台发动机要进行4次启动——当运载火箭将探测器发送到3.8万公里的地球同步轨道后，变推力发动机第一次点火，进行轨道修正补偿，使探测器达到11.2公里/秒的第二宇宙速度奔向月球。在地月转移轨道飞行5天的过程中，变推力发动机第二次启动进行轨道修正。到达距离月球100公里的环月圆形轨道时，姿控发动机将探测器调转180°，变推力发动机三次启动，将速度降为2.5公里/秒。4天后，探测器变轨至15×100公里的椭圆形近月轨道。再运行4天后，探测器从15公里的近月点开始降落，此时变推力发动机第四次启动工作，将下落速度从1700米/秒降到0——整个过程中，变推力发动机累计工作时间大于4000秒，其中降落月球时的工作时间就超过2000秒。

每次点火工作前，兰晓辉和他的同事们都要通过遥测数据检查发动机的点火条件，对整个系统的压力、发动机结构温度控制情况和变推力调节机构是否处于初始位置进行检测。确认无误后，才向控制系统注入发动机工作时间、推力大小等工作参数，启动点火程序。

这次发射中，因为火箭入轨精度高，探测器直接进入地月转移轨道，变推力发动机省去了第一次的启动工作。12月4日，为修正探测器的飞行轨道，变推力发动机在太空中首次启动。其后的几天，发动机还要再次启动变轨，以及最为关键的月球着陆，整个过程长达10天，这10天的时间，兰晓辉和同事们经常为睡不着觉所困扰。

探测器将在北京时间12月14日晚间实施月球着陆，飞行控制指挥中心内，所有人都高度紧张。指挥中心召开了落月之前最后一次技术会议，讨论的焦点集中在着陆器变推力发动机的工作状态上。发动机在着陆月球过程中只有一次动作机会，这最后一落，决定着整个登月工程的成败。

探月工程的几位总设计师不约而同地盯着兰晓辉，眼睛里充满问号，兰晓辉心里一样没底，更加紧张。为了安慰大家，他只能说：“研制过程中，发动机的单机可靠性验证进行了8次，探测器总体进行了7次试验，都取得了成功。在地面试验过程中，我们预想了比月球表面更严酷的环境，覆盖了可能遇到的各种工况。根据取得的这些试验数据，成功着陆应该有保证……只是……不能排除有意外情况发生。”

兰晓辉记不清那天晚上是怎样度过的，他只记得指挥中心大厅里一片欢腾庆祝落月成功的时候，那场景不真实得像是在做梦。

2013 年 12 月 14 日 21 时 11 分，“嫦娥三号”探测器在月球虹湾预选着陆区域成功软着陆。这是自 1976 年苏联最后一个月球探测器登上月球后，37 年来人类航天史上的又一次壮举。而在成功实现月球探测器软着陆前，苏联经历了 12 次失败，美国经历了 3 次失败。

第十章

逐梦开新境

一

2016 年 8 月 16 日上午，远望 21 号、22 号两艘大型专用运输船组成的船队离开中国卫星海上测控部码头，驶向天津港，那里有一批特殊的集装箱等待吊装上船，因为集装箱体积庞大，数量众多，必须动用船队才能全部运完。

船队在天津港装满货物，掉头南下，经过 7 天的海上航行，终于抵达海南文昌清澜港，集装箱立即被转运到文昌卫星发射场区。那些神秘巨大的货物在发射场区一件件拼装起来，组合成中国体形最大，推力最大、运载能力最大的运载火箭——长征五号。

2016 年 8 月 19 日，位于西安南郊的中国航天科技集团六院召开长征五号首飞进场动员会。刚刚担任六院院长的刘志让在发言时说：“长征五号火箭首飞，是对近些年研制的新一代火箭发动机的全面系统考核，六院参试人员要以‘首飞必成，首飞必胜’的信念，圆满完成此次实现‘航天强国梦’的标志性试验。”

刘志让 1987 年研究生毕业后分配在凤州 11 所工作，从事液体火箭发动机研制工作 29 年，从一名设计员成长为航天六院副院长。担任副院长时，长期分管型号研制和质量、安全管理工作，对发动机设计、制造、试验、交付以及飞行发射的各个环节非常熟悉，积累了丰富的研制经验和管理经验。他曾多次代表六院赴发射场为包括载人航天在内的国家重点型号飞行试验保驾护航，均圆满完成了任务，在重大飞行发射任务中“身经百战”。

此时，刘志让刚刚担任院长便遇到长征五号的首飞任务，他深知这次发射对国家、对中国航天、对航天六院意味着什么。8 月 19 日在六院长征五号首飞进场动员会讲话之后，他又马不停蹄地赶赴北京 11 所，与承担长征五号主推发动机液氢液氧发动机设计任务的技术人员座谈，了解液氢液氧发动机的研制情况和质量可靠性。这一切都是为了对每一个细节都心中有数，做好长征五号动力系统发射前的各项准备工作，让六院交出的发动机不带隐患上天。

长征五号上采用的三款主发动机，全部由航天六院研制生产，为准备这次首飞任务，派出的试验队就有 60 多名成员，分别来自西安和北京。动员会之后，他们立刻奔赴海南文昌发射基地，投入到射前的准备工作中。

2016 年 11 月初，长征五号运载火箭将在文昌发射场择机进行首次飞行试验，中国的运载火箭技术已经迈向历史的新阶段，开始了全面升级换代。

长征五号是中国采用无毒、无污染推进剂的新一代大型运载火箭，高 56.97 米，芯级直径 5 米，最大起飞质量 867 吨，运载能力分别达到地球同步转移轨道 13 吨，近地轨道 25 吨，是中国运载火箭中最大推力的型号。该火箭采用“两级半”结构，根据“模块化”发展思路组合而成——

助推器采用 8 台 120 吨推力的液氧 / 煤油发动机；

芯一级采用两台 50 吨推力的液氢 / 液氧发动机；

二级采用两台 9 吨推力的膨胀循环液氢 / 液氧发动机。

“模块化”的思路源于 2001 年，当时对“863 计划”航天领域的“大型运载火箭和天地往返运输系统”进行讨论。专家组组长朱森元提出，新一代大型运载火箭应该采用“通用化、系列化、组合化”的设计思想，形成“一个系列、两种发动机、三个模块”的总体发展思路——使用 50 吨液氢 / 液氧发动机的 5 米直径箭体模块，用 120 吨液氧 / 煤油发动机的 3.35 米直径和 2.25 米直径两种箭体模块。根据不同任务，选用不同模块，组合成“A、B、C、D、E、F”6 种构型火箭，涵盖小型、中型和大型火箭，统称为“长征五号系列火箭”。这一系列火箭将全面替代现役的长征二号、三号、四号系列运载火箭。

后来为任务分工更加清晰化，2009 年，将长征五号系列中的小型火箭分离出来，形成“长征六号（CZ-6）”。2010 年，又将中型火箭分离出来，形成“长征七号

（CZ–7）”。“长征五号”系列为大型火箭构型，由二级半构型的基本型长征五号运载火箭（CZ–5）、一级半构型长征五号乙运载火箭（CZ–5B）以及添加上面级的长征五号 / 远征二号运载火箭（CZ–5/YZ–2）组成。

长征六号系列主要用于发射太阳同步轨道卫星，以替代长征四号系列运载火箭的部分任务。2015 年 9 月 20 日，在太原卫星发射中心首次发射，成功将 20 颗微小卫星送入太空，创造了中国航天一箭多星发射的新纪录。

长征七号系列用于发射大型卫星、货运飞船和近地轨道载人航天任务，逐步替代长征二号、三号、四号火箭的发射任务。2016 年 6 月 25 日，在海南文昌发射中心首次发射成功，将载人航天工程空间实验室送入轨道，为中国建造在轨空间站迈出了坚实的第一步。

长征五号系列则主要承担发射空间站、载人登月及其他深空探测任务。定于 2016 年 11 月初首次发射。

长征五号运载火箭的首发日期颇具深意。对于中国航天界来说，这是一个具有里程碑式的特殊时间段——60 年前的 10 月 8 日，国防部第五研究院在北京 466 医院的小食堂里正式成立，院长钱学森带领着 200 名对火箭技术一无所知的年轻人，拉开了中国航天事业的大幕。60 年后的 10 月，总推力超过 1000 吨级，地球同步转移轨道运载能力达 13 吨的长征五号运载火箭，在文昌卫星发射场首发，揭开了中国运载火箭全面升级换代的序幕，开启了中国航天发展历史上一个崭新的历史篇章。

这是个庞大的系统工程，在令人欢欣鼓舞的成就背后，是无数航天科技工作者几十年的默默奉献。

中国运载火箭成功升级换代，很大程度上是因为 50 吨氢氧发动机和 120 吨液氧 / 煤油发动机的研制成功，它们为中国的飞天梦提供了强劲的动力。世间的任何事情，都不是一蹴而就的，蕴含众多高科技的运载火箭技术更是如此，事实上中国大推力发动机的研制工作早在 26 年前已经开始布局……

二

1990年6月底，北京101所（原101试验站）副所长张正接到办公室的电话：“任老总发来一个通知，请你参加一个访苏代表团。”

“任老总”是中国航天业内对任新民的尊称，他1980年当选中国科学院院士（学部委员），已经75岁高龄，虽然已卸任副部长的行政职务，但依旧担任着航空航天工业部高级技术顾问。作为中国导弹与航天技术的重要开拓者之一，任新民在航天界拥有极高的威望，他的意见和建议对于航天重大决策依然起着重要的作用。

跟任老总一起访苏，必然是去航天机构参观。“好呀！”张正难掩心中的兴奋，对他们这一代中国科技工作者而言，苏联是一个难以言表的复杂存在。但唯一不变的，是对其航天科技的敬仰与叹服。

作为一名航天科技工作者，张正对于苏联的钦佩不仅因为他们曾是中国航天的启蒙老师，也不仅因为他们在航天方面取得了辉煌的成就，让他钦佩的是苏联人在科技研究方面的细致和严谨。在近30年的工作中，他曾收集过大量的美国、苏联技术报告，认真阅读分析后发现一个现象：美国的技术报告，往往只有文章的最后几句话有用。而苏联的却不一样，论文里极少有废话，研究中做了哪些基础实验工作，技术报告中都能看得清清楚楚，连论文的格式都条理清晰，值得学习。张正还看过苏联的发动机设计教科书，每一章每一节都能看到大量的基础实验和研究细节，教科书中的知识可以直接应用在实际工作中。这样严谨、扎实的科研作风，能在航天技术上取得辉煌成就是理所当然的事情。

自从1960年代两国交恶后，敌对状态延续近30年，直至1989年5月苏共第一书记戈尔巴乔夫访华才重启了两国的正式交往，各层面的交流迅速得以恢复。这么多年来与苏联航天界毫无交流，如今能亲身观摩其航天成果，实在让张正激动不已。

以任新民为团长的访问团共7名成员，都是具有几十年工作经验的发动机设计、制造和试验部门的专家，连俄语翻译都由一名发动机设计专家担任。1990年7月1日，访问团抵达莫斯科时，任新民才告诉大家，此行的目的是为考察苏联的RD–120（俄语标称 РД–120）液氧/煤油火箭发动机。

早在任新民、张正他们前往苏联之前的一个月，航空航天部就已派出一个访问团，对苏联的两款发动机进行了考察。航天部的领导以及钱维松、王桁、孙宏明等技术专家看到那台 RD-120 液氧 / 煤油发动机时，心里不由得发出惊叹：“这简直就是一件艺术品呀！”

巨大的发动机静静地矗立在车间一角，灰色的喷管像武士的盔甲般沉稳，主管路弯成一个巨大的 S 形曲线，外面包裹着耐热的金黄色织物，众多管线的转角都有着优美的弧度。经过几年发动机设计专业的学习，陈建华很清楚，那美观的外形并非只是“好看”这么简单，真正的意义在于设计的合理性，以及材料性能、加工水平的优异。

副所长孙宏明是第一批去苏联考察过这台发动机的专家组成员，他颇为兴奋地对老技术员们说：“你看看，这个发动机用的卡箍……”其实就是一个小金属片卡住两根管道的简单机构，用特制的胶粘起来，中间用小螺丝一拧就能起到稳固的连接作用。当时中国发动机的管道是用螺纹连接，如果发动机振动过大，容易造成接口处断开泄漏。而这台发动机的振动量级比中国发动机的要大，管道接头处仅用卡箍连接，仅这个小细节，就说明其设计、材料和加工质量都很过硬。

这台发动机使用的“高压补燃”循环方式，虽然在国内教材里都有描述，但那只是工作示意图，连实物的图片都没见过，那些工作了几十年的老设计员们也没见过。

中国科技人员此前设计制造的火箭发动机，都采用“泵压式燃气循环”——将小部分推进剂引入燃气发生器，燃烧产生的高压气体吹动涡轮旋转，带动推进剂泵进行工作，将推进剂送入推力室进行燃烧。

这是一种早期循环技术，推进剂有较大的损失。

采用这种方式吹动涡轮，燃气温度不能超过 500℃，否则涡轮叶片就会被烧坏。要使燃气温度低于 500℃，就要减小氧化剂比例，使燃烧剂不能充分燃烧。这种不完全燃烧的富燃料废气，占推进剂总重的 3% 以上，吹动涡轮后被直接排出。如果对一枚载有 500 吨燃料的火箭进行粗略计算，3% 就是 15 吨的燃料，足够支持火箭飞行十几秒钟，火箭的飞行速度高达 7.3 公里 / 秒，这就是 100 多公里的距离。如果能利用这些被排出的燃料“废气”，火箭的运载能力将有很大的提高。

高压补燃循环方式便是利用这些“废气”的技术手段，它将吹动涡轮后的燃气重新引入主燃烧室进行充分燃烧，最大限度地利用了燃料。高压补燃循环的技术关键在于，要保持很高的压力才能将不完全燃烧的燃气压入主燃烧室，那时，只有俄罗斯掌握这项技术。采用高压补燃技术的液氧/煤油发动机值得引进。事实上，这也是不得已的选择，大推力氢氧发动机需要大直径的箭体储箱储存燃料，而当时中国只能使用直径不超过3.35米的箭体，所以这项技术引进了也无法使用，只好放弃。

钱维松、王桁回国后，专程向任新民汇报考察情况。那次考察任新民因故未能参加，这是航天领域的一个重大事件，基本情况必须让这位元老人物有所了解。

听了王桁他们的汇报后，任新民却有些不以为然："液氧/煤油高压补燃技术有那么难吗？"他这样说也并非没有根据，其实早在1960年，中国就开始了液氧/煤油发动机的研制工作，张遐圻和李伯勇负责研制的100吨推力5D61发动机便采用了这种技术，后因发展主方向改为适合导弹使用的常温推进技术，这一研制才被中止。张贵田担任067基地主任后，于1985年重启了液氧/煤油燃烧技术的预研工作，并且还获得了"863计划"的部分资金支持。如果再加大经费投入，中国应该能自行研制出液氧/煤油发动机。

王桁看出了任新民的态度，知道仅凭转述的情况无法取得他的认同，便说："任老总，我建议你亲自去苏联看看那台发动机。"

任新民听王桁这样说，就觉得此事不那么简单了，王桁是研究氢氧发动机技术的骨干专家，连他都极力推荐，看来这发动机的名堂还不小呀！

任新民便向航空航天部申请，去苏联看看这台发动机。航空航天部的领导也正在商议是否发展这项技术，毕竟事关重大，需要慎重对待。任新民提出要去考察，林宗棠部长立刻予以批准，并请任老总自己挑选人员组建访问团。

张正因此被邀请参团，开始了苏联的考察之旅。

三

任新民、张正一行到达莫斯科开始考察的第二天，一件影响世界格局的大事件也在那里悄然拉开了序幕。1990年7月2日苏共第二十八大会议在莫斯科召开，那时，庞大的苏维埃社会主义共和国联盟已经开始四分五裂，会议召开前夕就有人预言，这将是苏联共产党最后一届代表大会。正如外界所料，苏共二十八大刚一开幕，各派势力便争吵得不可开交。

政治家们在会场上博弈角逐，普通民众的生活依然如常。任新民、张正一行的考察工作并没有受到影响，两款发动机他们都一一参观，苏联技术人员告诉他们RD-120应用于“天顶号”运载火箭第二级，RD-0120则应用于“能源号”运载火箭的芯级。

“天顶号”和“能源号”是世界闻名的巨型运载火箭，苏联此前一直对这两个型号火箭使用的发动机技术严格保密，甚至连发动机型号、各项指标以及使用的推进剂都秘而不宣，仅对外宣称发动机使用“烃类”燃料，而“能源号”芯级采用的氢氧发动机技术更是绝口不提。直至1989年苏联用“能源号”将暴风雪号航天飞机发射升空时，外界依然不知道他们使用的是什么发动机。

其实张正他们也很清楚，这次考察中能听到、见到的资讯，都是苏联人故意想让他们知道的内容。这些老技术员当年参加工作时，接受的就是苏联式的保密教育，知道那是一种多么严苛的保密体系。

他们在苏联考察时无法获知，RD-120液氧/煤油高压补燃发动机只是RD-170（РД-170）发动机的衍生型号。而那台无法见到，并且都没听说的RD-170发动机，是苏联1973年投入重金开始研制的，人类有史以来最大推力的发动机。在1980年代中期取得成功，因为采用“高压补燃循环”技术，将比冲大幅提高，其单台海平面推力达到惊人的740吨，并且具有可在大修前重复使用20次的理论值。

■ 1990年任新民率领中国航天专家访问团前往苏联考察，苏联专家在机场迎接

RD-170 发动机应用于巨无霸的“能源号”一级助推火箭，衍生型号 RD-171 则用于“天顶号”一级火箭。与此同时，苏联科技人员在其基础上又衍生出 RD-171M、RD-180、RD-191、RD-120 等十多种型号的高性能发动机。

中国航天专家见到的 RD-120 发动机，是 RD-170 衍生型号中推力最小的发动机，但由于采用了高压补燃循环技术，单台海平面推力就达到 85 吨。苏联航天专家介绍 RD-120 发动机性能时，任新民一行人才了解到，美国放弃高压补燃液氧 / 煤油发动机技术，转而着重发展氢氧发动机技术，是因为关键的煤油冷却技术一直未能攻克，苏联专家骄傲地说：“这些技术，美国佬根本就不懂。”

RD-120 发动机上使用的先进技术让访问团的所有成员都感到吃惊，任新民也改变了此前的观点，认为这款发动机着极高的技术含量，确实值得学习。

事实上，中国航天专家们看到这台发动机，也推测出“天顶号”“能源号”一级火箭使用的必然是同样的液氧 / 煤油发动机，只不过推力更大。

引进 RD-120 发动机的事项就此被确定下来，但航天部门的领导、专家们在决定引进之初，就明确统一了目的 —— 对原型发动机不进行仿制生产，只进行工作原理和工程技术研究，在充分消化、吸收相关技术的基础上，走自行研制设计的道路。

此时苏联的国内局势已经进一步恶化 —— 任新民、张正一行结束考察回国后一周，苏共第二十八大也正式闭幕，戈尔巴乔夫再度当选为苏共中央总书记，叶利钦愤然宣布退党以示抗议，苏联政局陷入极度动荡之中。1991 年 2 月 2 日航空航天部下发通知，由 11 所、11 所北京工作组、上海 801 所、703 所、165 所、101 所和 103 厂派员组成联合设计室，办公地点设于 067 基地，共同研究液氧 / 煤油高压补燃发动机技术。张贵田被任命为联合设计室的行政负责人，组织领导相关工作。此时他已经卸任 067 基地主任之职，担任着基地科技委主任。

四

1991 年 3 月，26 岁的陈建华研究生毕业，分配到红光沟里的 11 所“高技术组”，这让他有些闷闷不乐。他原以为自己也会像前两届的师兄们一样被分配到重点项目的研制组，没想到竟被分到这个名字很气派，却没有实际研究项目的临时机构。

“高技术组”是1986年067基地开始进行烃类推进剂研究时，基地主任张贵田批准11所成立的一个研究小组，几年来都没有明确的研制项目，只进行过一些烃类物质燃烧试验的基础性研究工作。陈建华正是气盛好强的年龄，研究生毕业却被分到这个“看不见前途”的小组，心里实在憋屈。

那时候的11所，正是科技人员极度缺乏的时期，绝大部分设计员都是1966年前参加工作的“老面孔”。迁到三线的十几年间，很少再有高学历的科技人员入职。事实上，这不仅是067基地11所的窘况，全国的军工科研单位都是这般情景。“文革”时期，全国各高校中很多专业停办，一些单位因此根本招不到本专业需要的研究生。这种状况一直持续到1980年代中期，老一代的科技人员都已年过五旬，年轻科技人员却寥寥无几，出现了严重的人才断档。大山深处的11所更为尴尬，老一代的科研人员因种种原因调走不少，年轻的高学历人才不愿到山沟里工作，人才缺失状况极为严重。

直到1987年，11所才招收了一批刚毕业的大学生，雷凡培和谭永华便在那时分配到11所，他们是西北工业大学火箭发动机专业的研究生，在当时是少有的高学历专业人才，被列为重点培养对象。

也是在那一年，11所与国防科技大学合作，获得硕士学位授予资质，开始自行培养研究生。1989年，刘志让、刘站国等第一批硕士生毕业，并留所工作。

这些研究生都是稀有的“宝贝”，大都安置在重要的岗位并委以重任。1987年参加工作的雷凡培和谭永华，4年后就分别担任了设计室的副主任。1989年分配到11所3室的刘志让，同样在4年后被任命为设计室副主任，兼姿控发动机副主任设计师。

陈建华是11所招收的第三届研究生，一年前他就来到这里，完成了最后一年的学业，并就地分配工作。比他早两年毕业的师兄刘站国曾参加“长二捆”的研制工作，一年前也调到这个组工作。同样是研究生毕业，别人能参加国家重点项目的研制，并且干得有声有色，自己却被安排从事连预研项目都算不上的工作，这样的落差实在让他转不过弯。

液氧/煤油高压补燃发动机相关的研究工作就是由“高技术组”负责。但也有人说，这不过是“画了张饼”，即便摸清了这项技术，国家不见得能进行立项研制。

这一系列的"利空"消息，让这些年轻人忧心忡忡。他们甚至很难理解，组长董锡鉴、副组长葛李虎这些老辈的技术人员兴致勃勃的状态。

1990 年在凤州 067 基地组成联合设计室，北京、上海等多家单位派出技术人员，共同研究其技术特点。1992 年联合设计室宣告解散，067 基地 11 所继续进行相关的研究工作。此时，也迎来了液氧 / 煤油高压补燃发动机技术应用的机会。

1992 年 9 月 21 日，中国的"921" 载人航天工程正式立项，确定了"三步走"的发展战略。一期计划包括发射 6 艘飞船，即"神舟"一号至"神舟"六号，实现由无人飞船发射到飞船安全载人和返回。二期计划将突破载人飞船和空间飞行器的交会对接技术，实现宇航员出舱进行太空行走任务。

1990 年，中国在缺乏大推力发动机的情况下，采用捆绑技术研制出"长二捆"运载火箭，仅用不到两年的时间，就将近地轨道运载能力由 3.7 吨提升到 9.5 吨。而载人航天的前"两步"任务中，"神舟"载人飞船和天宫空间实验室的重量都低于 9 吨，改进的"长二 F"火箭运载能力无须提高，仅对火箭发动机进行载人发射的适应性改进即可实现。

而"第三步"任务 —— 在太空中建造一个 20 吨级的空间站，并为未来的"嫦娥"探月工程，逐步开展深空探测研究做好准备 —— 则必须拥有近地轨道运载能力超过 20 吨的大型运载火箭。

这样的要求，使用肼类燃料的发动机已经难以实现，液氧 / 煤油高压补燃发动机技术此时被列入发展计划，067 基地 11 所专门成立了八室，张贵田、董锡鉴、葛李虎、杜天恩等老专家率领着魏超、张民庆、李斌、刘站国、陈建华等一批年轻设计员，开始了大推力液氧 / 煤油发动机技术的预研工作。

五

1994 年，中国航天界开始对探月工程进行必要性和可行性讨论，"载人登月"和"建立月球基地"是其中重要的讨论内容。要实现这些目标，必须拥有可在地球、月球高轨道往返运行的大吨位载人航天器，高性能的大推力氢氧发动机是必不可少的系统。

对探月工程的论证反反复复进行了10年，但发展大推力氢氧发动机的决定，在1994年论证之初便被确定下来。事实上，这一决定不仅是为了探月工程，也是为了追赶世界航天技术水平的发展趋势。

当时，北京11所王桁等人研制的第二代液氢/液氧发动机获得成功，这款真空推力达到8吨的发动机，应用于长征三号甲第三级火箭，使中国的地球同步转移轨道运载能力由1.5吨提升至2.65吨。但欧洲、日本、印度等各航天强国也在竞相发展氢氧发动机技术，1994年日本H-2火箭成功发射，使用的LE-7A发动机达到112吨真空推力，中国火箭技术“丧失了在世界航天界第二集团的优势地位”。

为缩小与世界的差距，满足未来航天发展需要，以及寻找新任务维持研发队伍的考虑，中国终于启动了一项大推力氢氧发动机项目的论证。

在此之前，中国的氢氧发动机一直被限制发展，仅第三级高空火箭使用小推力的氢氧发动机。这不仅由于氢氧的超低温技术难度高，当时的工业基础有些力不从心，更主要的原因在于使用液氢作为推进剂，会造成火箭体形庞大。

液氢的比重很低，每立方米重量不到71公斤，常规推进剂偏二甲肼每立方米780公斤，在相同重量下，液氢的体积比偏二甲肼大11倍。虽然液氢产生的热值是偏二甲肼的3倍多，但比重相差悬殊，在相同推力和工作时间内，液氢所需的储箱就要比偏二甲肼的储箱大三倍以上。运载火箭80%的空间都是用于装载推进剂，中国当时的运载火箭长度已经达到40多米，直径都被限定为3.35米，这种细长的身形已经接近强度极限，无法再增加长度。

美国、苏联、欧洲的运载火箭很多都是粗壮的外形，为什么中国的运载火箭直径被限制于3.35米而不能加粗？

原因在于中国的运载火箭都是靠铁路运到发射场，酒泉、西昌、太原三个发射基地都地处内陆，运输过程中要通过众多隧道。受铁路隧道宽度限制，火箭最大直径只能在3.35米以内。如果运载火箭使用大推力氢氧发动机，弹体直径不能增加，只能将弹体长度增加三倍，这样的火箭根本无法使用。所以，研制大推力氢氧发动机的计划在当时很难获得批准。

1994年中国航天界讨论探月工程、决定发展大推力氢氧发动机时，海南文昌卫星发射中心的建设也被提上议事日程。启用这个发射中心，运载火箭可通过海上货轮运输，不再受铁路隧道宽度的限制。一直束缚大推力氢氧发动机和大型运载火箭发展的“枷锁”由此被彻底解开。

1995年，北京11所开始进行大推力氢氧发动机预先研制工作，王维彬、孙纪国等年轻技术员承担起这项重任。

王维彬是西北工业大学毕业的研究生，1986年分配到北京11所，他跟随王桁等老专家一起，用了8年时间将8吨氢氧发动机研制成功。这期间他积累了丰富的经验，成为业务骨干，大推力氢氧发动机研制工作开始后，便被任命为主任设计师。

这款新型液氢/液氧发动机设计指标为：地面推力50吨，真空推力可达72吨，将第二代8吨氢氧发动机的真空推力提升了9倍。这并非将发动机体量增加9倍就能达成，必须在小幅度增加体积、重量的条件下，大幅度增加推力，从设计、材料、工艺到试验，都要克服一系列的问题，其技术难度呈级数增长。

王维彬很羡慕朱森元、王桁等那些老专家，曾有机会与西方航天界交流。液氢/液氧发动机技术以美国和欧洲最为先进，中国改革开放初期，中国航天科技人员可以参加国际宇航大会，与西方航天专家和企业交流，甚至可以参观先进的生产厂房、试验设施。那时王维彬只是入职不久的普通设计员，没有机会参与国际交流，只能看看老专家们拍回的照片。此时，他成为新型号氢氧发动机研制的主要技术负责人，却没有了这样的机会，自1990年以后，西方国家再度对中国进行技术封锁，甚至连参加国际宇航大会的资格都被取消，更不要说看到相关的资料和实物了。王维彬他们能够收集到的资料，都是一些泛泛而谈的公开学术论文，关键的技术细节都不会提到，他们只能凭自己以前的研制经验慢慢摸索。

六

北京11所开始进行大推力氢氧发动机的预研工作时，西安11所的液氧/煤油发动机预研工作已经进行了两年多，但只停留在资料整理和分析消化的层面。

1995年初，航天工业总公司总经理刘纪原（注：1993年，撤销航空航天部，成立中国航天工业总公司及国家航天局）到067基地视察，专门询问起液氧/煤油发动机的预研进度，得知还停留在资料整理阶段，便说：“研究发动机光做纸面上的工作不行呀，要做试验。”

其实,067 基地的专家、技术人员们何尝不想进行试验,可这项研究工作还没有正式立项,也就没有经费支持。一次发动机试车,动辄几百万元的资金,经费从哪里来? 刘纪原当场决定:“试验经费总公司出,你们拿一台原装发动机准备试车。”他转身问 165 所所长雷茂长:“你们知道人家怎么试车的吗?”雷茂长摇摇头说:“不知道,这是完全不一样的系统。”

刘纪原也很清楚这个发动机与国内原有的发动机系统完全不同,于是决定第一次试车时,聘请国外的专家提供技术咨询指导。

067 基地 165 所只有位于红光沟的两座常规推进剂发动机专用试车台,要进行液氧、煤油推进剂的试验,就必须对试车台管道、控制、电路等系统进行大规模的适应性修改。

1995 年 5 月底,165 所一室副主任来代初率领着 100 多名技术人员回到凤州红光沟,开始了二号试车台的改造工作。他 1978 年分配到 165 所(当时为 165 站),在子弟中学当了两年化学老师,1980 年调到一号试车台,先后在液路组、推力测量组、校验组、吊装组工作,后担任质量工程师。一号台、二号台合并成一室的时候,他开始担任试车指挥员,1991 年被任命为一室副主任。这次受命负责试车台改造任务和发动机试车任务。

两座试车台是 067 基地唯一没有搬到西安的设施,长征二号、三号、四号系列火箭使用的一级、二级发动机依然在这里进行试验,试车台留在此处不仅因为占地面积太大,并且涉及保密工作,最主要的原因是常规火箭发动机推进剂具有较高的毒性,在人烟稀少的深山之中更安全些。

来代初和同事们住在零区一个小院儿里,这里是山沟里剩下的唯一一个生活区,还保持着原来的模样。红光沟里,各区的厂房、试验室早已破败不堪,职工家属楼都被当地农户购买,有的成了他们的新居,有的被拆掉卖了废砖,有的则拆除门窗改成猪圈。当年筹建 067 基地的时候,零区是筹建人员在红光沟里的第一个驻扎地,如今 067 基地搬迁到西安,这里又成了留守人员唯一的住宿区,30 年的时光,像是在这里绕了一个大圈。

在台子上忙碌的那 100 多名技术员中,很多都是带病工作。半个多月前,航天总公司工业卫生处组织的专业医疗队,在 067 基地进行了专项职业病检查,结果发现 165 所接触推进剂的 400 多名技术人员中，43% 的人肝功不正常。医生要求这些人员半休或全休养病，可一室的技术员们接到了二号台改造任务，顾不上养病，全部返回红光沟投入工作。

在基地召开的一次工作会议上，165 所老所长雷茂长心疼地说：“台子上的很多同志们，都是带病在山沟里准备试车。”基地主任胡洪福当即决定：“给你们拨 16 万，赶紧买药，给同志们治疗。”药品很快送到山沟里，那些患病的技术员、试验员，白天在试车台上工作，晚上在医务室输液治疗。

二号试车台的改造、调试工作进行了将近半年时间，对来代初他们来说，液氧/煤油推进剂、高压补燃循环方式都是全新的技术，需要学习的东西实在太多。

发动机使用 –183℃的超低温液氧作为氧化剂，需要运用低温技术，此前 165 所的试验台只使用常温状态的常规推进剂，对低温技术一无所知，只好请北京 101 所的人员来指导相关技术。同时还要向外国专家学习液氧/煤油发动机的试验技术，对试验台进行改造、安装、调试。这还只是硬件方面遇到的困难，试验流程等软件方面的问题更需要迅速确定。

来代初率领试验人员进行试车台改造时，11 所八室主任董锡鉴也带着十几名设计员住在山沟里，他们负责检测那台将要进行试车的发动机状况是否正常。火箭发动机上的密封元件、电器元件都有储存期限，发动机上铭碑上写着写着“存储期：5 年”。1990 年引进，此时已经到了 5 年的期限。必须对发动机进行细致的气密性和电路检查。

要对那台体形巨大、零件繁多的发动机进行检查，不是件容易的事情，就连寻找发动机检查的工作场地都是一个难题。原来 103 厂的发动机总装车间是最适合的场地，但已经被当地改建为选矿厂，他们只能在试车台附近寻找。那里只有一个废弃的、破旧的器材库，董锡鉴便和 165 所和 11 所的参试人员一起动手，清除蜘蛛网，粉刷墙壁，冲洗地面，铺上塑胶布，又修复了吊车，将破旧的仓库改建成临时总装车间。

对这台发动机气密性检查与电气元件测试是个复杂的工作，为了保险起见，他们共进行了两次检测。董锡鉴他们原指望航天总公司请来的外国专家能够提供更多的技术帮助，但沟通中发现，这些外国专家对很多关键技术都不愿透露，即便是必须要讲的内容，也是遮遮掩掩不说透。

■ 1990年代，165所凤州试验区依然使用着二三十年前的试验设备，要进行新型液氧/煤油发动机试验，必须对试车台相关设备进行大幅度的改造

他们对中国技术人员最为明确的表态只有一句："这个发动机不能试车，会把你们的试验台炸毁的。"

这句话让所有人都大吃一惊："为什么不能试？"

"这种发动机分为试验和飞行两种工作状态，现在发动机是飞行状态的，不能进行试验。"

这完全出乎中国技术人员的意料之外，中国研制导弹、火箭已经有40年，但所有的发动机都是试验与飞行状态保持一致，从没听说过两种状态不一样的。067基地科技委主任张贵田听说此事，立刻指示："必须问清楚这个事情，赶紧把发动机更改成试验状态。"

张贵田那年当选为中国工程院院士，接到这一喜讯时，他正在红光沟里，与来代初、董锡鉴他们一起进行发动机首次试车的准备工作。他是高压补燃液氧/煤油发动机研究工作的主管领导，此时已将所有精力都放在了这项工作上，他很清楚，这将是自己职业生涯中最重要的一页，如果攻克了这项技术，中国的火箭发动机技术将跨上一个新的高度，对中国航天此后几十年的发展将起到重大作用。

11所的董锡鉴等人与外国专家深入沟通后，终于探知了地面试验状态和飞行状态的区别，他按照专家意见，紧急设计、生产出很多专用阀门、接头，将发动机改装成地面状态。而165所的来代初等人也根据专家意见，在试车台上增加了一个50立方米的液氧储箱。

1995年12月，试车台改造、调试工作全部完毕，那台发动机也结束了状态检测，第一次试车即将进行，但此时中方专家和外国专家却发生了一场争执。

七

液氧煤油发动机首次试车前，15 吨煤油运到了试车台，这是中国自行生产的火箭发动机专用煤油，将首次应用于发动机试验中。

外国专家却态度坚决地表示："中国的煤油不能用，要从俄罗斯购买专用煤油，否则发动机就会爆炸。"这位专家透露，美国人此时也在进行液氧 / 煤油发动机试验，但进行试车时，煤油都从俄罗斯进口。因为这种专用煤油的提炼技术，美国人都没有掌握。言下之意是，美国那样强大的科技能力都无法解决的事情，中国更无力达到。

业内人士都很清楚，专家的这番话并非危言耸听。美国当时也确实正与俄罗斯合作研究液氧 / 煤油发动机的应用技术，俄方提出"必须使用俄罗斯的煤油"，美国人二话没说立刻答应了。这并非他们财大气粗不嫌贵，而是因为他们进行过大量的研究和试验都没有取得成功。

虽然煤油是一种极为常见的燃料，普通化工厂就能提炼，但用于火箭发动机的煤油却有着极为严苛的条件。煤油并非一种纯净的化合物，而是从石油中提炼出来的多馏分混合物，由烷烃、芳烃、环烃、不饱和烃等多种成分构成，即便是热值相当的同种标号煤油，也会因产地或制取方法不同，在各种物质的成分含量和理化性质上都存在极大的差异。对于普通用途，这些差异并不影响使用，但用于火箭发动机，微小的差异就会带来严重的影响。

虽然美国在 1960 年代也曾研制出单台推力 680 吨的 F-1 液氧 / 煤油发动机，并用于"土星 5 号"运载火箭，实现了人类首次登月，但使用的仅是"简单粗暴"、效率不高的燃气发生器开式循环技术。后来他们一直未能解决高压补燃的技术难题，而放弃了液氧 / 煤油技术，其中一个重要原因是 —— 未能解决煤油结焦的技术问题。

因为构成煤油的化合物成分复杂，在高压补燃（美国称为"分级循环"技术）循环方式的高温高压状态下，极易析出杂质，迅速产生"结焦"的现象。煤油的冷却效果本来就比偏二甲肼这类常规燃烧剂的效果差，那些结焦的杂质沉积在冷却槽底部，使冷却效果进一步降低，造成发动机燃烧室和喷管温度迅速升高，一秒钟内就会出现烧蚀、爆炸的现象。美国科技人员曾在 1980 年代公开发表的文献上做出结论——采用煤油作为“分级循环发动机”冷却剂的技术无法突破。但这个“无法突破”的技术难题却被俄罗斯解决，并研制出具有划时代意义的 RD-170 液氧 / 煤油发动机。所以，对于高压补燃发动机使用的煤油，美国只有向俄罗斯“购买”这一条路可选。

但中方的航天专家们却坚持，这次试车必须采用中国自产的专用煤油。因为当初决定研制液氧 / 煤油发动机技术时，中国航天界的领导和专家就有一个共识——必须使用本国生产的煤油作为推进剂。并且，发动机引进后的这几年间，中国科技人员对专用煤油进行了大量的研制工作，生产出的专用煤油与俄罗斯出产的成分指标几乎相同。

在中方专家的坚持下，外国专家只好同意使用中国煤油，但同时声明：对试车结果不做保证。

事实上，中国专家们对国产煤油是否适用也有着争议。

为达成“必须使用国产煤油”这一目标，发动机开始研制之初，马汉英、葛李虎等几位老设计员就到全国各产油区进行调研，收集煤油样本进行比对。11 所的一室也联合西安交通大学所属的国家重点实验室，共同进行国产煤油在高压状态下的传热试验工作。科研人员沮丧地发现，国产煤油的成分确实跟俄罗斯火箭专用煤油的成分不一样，而且在试验中结焦现象极为突出，试验件烧毁、爆炸的情况频频发生。

正当大家有些灰心的时候，却有了一个令人惊喜的发现，国内某油田出产的煤油，与俄罗斯火箭专用煤油的成分指标极为接近。11 所的研制人员立刻带着样品去实验室进行传热试验，取得了很多试验数据。由于对试验数据采取了不同的计算方法，在 11 所的研制人员中就产生了对立的观点，有人认为国产煤油可以使用，有人却认为不能使用，双方为此争论不休。其实大家都知道，在发动机上一试就能知道结果，但液氧 / 煤油发动机是价格昂贵的宝贝，万一煤油不适合，烧毁了发动机，谁来担此责任？

11 所为此专门召开了一次讨论会，这次讨论会上争论异常激烈，老技术员梁克明和一批青年设计员坚定地认为，中国煤油完全可以使用，但观点对立的设计人员却坚持认为，不能使用。争论之时，有人甚至拍起了桌子，根本无法统一意见，只好暂时休会。

会后，时任 11 所所长的雷凡培专门问梁克明，“你真的确定国产煤油可以使用？”梁克明将传热试验数据、计算方法以及计算结果一一汇报后说：“我敢保证，绝对能用！”雷凡培说：“好，如果国产煤油试车成功，我请你吃饭。”梁克明说：“肯定能成，我现在就把菜先点好，我要吃甲鱼。”站在旁边的老所长孙宏明说：“要吃野生的。”雷凡培对两人说：“行！只要成功，我请你们吃野生甲鱼。”

067 基地也为这次发动机试车专门召开了协调会，基地主任胡鸿福亲自主持会议，但国产煤油是否能使用依然是重点讨论的大问题。胡鸿福、张贵田听了争论双方的意见后，支持梁克明等人的意见，当场拍板：“发动机第一次试车就用国产煤油，如果失败了，我们承担这个责任。”

试车时间定于 12 月 15 日，这是液氧 / 煤油发动机研制的一件大事，试验前几天，067 基地主任胡鸿福也专程来到现场查看。

此时，另一个需要确定的重大问题是，第一次试车应该进行多长时间。外国专家建议，首次试车的时长应该定为 3 秒钟。那时，美国也正从俄罗斯引进液氧 / 煤油高压补燃发动机，并进行了 3 次热试车。“他们前两次的试车时长都是 3 秒钟。”专家说。

张贵田听到外国专家意见后，对胡鸿福说：“我觉得 3 秒太少！除去启动阶段，发动机稳定工作的时间只有 1 秒多，国产煤油的性能都没办法充分验证。”

胡鸿福主任点头说：“确实太短了，我看咱们至少得试 10 秒！”

“咱们想到一起了，就试 10 秒！”

外国专家听说中国人第一次试车就准备试 10 秒，连连摇头说：“你们没有掌握技术，不能那么长时间，否则会爆炸。”

胡鸿福主任手一挥：“不听他的！上 10 秒。”

张贵田对试验队员们说：“对专家，我们要虚心请教，学习他们的技术‘真经’。对他们的意见和看法，我们既要重视，但也不能全部相信。我们认为对的，要坚决照办；有不同意见，要给他们解释清楚。”

其实，包括张贵田、胡鸿福在内的所有人心里都忐忑不安。这是第一次试验高压补燃技术的发动机，又是从未使用过的液氧 / 煤油推进剂，并且，发动机是过期的，煤油是国产的，试验时间是加长的，每一项都为试车增加了不确定因素。

八

担任试车指挥员的来代初心中颇为紧张，试验系统的改造是他们和董锡鉴、刘站国等人一起商议的方案，大家此前都从未接触过的液氧/煤油技术，改造是否适用于液氧/煤油系统，是否能顺利完成这次试车，他心里实在没底。

基地主任胡鸿福和张贵田知道试验人员的压力很大，特意在试车前召开了一次会议，对他们说："这半年来，你们很辛苦，进行到这个程度，我们已经很满意了。试车的事情不要有太大的压力，成功了最好，即便失败了我们也是有收获的。"

1995年12月15日早晨7点，来代初和他的同事们就已经来到二号台上，开始进行试车前的准备工作。胡鸿福、张贵田也是一大早就到了现场，看着那台液氧/煤油高压补燃发动机挂在了试车架上，在初升的阳光照耀下，闪烁着幽幽的金属光泽。

这是液氧/煤油发动机第一次试车，大家对流程还不熟练，准备工作都特别小心翼翼，进度缓慢，来代初不断地通过对讲机询问各号位的进展情况。

来代初的爱人苏红卫也在二号台工作，她是摇摆测试组的技术员，这次试验没有摇摆测试项目，就配合其他小组进行准备工作。来代初不停地呼叫各工位，声音都有些沙哑，她便趁着准备工作间隙，时常过去给丈夫杯子里添点水，提醒他喝几口润润嗓子。旁边的张贵田笑着说："哎，这个服务员可真是不错！"一句话将周围的人都逗乐了。苏红卫赶忙拎着水壶走到张贵田跟前："张主任，您也添点水，还需要啥您说话，保证服务周到。""你把老来服务好就行，今天他可是关键人物。"控制间里紧张的气氛缓和了许多。

■ 液体火箭发动机专家、中国工程院院士张贵田率领科技人员开展液氧/煤油发动机的研制

准备工作一直进行到傍晚。18时10分，来代初站在控制间0号指挥位上，再次呼叫各试验号位。确认状态正常后，他回头看看坐在身后的胡鸿福和张贵田，两人对他轻轻地点头示意。他转回身，

觉得头皮一阵阵发紧，太阳穴也随着心跳的节奏剧烈地搏动。担任试车台 0 号指挥员已经有五六个年头，指挥试车近百次，600 秒以上的长程试验也进行了三四十次。但这次只有 10 秒钟的试车，却让来代初如同第一次指挥试车时一样的紧张，连扶着话筒的手都有些颤抖。

他看了一眼观察窗外的发动机，发出“点火”口令。

发动机发出雷霆万钧的轰鸣，喷吐出耀眼的火焰，雪白的水雾从暮色苍茫的山谷腾空而起，如同一条翻卷升腾的白龙……

……3 秒……5 秒……8 秒……10 秒！关机！

试车刚结束，胡鸿福就给刘纪原总经理拨通了电话：“液氧 / 煤油高压补燃发动机首次热试车取得圆满成功！国产煤油完全符合使用要求！”刘纪原高兴地说：“很好！这次的成绩不小。”他话锋一转，“人家可以做到发动机不下台再试，这个技术你们掌握了吗？”胡鸿福说：“这个还没掌握，现在只进行了第一次试车。”刘纪原说：“那你们必须再试一次，把这个技术也掌握了。”

液氧 / 煤油发动机与只能一次性使用的常规推进剂火箭发动机不同，因为使用了无腐蚀性的液氧和煤油作为推进剂，这种发动机可以循环使用。前苏联航天部门对其进行试验时，都是在试车台上连续进行两三次试车，但每次试车之间，必须对发动机内腔、管道和接口处进行彻底的清洗。因为试车后，发动机里会残留少量的煤油，如果不处理干净，再次试车时，超低温的液氧会将残留的煤油冻成固态，高速流动的液氧与之摩擦产生静电，就会引发剧烈的爆炸。

中国的科技人员都是第一次接触液氧 / 煤油发动机，不知道清洗技术和程序，必须向外国专家请教，但他们来华都有时间期限，明天就是他们离开的日期，必须抓紧时间。

第二天一大早，张贵田、董锡鉴等人便向外国专家咨询发动机二次试车前的清理方式。此时才知道，这竟是一项极为复杂的技术。

清洗方式有两种：一种是直接在试车架上清洗发动机，另一种是拆下发动机进行清洗，两种方式都有专用工装，让发动机始终保持竖直状态。并且清洗前要将发动机静置于 20℃以上的环境中保温，使用惰性溶剂氟利昂进行清洗，以免对发动机内部材料造成侵蚀，然后再用专用的真空引射器将发动机内部抽真空。这样的清洗要连续进行 5 次，并在恒温环境中静置一段时间，再用专用设备取出发动机腔道中的气体样品，化验其中是否还有煤油挥发的成分。

上述的所有溶剂、器材和环境，中国的试车台上都不具备。外国专家也很清楚这一点，对张贵田他们说："你们没有这个条件，需要订购专用设备。"这句话让张贵田、董锡鉴这些老科技人员们心中一震。他们都是1960年前后参加工作，参与过"1059"导弹艰难的攻关。虽然那时苏联专家已经撤走，他们却听同事们说过太多与苏联专家相处的事情，"你们条件不够"，是苏联专家挂在嘴边的一句口头禅。

其实，张贵田也理解外国专家的话并无恶意，因为在他们看来，从事科学技术工作必须有充分的条件支持。他1955年去莫斯科航空学院留学，在那里学习了5年半，很清楚苏联从事科研的环境和条件，直到现在中国很多方面还没有达到苏联当时的水平。此时的俄罗斯虽然经济困难，靠技术输出换取资金，但凭借此前数十年巨额投入积攒下来的底子，依然可以拥有良好的科研设备保障。

但中国多年来一直是发展中国家，挤出钱来搞航天，每年的资金投入与苏联比起来，根本微不足道。当年张贵田的同事们刚搬进红光沟，在草棚试验室、厕所试验室进行研制工作。职工们自己动手搭建起宿舍楼，墙壁厚度还不及手掌的长度，这样做，就是为了能节省一点资金用于研制工作。中国并非不愿意为科研投入，而是实在缺乏资金，如果一切都等着条件具备了再干，可能现在还停留在P-2火箭的水平。

"条件不够也得干！还是用咱们的法宝，土法上马！"张贵田、董锡鉴、来代初等人经过一番商议，决定就在试车台的平台上进行发动机清洗。

■ 液氧/煤油发动机首次试车准备中（右一来代初，右二李伟民）

此时正是寒冷的冬季，开放式的试车台上没有供暖设备，试验员们用帆布在发动机周围搭起一个棚子，又买来五个电暖气放进棚子里，硬是造出了一个20℃的简易恒温室。为了给发动机升温、保暖，他们又用电热毯将发动机包裹起来，再盖上一层帆布。

没有清洗专用的发动机

竖式工装，就利用发动机转运箱的底座，将发动机水平放置在底座上；没有专用的真空引射器，就用真空泵代替；没有抽取气体样品的专用设备，就从医务室找来大号注射器替代。

九

来代初率领助手李伟民等人在二号台开始进行发动机清洗工作的时候，外国专家已经坐上开往北京的列车离开了红光沟。

按照专家提供的程序，发动机的加温、清洗、检验的整个流程必须不间断地完成。每一个程序都需要几个小时，甚至十几个小时，试车台上的操作人员只能分成三班，24 小时不间断地工作。

张贵田实在放心不下，一天之中，到试车台上查看了几次，晚上 12 点多，又来到了清洗现场。“哟，老爷子，你怎么又来了？这么晚还不休息！”带队值班的李伟民见到他，赶忙上前打招呼。张贵田为人和善，爱开玩笑，从不对人摆架子。他曾担任 067 基地的主任，此时又担任着基地科技委主任，可没人称他“主任”，老技术员们都叫他“老贵”，年轻人都称他“老爷子”。

“人老没瞌睡。反正睡不着，过来看看。”张贵田边说边走进帆布棚子里。

发动机的清洗每个操作节点工作时间只有十几分钟，节点之间有几个小时的静置时间，操作人员就在旁边休息等待。夜班的技术员们为了保持清醒，就在地上铺张报纸打扑克消磨时间。

“来，我也跟你们过过招。”张贵田询问完进度情况，也坐在报纸上。年轻的技术员们都觉得不好意思，连忙起身，“不玩了，不玩了。”“哎，都坐下！”张贵田伸手拦住他们，“一会儿你们都打瞌睡了可不行。不白玩儿啊，我带了赌注的。”他转头对随行人员说：“把咱们带的赌注拿来。”

有人将两个大塑料袋放到旁边，里边是各种袋装小食品。张贵田拍拍袋子：“这是我的赌注，刚才在小卖部买的，谁赢了谁拿一包，赢不了的看着别人吃。”一帮年轻的技术员们都来了精神，知道这是给他们送吃的，“轮流上阵啊，让老爷子血本无归！”

张贵田和这些年轻人一起熬到凌晨，完成了第一次清洗。可检测结果却让大家觉得意外，采样中的杂质含量怎么比没洗之前的还多？技术员们认为可能是清洗时将管道中的煤油、杂质等冲进发动机内腔了，俄罗斯专家说要清洗5次，也许就是因为有这样的因素吧。于是立刻进行第二次清洗，检测结果杂质含量居然比第一次的更多。

这情况显然不合常理，张贵田立刻召集主要人员进行商讨，从清洗步骤、检测方法、使用工具各环节分析都没问题，大家百思不得其解。有人怀疑，会不会是外国专家“留了一手”，省略了哪个环节。董锡鉴却说：“可能是氟利昂不干净吧？用脏水洗脸，那不是越洗越脏嘛。”

但这些都是未经证实的猜测，张贵田说：“我估计，这件事上，专家不会留一手。现在他们应该还在北京，赶紧打个电话咨询一下。”专家听说这个情况后，在电话中说：“你们检查一下氟利昂是否合格。”这与董锡鉴的想法不谋而合。

试车台上此前从来没有使用过氟利昂这种物质，到处查找资料才了解到化验的方式，化验后果然发现含有大量杂质。购买的这批氟利昂用于普通制冷设备，纯度不高。技术人员立刻对其进行蒸馏净化，用了一天时间才蒸馏出足量的纯净氟利昂。再次清洗发动机，果然干净多了。此后的进程顺利得多，每次清洗前都对氟利昂进行蒸馏净化，5遍以后，发动机内已经检测不到任何多余物质。

1996年2月12日，试车台进行第二次试车。

张贵田他们有了第一次成功的底气，“这次试50秒钟！”

试车再度取得了成功。

这两次试车，使中国的技术人员基本搞清了液氧/煤油发动机工作特性，掌握了试车程序和检查清洗及测试技术，尤其重要的是，证明了国产煤油完全可以使用。对于张贵田、董锡鉴这些科技人员而言，更是坚定了研制液氧/煤油高压补燃发动机的信心。

十

1999年5月，067基地凤州试验区的小会议室里，几张桌子拼成的一个大台子上摆放着一摞图纸。台子旁边，几十名技术人员围坐一圈，气氛颇有些紧张。

桌上的那摞图纸，是11所设计人员的心血之作——液氧/煤油高压补燃发动机推力室设计图。自从1990年开始研究、设计工作，设计人员经过9年的时间，终于在消化吸收相关技术的基础上，自行设计出液氧/煤油发动机推力室的初样图纸，中国大推力火箭发动机的研制工作取得了第一个阶段性成果。

这次会议，是067基地召集11所主要设计人员和103厂的生产工艺人员，为推力室样品制造而召开的第一次技术交流会，在其内部被称为“凤州会议”。

103厂几位经验丰富的老工艺员一见到图纸，就掂出其中的分量。“搞工艺这么多年，头一回见到这么复杂的设计，使用的还都是特殊材料，加工难度也很大，以咱们现有的设备和加工能力，啃下这块硬骨头恐怕也得崩掉几颗牙。”

工艺员的话绝非夸张之辞，他们很清楚发动机上所使用的高强度金属材料的加工难度。

发动机上使用的金属材料、非金属材料、复合材料中，有40多种是中国当时根本没有的，甚至也找不到相似的替代材料。067基地只好委托北京、上海、天津、武汉、南京、西安等地的研究院所、高校协助研制相关的新材料。

此时，国内已经研制出部分新材料，虽然性能还需进一步提高，但对于发动机制造厂来说，这些高强度的材料已经超出了他们的加工能力范围。工厂里那些老旧的设备，实在难以承担起这样的工作。

虽然即将迈入21世纪，但103厂用于生产火箭发动机的机床，却依然是20世纪六七十年代的手动操作设备。1993年底，103厂从凤州搬迁到西安时，全厂只有三台济南生产的数控车床，那是靠打孔纸带输入操作指令的简易自动控制机床，但已经让车间里的工人师傅们惊叹“太先进了”。1995年至1997年，103厂又引进过少量国产数控机床，但因系统稳定性差，加工过程中经常出现各种故障，造成工件报废，所以火箭发动机关键零部件的生产，还是靠老师傅们用老旧的手动操作机床加工。

事实上，无论是主持这次会议的067基地副主任雷凡培，还是参加会议的张贵田、董锡鉴这些老专家，甚至11所那些年轻的设计员们都很清楚这一状况。

但此时，箭在弦上，不得不发。

1999年4月，航天总公司向国防科工委上报《关于开展百吨级液氧/煤油发动机研制工作的请示》，国防科工委进行评估后认为，“研制高可靠、无污染、低成本的液氧/煤油高压补燃发动机是必要的，目前立项条件基本成熟”。但要申请立项，必须有发动机推力室的实物样机以及相关试验数据，以证明该技术具有可行性。

主管科研的副主任雷凡培环视着会议室中的技术员们说：“用我们目前的设备加工液氧/煤油发动机，确实困难重重，所以才请大家来开这个诸葛亮会。用大家的智慧和经验，克服设备落后的困难。这是关键时刻，就算崩掉了牙，咱们用牙床也得把这个推力室啃出来！”

雷凡培有着一股“拼命三郎”的劲头，他从11所一名普通设计员，历任设计室主任、11所所长，34岁便担任了067基地的副主任，凭的就是这股“拼命三郎”精神。他很清楚这里的生产条件，但液氧/煤油发动机已进入申请国家立项阶段，能否制造出推力室样机，直接关系到能否立项，关系到067基地今后几十年的发展，甚至关系到中国航天技术的发展，这块硬骨头必须啃下来。

张贵田一直主抓液氧/煤油发动机研制工作，深知技术难度是前所未有。但此时，他必须给大家打气加油：“液氧/煤油发动机确实比常规发动机难得多，可是，咱们搞航天的，从来都不是等到有条件的时候才开始干的。当年咱们搞“1059”，那时候从来没搞过火箭，有什么条件呢？从无到有是最难的，搞成了就上了一个台阶。‘** 二号’、‘** 三号’、‘** 四号’、‘** 五号’、‘长二捆’……都是在条件简陋的情况下进行的，咱们不都是克服困难搞成了？每搞成一个，咱航天的水平就上了一个台阶。现在搞液氧/煤油发动机，是咱们航天技术再爬一个台阶的时候，我是下了决心，在我有生之年，跟大伙一起把这个事情搞成。”

设计员、工艺员们拿起图纸，一张张地讨论。零部件的加工难度确实大，那些老旧的机床加工，效率较低、成本高。但103厂的工艺员们都知道，这样的关键时刻，再难也要顶上去。“凤州会议”后，067基地便成立了“推力室攻关小组”，由基地副主任雷凡培亲自挂帅，小组成员包括所、厂领导和经验丰富的技术专家，开始了推力室样机的生产。

十一

其实，航天总公司很清楚067基地的设备状况，那时国内所有航天所属企业也都是同样的状况。所以 1999 年 4 月向国防科工委上报《关于开展百吨级液氧 / 煤油发动机研制工作的请示》的同时，还上报了《关于液氧 / 煤油高压补燃发动机技术保障条件项目建议书的请示》。国防科工委也在评估中提出，“067 基地现有科研生产条件与液氧 / 煤油高压补燃发动机的研制要求还存在较大的差距，进行保障条件建设是必要的”。

巧合的是，067 基地开始液氧 / 煤油高压补燃发动机研制工作时，中国航天界也开始了“复苏”阶段。1999 年 7 月 1 日，根据九届全国人大一次会议精神，经国务院批准，“航天工业总公司”改组为“中国航天科技集团公司”和“中国航天科工集团公司”。中国的这两大航天集团公司分别发展不同的火箭技术 —— 中国航天科技集团公司研制大型运载火箭、飞船等产品；中国航天科工集团公司研制导弹武器装备。从事大型运载火箭发动机研制的 067 基地，此时被划归中国航天科技集团公司。

不知是因为那年美国轰炸中国驻南斯拉夫大使馆，还是改革开放后经济高速增长、财力日渐雄厚，从 1999 年下半年开始，国家对于航天技术的资金投入明显加大。103 厂也在此时获得了上级拨款，购入一大批数控机床以及其他先进设备。

103 厂 25 车间的张勇峰此时已经是工作 10 年的“老师傅”，他亲历了工厂中机床设备逐步升级的过程。以前购入的国产数控设备他都起手操作过，加工精度最高达到 0.01 毫米，但运行稳定性较差，经常出现故障。这次他所在的 25 车间一次添置了十几台数控设备，通过电脑键盘输入运行程序，连刀具更换都是自动完成，最高精度达到 0.001 毫米的级别。他一上手就能感觉到，这些设备的加工能力、精密程度和稳定性要高得多。这些四轴联动设备可进行复杂的复合面加工，而此前国内的设备都是三轴联动机床，要进行复合面加工，必须借助附加设备模拟四轴联动才能完成。

事实上，那时的欧美国家已经拥有五轴联动，甚至六轴联动机床，能加工更为复杂的复合面，但这样的设备都被禁止出口，因为此类设备大多用于制造先进的武器系统。日本三菱公司曾向苏联出口了一台大型五轴联动机床，结果遭到美国严厉处罚，仅罚金就高达数百万美元。原因是苏联得到这台机床后，很快制造出一款低噪声的潜艇推进叶轮，大大增加了被声呐探测到的难度，而没有得到这台机床以前，苏联早就设计出了这样的叶轮，却无法制造出来。

即便是这种四轴联动的数控设备，也让张勇峰和他的同事们惊叹。不仅可以加工出精度极高的复杂型面零件，而且加工效率极高，过去一个月的工作量现在3天就能完成。103厂的这次设备升级不仅是25车间，其他车间也都添置了各种数控机床，加工能力获得了飞跃式的发展。

得益于这次设备升级，液氧/煤油发动机高压推力室的样件制造工作进度提高不少。

11所的年轻设计员陈建华是“推力室攻关小组”成员之一，他和其他设计员一起配合103厂工艺员和技术工人的工作，先后解决了喷注器钎焊、燃烧室钎焊、电子束焊接、铣槽、电镀等关键的生产工艺，却在喉部扩张段的加工上卡了壳。

这里是发动机热流密度最大的地方，工艺要求极为严格，如果加工质量不能达标，将导致部件烧蚀而损毁发动机。他们遇到的困难并非来自加工技术，而是材料性能不过关。此处使用一种特殊的高强度钢材，而国内研制出的新材料性能尚有欠缺，加工时的变形量较大，制造过程中多次出现撕裂现象，车间研制了几十套模具，都未能解决问题。

眼看着立项评审期日渐临近，喉部扩张段的制造难关却久攻不下，有人提出，何不找俄罗斯的发动机生产厂代工，先解决了目前的燃眉之急，以后再逐步解决材料研制和加工工艺的问题。

这一提议立刻被采纳，陈建华与11所几位老设计员，以及103厂的几位工艺技术员被派往俄罗斯，与一家火箭发动机生产厂商谈代工合作事项。此时的俄罗斯经济依然萧条，军工企业都面临着生存困难，那家生产火箭发动机的工厂因为没有订货，只能靠生产拖拉机维持基本运转，原来5000多名员工，如今只剩下不到2000人。得到中国的这个代工机会，他们非常高兴，材料和加工设备都是现成的，只要签订合同，随时都能开工。双方很快便谈好了加工数量和价格，俄方甚至表示愿意长期合作。

陈建华一行也高兴地返回国内准备拟订合同，可刚回国就收到了俄方工厂发来的终止合作通知，原来他们向俄罗斯政府申报此项合作时，被刚刚上任的总理普京予以否决。正走向俄罗斯权力之巅的普京开始采取对外强硬政策，并加强了对先进核心技术的管控措施，尤其是航空、航天等方面的产品、技术都禁止向外输出。

中国技术人员只有继续自行攻关，也只能在加工工艺上想办法解决，陈建华他们每天泡在车间里跟工艺员讨论方案，试制改进，但还是收效甚微……

他们正为此焦急之时，北京钢铁研究总院终于研制出五种高强度合金钢，其中就包括喉部扩张段使用的专用钢材。这些新材料的牌号都以“S”为字头标注，巧合的是，主持研制这些特种钢的是北钢院一位姓苏的博士，攻关组就将这些急需的“S”字头钢材戏称为“苏博士钢”。

喉部扩张段的制造难关因“苏博士钢”的研制成功立刻被攻破，零件完全符合设计要求，液氧/煤油发动机高压推力室样机终于拿出了成品。

十二

2000年5月，国务院批准中国新一代120吨大推力液氧/煤油高压补燃发动机研制工作正式列入国家科技计划，与此同时，北京11所的50吨推力液氢/液氧发动机预研工作也接近尾声，开始申请国家立项。

2001年，中国对已经实施15年的“863计划”进行阶段性规划调整，进一步改进完善部分项目的实施细则，航天领域中的“大型运载火箭和天地往返运输系统”是重点讨论项目。

主持讨论的专家组组长朱森元，在会议中正式提出了“模块化研制、积木式发展”的建议，采用“一个系列、两种发动机、三个模块”的方式，发展出“通用化、系列化、组合化”的大型运载火箭。这一建议获得专家们的一致认可，被正式列为中国大型运载火箭的发展方向。

事实上，在这次会议召开之前，就已确定大运载火箭下面级由120吨液氧/煤油发动机和50吨氢氧发动机组合而成，会上只是讨论细化组合使用的方案。

上述的两种大推力发动机分别应用于火箭的助推器和芯一级，组成“一级半”结构的运载火箭，仅能满足近地轨道、太阳同步轨道等中低轨道运载的需求。

要完成地球同步轨道发射、月球往返探测等高轨道运载任务，要使用“二级半”的火箭结构才能实现，所以必须选定一款适合第二级火箭使用的发动机。那次的论证会上，讨论的焦点便集中于此。

在高空环境下工作第二级火箭必须选用高性能的氢氧发动机，当时国内可选的，只有王桁当年主持研制出的第二代 8 吨氢氧发动机。论证会上的很多专家倾向于直接采用这款发动机，王桁却认为：“这个不能用，应该用改进型发动机。”

王桁是中国氢氧发动机研制方面的专家之一，更是 8 吨氢氧发动机的主任设计师，他认为这款发动机不适合，自然引起了所有人的重视。

“为什么不能用呢？”有人问他。

王桁说：“长征五号是一个应用很多新技术的项目，从正式立项到投入使用，研制周期可能需要 10 年以上。现在世界航天技术发展很快，就是说，2011 年后我们还是使用 1994 年的 8 吨氢氧发动机，那就是古董级的发动机了，必然远远落后于世界技术发展。我们现在必须搞一个新一些、好一些的发动机，不一定是领先世界的产品，但至少不要被世界先进水平甩开太远。”这席话打动了很多专家们，都认为应该拿出一个好一点的发动机。

大家问他：“你说的这个‘改’是什么？”王桁却没做具体说明，只含混地说要减轻 8 吨氢氧发动机的重量，进一步提高可靠性和运载力。虽然没有明确的改进方案，但王桁那番“不要被世界先进水平甩开太远”的言论获得了专家们的认同，改进型发动机开始了预研工作，依然由王桁主持研制工作。

中国新一代大运载火箭的构想因为补上了这个第三级火箭发动机的“缺”，终于有了完整的雏形，但除了王桁，几乎所有专家都还不知道这个发动机到底改了哪部分。

王桁不愿意说明改进的内容，是担心评审专家们认为难度太大而被否决，这个“改”其实是使用与原型号完全不同的新技术——膨胀循环式发动机。这是美国、欧洲等航天强国在氢氧发动机上采用的先进技术，国内却处于技术空白。

王桁已经 67 岁，他很清楚这个项目将是自己职业生涯中最后一个研制项目，他希望通过这项工作，让中国氢氧发动机技术跨上一个巨大的台阶，这将是他一生最辉煌、最值得骄傲的成果。

事实上，王桁并不是对任何人都秘而不宣，他对国防科工局负责预研项目管理的郝希凡交了底，进行膨胀循环发动机研制需要大笔资金，仅靠 8 吨氢氧发动机改型的项目资金，根本无法完成。正巧郝希凡正在寻找有发展前景的预研项目，听了他的构想颇为支持：“你写个立项申请，专家评审通过后，就给你们资金。”

专家评审委员会的主任由任新民担任，他一直希望大力发展氢氧发动机，见王桁提出这个项目非常高兴，很快得到批准立项。不过，在立项条件中专门注明——膨胀循环式氢氧发动机是纯预研项目，不与现有型号发生任何关系。王桁拿到立项，却没有执行这一要求，“暗度陈仓”地将两项合为一项进行研制。他知道，在缺少前期准备的情况下开始膨胀循环技术的研制太具有冒险性，如果还未取得成果就放出消息，这项工作很可能被暂停。那项“不与现有型号发生任何关系”的要求也成了他们“保密”的护身符。

王桁率领的研制组选择了五项关键技术作为预研的突破口，其实他心中的压力非常大，8 吨氢氧发动机改型的研制进度有时间节点限制，如果他“暗度陈仓”的膨胀循环的关键技术在节点之前还没攻克，到申请正式立项时就拿不出方案，不仅满盘皆输，更要承担延误进度的责任。

研制工作进行了一年，王桁办理了退休手续，但被聘为专家顾问组成员，依然主管 8 吨氢氧发动机改型发动机的预研工作。此后的几年，他和研制组的技术员们都冒着极大的风险，继续着膨胀循环技术的研制。

十三

2001 年 5 月 2 日，一场暴雨袭扰了古城西安的五一小长假。别人都在抱怨“这雨来得真不是时候”，雷茂长却觉得这场大雨来得真是惬意，下雨的时候抱龙峪的工地也无法开工，他终于能在家休息了。

可他还没来得及享受这份清闲，史峰章所长打来的电话就将他那份惬意抛到了九霄云外：“老所长，你赶紧下楼！抱龙峪工地山体滑坡了，咱们得赶紧过去看看，车马上就到你楼下。”雷茂长慌忙披上件衣服小跑下楼，行动迅速得完全不像 65 岁的老人。

165 所正在抱龙峪为 120 吨液氧 / 煤油发动机建立一座专用试车台。发动机研制过程中，试车任务都在凤州二号试车台进行，但那里还承担着长征二号、三号、四号系列火箭的常规发动机试车任务，要经常转换试验系统，工作量极大。并且，西安与凤州相距 300 多公里，每次试车都耗费大量时间往返两地，实在不方便。液氧 / 煤油发动机使用无毒、无污染的推进剂，靠近城市不会造成任何不良后果，可在西安就近建立一座专用试车台。

1999 年 4 月，067 基地申请在西安南郊的山区选址建台，获得批准，立刻成立了选点小组。此时，雷茂长已经退休一年，也被返聘回来参与这项工作，与 165 所所长史峰章、张斌章、史超等人走遍了西安南郊终南山的每一条山沟，最终选定在抱龙峪建台。

上报选址进行工程地质评审时，却被告知，距抱龙峪 2.5 公里处有一个国家地震局设立的地震监控站，地震局担心发动机试验时的震动会影响到地震监控数据，不同意在此建台。

选点组认为抱龙峪的地理环境是最适合建台的位置，于是派雷茂长与地震局进行沟通。他找到地震局局长进行解释，试车时地表产生震动波与来自地下的地震波完全不同，并提出，凤州正在进行试车，可以将地震检监测设备拿到那里进行测试，看看是否会造成影响。

地震局立即派人带着设备赶赴凤州试验台，在附近布设 4 个监测点。布置仪器时，雷茂长发现那测试仪非常灵敏，有人从仪器边走过，都可以测到 1 到 2 个刻度的读数，他不禁有点担心，试车时那么大的震动，读数肯定低不了。可试车开始后，仪表测到的读数只有 4 个刻度，这就相当于一个人在仪器旁边跳一下产生的震动量。地震局专家看到这个结果，也认为试车对地震检测影响不大，终于同意在抱龙峪建台，但要求每次试验前都要在地震局进行备案。

一番波折后，试车台终于在抱龙峪动工。此后一年多的时间， 65 岁的雷茂长几乎天天都泡在工地上，亲眼看着试车台的轮廓一天天清晰起来，他万没想到，试车台旁边的山体会垮塌。

雷茂长随同史峰章等人冒雨来到工地现场，只见正在开挖的第一级平面边坡山体上，出现了大面积的滑塌，上面的岩石也裂开了大口。发生如此严重的地质灾害，这里到底能不能建台？当年试车台立项时，航天科技集团公司总经理张庆伟曾指示，“要把液氧 / 煤油发动机试车台建成国际一流的试车台”。可如今试验台刚开工就塌方，怎么向上级交代？更关键的是，如果不能建台，发动机试验必然会受到影响。

067 基地主任雷凡培和张贵田也闻讯赶到现场，众人站在雨地里决定，立即请地质专家进行会诊，必须在短期内拿出解决方案。

张贵田无神地望着塌方的工地，自言自语地说了句："状况不断呀！"他昨天才从凤州回来，那边也发生了严重的事故。

7 天前，067 基地设计、制造出的第一台液氧 / 煤油发动机在凤州试验台进行首次整机试车。发动机刚点火启动就发生了爆炸，周边设施的门窗全被冲击波撞变了形，玻璃碎了满地，试车台也被浓烟熏得漆黑。

肆意横飞的雨水打湿了张贵田的衣襟，他不由地打了个寒战，从事发动机研制工作整整 40 年，他从没有像今天这般失落和无助。

十四

西北勘探设计院地质学专家经过评估后，认为可以通过山坡治理的方式预防灾害的再次发生，他们拿出了周边山体的治理方案，抱龙峪试车台修建工作重新启动。

此时的凤州二号台上，也开始准备国产液氧 / 煤油发动机的第二次整机试车。试车指挥员来代初已经率领着技术员们工作了两个多月，对试车启动程序重新调整。

火箭发动机的启动是个复杂的技术，在毫秒级的时间内，几十个部件必须按顺序精确地进行开合动作，涡轮泵要从静止状态加速到每分钟上万转，燃烧组件也要在相同的时间内，从常温环境变成 3000℃以上的高温环境。任何一个环节设计有偏差，都可能导致发动机故障甚至爆炸。

上一次的试车，爆炸实在猛烈，来代初所在的试车间距离发动机只有十几米的距离，那强大的冲击力震得他眼冒金星。这次试车会有什么结果，谁也无法预料，试车间里的操作员甚至都写好了遗书。

第二次试车于 7 月 25 日进行，发动机刚启动，又发生了爆炸，程序调整毫无效果。这接连的失败让来代初有些不知所措，去查看试车架受损状况时，脑子里都是一片空白。

来代初的助手李伟民也被"炸蒙了"，在试车台上木然地处理现场，都忘了给家人打电话。他的父母、妻子都从事发动机试验工作，知道这份工作的危险性。他家有个惯例，每次试车完成后都要给家里打电话报个平安。他妻子估计试验应该结束了，从西安打来长途电话询问情况。接电话的同事对她说："你家李伟民没事，自摸扣了炸弹，继续坐庄，正忙着呢。"

当年董锡鉴等人都曾参与过俄罗斯制造的液氧/煤油发动机试车任务，并且连续两次试车都取得成功，为什么自行研制出来的发动机却连启动都无法完成？

事实上，120吨液氧/煤油发动机绝非对俄罗斯RD-120发动机技术进行拷贝复制，而是对高压补燃关键技术进行研究吸收后，根据国内需要进行自行设计的发动机。其工作参数、工作状态以及很多部件都与RD-120发动机完全不同：

120吨液氧/煤油发动机是一级火箭使用的发动机，RD-120是二级火箭使用的高空发动机，两者的工况不同、设计不同；

120吨液氧/煤油发动机是可摇摆发动机，RD-120是固定式发动机；

120吨液氧/煤油发动机有初级和末级工况，RD-120无初级和末级工况。拥有初级和末级可使发动机启动平稳，并且便于故障诊断和保护发动机；

120吨液氧/煤油发动机地面推力达120吨，RD-120地面推力为55.5吨。

这样的设计指标要求大大增加了研制的技术难度，并且也确实让中国的设计人员们陷入了困境。两次试车都在刚启动的时候就爆炸，连测量数据都没有，11所8室的设计员们根本无法判断问题出在哪里，他们只能对设计图纸重新审核，分析寻找原因。年轻设计员李斌、刘站国、陈建华、张小平等人每天"白加黑"地进行工作，老设计员董锡鉴、葛李虎等人也同样是每周"5＋2"的状态。张贵田、谭永华也是泡在设计室里，与技术人员讨论、研究。

■ 液氧/煤油发动机试车台选址论证

9月28日，经过改进设计的发动机在凤州试验台进行第三次整机试车。

李伟民接替来代初担任了0号试车指挥员，前两次的爆炸场面还历历在目，这次试车让他觉得压力重重。试车架上，那台几万个零件组成的发动机，是几千人加班加点几个月的工作成果，是百万元的资金投入，如果因为指挥失误造成试车失败，那责任可是太大了。

张贵田就站在李伟民的身后，按照规定，试验控制间内只能有操作人员。但液氧/煤油发动机的几次整机试车，担任总指挥的张贵田都不顾危险，陪在操作员身边。

张贵田看出李伟民的犹豫："小李，这是闭式循环发动机，状况出现的时间很短，发现问题不用跟我们商量，自己决断。不要担心出了问题承担责任什么的，有责任我来担。"

试车前例行的各工位检测已经完毕。李伟民发出"点火"口令。操作员按下控制键，发动机应声启动。

李伟民两眼紧盯观察窗外，一片通红的火光猛然遮住了窗口，他高声下令："停车！"身边的操作员和他一样处于高度紧张之中，听到指令的同时，手指已经按下了停车按钮。发动机的轰鸣戛然而止，白色的灭火剂喷射而出，铺满了整个试车台。那时试车全靠指挥员发口令，操作员按按钮，从点火到关机，两人配合最少也得四五秒钟，而那次只用了 2.84 秒。

试车台紧急泄出推进剂后，李伟民急不可耐地跑出操作间，趴在试车架旁仔细观察发动机，没爆炸，烧蚀迹象也很小。"哎呀！问题不大，不该叫停车！"李伟民懊悔得直攥拳头。张贵田也来到试车架旁仔细地观察，张贵田高兴地说："小李，停车很及时！出红光肯定情况不对，再试下去发动机就会爆炸。你指挥得很好！"

张贵田的这番话并不是出于安慰，而是真的很高兴，因为关机及时，完好地保住了一台发动机，下次试验可以继续利用，这可以省却很多的制造周期。更关键的在于，这次试验取得了至关重要的 2.84 秒数据。有了这组数据，液氧 / 煤油高压补燃发动机的研制工作就可以从模样设计阶段转为初样设计阶段。

火箭发动机研制分为模样、初样、试样等阶段，模样阶段只验证设计合理性，不验证可靠性。这次没爆炸的发动机试车，足以证明发动机的结构设计是合理的，可以进入下一步的初样设计阶段。

2.84 秒的运行时间让大家都看到了成功的希望，设计人员根据取得的那组数据，又对发动机进行了更改设计，试验人员也对试车程序进行了调整，所有人都对即将进行的第四次试车抱有极高的期望。

十五

2001年12月6日，第四次整机试车，启动仅0.3秒发动机便被烧蚀，试验再度失败，试车台被厚厚的干粉灭火剂覆盖。试验员们叹气："这哪儿像试车台呀，炸了就是锅炉房，烧了就是石灰窑。"

晚饭时分，张贵田拿着饭盒慢慢地走向食堂，今天试车的失败，让他心情沮丧，没有一点饥饿感，但这顿饭还是要准时吃。凤州深山中的试验区还跟几十年前一样，除了职工食堂再没有吃饭的地方，过了饭点儿就没地方吃饭了。

往日里，远远地就能听到食堂里传出的嬉笑喧闹声，可今天走到门口也听不到里面有任何声响。张贵田以为已经过了饭点儿，挑开门帘才发现，食堂里足有上百号人，这些参试人员无精打采地排队买饭，沉默不语地坐在桌前，机械地将饭菜扒进嘴里。食堂里气氛凝重压抑，没人愿意说话。一年之中，四次试车全部失败；一年之中，"白加黑""5+2"的工作全部无效，研制人员的情绪跌落到了谷底。他们都很清楚，启动过程只是液氧/煤油发动机研制中的第一道坎儿，费尽了心血却连这道坎儿都迈不过去，后面还将遇到无数的难关，该怎么办呢？

张贵田也沉默不语地排队，站在前面的年轻人都侧过身："老爷子，您先来。"他摆摆手，依然站在队尾。食堂里只有偶尔几声钢勺碰到饭盒的声响。

张贵田买了饭菜，围坐在餐桌旁吃饭的年轻人给他让出一个空位，他将饭盒放在桌上，却没有坐下。他环视着闷头扒饭的那些年轻技术员们，突然说道："你们平常都叫我老爷子，今天我这老爷子就跟大家说几句话。不是以项目总指挥的身份，也不是科技委主任的身份，就是以一个老设计员，一个干了40多年工作的老爷子的身份说两句。"

食堂里的年轻人们都放下了餐具，抬头转身静静地望着张贵田。

"今天的试车又失败了，我这心里，跟你们一样的难受，我也没有胃口吃饭。"张贵田觉得自己的声音都有点发颤，"可再没胃口，饭也得吃，就像研制这个发动机，再困难也得继续干一样。不吃饭，人就得饿死；不研制，中国航天技术就没有发展。当年我们这些老家伙研制"** 三号""** 四号"的时候，跟你们一样的年轻，遇到的困难一样不少。我还记得试验"** 三号"燃烧室的时候，也是试一次炸一次，炸毁的燃烧室多得能把这半个食堂都堆满。那时候我们也是压力大呀，觉得这困难简直就没办法解决。当时的老领导、老设计员就跟我们说，最困难的时候，就是离成功最近的时候……后来，困难都被我们解决了，回头再看，那些困难就是因为当时的认识水平不到。技术上的问题，认识不到就是一座山，咋都绕不过去，认识到了就是一张纸，一捅就破。认识的提高需要一个过程，咱们现在就在这个过程中摸索呢。我今天把当年老技术员说给我们的话再说给你们——最困难的时候，就是离成功最近的时候！不要气馁，咱们一起努力！”

安静的食堂里，猛然爆发出热烈的掌声。

夜色已经笼罩了凤州试验台宿舍区，张贵田心绪烦乱地站在窗口前，望着外面黑黝黝的山坡。刚才在食堂里，他激励年轻技术员们放下包袱，振作精神，重新再战，但回到宿舍，他自己的心情却越来越沉重。

主管 067 基地的航天科技集团公司领导已经多次询问液氧 / 煤油发动机的试验情况，而张贵田他们能回答的，只有“失败”二字。整整一年时间，仅制造试验件就花费了大笔资金，可研制成果却所获甚微。更何况，当时的航天界内部，也存在着反对液氧 / 煤油发动机立项的声音，试车连连失利，会让发对的声音更加强烈，甚至有可能影响到这一项目的继续进行。这让张贵田怎能不着急？

他走出宿舍，敲开了 11 所八室主任董锡鉴的房门。

“呦，老贵，还没休息呢？”

“估计你也睡不着，过来跟你合计合计，到底问题出在哪儿了。”

“这高压补燃发动机咱们是第一次干，其实很多关键问题咱们还没有真正地搞清楚。”董锡鉴说道，“这四次试验，有的爆炸，有的烧蚀，每次都进行调整设计，每次暴露问题又都不一样。我觉得咱们是钻到牛角尖里了，越往前钻越不对，得从设计思路上重新考虑一下。”

张贵田坐在椅子上，抬头望着天花板，轻轻地重复着董锡鉴的话：“……重新考虑一下。”

经过一番深入研究，张贵田、董锡鉴他们逐渐意识到，发动机连连爆炸的原因在于设计上的思维定式。因为多年来形成的思维定式，他们在设计中采用了很多常规发动机的方法，其中的很多方式不适用于闭式循环的液氧 / 煤油高压补燃发动机。确如张贵田所说，技术问题就是一张纸，认识到了一捅就破。八室的设计员们按照闭式循环发动机的规律对关键部件进行重新设计，很快拿出了新的发动机设计图纸。

就在液氧/煤油发动机的设计思路取得重大突破之际，067基地也迎来了一次重大的变革——

经国务院批准，2002年4月22日，067基地正式更名为“航天推进技术研究院”，代号为“中国航天科技集团公司第六研究院。”这次改组，将国内从事大推力液体火箭发动机的设计、生产、试验力量集于一体，给研制工作带来了更多的便利条件。

2002年5月16日，165所凤州试验台上，操作员们正在准备120吨液氧/煤油发动机的第五次试车。11所八室的设计员们历时5个月，对发动机设计进行了数十处修改后，生产出这台全新的样机。

试验指挥员李伟民早晨7点就来到试验台，和试验操作员们忙碌到下午2点，做好了试验前的所有准备工作。他回头看了看站在身后的张贵田和董锡鉴。张贵田笑着说：“还是那句话，该怎么处置，全由你指挥。责任我来承担。”

李伟民回过身，看着观察窗外的发动机。一个多月来，他和操作员们对试验台各系统进行了细致的调整，并对试验程序进行了改动，在试验环节上他已经很有信心。

“启动！”李伟民一声令下，发动机爆发出震天的吼声，炙热的火焰喷射而出——

发动机启动平稳，工作正常！

预定时间内，发动机关机程序平稳！

整个试车过程与仿真结果完美吻合，试验获得圆满成功！

试验台上的操作员从各自的工位中冲出来，欢呼着，跳跃着，将自己的手套摘下，狠狠地抛向了导流槽。几十双手套在空中飘摇，如同一群翻飞的蝴蝶。李伟民站在试车台上举目远望，两边的山坡上春花烂漫，绿树青翠，湛蓝的天空上，那团浓重的白色水雾翻卷着升上高空，化成了一朵白云。好久都没留意过这身边的景色了，真美呀！他伸开双臂，又深深地吸了一口气。

液氧/煤油高压补燃发动机整机启动试车成功，标志着中国已经初步掌握了高压补燃研制技术，中国航天动力技术正式跨入了新的领域。

十六

2005年1月3日，西安南郊抱龙峪试车台的小会议室里，正在召开液氧/煤油高压补燃发动机的专用试车台建筑主体的验收会。这座试车台的工程质量标准极高，专业建筑公司用了5年时间才建成。

不仅建筑质量要求高，试车台上的各种设备也与以前的试车台完全不同。这是一座现代化标准的试车台，采用影像实时监视器等众多新型设备观测试车过程，试验控制和测量仪器也全部应用计算机管理。以前的试验测量数据都是压力表照相或模拟记录设备，数据整理工作需要占据大量时间，一座试车台一年的大型试车10次就达到饱和状态。新建的抱龙峪试车台上，传感器直接与计算机相连，所有数据自动记录，完成试验的同时数据就出来了，一年进行50次大型试车都不成问题。

验收会上，参与建台的史峰章、张斌章、左洪书、史超等人对这个现代化的试车台都颇为满意。张贵田转头看着雷茂长："老雷，你也说两句吧。还有什么不放心的地方？"

雷茂长开口说道："这台子质量没问题。要说不放心，我心里对那个冷却水系统没底。管道在山坡上拐来拐去，只设计了三个固定点，水流动时，冲击力有几十吨。能不能承受得住？"冷却水的蓄水池建在试车台旁边的山坡上，通过一条直径一米多的管道引到试车台，山坡斜度超过45°，水流冲击力确实很大。如果试车时管道被水流冲断无法引流到试车台，导流槽就处于干烧的状况，发动机喷出的尾焰很快会将其烧毁，试车台也将受损无法使用。

张贵田听了这话也警觉起来："你说这个，让我想起来另一个事。现在天气很冷，管道里的水会不会被冻住？"

雷茂长挠挠头："这么大流量的水，应该冻不住。这个……我没经验，不敢打包票，只能通过试验证明。"

几天后，这里便进行了第一次考台试车。

试车开始前，雷茂长就往侧面的山头上爬，那里能看见试验区里所有建筑物，便于观察试车过程中对建筑物的影响状况。主管发动机设计的董锡鉴也跟他一起爬山，两人是同年同月同日生的山东老乡，此时都已 69 岁，爬上这段山坡对他们来说并不是件轻松的事情。

试车台依着山坡而建，董锡鉴想起那里曾经发生过塌方，气喘吁吁地问：“老雷 …… 试车的时候，这山上会不会 …… 掉下石头来？”雷茂长也喘着粗气说：“老乡 …… 试车的时候 …… 山上不一定会掉下石头。不试车的时候 …… 下大雨可能会冲下石头。”董锡鉴转头看着他：“老雷，你说的这是 …… 这是啥话。”雷茂长笑了：“以前地震局就测过 …… 试车台的震动 …… 对地面的影响很小，没那么大力量 …… 让石头滑下来。”

两人在山坡上喘了好久才倒匀了气息，董锡鉴俯视着试验区说：“这台子可真气派！老雷，你不简单！当年在山沟里建起了亚洲第一台，现在又在这儿建起了更大的台子，还是亚洲第一台。你牛啊！”

雷茂长也看着下面的试验台：“这是我这辈子干的最后一件大事了。”他指指试车台上挂着的那台发动机，“你也不简单呀。把这东西从无到有搞出来，现在有模有样的，俺老乡也是个本事人儿！”

“这也是我这辈子干的最后一件大事了，你这个台子已经干完了，我们这个发动机还不知道啥时候能定型呢。”董锡鉴望着那台发动机说道。

“干到这个程度就很不容易了，剩下的事情，就让年轻人继续吧。咱们这辈人的工作，到了该画句号的时候了。”

从 1965 年在红光沟筹建三线 067 基地，到搬迁西安改组航天六院，再到如今建起新的试验台，时间如同白驹过隙，一晃就整整 40 年，老一辈的科技人员都已年届七旬，到了新老交接的时刻。

说话间，试车台上的发动机猛然喷射出明亮的尾焰，震耳欲聋的爆鸣声中，冷却水瀑布般地喷涌而出，水与火的相遇激起数十米的白色水雾直冲云霄，发动机强大的推力掀起阵阵气流向四面飞散。

两位老技术员静静地望着眼前的景象，气浪迎面扑来，掀动着他们的衣角，拂过他们的苍苍白发，越过山坡，消散在山后的旷野之中。

考台试车取得成功。“管道没问题！”雷茂长轻轻地说。董锡鉴冲他竖起大拇指：“这台子真不错！”

十七

2006年10月，新一代大运载火箭长征五号基本型（即构型D）的立项评审会在北京召开，为火箭提供动力的三种发动机都要在评审会上一一“过堂”。

此时，作为长征五号火箭助推级的120吨液氧/煤油发动机和一级的50吨液氢液氧发动机的都是早已立项研制的发动机，此时已具备雏形，唯独第二级改进型氢氧发动机改还蒙着神秘的面纱。但火箭型号立项评审时，包括发动机在内的各分系统都要对采用的技术和研制进度详细说明。评审组的专家成员与王桁都是老相识，就问他：“你们闷头干了这么多年，也不清楚干了些啥，你这个‘改’到底是什么东西呀？”

“我告诉你们是什么。”王桁神秘笑着说，“这个‘改’，就是膨胀循环技术！现在基本做成了，没问题。”经过几年的研究攻关，王桁和他的同事们已经攻克了关键技术，终于可以解开谜底了。

评审组的专家们都很清楚，膨胀循环技术的氢氧发动机比冲高，俗话说就是

■ 120吨液氧/煤油发动机试车

"省油",是外太空环境中最理想的发动机。膨胀循环技术此前只有美国、欧洲航天强国所掌握,并且高度保密,中国在这一领域一直处于空白。王桁他们研制的膨胀循环发动机,虽然只是将真空推力从的8吨提高到9吨,但发动机性能却提高很多,并且攻克了膨胀循环技术难关,这标志着中国氢氧发动机技术迈出了升级换代的一大步,达到了世界先进水平。

这项"改进"得到专家们的一致支持和好评,发动机正式获得立项研制。

长征五号火箭也因此确定了构型。助推器采用4个3.35米直径模块,每个助推器配置2台120吨级液氧煤油发动机,其中1台发动机可单向摆动。一子级采用5米直径模块,安装2台可双向摇摆的50吨级氢氧发动机。二子级采用9吨级氢氧发动机作为主动力,发动机可双向摆动,能两次启动,同时配有辅助动力系统。

长征五号运载火箭正式立项的时候,王维彬等人研制的50吨氢氧发动机还在进行缩比推力室试验阶段,不过进展颇为顺利,19次都取得了成功。中国的科技人员6年前才开始大推力氢氧发动机的研制,能取得这样的进展实属不易。

长征五号正式立项后的第二年,王维彬他们终于设计出第一台全尺寸的推力室,如果试车成功,50吨氢氧发动机也将转入初样研制阶段。他们满怀期望地进行第一次试车,不料推力室启动仅0.03秒便发生了剧烈的爆炸。

有人说,这状况很像是推力室产生了不稳定燃烧,但王维彬和研制人员都将这个因素排除在外。因为他们曾看到一篇美国发表于1970年代的经典报告:液氢、液氧是燃烧性优异的推进剂,只要推进剂温度高于55K(K即开氏温度,为热力学温标或称绝对温标,0K的温度相当于-273.15℃。开氏与摄氏的零度起点不同,但单位温度相同,增加1K等于增加1℃),就不会出现不稳定燃烧现象。报告中还说,美国进行大推力氢氧发动机研制时,曾去掉防止不稳定燃烧的装置,试验依然取得成功。王维彬他们的试验中,推进剂温度为110K,远高于报告中所称的55K,并且此前进行的研制过程中,也确实没有遇见过不稳定燃烧的现象。

于是他们从强度、振动等各方面分析原因,并对推力室结构设计进行改进,但采取的各种手段都无济于事,连续三次试车都发生了爆炸,研制工作一年多都毫无进展。

在所有方式都用尽的状况下,王维彬他们开始重新审视遇到的问题,最终确认,其原因就是不稳定燃烧现象。通过使用隔板喷嘴、提高面板连接强度等技术手段，很快解决了问题。

经过这次波折，王维彬也意识到，那些公开发表资料中的一些结论，大都是在特定的结构大小和工作参数条件下得到的，相关结论并不放之四海而皆准。研制人员们都很懊悔此前对国外资料的迷信，要不然，这问题早在一年半以前就解决了。

事实上，王维彬他们在研制大推力氢氧发动机的过程中，最大困难不是发动机技术难题，而是发动机材料选取和加工工艺的难题。

其实，材料和加工问题在中国早期研制的第一代、第二代氢氧发动机也曾遇到。使用超低温的液氢、液氧推进剂，必须大量采用较难加工的特种不锈钢、钛合金等材料。当时国内只有传统的机械加工手段，制造出的零件都较为笨重，好在当时发动机推力较小，零部件本身的体量也不大，虽然制造得笨重些，但总体重量增幅不多，可满足需求。

但王维彬他们研制的50吨氢氧发动机地面推力50吨，发动机工作压力和零部件的尺寸都成倍地增加。如果依然采用原有材料和加工手段，零部件的自重就大大超出许可范围。所以必须使用重量轻、强度高的新材料，并且采用新的加工工艺。

大推力氢氧发动机1995年开始研制时，王维彬他们在材料科研院所和冶金部门的协助下，逐步获得了所需要的新材料，但加工工艺的难题依然存在。

用于输送液氢的泵叶轮是发动机中的关键部件，要在低于 –252.7℃的超低温环境下高速旋转，使用的材料必须拥有高强度、轻重量的特性，王维彬他们决定采用低温钛合金材料。钛合金的强度是不锈钢的3.5倍，重量却只有同体积钢铁的一半，是目前实现工程应用的金属材料中强度最高的。但这种高强度的材料也给加工成型带来了难题，叶轮的造型复杂，并且是半封闭造型，传统的机械加工手段很难实现。

他们从资料上看到，美国和俄罗斯制造此类零件是采用粉末冶金的手段，觉得这是个好方法，但不清楚如何才能实现。到协作的冶金单位去咨询，人家也不知道如何实现这种工艺，王维彬这才知道，当时国内根本没有粉末冶金技术。

所谓粉末冶金，是将金属研磨成70纳米（1纳米=0.000001毫米）的微小颗粒，通过腔道灌进模具中，将粉末在高温高压的环境中烧结在一起，不仅造型尺寸精密，而且强度系数可达到锻造件的水平。

王维彬联系了多家冶金单位，希望他们尝试使用粉末冶金技术制造这个叶轮，竟然没有一家单位敢接这个活儿。无奈之下他想出个折中的办法，先用粉末冶金技术造出一个饼形的毛坯料。北京有色金属研究院接下了这个任务，成为国内第一家探索粉末冶金技术的单位，但他们用了五年时间，也没将这个饼形毛坯加工出来。

发动机研制进度要求紧迫，王维彬他们只好选用传统的铸造工艺制造叶轮。钛合金的铸造工艺同样极为复杂，好在沈阳铸造所所长很想在这方面有所突破，承担了此项任务。

但铸造出来的产品强度不高，并且存在材料均匀性差、疏松、砂眼等缺陷，对于叶轮这种内部结构复杂的零件，X 射线、荧光、CT、γ 射线等检测手段都很难有效检查出缺陷。这种方式制造出的零件，可靠性能有多高“只有天知道”。在一次发动机试车过程中，就因为铸造缺陷导致叶轮盖板开裂，脱落的碎片将冷却喷管堵塞，发动机因此被烧毁。王维彬他们没有其他加工方式可以选择，只能继续用铸造件“凑合”，每次试验时总是提心吊胆。

北京有色院并没有放弃粉末冶金技术的探索，他们又用了 5 年时间进行基础研究工作，终于在 2009 年制造出第一个小型粉末冶金件。不久，又提升技术，制造出全尺寸的钛合金叶轮，其均匀性、工艺一致性让王维彬他们惊叹不已，困扰他们多年的材料加工工艺难题终于克服，使用粉末冶金制造工艺后，叶轮再没有出现任何问题。众多新材料和新工艺的使用，使 50 吨大推力液氢 / 液氧发动机的研制进度得以加快步伐，发动机的质量和可靠性也因此得到了飞跃式的提升。

十八

对于中国航天界来说，2012 年是个收获颇丰的年份。

2012 年 5 月，120 吨液氧 / 煤油发动机通过国防科工局验收。

2012 年 8 月，120 吨液氢 / 液氧发动机完成 500 秒长程热试车，顺利通过验收。

2012 年 5 月 17 日，用于中国新一代运载火箭、航天器生产、总装、测试的天津产业化基地一期建成投入使用。

2012 年 11 月，用于海路运输大型、中型火箭箭体的“远望 21 号”下水航行。

大推力火箭发动机以及火箭运输的辅助设施、设备，都在这一年内相继完成。新一代运载火箭的发射进入倒计时状态。

而于 2009 年 9 月 14 日正式开工建设的海南文昌卫星发射中心，也于 2014 年 10 月竣工。按照原定规划，长征五号运载火箭定于 2014 年首次发射，但因故向后推延。

2015 年 3 月 7 日，全国政协委员、航天科技集团中国运载火箭技术研究院党委书记梁小虹在接受中新社记者采访时说："2015 年，中国将首次发射长征六号、长征十一号两型火箭。2016 年，长征七号、长征五号两型火箭将先后实现首飞。"

"目前，长征八号和重型火箭也正处于论证阶段。中国现在的太阳同步轨道运载能力不够，长征八号就是弥补不足的太阳同步轨道火箭。正在研制的重型火箭将拥有 3000 吨的起飞推力，100 吨的有效载荷，可以满足 2030 年以后宇航活动的需要。"

"目前中国最大的发动机只有 120 吨推力，我们还要研制 500 吨，甚至更大推力的发动机，才能满足需求，现在总体和发动机关键技术已经开始研发。这枚重型火箭初步定名为'长征九号'，但最终的名字还要由国家来定。"

2016 年 1 月的气候特别寒冷，腊八刚过，立春还有些时日，11 所的陈建华匆匆走出六院办公楼，院里的一个会议刚刚结束，他急着赶回 11 所办公楼，手头还有一堆事情要处理。

距离长征五号首次发射的时间越来越近，为了保证首发成功，六院的各种筹备工作会频繁地召开，首发前的准备工作更是紧锣密鼓。陈建华此时担任着设计室主任、低温推进剂发动机副总设计师，在这种关键时期，更是没有清闲的时候。他出了六院办公楼向右拐，走出几步又折回身往左走，那

■ 50 吨大推力液氢 / 液氧发动机试车

边有家小吃店，他想去填饱肚子，省了中午饭的时间，可以直接连轴工作。

刚到十字路口，迎面遇见张贵田。“老爷子，您这是干吗去？”陈建华笑着跟他打招呼。

“小陈，有段时间没见着你了。”张贵田满脸笑容。

“我前两天在电视里看见你了。”

“你说啥？”张贵田边说边摸出助听器戴在耳朵上，“耳朵不行了。”

“我说，我前两天在电视上看见你了。”陈建华凑到他耳边说。

“哦，你说那事儿呀。”张贵田点点头，“工作都是大家干的，结果让我去露了个脸。按我的意思，这个事儿，应该让你们年轻人去。”

2016 年 1 月 16 日，中央电视台科教频道 (CCTV-10) 现场直播的“科技盛典——2015 年度十大科技创新人物颁奖典礼”上，航天六院科技委主任、中国工程院院士张贵田，11 所所长李斌，103 厂国家特级技师曹玉玺，165 所液氧 / 煤油发动机试验室主任郭立一起登上领奖台，他们代表航天六院液氧 / 煤油发动机研制团队，领取了中国工程院院长周济颁发的奖项。

“就应该让你们老一辈的人去，你们奠定了液氧 / 煤油发动机的基础。”陈建华说，“您领奖时说的那些话，真好！我听的时候，真是觉得自豪，心里还有些小激动。”

张贵田在颁奖现场接受主持人采访时说：“液氧 / 煤油发动机的研制成功，是航天六院几代人刻苦攻关，不懈努力的结果。意味着我国在无毒无污染运载火箭领域的关键技术取得重大突破，航天动力进入了绿色环保新时代，推动了我国加快由航天大国迈向航天强国的步伐。在液氧 / 煤油发动机研制的历程中，航天六院一大批高精尖青年科技人才队伍脱颖而出，成为中国航天液体动力的栋梁之材。”

“我说的都是肺腑之言。”张贵田对陈建华说，“几代人都是在勤勤恳恳地努力，咱们的航天事业才有今天！外面人只看到飞船上天、嫦娥登月，只有咱自己知道这里边流了多少汗、吃了多少苦。”

“你们老一辈，真是吃了不少的苦。我们是站在你们肩膀上，我们现在的条件比你们那时好太多了……”陈建华说。

“我看呀，你们这批年轻人，吃苦精神一点儿不比我们这些老家伙差，钻研技术的精神、设计思路的活跃性都很强，条件好了就要努力拿出更先进、更可靠的发动机……当年毛主席在莫斯科接见我们留苏学生的时候说过：世界是你们的，也是我们的，但归根结底是你们的。那时候我们还年轻，现在老了，世界是你们的了，好好干……”

一位是 80 多岁的中国航天元老，经历过中国航天发展的所有艰难岁月。一位是 40 多岁的新一代航天精英，正经历着中国航天技术飞跃发展的阶段。站在路边的法国梧桐树下，他们三言两语便说尽了过往，也说到了将来。

冬日的微风吹过梧桐树梢，枝头上几片枯叶在风中轻轻地摇摆。再过段时间，那枝头上将发出新的嫩芽，迎来又一季的繁盛……

后记

动力与坚持

一

2013年初春，陕西人民出版社和中国航天科技集团公司第六研究院（以下简称航天六院）策划推出一部弘扬航天精神的纪实文学作品，这一策划获得中共陕西省委宣传部的大力支持，被列入2013年度重大文化精品项目。我接下这本《中国动力》的写作任务时，原打算用一年半时间完成。当一切真正开始的时候，我才发现自己走上了一条几乎望不到尽头的漫漫长路。

责任编辑在我写作之初，就定了基调："这不是为一个企业写发展史，而是通过这个企业的发展，描绘出中国航天乃至中国科技发展的历程。"科技是第一生产力，更是国家强盛的根本所在。成吉思汗快马弯刀横扫欧亚大陆的历史永远无法重演，现代社会中，大国崛起必须以科学技术为原动力。也正是因此，这本书被定名为《中国动力》。

西方世界从18世纪中叶已经开始运用科学技术推动社会发展，经过近300年的第一次、第二次、第三次工业革命积累和递增，逐步建立起雄厚的工业基础和强大的科学研究体系。而中国的现代科技从1950年代才开始起步，仅用60年就完成了西方世界三次工业革命的历程，跻身世界先进水平。

中国几代领导人和科技工作者为中国崛起于世界民族之林而不懈努力，300年的科技发展历程浓缩在60年之中，这是如同核裂变一般的剧烈变革，充满艰辛却弥足珍贵。身处其中的人们，命运和生活也在这天翻地覆的裂变中裂变。他们奠定的科技基础，为中国飞跃式发展提供了强劲的动力。

在接到任务后的几个月的时间里，我收集了众多相关资料，并构建起大体的框架。《中国动力》是以航天六院科研人员的个人经历为线索，展现中国航天60年发展的历程，以及特别能吃苦、特别能战斗、特别能攻关、特别能奉献的航天精神。这样的写作计划需要获取大量历史资料、采访众多相关人员才能完成，必须得到航天六院的大力支持。

六院党委书记黄亮对《中国动力》的写作颇为重视，希望与责任编辑和我面见，对本书的写作构想等详情进行了解，但几次预约都因事务缠身未能相见。那段时期，六院各项研制任务极为繁重，时任院长谭永华正在北京学习，院内党务、行政、技术管理等方面工作任务繁重，头绪复杂，实在忙得没有一丝空闲。有一天约好了当天下午见面，中午接到他的电话："小赵，实在抱歉，刚刚接到紧急通知，下午必须赶去北京。本想与你和出版社的编辑当面交流一下，现在看来实在难得空闲。我已经跟院工会主席吉钢铁和宣传处张美书处长说过，请他们接洽、交流具体情况。"

出版社责任编辑与吉主席和张处长沟通了本书的写作构想后，双方一拍即合。为了更好更快完成这一项目，商议决定，由六院政工部宣传处提供前期的采访安排和后期的涉密审核工作，并先期提供了数十万字的文字素材和大量的图片资料。半个多月后，我接到张处长的电话："这几天我们跟各所属单位进行联系，整理出一份采访人名单，你就可以开始采访了。"

二

2014年1月，《中国动力》的初稿已经写了4万多字，我和往年一样去医院做常规体检。

B超室里，我排在几名体检者身后，等待着板着脸的大夫点名，并发出"躺好""起来"的指令。除了点名和发布指令，大夫不说别的话，机械地操作着仪器，机械地将体检单推到一旁。给我做检查的时候，大夫却扭头报了一组数字，坐在仪器边的护士在一张纸上记了下来，起身走出B超室。我忙问："大夫，您刚说的那组数字，有什么问题吗？"大夫将体检单递给我，语气温和地说："没事，没事！你去检查其他项目吧。”

电视剧里最常见的桥段，大夫态度和蔼地对患者说“没事”的时候，事情其实已经很严重了。一年多前，我写的那本《十一维空间》中，侯伯宇先生也是在体检中查出了恶性肿瘤，未能完成他生命中最后一个重要的研究课题。老天像是在开玩笑，我写过的事情，居然会在自己身上重演！

我不记得那天是怎么检查完其他的项目，也不记得怎么度过了那人生中最灰暗的一天。只记得跟家人什么也没说，只记得那天晚上一夜未眠。我想马上拿到检查结果，又害怕拿到检查结果。我设想了最坏的状况，却不知道该怎样面对这个状况。

第二天一大早，张美书处长打来电话：“北京那边的采访事项已经安排好了，你可以马上去那边采访。”这突来的电话让混沌之中的我彻底凌乱，我想拿到检查结果再去采访，但又不想告诉张处长我面临的情况，只好胡乱地说：“我得跟出版社那边商量一下，再决定什么时候去。”挂了电话，我很懊恼自己的这番胡言乱语，立刻动身赶往出版社。

直到坐在屈奇主任对面，我的心绪才平缓了许多。他曾是我在报社工作时的领导，多年来一直提携帮助我，是我最信任的人。“有个事……我没跟家里人说，你也不要告诉他们。”我将昨天体检遇到的状况讲给他，他“噌”地站起身，拉着我就往外走：“赶紧！赶紧！我陪你去医院复查，马上拿结果看。”

我挣脱他：“我不想马上看到判决书，晚拿到几天，就算是给我的缓刑期吧。”

“还等啥?！如果真有问题，这书先不写了。”屈奇说。

“如果真有问题，我不治疗，得把这本书写完。”我说。

“你也想和侯伯宇一样的结局？你娃才两岁呀！”屈奇急了。

“我就是不想跟侯伯宇一样带着遗憾走。癌症的治愈率有多少咱们都清楚，我不想在病床上耗尽剩下的时间。”我说，“不能陪着孩子长大，至少留下这本书陪着他，他想我的时候能翻一翻，能看见我，能看见他爷爷那一辈人的生活。”

在出版社的那间办公室里，我做出了决定，如果生命即将结束，我必须在离去之前为我父辈、为我自己、为我儿子写完这本书。

“我不等结果了，明天就去北京采访。”

三

在北京的采访极为频密，从早晨一直忙到夜幕降临，晚上还要将录音整理成文字资料。我打字的速度很慢，一个小时的录音，需要四个多小时才能打成文字稿，可采访录音每天都会增加七八个小时。我疲惫不堪，却不敢放松，那个B超检查出的数字已经开始隐隐胀痛，采访时，我时常会因此短暂地走神，它在提醒我，时间不多了。

在北京的第五天，结束采访时已是万家灯火，航天城大院儿的广场上，大妈们在寒风中飞扬着无限活力。我走过那片喧闹，在通往长征宾馆的那条清冷寂静的路上踽踽独行。

我摸出手机向家人报平安，听到儿子嬉闹的叫声。"让他跟我说两句。"儿子刚满两岁，还不会聊天，隔着听筒能听见他一通乱按，然后，电话就被挂断了。

我无限惆怅地回到宾馆，疲惫地躺倒在床上，实在无力再去整理录音。隐隐的胀痛感愈加强烈，我努力地不去想它，打开电视放大音量，让声音和画面驱散这让人窒息的寂静。电视上《中国好歌曲》第二季正在热播，歌手们一个个地上台了又下去了，我木然地望着屏幕，不知道他们唱了什么说了什么，直到那个名叫马条的歌手上台。

这位来自新疆的歌手与我同龄，在北京闯荡了20年，是中国民谣歌手中的No.1，可他妈妈觉得他不成功，因为从没看见他上过电视。当刘欢问他为什么在这个年龄决定要上选秀节目，他刚一开口，便已哽咽："在参加比赛前十几天，我的孩子出生了。我看着这个孩子，我愿意为这个生命做任何事情。我体会到了我妈的感受，决定上一回电视让我妈看看。"

这几句含泪的话将我彻底击碎，几天来强撑的精神瞬间垮塌，泪水在脸颊上肆意横流，胸口像被撕裂般的阵阵绞痛。我的孩子正在牙牙学语，我的父母已年迈多病，我却可能永远地离他们而去，没有机会为他们做任何事情。

我努力地平复了情绪，慢慢打开电脑，开始整理录音。尽快写完这本书也许就是我能为他们做的最后一件事了。

四

从北京回到西安，张处长又交给我一张名单，名单中的25人，有退休的老领导、老技术员，更有在职的领导和业务骨干。在职人员工作任务繁忙，采访时间需要不断地调整，我只好在其中穿插采访退休人员。那天正在一位老研究员家中采访，突然接到了另一位老研究员的电话："你说的8点半，已经迟到15分钟了！怎么还没来？"我这才意识到，在频繁调换采访安排时，将两位老研究员的采访时间约到了同一时段。这边的采访正在进行，只好跟他另约时间，老研究员很生气："约定的时间必须遵守，这是工作态度问题。我只有今天有空，其他时间不行！下午2点整，你准时过来！"

我赶忙与下午约定的采访人联系，另约了时间。下午1点50分就赶到了那位老研究员家楼下，等到1点58分时按响了门铃。老研究员打开门看见我有些意外："原来是小赵呀！"客厅里的茶几上摆着一个闹钟，指针正好指在2点整。"别怪叔叔上午跟你发脾气啊，遵时守约是做事情的基本准则。""这是我的错，确实没有安排好时间。"我跟他的儿子是中学同学，知道他对包括他儿子在内的任何人、任何事都是这般要求。

其实，那一代的老航天们都是这种行为方式。几十年来，他们遵循着周恩来总理提出的"严肃认真，周到细致，稳妥可靠，万无一失"的16字工作指导方针，认真细致已经成为他们的习惯，无论在工作上还是生活中。

西安的采访开始后不久，我拿到了体检单，打开那个密封纸袋，就像揭开自己的判决书。

体检单上，单列着"癌胚抗原"，这是往年的单子上根本没有的项目。我快速地瞟了一眼，正常参考值0～3.4，而结果栏中是5.9。我叹了口气，这是预料之中的结果。

我拿着体检单赶往出版社，屈奇说过，拿到单子要马上给他看，并且，我也要跟他交代点儿后面的事情。

屈奇看着单子，竟笑起来："好！没事！这些天我担心得觉都睡不好，没事了！”我惊异地望着他：“癌胚抗原可是超标了，怎么能没事呢？！”“哪超标了，正常值呀！”他把单子递给我。

我低头仔细观瞧，结果栏中的数字竟然是0.59！如同刑场上已经听见了枪栓声的死囚，在扣下扳机的刹那间被告知无罪释放，我脑子里一片空白。持续了二十多天的隐隐胀痛，在那一刻瞬间消失。

前面明明带着一个“0”，怎么就看成了5.9呢？

以前曾看过一篇讨论癌症的文章，据说，90%的癌症患者都是被自己吓死的。我当时就想，如果得了这种病，一定要保持好心态别被吓倒。可真的经历时才知道，自己根本没有那么强大的内心，反而在不良的自我暗示下，没有的事情也会搞得跟真事儿一样——比如那个胀痛感，比如那个视而不见的“0”——由此可见，人的自我作死的能力比任何能力都强大。

“重获新生”的我决心再也不看那些狗血电视剧，虽然以前也很少看。并且，想起那位体检大夫就来气，你为什么那么不专业？！你应该对所有体检者一视同仁、一以贯之地爱答不理？哪怕对我凶一些也行呀！还有……那位拿着纸条的护士妹妹，要不要在那么关键的时间点匆匆离去地配合，你是护士学校影视表演专科毕业的吗？！

五

2014年4月，我结束了资料收集工作，此时已采访50多人，共200多小时的录音；从各处搜集的资料书籍十多本，总计500多万字；几位老人提供的回忆文章、资料，足有一尺多厚。资料整理和筛选都将是一个耗时巨大的工作。

刚接下这个写作任务的时候，我就想用“漫写群像”的方式描写一个群体。屈奇说，这样的方式可能会乱了头绪，还是选一个主线人物贯穿始终比较好控制。于是商议决定以张贵田院士为主线人物，但后来了解到，航天六院组织撰写的《张贵田传》刚刚完稿，我只能另选角度。于是又回到了最初“漫写群像”的设定，我对这种方式的难度已有预料，真正开始写作时才发现，之前的预料依然低估了实际操作的难度。

去北京采访之前，我已经写了近4万多字的初稿，但随着资料的日渐丰富，我决定推翻初稿，重新开始。这是一个时间跨度长达60年的发展历程，有无数重大事件的发生，有众多型号并行研制，有多次的机构变化分分合合。身在其中的每个人，都只负责其中某一个型号、某一个部件的研制和制造。

面对千头万绪的历史事件和众多的个人经历资料，我如同走进了一个巨大的迷宫，并且每走一步都有几个岔路口需要选择。每一次选择都令人痛苦，几条路我都想去一探究竟，但我知道如果那样，就什么事也说不清楚。

为了这本书的写作，我采访了 50 多位航天工作者，而中国航天从业者有数十万之众，仅航天六院的干部、职工多达万余人，这样的采访比例是名副其实的“挂一漏万”。

这样的采访也是随机性的，有众多对中国航天发展做出重要贡献的人未能采访到，并且那些采访过的很多人的经历和名字，也未能在本书中出现。因行文和内容所限，我只能选取十几个人的经历进行描写，大量被采访人和故事素材都未能选取，我必须对他们说一声抱歉！

事实上，在航天工作中，任何一个部件的设计、制造和试验，都是一个小组、一个团队甚至成千上万名工作人员完成的。在行文时，我大量地使用“他们”这个词，而那一个“们”字背后，可能是十几名、几十名、成百名、上千名甚至数万名航天人。文中那些有名有姓的人，只是千千万万航天工作者们的代表。

即便做了无数次的精简选择，但要将这些事件、这些人物合理地安排到故事中，形成一个“散点透视”的整体，依然是件艰难的过程。交稿时间一拖再拖，预计一年半的写作，最终竟用了三年多时间才完成。这期间进行了四次大改，无数次小的修改。

我曾几度崩溃得不知如何下笔，深切体会到那些科技人员遇到难关时的煎熬与困窘，他们坚持不懈，我也不能放弃，但这个过程真是痛苦不堪。

当我将初稿交付审核时，几位八十多岁的老专家手持放大镜，逐字逐句地看完了几十万字的稿件，在页眉、页脚写下纠错、补充的文字，字迹颤抖。原劳动部部长、远程洲际导弹发动机主任设计师李伯勇先生与我通话三个多小时，一页页地指出时间、人物、事件以及一些研制细节描述上出现的谬误。老专家王桁到西安出差期间，专门抽出一晚上时间与我见面，纠正文中出现的差错，并补充了大量的故事细节。航天六院保密处曾立处长对稿件进行了严格的涉密审核，吉钢铁主席、张美书处长对涉密内容和相关用语提出了详细的修改意见，并提供了众多历史资料照片为本书的完成提供了极大的支持。

《中国动力》完成之际，我必须感谢所有在写作过程中给予我呵护和支持的人们，因人数众多无法在此一一具名道谢，他们慷慨大度地对我施予帮助，使我拥有勇气和力量完成这一超出自身能力的事情。

《中国动力》在多方的帮助下终于脱稿了，虽然文字稚嫩笨拙，却是我用真诚的心讲述的历史，是我愿意用生命为代价去书写的故事。很有幸在中国航天60周年之际完成了这本书写作，还来得及在父辈们一一转身、默默离去之前，向他们致敬。

他们赋予了中国向上的动力，他们给予了我坚持的力量。

2016年8月15日于西安

图书在版编目（CIP）数据

中国动力 / 赵韦著. — 西安：陕西人民出版社，2016
ISBN 978-7-224-11988-6

Ⅰ. ①中… Ⅱ. ①赵… Ⅲ. ①纪实文学—中国—当代
Ⅳ. ①I25

中国版本图书馆CIP数据核字(2016)第239546号

中国动力

作　　者	赵　韦
出版发行	陕西新华出版传媒集团 陕西人民出版社 （西安北大街147号　邮编：710003）
印　　刷	西安市建明工贸有限责任公司
开　　本	787mm ×1092mm　16开　26.75印张　1插页
字　　数	430千字
版　　次	2016年11月第1版　2017年9月第3次印刷
书　　号	ISBN 978-7-224-11988-6
定　　价	78.00元